우리 시대의 과제와 경제학의 응전

현대 경제의 9가지 도전적 과제

서한석·유정식·이상훈·이승렬·이태수·장종익·황재홍

도서출판 해남

우리 시대의 과제와 경제학의 응전

현대 경제의 9가지 도전적 과제

초판1쇄 인쇄 2025년 3월 13일
초판1쇄 발행 2025년 3월 20일

저 자 서한석·유정식·이상훈·이승렬·이태수·장종익·황재홍
발행인 노현철
발행처 도서출판 해남

출판등록 1995. 5. 10 제 1-1885호
주 소 서울특별시 마포구 마포대로8길 9 영명빌딩 405호
전 화 739-4822
팩 스 720-4823
이 메 일 haenamin30@naver.com
홈페이지 www.hpub.co.kr

ISBN 978-89-6238-196-2 93320

머리말

우리가 당면하고 있는 경제 문제는 이미 오래전부터 구조화된 추세와 최근 벌어지고 있는 변동성이 심한 불확실한 것들이 함께 얽혀 있는 것들이다.

저출산－고령화, 세계화, 그리고 기술진보는 경제에 영향을 미치고 있는 구조적 요인들이다. 여러 선진국들은 오래전부터 지속된 저출산－고령화로 인해 오랜 세월 동안 구축된 복지체제가 흔들리고 있고, 세계화로 인한 자유무역과 자유롭게 국경을 넘나드는 자본이동으로 인해 자산 및 소득 불평등이 날로 심화되고 있으며, 인터넷－모바일－인공지능으로 이어지는 일련의 기술진보로 인해 산업구조, 기업조직과 일자리 형태는 예측하기 어렵게 변모하고 있다.

지난 10여 년 전부터 벌어지고 있는 여러 굵직한 사건들은 경제의 불확실성을 고조시키고 있다. 2020~2022년의 팬데믹, 그리고 2008년 글로벌 금융위기는 100년에 한 번 이상 발생하기 어려운 역사적 사건이었다. 그리고 최근 미국과 중국의 갈등, 러시아－우크라이나 전쟁, 글로벌 가치 사슬의 점진적 균열은 냉전체제 붕괴 이후 만들어진 세계화 체제의 종언을 부추기고 있다. 이와 같이 짧게는 5년, 길게는 15년이라는 기간은 격동과 혼돈의 시대라고 부를 수 있을 것이다. 몇몇 주요한 토픽들은 불과 몇 년 전까지만 해도 전혀 문제가 되지 않았던 것들이었다. 그런데 이러한 것들이 죽었던 망령들처럼 되살아나 급작스럽게 공포로 다가오고 있는 것이다. 영국의 주간지 『이코노미스트』는 2013년 '인플레이션의 종언'(Death of Inflation)을 표제로 달았던 적이 있었다(*The Economist*, "The death of inflation," Apr. 13th, 2013). 비슷한 시기에 서머스(L. H. Summers)는 미국 등 주요 선진국들의 경제구조는 낮은 성장률, 저금리, 낮은 고용으로 특징지을 수 있다면서 이를 만성정체(secular stagnation)로 명명하기도 하였다(L. H. Summers, "The Age of Secular Stagnation: What It Is and What to Do About It," *Foreign Affairs*, 2016, pp. 2~9). 그러나 2020~2021년 팬데믹 기간의 대대적 양적 완화와 재정지출, 그리고 러시아-우크라이나 전쟁, 미·중 무역갈등, 글로벌 가치 사슬의 파편화로 인해 인플레이션이 불붙었으며, 금리역전에 따라 거대한 밀물과 썰물처럼 국경을 넘는 자본의 이동이 불안정하게 되었으며, 전 세계 대부분의 국가들은 정부 부채의 폭증에 시달리거나 아니면 민간 부채의 늪에서 헤어 나오지 못하고 있다. 지난 30년 동안 잘 작동해 왔던 자유무역과 글로벌 공급망이 갑자기 고장 난 것처럼 이상 현상을 보이고 있다.

오늘날 우리를 엄습하고 있는 무거운 경제적 문제들은 장기적이고 구조화된 추세와 최근 벌어지고 있는 높은 변동성의 사건들이 함께 복잡하게 얽혀서 드러난 것들이다.

2023년 더운 여름, 경제사회연구총서 기획위원회에서는 『경제사회연구총서』 발간에 즈음하여 '경제사상, 경제이론, 그리고 경제정책 및 현실 사이의 유기적 연결을 통해 한반도에 경제학을 총체적이면서 역사적인 사회과학으로 정착시키는 데 뜻을 두고 있음'을 명확히 하였다. 그리고 총서의 출발점이 될 만한 세 권의 책을 먼저 출간하기로 하였다. 첫 번째 책에서는 경제학의 최근 흐름을 다루고, 두 번째 책에서는 오늘날 우리가 당면하고 있는 세계 및 한국 경제의 도전적 문제들을 다루기로 하였다. 총서의 두 번째 책인 『우리 시대의 과제와 경제학의 응전』은 우리를 둘러싸고 있는 구조적이고 복잡한 오늘날의 경제 상황을 체계적으로 담아내기 위한 집필진들의 노력의 응결체이다. 이 책은 이러한 문제의식을 가지고 다음과 같이 구성하게 되었다.

이 책은 상호 연관되어 있는 두 개 큰 주제를 다룬다. 하나는 오래전부터 구조화된 추세와 관련된 주제이고, 다른 하나는 최근 급변하는 상황에 의해 만들어진 문제와 관련된 주제이다. 첫 번째 큰 주제와 관련된 세부 주제는 모두 5개이고, 두 번째의 큰 주제와 관련된 세부 주제는 모두 4개이다. 첫째와 둘째의 큰 주제는 상호 연관되어 분리될 수 있는 것이 아니며, 또 세부 주제들의 배치와 순서는 임의적임을 밝혀둔다.

구조화된 추세와 관련된 주제는 다음과 같다. 주요 선진국들이 오래전부터 당면하고 있었고 근래 우리 사회의 급박한 과제로 부상하고 있는 저출산 문제(「저출산의 경제학」, 제4장), 세계화와 신자유주의의 확산에 따른 소득 불평등 심화 문제(「소득 불평등의 경제학」, 제3장), 시장 중심주의의 폐해에 따른 시장경제의 대안으로서 주목받고 있는 자발적 조직(운동)(「사회연대경제」, 제5장), 기술진보에 따른 노동시장과 일자리 형태의 변화(「플랫폼 노동」, 제6장), 세계화의 또 다른 부산물이라 할 수 있는 정치 및 경제적 양극화에 따른 혐오의 문제(「혐오와 경제」, 제7장)를 분석한다.

두 번째와 관련된 주제들로서 양적 완화(「양적 완화와 중앙은행 독립성」, 제1장)와 그에 따른 거시 건전성 정책의 문제(「거시 건전성 정책과 국제결제은행」, 제9장), 중국의 탈동조화와 세계화의 위축에 따른 산업 정책의 재부상(「산업 정책의 부활과 새 산업 정책」, 제8장), 유동성 과잉 공급과 부채 누증에 따른 자산 불평등 구조를 심화시키는 지대수취 구조의 문제(「지대수취 경제의 구조」, 제2장)를 다룬다.

총서 2권의 집필에는 황재홍 교수(제1장, 제9장), 서한석 교수(제2장, 제8장), 이태수 교수(제3장), 유정식 교수(제4장), 장종익 교수(제5장), 이승렬 박사(제6장), 이상훈 교수(제7장)가 참여하였다.

각 장의 주제는 집필자들이 오랫동안 관심을 가지고 연구해 왔던 것들과 직·간접적인 관련이 있던 것으로, 이번 발간계획을 통해 집필자들의 주제는 보다 좁혀지고 명확하게 되었다. 이 과정에서 집필자들은 글의 가독성과 깊이가 상충관계인 것처럼 보이는 경우가 많아 오랜 고민의 시간을 가졌고, 글에 대한 수정이 거듭될 수밖에 없었다. 이 책은 집필자들의 고민과 노력의 결실이고, 출간된 책에 대한 모든 사회적 책임은 집필진들의 몫이다.

집필자들 이외에 총서 기획위원회의 홍훈 교수와 박종현 교수는 총서 1, 2권의 초기 기획 단계에서부터 최종 마무리 단계에 이르기까지 많은 조언과 도움을 아끼지 않았다. 이 자리를 빌려 감사드린다.

마지막으로 열악한 출판시장 여건에서 수익성이 높아 보이지 않는 총서 발간작업을 기꺼이 수락해 주신 도서출판 해남의 노현철 대표께 감사드린다.

2025년 2월

집필자들을 대신하여 서한석

차례

Table of Contents

chapter 01

양적 완화와 중앙은행 독립성

1. 마을의 유일한 놀이
2. 리먼 브라더스 파산과 연준의 양적 완화
3. 양적 완화의 두 주연 배우, 버냉키와 프리드먼
4. 사법심사의 대상이 된 유럽중앙은행의 양적 완화
5. 아베노믹스와 일본은행 독립성 후퇴
6. 한국판 양적 완화와 한국은행 독립성
7. 민중의 적

양적 완화(quantitative easing)는 글로벌 금융위기 이후 수행되기 시작한 새로운 통화 정책 수단이다. 이후 양적 완화란 무엇인가에 대한 논쟁을 시작으로 양적 완화는 여러 가지 논란을 초래하였고 현재도 그 논란은 계속 진행되고 있다. 양적 완화가 일으킨 논란은 너무 많아서 이를 다 소개하기에는 지면의 제약이 있다. 여기서는 먼저 미국 연준에서 수행된 통화 정책을 중심으로 양적 완화의 개념, 양적 완화의 이론적 근거, 양적 완화의 효과를 둘러싼 논의들을 소개한다. 이후 유럽, 일본, 한국에서 양적 완화가 초래한 법적, 정치적 논란들을 살펴봄으로써 중앙은행의 역할과 권한 확대가 민주주의 사회에서 어떤 의미를 가지는 것인지에 대해 생각해 보고자 한다.

1. 마을의 유일한 놀이

2024년은 한국은행이 파격적인 행보를 보인 한 해로 기록될 것 같다. 한국은행에 주어진 가장 중요한 임무는 물가를 잡는 것이다. 그런데 물가와 직접적으로 연관이 없어 보이는 여러 분야에서 한국은행이 적극적인 목소리를 내더니, 심지어 강남 부동산시장의 안정을 위해서 상위권 대학 입학생을 '지역별 비례선발제'로 선발하자는 연구보고서를 발표해 많은 언론의 주목을 받았다.[1] 한국 사회의 고질적인 문제인 입시 과열과 부동산시장 불안정성에 대해 여러 의견이 있을 수 있겠지만, 과연 한국은행이 관여할 일인가에 대해서는 많은 이들이 의아해 하고 있다. 지금은 양적 완화가 거의 일상적인 통화 정책으로 인식되고 있으나, 2008년 금융위기 이후 시작된 선진국들의 양적 완화와 관련하여 세계의 석학들과 사법기관들 사이에서 이것이 중앙은행이 할 수 있는 일인가에 대한 논란이 벌어졌고 여전히 진행형이다.

『마을의 유일한 놀이』(*The Only Game in Town: Central Banks, Instability and Recovering from Another Collapse*)는 2017년 엘 에리안(M. El-Erian)이 쓴 책이다.[2] 이후 많은 경제학자와 경제평론가들 사이에는 중앙은행을 '마을의 유일한 놀이'에 비유하는 것이 대유행이 되었다. 전 세계에서 가장 선진적인 금융 시스템을 갖추었다고 평가받는 미국에서 전 세계의 고급 인력들을 모아 놓은 월가의 대형 금융 기관들이 속절없이 무너지는 상황이 발생하자 미국뿐 아니라 전 세계는 미국의 중앙은행인 연방준비제도(The Federal Reserve, 이하 연준) 이사회 의장 버냉키(B. Bernanke)의 입만 바라보는 처지가 되었다. 연준이 지구촌의 유일한 구경거리가 된 것이다. 노벨 경제학상을 받았고 주요 연구 분야 중 하나가 대공황인 학자로서, 그리고 미국뿐 아니라 전 세계의 경제대통령이라고 불릴 만큼 막강한 지위와 권한을 가진 연

1 정종우·이동원·김혜진(2024).

2 *The Only Game in Town*은 1968년 길로이(F. Gilroy)가 발표한 희곡의 제목이기도 하다. 이 작품은 엘리자베스 테일러(E. Taylor)와 워런 비티(W. Beatty) 주연의 영화로 만들어졌다.

준의 최고책임자로서 버냉키는 양적 완화라는 회심의 대응책을 꺼내 들게 된다. 이 양적 완화는 세상 사람들과 학자들에게 많은 새로운 구경거리를 제공하고 있다. 동시에 중앙은행이 마을의 유일한 구경거리가 되는 것이 진정 바람직한 일인가에 대해 고민하게 하고 있다.

이 장은 양적 완화라는 구경거리를 감상하는 자리이다. 먼저 미국에서 벌어진 양적 완화가 어떤 구경거리인지 소개하고 이후 유럽, 일본에서 양적 완화가 연출한 새로운 구경거리를 소개하고자 한다. 그리고 이 양적 완화가 한국에서는 어떤 구경거리로 등장하였는지를 살펴본다. 마지막으로 이 구경거리가 던진 어려운 숙제가 무엇인지를 살펴본다.

2. 리먼 브라더스 파산과 연준의 양적 완화

미국에서 금융위기가 깊어지고 있던 2008년 2월 25일, 현대건설 사장 출신으로 한국의 경제를 747 비행기처럼 이륙시키겠다는 공약을 앞세워 당선된 이명박 대통령이 국정 운영을 시작하게 된다.[3] 금융 분야에서 추진한 정책 중 하나는 한국산업은행을 민영화하여 한

3 747은 경제성장률 7%, 1인당 국민소득 4만 달러, 세계 7위의 경제 대국을 의미한다.

국의 대표적 투자은행으로 키우겠다는 것이었다. 한국산업은행은 개발 시대에 한국의 산업 육성을 목적으로 정책금융을 제공하기 위해 만들어진 국책은행이다. 그런데 한국의 경제 규모가 매우 커졌고 자유화, 민주화가 진행된 상황에서 이제 관치 금융의 상징인 국책은행의 임무는 끝났으니 이를 미국의 잘나가는 투자은행처럼 만들어 보겠다는 야심 찬 계획이었다. 이명박 정부에서 주요 경제금융 정책을 책임진 인물은 강만수 기획재정부 장관이다. 강만수 장관은 1997년 IMF 사태 때 같은 부처에서 차관을 지냈던 인물이었음에도 이명박 정부에서 다시 요직을 맡게 된다. 그리고 2011년에는 자신이 민영화를 추진하였던 한국산업은행의 수장에 오르기까지 한다.

2008년 여름이 끝나 갈 무렵 한국산업은행이 미국의 4대 투자은행 중의 하나인 리먼 브라더스(Lehman Brothers)와 인수 협상을 진행하고 있다는 보도가 정계와 금융계에 엄청난 혼란을 초래하였다. 다행인지 불행인지 한국산업은행의 리먼 브라더스 인수 포기 선언이 보도된 며칠 뒤인 2008년 9월 15일 미국에서는 연준이 리먼 브라더스의 파산을 결정하였다. 그리고 이 파산은 서브프라임 모기지(subprime mortgage) 사태로 시작된 미국발 글로벌 금융위기를 상징하는 역사적인 사건으로 기록되었다. 당시 미국에서는 리먼 브라더스뿐 아니라 많은 대형 금융 기관들이 어려움을 겪고 있었고, 연준은 많은 금융 기관에 구제금융을 제공하고 있었다. 그런데 리먼 브라더스는 이 구제금융의 수혜자가 되지 못한 것이다. 연준은 나름대로 정확한 분석을 통해 현명한 판단을 내렸을 것이다. 그런데 리먼 브라더스 파산을 통해 위기 상황에서 누구를 살리고 누구를 죽일 것인가를 결정하는 어마어마한 권력이 연준에 있다는 사실이 전 세계적으로 확인된다. 한국에서는 리만(李萬) 브라더스가 나라를 망칠 뻔하였다는 조롱이 등장한다.

대공황 이후 최악의 경제위기로 기록된 글로벌 금융위기 상황에서 연준은 전례 없는 통화 정책을 수행하게 된다. 2008년 11월 25일 연준의 버냉키 의장은 5,000억 달러 규모의 주택저당증권[4](mortgage backed securities, MBS)이 포함된 대규모 자산매입 계획을 발표한다. 그리고 이를 글자 그대로 '대규모 자산매입'(large-scale asset purchases)이라고 명명하였다.[5] 이후 세상에서 연준의 1차 양적 완화라고 불리게 된 정책이 시작된 것이다. 2008년 11월부터 2010년 3월까지 연준은 장기 국채와 MBS 매입 등 총 1조 7,000억 달러를 투입하였다.

연준의 대규모 자산매입이 비전통적 통화 정책인 이유는, 말 그대로 '대규모'라는 단어와 '장기 국채', 'MBS'라는 단어에 담겨 있다. 연준의 대규모 자산매입은 매우 이례적이며 MBS라는 자산을 매입

4 은행 등 금융 기관이 차입자의 주택을 담보로 대출을 하는 경우, 금융 기관은 차입자의 주택에 저당권을 설정하고 이를 담보로 대출금을 회수할 권리인 주택저당채권(mortgage loan)을 갖게 된다. 금융 기관은 이 주택저당채권을 중개기관에 양도하고 중개기관은 이를 기초자산으로 하여 주택저당증권을 발행하여 자본시장에 판매한다. 금융 기관은 중개기관으로부터 지급받은 주택저당증권의 판매대금으로 새로운 주택구입자들에게 자금을 대출해 줄 수 있게 된다.

5 Bernanke(2022).

한 것은 처음이라고 할 수 있다. 물론 MBS라는 증권의 역사가 국채의 역사보다 짧기도 하지만, 전통적으로 중앙은행의 주된 거래 대상이 되는 것은 단기 국채였기에 매우 이례적인 정책 수행이 된다. 중앙은행이 전통적으로 단기 국채를 사고파는 일을 해 왔다면, 그것을 조금 대규모로 한다거나 조금 다른 종류의 증권을 구입한다고 해서 그렇게까지 이례적인 정책인가 하는 의문이 생길 수 있다. 그러나 연준 통화 정책의 역사를 간략히 살펴보면 이것이 매우 이례적인 정책임을 이해할 수 있다.[6]

연준은 다른 선진국의 중앙은행에 비해 비교적 늦은 시기인 1913년에 설립되었다. 설립을 앞두고 그리고 설립 이후에도, 민간 중심의 중앙은행 거버넌스를 만드는 것이 좋은 것이냐 관 중심의 거버넌스를 만드는 것이 좋은 것이냐, 또 중앙은행의 권한을 집중시키는 것이 좋은 것이냐 분산시키는 것이 좋은 것이냐 등의 복잡한 싸움이 진행되었다. 이러한 싸움의 타협으로 미국 의회는 연준을 전 세계에서 가장 복잡한 구조를 지닌 중앙은행으로 만들어 버렸다. 설립 이후에는 연준과 대통령/행정부 사이에 협력과 긴장의 복잡한 관계가 전개된다. 글로벌 금융위기 이전까지 중앙은행이 추구해야 할 최상의 가치는 중앙은행이 대통령과 행정부의 간섭을 받지 않고 독자적으로 통화 정책을 수행해야 한다는 것이었고, 미국에서 이러한

6 연준 통화 정책의 역사에 대한 상세한 논의에 대해서는 Conti-Brown(2017), Mehrling (2010) 등을 참조.

중앙은행 독립성을 공식적으로 확인받은 사건으로 1951년 연준 - 재무부 합의가 거론된다. 1951년 이전까지 미국은 세계대전을 치르면서 막대한 전비를 필요로 하였고 엄청난 국채를 발행할 수밖에 없었다. 그리고 그 이자 비용을 줄이는 일에 연준이 적극 나서게 된다. 일본군의 진주만 폭격 이후 당시 연준을 책임졌던 에클스(M. Eccles)는 다음과 같이 선언하였다.

> "연준은 전비 조달을 위해 충분한 자금을 공급하고 정부가 만족할 수 있는 안정적인 국채시장 상황을 유지하기 위해 우리의 권한을 사용할 준비가 되어 있다."[7]

현실적으로 이를 달성하는 수단은 국채 금리를 고정하는 것이었다. 정부가 발행한 채권이 단기 채권이든 장기 채권이든 이를 고정된 가격으로 현금으로 바꾸어 주는 역할을 연준이 수행한 것이다. 1951년 연준 - 재무부 합의는 연준이 국채가격을 고정시켜야 한다는 전시 임무에서 벗어나게 된 사건이다. 전쟁이 끝난 지 6년이 지나서야 더 이상 간섭하지 않겠다는 재무부의 약속을 연준이 받아 낸 것이다. 이어 마틴(W. M. Martin)이 연준의 새로운 책임자로 취임하면서 'bills only' 정책[8] 아래 연준은 장기 채권시장을 직접 통제하는 임무에서 벗어나게 된다. bills only 원칙은, 더 이상 연준은 장기 채권시장에 관여하지 않고 이를 민간에 맡기겠다는 의지의 천명이었다.

---

7 Conti-Brown(2017), p. 32에서 재인용.

8 통상 bill은 단기 채권, bond는 장기 채권을 뜻한다.

세계대전 이후 연준이 장기 채권을 그것도 국채가 아닌 채권을 매입한다는 것은 상상하기 어려운 발상이었다는 것을 확인할 수 있다.[9]

또한 '대규모, 대규모' 하는데 도대체 어느 정도의 규모이길래 이례적이라고 하는지도 확인해 볼 필요가 있다. 연준의 대차대조표 규모는 글로벌 금융위기를 거치면서 금융위기 이전 규모(약 9,000억 달러)의 약 4배, Covid 19 위기를 겪으면서 약 8배가 되었다는 점에서 연준의 자산매입 규모가 어느 정도였는지가 쉽게 확인된다. 통상적으로 중앙은행 대차대조표의 자산에서 가장 큰 비중을 차지하는 것이 국채이고, 부채에서 가장 큰 비중을 차지하는 것이 준비금이다. 중앙은행이 국채를 매입하면 그 대금은 중앙은행에 국채를 판 은행의 준비금으로 들어간다. 중앙은행 대차대조표에서 국채라는 자산과 준비금이라는 부채가 동시에 증가한다. 그리고 중앙은행의 부채가 늘어난다는 것은 시중에 통화량이 늘어난다는 것을 의미한다.[10]

9 미국에서 많은 MBS는 정부후원기업(Government Sponsored Enterprise)으로 분류되는 Fannie Mae, Freddie Mac이 발행하거나 보증한 것으로 국채는 아니지만 일반적인 회사채와도 차이가 있다. 많은 투자자들은 MBS를 국채와 거의 동일한 신용등급으로 인식하였다.

10 중앙은행의 대차대조표를 이해함에 있어 추가적인 설명을 하고자 한다. 개인의 입장에서 어떤 자산을 사고팔면 그 개인의 자산 구성이 바뀌는 것을 의미한다. 가령 내가 10억짜리 주택을 사고 가지고 있던 현금으로 대금을 지급하면 내 자산의 크기는 그대로 10억이고 자산의 종류가 현금에서 주택으로 바뀌는 것이다. 그런데 중앙은행이 민간 은행이 가지고 있던 국채를 매입하면 중앙은행의 대차대조표에서는 자산과 부채가 모두 증가한다. 중앙은행 입장에서 국채라는 자산을 매입하였으니 자산이 증가하는 것은 당연해 보인다. 중앙은행은 이 국채 매입대금을 민간 은행에 지급하는데, 이 금액은 준비금이라는 항목으로 중앙은행의 부채에 표시된다. 중앙은행이 가지고 있던 국채를 다시 매각하면 이제 국채라는 자산을 보유하고 있지 않으므로 자산이 감소하게 된다. 중앙은행이 국채를 팔았으니 그 대금이 다시 중앙은행으로 들어오는데 그 금액은 개인의 경우처럼 현금이라는 자산 증가로 기록되는 것이 아니라 부채에 존재

물론 여기서 통화량을 어떻게 정의할 것인가라는 문제는 남아 있다. 통상의 경제학 교과서에서 통화량은 중앙은행이 공급하는 본원통화(현금통화+준비금)에 통화승수를 곱한 것으로 정의된다. 통화승수가 안정적이라면 준비금이 증가할 때 통화량은 준비금에 통화승수를 곱한 것만큼 늘어난다. 그런데 금융위기 상황에서는 통상적으로 통화승수의 크기가 감소한다. 따라서 정상적인 상황과 비교할 때 준비금이 많이 증가해도 통화량이 적게 증가하는 경우가 발생한다.[11]

연준에는 물가안정과 고용안정이라는 복수의 책무가 부여되어 있지만 많은 국가에서 중앙은행이 첫 번째 정책 목표로 삼고 있는 것은 물가안정이다. 그리고 현대 거시경제이론을 지배해 왔던 통화주의 이론에 따르면 물가는 통화량에 비례해서 상승한다. 따라서 중앙은행의 부채를 4배, 8배로 늘리면 아무리 통화승수가 작아져 있는 상황이라고 할지라도 통화량 증가는 불가피한 것이고, 위기가 진정되면서 통화승수가 커질 경우 연준의 이러한 정책은 엄청난 인플레

하는 준비금 항목에서 들어온 금액만큼 차감되기 때문에 부채 역시 감소하게 된다. 중앙은행에서 돈이 나갈 때는 중앙은행의 부채가 증가하고 시중에 통화량이 증가하는 것이고 중앙은행으로 돈이 들어오면 중앙은행의 부채가 감소하면서 시중의 통화량이 감소하는 것이다.

11 통화승수에 영향을 미치는 요인은 현금보유비율과 지급준비율이다. 현금보유비율은 일반 대중이 자신들이 가지고 있는 돈 중에서 어느 정도를 현금으로 가지고 있고 어느 정도를 예금통장에 넣어 둘 것인가를 의미하는 것이다. 지급준비율은 은행이 고객의 예금을 받았을 때 고객이 다시 예금을 찾아갈 경우를 대비하여 이 중에 일정 부분을 준비금으로 남겨 두는 비율을 말한다. 현금보유비율이 커지고 지급준비율이 증가하면 통화승수는 감소한다. 미슈킨(F. Mishkin)의 『화폐금융론』 교과서의 서술에 따르면, 2007년에서 2017년 사이에 미국에서 본원통화가 350% 증가하였으나 M1 기준의 통화량은 150% 증가하는 데 그쳤다(Mishkin, 2019).

이션을 초래할 가능성을 높이는 것이었다. 통화주의 이론이 통화 정책을 지배하는 세상에서 중앙은행의 부채 규모가 4배, 8배로 증가한다는 것 역시 상상하기 어려운 일이었다.

연준의 '대규모 자산매입'의 당면 목표는 급격히 악화하는 주택 및 담보대출 시장을 안정시키는 것이었다. 버냉키는 이러한 목적을 위해 수행된 연준의 소위 1차 양적 완화는 양적 완화가 아니라 신용 완화(credit easing)라고 주장하였다.[12] 버냉키는 준비금 공급 증가에 목표를 둔 일본은행의 자산매입과 가계와 기업이 부담하는 장기 이자율을 낮추는 것을 목표로 하는 연준의 자산매입을 구분하고자 하였다. 많은 경제학자들이 양적 완화 혹은 순수 양적 완화라고 정의하는 통화 정책은 중앙은행이 준비금 공급을 늘리려는 목적으로 자산매입을 늘리는 정책이다. 그리고 이 매입되는 자산은 단기 국채와 같이 그동안 전통적으로 중앙은행이 거래해 왔던 자산이다. 중앙은행이 보유한 자산 구성의 변화 없이 부채가 증가하는 것이 양적 완화인 것이다. 버냉키는 연준의 자산매입은 준비금 공급을 늘리는 데 목적이 있는 것이 아니라 어려움에 처한 특정 시장, 특정 자산을 겨냥한 것이므로 양적 완화가 아니라는 입장이었다. 준비금이라는 중앙은행의 부채 증가가 1차적 목적이 아니라 MBS와 같은 특정 시장을 안정시키기 위한 정책이라는 것이다. 연준이 장기 국채와 MBS

12 Bernanke(2022).

를 매입하면서 연준이 보유한 다른 자산을 같은 양으로 매각한다면 연준의 전체 부채는 증가하지 않으면서 연준의 자산 구성만 변화되는 것이 가능하다. 그런데 연준의 경우에도 자산 구성의 변화와 부채 증가가 동시에 진행되었다. 시간이 지나면서 현실 정책에서는 양적 완화와 신용 완화를 구분하는 것이 어려워진 것이다. 현실에서 미국, 유럽, 일본의 중앙은행들이 대규모 자산을 매입할 때, 자산 구성도 바뀌고 동시에 부채도 증가하였다. 물론 미슈킨의 『화폐금융론』과 같은 주요 교과서를 보면 여전히 연준의 자산매입을 신용 완화라고 서술하고 있다. 그리고 다음 절에서 소개하겠지만 일본은행의 자산매입과 연준의 자산매입이 같은 성격이냐 아니냐에 대한 학술적 논쟁은 계속되고 있다.[13]

3. 양적 완화의 두 주연 배우, 버냉키와 프리드먼

노벨 경제학상까지 받은 초일류 경제학자 출신의 버냉키는 이러한 대담한 정책을 어떤 이론과 경험에 근거하여 시도할 수 있었을

13 정책 금리가 0에 근접하여 사실상 전통적인 통화 정책 수단이 사라진 상황에서 (순수) 양적 완화를 포함 대안적 통화 정책 수단들을 검토한 대표적인 학술적 논의로는 Bernanke and Reinhart(2004), Siratsuka(2009), Woodford(2012) 등을 참조. 버냉키와 우드포드 등은 연준의 자산매입과 일본은행의 자산매입이 다르다는 견해를 나타내고 있지만 시라쓰카는 일본은행의 자산매입이 연준의 자산매입과 크게 다르지 않다고 주장하고 있다.

까? 그것은 통화주의의 창시자 프리드먼(M. Friedman)의 이론과 대공황이라는 경험이다. 버냉키와 프리드먼이 나란히 서 있는 그림은 학부 경제학 교과서를 읽어 본 사람들에게 다소 놀라운 모습일 수 있다. 통상의 거시경제학 교과서는 거시경제를 바라보는 큰 두 가지 시각을 케인지언과 통화주의로 구분하고, 합리적 기대이론의 발전 이후 이 두 전통을 각각 이어받은 학파로 새케인지언과 새고전학파로 구분한다. 그리고 버냉키는 통상 새케인지언으로 분류되어 왔다. 그런데 글로벌 금융위기가 발생하기 이전부터 연준의 통화 정책에 관여하고 있었던 버냉키는 2002년 프리드먼의 90세 생일을 기념하는 자리에서 연준을 공식 대표하여 다음과 같이 발언하였다.

> "밀턴과 안나에게 감사한다. 대공황과 관련하여 당신들이 옳았다. 우리가 실수하였다. 매우 유감이다. 그러나 당신들 덕분에 우리는 그 실수를 반복하지 않을 것이다."[14]

슈워츠(A. Schwartz)는 프리드먼의 많은 업적 중에 대표작으로 꼽히는 *A Monetary History of the United State 1867-1960*의 공저자이다. 이 책에 수록된 프리드먼과 슈워츠의 대공황 분석의 핵심은, 당시 연준이 좀 더 적극적인 통화 정책을 수행하였다면 미국이 대공황에 빠지는 일은 없었을 것이라는 내용이다.[15] 프리드먼의 통화주의는 명목소득과 통화량 사이의 안정적인 관계를 중요하게 생각한

14 Bernanke(2002).
15 Friedman and Schwartz(1963a).

다. 대공황 시 본원통화는 증가하지만 통화량은 감소하였다. 본원통화의 증가를 연준이 완화 정책을 수행한 증거라고 볼 수도 있으나 결과적으로 통화량이 감소하였다는 점에서 연준이 더 적극적인 통화 정책을 수행해서 통화량 감소를 막았어야 하였다는 것이 프리드먼의 주장이다. 즉, 연준이 좀 더 대규모로 자산매입을 수행하였어야 한다는 지적이다. 이런 면에서 버냉키의 양적 완화는 프리드먼의 가르침을 잘 받아들였다고 할 수 있다. 버냉키의 적극적인 통화 정책 덕분에 대공황과 같은 극단적인 추락을 막을 수 있었다는 평가도 존재한다.

그런데 과연 중앙은행의 자산매입이 어떤 경로를 통해 경기를 부양하게 되는가에 대한 논의는 좀 더 복잡하다. 내가 돈 벌어서 집을 사면 내가 부자가 되는 것으로 끝난다. 그런데 중앙은행이 국채 등의 자산을 매입하면 왜 국민경제 전체가 좋아지는가가 조금이라도 궁금하다면 이 복잡한 이야기에도 관심을 가지면 좋을 것 같다. 버냉키는 양적 완화의 작동 메커니즘으로 포트폴리오 밸런스 채널(portfolio balance channel)과 신호 채널(signaling channel)을 이야기하고 있다.[16]

포트폴리오 밸런스 채널이란, 중앙은행이 장기 채권을 매입하면 일반 대중이 보유하는 장기 채권의 양이 줄어들어 가격이 오르

16 Bernanke(2022).

고 수익률(장기 금리)이 낮아진다는 개념을 말한다.[17] 사과와 배를 예로 들면, 중앙은행이 사과를 매입하면 시중에 사과의 공급량이 줄어들어 사과가격이 오르는 것과 마찬가지이다. 포트폴리오 밸런스 채널은 투자자들에게 여러 금융자산 중 선호하는 특정 자산이 있다면 그 자산의 공급 비중을 변경시켜 자산가격에 영향을 주는 것을 의미한다. 연준은 장기 국채와 MBS를 대량 매입하였다. 국채와 MBS의 공급량은 줄어들었고 가격(수익률)은 올랐다(하락하였다). 나아가 국채나 MBS를 연준에 매각한 민간 투자자들은 그 자리를 신용등급이 높은 장기 회사채 등으로 메우면서 이들 자산의 가격(수익률)도 상승(하락)하게 된다.

민간 시장의 상대적 채권공급량에 미치는 효과 이외에 양적 완화는 신호 채널을 통해서도 효과를 발휘한다. 대규모 양적 완화 정책 발표는 저금리를 오래 유지하겠다는 강력한 신호가 된다. 투자자

17 채권가격과 채권수익률(이자율) 사이의 관계에 대해 좀 더 자세히 설명하고자 한다. 채권가격이 오른다는 말과 수익률이 낮아진다고 하는 것은 같은 말이다. 또한 채권가격이 내린다는 말과 수익률이 높아진다고 하는 것은 같은 말이다. 예를 들어 보면, 철수가 돈이 필요해서 채권을 발행하였다. 그 채권에 100억 원이라는 금액이 적혀 있다고 하자. 이때 이 100억을 액면가라고 하며 이는 채권가격과 다른 것이다. 만기가 1년이라고 가정하면 철수가 1년 뒤에 100억으로 돌려주겠다는 의미의 금액이다. 만약 수철이가 이 채권을 지금 100억에 산다고 하면 채권가격은 그제야 100억이 되는 것이다. 그리고 수철이는 지금 철수에게 100억을 빌려주고 1년 뒤에 100억을 돌려받는 거래를 하게 되는 것이다. 채권수익률이 0%가 되는 것이다. 그러니까 수철이는 지금 이 채권을 100억을 주고 살 이유가 없다. 만약 수철이가 이 채권을 90억에 샀다고 한다면 채권가격이 90억이 되는 것이다. 그리고 수철이는 철수에게 지금 90억을 빌려주고 1년 뒤에 100억으로 돌려받는 거래를 하는 것이 된다. 원금 90억에 이자를 10억 받은 셈으로 수익률이 약 11%가 된다. 채권가격이 100억에서 90억으로 하락할 때 채권수익률은 0%에서 11%가 되는 것이다.

들은 양적 완화를 저금리가 예상보다 오래 지속된다는 신호로 보고 장기 이자율을 더 내릴 동기로 삼게 된다.

양적 완화가 포트폴리오 밸런스 채널을 통해서든 신호 채널을 통해서든 일단 장기 금리를 끌어내리는 데 성공하면 경기부양 효과를 낳을 수 있다. 주택담보대출 금리가 내려가면 주택 수요가 증가한다. 건설시장, 부동산시장이 활성화된다. 회사채 금리가 낮아지면 기업이 설비 투자 등을 더 적극적으로 고려할 수 있게 된다. 장기 금리가 하락하면 주식이나 부동산 등 자산가격이 상승하는 경향이 있는데 이렇게 되면 주식이나 부동산을 보유한 사람들이 부자가 되었다고 생각하고 소비지출을 늘리게 된다.

그런데 합리적 기대이론 등장 이후의 현대 거시·금융이론에서 포트폴리오 밸런스 채널은 작동할 수 없다. 합리적 기대에 근거한 거시경제이론에서 예측된 통화공급의 변화는 산출량에 아무런 영향을 줄 수 없다.[18] 또한 현대금융이론에서 경제 주체들은 기본적으로 자금조달을 위해 어떤 금융수단을 사용하든지 무차별하다. 일찍이 모디글리아니(F. Modigliani)와 밀러(M. Miller)는 기업가치가 자기자본과 타인자본의 비율에 영향을 받지 않는다는 이론을 제시한 바 있다. 기업이 주식 발행을 통해 자금을 조달하든 채권 발행을 통해 자금을 조달하든 기업가치에 아무런 영향을 미치지 않는다는 이론

18 Sargent and Wallace(1976).

이다. 재무관리 교과서의 핵심 내용 중 하나이다. 월리스(N. Wallace)는 이 정리를 중앙은행의 공개시장 정책으로까지 확대하여 적용하고 있다.[19] 월리스-모디글리아니-밀러 정리는, 중앙은행이 민간을 대상으로 어떤 자산을 사고파는 공개시장 정책은 경제에 어떤 영향도 미치지 못한다는 것이다. 사과와 배의 예로 돌아가면, 사람들이 사과와 배를 완전 대체재로 생각하고 있는 가운데 중앙은행이 사과를 사서 사과 값이 올라가면 사람들이 사과를 안 사고 배를 사서 사과 값이 다시 떨어지므로 중앙은행이 사과를 사기 전이나 후나 사과 값에 변화가 없다는 뜻이다. 현재 최고의 거시경제이론가 중 한 사람으로 평가받고 있는 우드포드(M. Woodford) 역시 중앙은행의 특정 자산매입이 민간의 자산 포트폴리오에 영향을 줄 수 있다는 포트폴리오 밸런스 채널을 인정하지 않는다.[20]

이에 대해 버냉키는 통화주의의 권위자 프리드먼이 양적 완화와 포트폴리오 밸런스 채널에 대한 지지자였음을 강조하고 있다. 프리드먼은 일본의 장기 침체와 관련된 2000년 컨퍼런스에서, 정책 금리가 0에 가까워졌을 때 일본은행은 추가적으로 무엇을 할 수 있는가라는 질문에 대해 다음과 같이 답변하였다.

"매우 간단하다. 일본은행은 장기 국채를 매입할 수 있다. 그리고 본원통화가 경제 확장을 일으키기 시작할 때까지 계속해서 국채를 매입해서 보유할 수

19 Wallace(1981).
20 Woodford(2012).

있다."[21]

일찍이 프리드먼과 슈워츠는 1963년 논문에서 포트폴리오 밸런스 채널을 다루고 있었다.[22] 조이스(M. Joyce) 등은 포트폴리오 밸런스 채널에 대한 논의는 토빈(J. Tobin)으로 거슬로 올라가며, 프리드먼 등 통화주의자들도 이러한 논의를 발전시키는 데 기여하였다고 정리하고 있다.[23]

프리드먼이 포트폴리오 밸런스 채널에 대해 이야기한 것도 사실이고 일본의 장기 침체 상황에서 양적 완화를 요구한 것도 사실이지만, 여전히 프리드먼의 통화주의 이론과 정책의 핵심은 통화량과 소득 사이의 안정적인 관계에 근거하여 통화량 증가율을 일정하게 유지하는 것이라는 반론도 제기되고 있다.[24] 버냉키의 통화 정책은 프리드먼의 통화 정책과 다르다는 지적인 것이다. 앞에서 언급된 바와 같이, 버냉키는 자신이 주도한 통화 정책이 양적 완화로 불리는 것을 원하지 않았다. 자신의 통화 정책이 양적 완화가 아니라 신용 완화인 이유는, 자신의 통화 정책이 중앙은행의 자산 구성 변화에 초점을 맞추고 있었기 때문이라고 설명하고 있다. 버냉키의 통화 정책이 통화주의의 통화 정책과 다르다고 주장하는 이들은, 통화주의식

21 프리드먼의 이 발언은 Woodford(2012), p. 50에서 재인용하였다.
22 Friedman and Schwartz(1963b).
23 Joyce *et al.*(2017), p. 1227.
24 Olivo(2015).

양적 완화는 중앙은행의 자산 구성 변화에 초점이 있는 것이 아니라 어떤 종류의 자산이든 매입하여 시중에 준비금 양을 늘리는 것을 목적으로 하는 것이라고 설명하고 있다.[25] 즉, 중앙은행의 자산 구성이 아니라 부채의 크기가 중요한 것이다. 프리드먼이 포트폴리오 밸런스 채널을 언급하였다는 점에서 버냉키의 양적 완화와 통화주의가 연결되지만, 버냉키의 양적 완화는 본인 스스로 주장하듯이 자산 구성에 초점이 있고, 통상적인 통화주의식 양적 완화는 중앙은행 부채 크기의 증가에 초점이 있다는 측면에서 보자면, 버냉키의 통화 정책과 통화주의의 통화 정책은 차이가 있다고 볼 수 있다.

버냉키의 양적 완화 정책이 프리드먼 이론에 근거한 것이냐 아니냐 하는 복잡한 논쟁보다는 그래서 양적 완화가 진짜 미국 경제에 얼마나 도움이 되었는가가 조금 더 궁금한 독자들이 많을 것으로 생각된다. 그런데 글로벌 금융위기 이후 Covid 19 위기까지 오랜 기간 동안 양적 완화 정책이 수행되어 왔고 그 경제적 효과와 부작용에 대한 평가를 정확히 내리기까지 많은 추가적인 시간이 필요한 것이 사실이다. 양적 완화의 효과를 실증적으로 측정한 연구들도 대부분 글로벌 금융위기 초기에 진행된 양적 완화 정책을 대상으로 하고 있다는 한계가 분명하다. 이러한 한계점을 염두에 두고, 1차 양적 완화 이후 자산가격, 수익률이 얼마나 변하였는지에 대해 다음

25 Woodford(2012).

| 표 1-1 | 1차 양적 완화 발표를 중심으로 본 자산가격과 수익률 변화

2년 만기 국채	-0.57%p
10년 만기 국채	-1.00%p
30년 만기 국채	-0.58%p
모기지 담보부 채권	-1.29%p
AAA등급 회사채	-0.89%p
S&P500 주가지수	2.32%

자료: Bernanke(2022), p. 289.

과 같은 보고가 있었다.

이런 변화는 해당 자산의 가격과 수익률의 평소 변동 추이에 비해 몇 배나 큰 것으로 상당한 경제적 효과가 나타난 것으로 평가될 수 있다. 그러나 많은 경제학자들은 이런 결과를 모든 양적 완화 프로그램에 단순 확대 적용하는 것을 경계하고 있다. 그리고 이후 진행된 양적 완화 정책에서는 이 정도 효과를 보여 주지 못한 것이 사실이다. 한 실증 연구에 따르면, 2010년 11월 6,000억 달러 규모의 장기 국채 매입이라는 2차 양적 완화 정책 발표에 대한 시장 반응은 10년 만기 국채 수익률 하락폭이 0.18%p에서 멈추는 정도였다.[26]

많은 학자들은 미국의 1차 양적 완화가 금융시장과 거시경제에 다소 긍정적인 영향을 미친 것으로 평가하고 있다.[27] 이후 이어진 2차, 3차 등의 양적 완화에서는 1차 양적 완화 정도의 효과도 없었던

26 Krishnamurthy and Vissing-Jorgensen(2011).
27 Ashworth(2020).

것으로 평가되고 있다. 그리고 대다수 중앙은행의 핵심 평가는 양적 완화가 경기회복에 강한 효과를 내지 못한다는 것이었다.

주류경제학계의 논의에서 벗어나 있지만 현대화폐이론(modern moneraty theory)[28]을 비롯한 많은 비주류경제학자들 사이에서도 양적 완화에 대해 부정적인 평가가 지배적이다. 양적 완화의 실제 경제적 효과가 크지 않았다는 평가와 함께, 글로벌 금융위기에서 벗어나 경제를 조속히 회복시키겠다는 목적을 달성하기 위해서는 통화 정책에만 의존해서는 그 효과를 거두기 어렵고 재정 정책이 동반되어야 한다는 점을 비주류경제학자들이 강조하고 있었다. 그리고 재정준칙주의에 빠져 있는 주류경제학은 글로벌 금융위기라는 어려움 속에서도 정책당국에 과감한 재정 정책을 수행하라는 제안을 하지 못하였다고 비판하고 있다.[29]

4. 사법심사의 대상이 된 유럽중앙은행의 양적 완화

독일 유력 언론 빌트(Bild)의 두 기자가 이탈리아 국적의 드라기(M. Draghi) 유럽중앙은행 총재를 인터뷰하러 갔을 때 프러시아 군용

28 현대화폐이론의 핵심적 내용은 본 경제사회연구총서 1권 『최근 경제학의 10가지 흐름』 제10장에 상세히 설명되어 있다. 홍훈 외(2024)를 참조.
29 Fiebiger and Lavoie(2021), Fullwiler and Wray(2010).

헬멧을 선물로 주었다는 일화가 있다.[30] 드라기를 가장 독일적인 후보라고 평가하였던 독일 언론의 지지 덕분에 이탈리아 출신 총재가 탄생할 수 있었음을 상기시키고, 드라기가 선물을 받고 기뻐하는 사진을 통해 현 총재가 독일에서 인정받고 있다는 것을 자랑스러워하고 있음을 드러내려는 독일 유력 언론의 의도가 분명하였던 일화로 전해지고 있다. 프러시아 군용 헬멧은 물가안정과 유럽 저축자 보호라는 유럽중앙은행의 가장 중요한 업무에 어울리는 상징이었고, 유럽에 바람직한 중앙은행의 상을 제시한 국가는 독일이라는 메시지를 전달하는 것이었다.

잘 알려진 대로 독일은 20세기 전반기에 두 차례 극심한 인플레이션을 겪었다. 독일의 중앙은행이었던 분데스방크(Bundesbank)는 이러한 독일의 인플레이션 경험 덕분에 전 세계에서 인플레이션과 가장 잘 싸우는 중앙은행으로, 그리고 행정부의 간섭에 가장 강력하게 맞설 수 있는 중앙은행으로 만들어졌다는 것이 학계의 통설이었다. 그리고 이 분데스방크 정신이 유럽중앙은행 설계의 토대가 되었다고 많은 학자들이 주장해 왔다.

유럽중앙은행 역시 통화주의에 기반하여 설계되었다고 할 수 있다. 유럽 조약이 유럽중앙은행에 부여한 책무는 물가안정 하나뿐이다. 유럽중앙은행은 물가안정을 최우선 과제로 삼아야 한다. 이러

30 Mee(2019).

한 물가안정을 통해 경제성장, 고용 등 경제의 장기적인 목표에 기여할 수 있게 되는 것이다. 화폐는 장기적으로 중립적이어서 경기를 인위적으로 부양하려는 노력은 결국 물가상승을 초래할 뿐이다. 프리드먼의 자연실업률 이론은 이러한 통화 정책 운영의 강력한 이론적 근거를 제공하였다.[31] 선거에서 이기려는 목적으로 경기를 인위적으로 부양하려는 정치인과 정부의 간섭을 피하기 위해 중앙은행은 독립성을 갖추어야 하며, 중앙은행이 통화 정책을 수행함에 있어서도 재량은 최소화되어야 한다. 통화 정책에 규칙을 부여하면 정치인들의 개입 여지를 원천적으로 봉쇄할 수 있기 때문이다. 또한 중앙은행의 통화 정책은 장기적으로 실물 변수, 분배 등 정치적으로 민감할 수 있는 부분에 영향을 주지 못하기 때문에 전문 기술 관료(technocrat)에게 중앙은행의 운영을 맡기는 것이 민주적 정당성 측면에서도 용인되는 것이라고 보았다.

그러나 금융위기, 유로존 위기 등이 발생하면서 유럽중앙은행은 최초 설계 당시 생각하지 못했던 상황에 직면하게 된다. 위기 이전의 전통적인 통화 정책 수단으로 유럽중앙은행이 원하는 수준의 인플레이션 목표를 달성하기 어려운 상황에 직면하게 되자, 유럽중앙은행은 인플레이션 목표 달성의 의무를 포기할 것인가, 아니면 유럽 조약이 유럽중앙은행에 위임한 권한을 넘어서는 것일 수도 있는

31 Friedman(1968).

양적 완화 등 비전통적 통화 정책을 수행할 것인가를 결정해야 하는 상황에 직면하게 된다. 망설이던 유럽중앙은행은 미국 등 다른 국가들에 비해 늦게 이러한 비상 수단을 사용하지만 독일연방헌법재판소에 의해 사법심사를 받게 된다.

2014년 독일연방헌법재판소는 독일의 지지로 유럽중앙은행 총재가 된 드라기 총재의 무제한 국채매입(outright monetary transaction, OMT)[32] 계획이 유럽 조약을 위반하였다고 판결한다. 유럽 조약은 유럽중앙은행에 물가안정을 위한 통화 정책의 권한만 위임하였고 개별 회원국에 대한 구제금융을 금지하고 있는데, OMT는 이 원칙에서 벗어나는 것으로 보았다. 이 판결은 OMT가 제한적인 조건(무제한 매입 금지, 위기 국가의 채권 발행과 유럽중앙은행의 국채 매입 사이의 충분한 시차)에서 수행되어야 한다는 것을 분명히 요구하였다. 그런데 독일연방헌법재판소는 최종 판결 이전에 OMT의 유럽 조약 위반 여부를 판단해 달라고 유럽사법재판소에 사법심사를 의뢰하였다. 여기서 유럽사법재판소는 독일연방헌법재판소와 달리 OMT가 합법적인 정책이라고 판단하였다. 2016년 독일연방헌법재판소는 유럽사법재판소의 판단을 수용하였다.[33]

32 실제 수행되지 않았다.
33 반베르그와 굴라티(Vanberg and Gulati, 2019)는 독일연방헌법재판소가 유럽중앙은행의 OMT를 최종적으로 인정한 것을 '전략적 후퇴', '정치적 타협'이라고 평가하였다. 독일연방헌법재판소는 OMT 발표만으로 시장이 어느 정도 안정된 상황에서 OMT를 불법으로 판결하면 유로존 위기가 재현될 위험이 있다고 보았고, 그렇게 되면 비난은 자신들에게 향하게 될 것임을 우려하였다는 분석이다.

그런데 유럽중앙은행의 시련은 여기서 끝나지 않았다. 유럽중앙은행의 비전통적 통화 정책을 둘러싼 유럽사법재판소와 독일연방헌법재판소 사이의 의견 차이는 공공부채매입 프로그램(public sector purchase programme, PSPP)에서도 반복된다. 유럽사법재판소는 PSPP가 물가안정을 추구하는 통화 정책의 수행 과정에서 나타날 수 있는 중앙은행의 재량이라고 보았다. 유럽 조약에 통화 정책에 대한 정의(dcfinition)가 포함되어 있는 것은 아니다. 따라서 유럽중앙은행의 양적 완화가 물가안정을 위해 반드시 필요한 것인가를 판단함에 있어 유럽사법재판소는 유럽중앙은행의 설명에 의존하게 되었다. 통화 정책과 관련된 의사결정은 고도의 전문적 지식과 복잡한 미래 예측을 포함하는 것으로, 이는 법원이 아닌 중앙은행의 영역임과 동시에 중앙은행의 재량에 해당하는 것으로 유럽사법재판소가 판단한 것이다.

반면 독일연방헌법재판소는 PSPP가 통화 정책인가 아닌가를 법적 조문에 의해 판단하는 것이 어려워지자 그 경제적 효과에 주목하였다. 독일연방헌법재판소는 통화 정책의 실제 효과를 중요하게 보았고 PSPP의 위법성을 판단함에 있어 비례원칙(proportionality)[34] 위반 여부에 주목하게 되었다. PSPP와 관련하여 독일연방헌법재판소가 우려

34 비례원칙이란 정책 목적이 정당하고, 그 수단(방법)이 적절하며, 다른 정책 수단을 통해서는 정책의 목표 달성이 어려우며, 정책 수행에 따른 이익이 발생 가능한 불이익 내지 부작용보다 커야 한다는 등 국민의 기본권을 제한함에 있어 그 한계를 규정한 헌법상의 원칙을 의미한다.

한 것은, 이 정책이 인플레이션 목표 달성에 기여하는 바가 매우 제한적이라는 점, 그리고 다른 경제적 영향이 매우 클 것이라는 점이었다. 독일연방헌법재판소는 PSPP의 광범위한 경제적 효과를 고려할 때, 이는 유럽 조약이 유럽중앙은행에 위임한 '물가안정을 위한 통화 정책'이라는 권한의 범위를 넘어서는 것이라고 판단하였다.[35]

유럽중앙은행이 계속 사법 논쟁에 휘말릴 수밖에 없는 상황은 개선되지 않았다고 할 수 있다. Covid 19 이후 유럽중앙은행이 도입한 팬데믹 긴급매입 프로그램(pandemic emergency purchase programme, PEPP)은 독일연방헌법재판소의 사법심사 대상이었던 OMT, PSPP 등과 같은 성격을 갖는 통화 정책이다. 유럽중앙은행을 지지하였던 유럽사법재판소도 국채매입 시 이것이 재정적자를 중앙은행의 발권력으로 메우는 재정적자의 화폐화(monetary financing)가 되지 않게 하는 장치가 필요하다는 의견을 제시한 바 있다. 그런데 유럽중앙은행은 이에 대해 충분한 장치를 마련하지 못한 상황에서 유사한 정책을

35 미국과 유럽에서 국채의 대량 매입이라는 비슷한 정책이 수행되었는데, 유럽과 달리 미국에서는 양적 완화라는 통화 정책이 사법심사의 대상이 되는 일은 발생하지 않았다. 여러 가지 제도적, 관행적 차이 그리고 정치적 상황에 대한 차이가 있겠으나 결정적으로 연준법에는 긴급 상황에서 연준의 재량을 확대할 수 있는 법 조항이 명시되어 있다는 것이 큰 차이라고 할 수 있다. 이에 더하여 미국 대법원은 중앙은행과 같은 독립적 기관의 관련 법이 모호할 경우 그 법 조항에 대한 해석에 있어 최대한 독립기관의 자체 해석을 존중하는 전통(Chevron Doctrine)을 가지고 있다. 얼핏 이는 법치의 원리에 부합하지 않는 것으로 보일 수 있으나, 법안이 사장될 수 있는 지점(veto point)이 많아 입법이 어려운 미국의 정치적 현실에서 법원의 적극적 개입은 법의 해석을 통해 사실상 입법의 역할을 수행하게 된다는 우려가 반영된 원칙이라고 할 수 있다(Skinner, 2021; Tucker, 2018).

진행해야 하는 상황에 직면하게 된 것이었다. 심지어 가장 큰 재정 위기를 겪고 있는 그리스의 국채까지 PEPP에 포함되었다. 이에 대해 독일의 극우 정당(Alternative für Deutschland)이 PEPP에 대한 새로운 소송을 제기할 움직임을 보였다.[36]

이러한 논란에도 불구하고 유럽중앙은행의 지위는 크게 흔들리지 않고 있다고 볼 수 있다. 하지만 유럽중앙은행이 불법적인 통화 정책을 수행하는 것이 맞다고 생각하는 유럽인들의 숫자가 증가한다면, 그리고 유럽중앙은행의 통화 정책이 어떤 특정 국가에 특혜를 주는 것이고 자국민들에게는 피해만 준다고 생각하는 국민들의 숫자가 증가한다면, 유럽중앙은행의 정당성은 크게 위협받을 수 있는 상황으로 변화될 가능성을 배제하기 어렵게 된다.

유럽중앙은행의 양적 완화는 통화 정책의 중립성이라는 측면에서도 새로운 논란을 낳았다.[37] 유럽중앙은행은 2015년 3월 회사채를 자산매입 프로그램에 포함시킨다고 발표하였지만 이 역시 물가안정을 위한 조치라고 하였다. 그렇지만 그 배후에는 많은 숨겨진 이유들이 존재하고 있었다. 일단 국채매입만으로 양적 완화를 진행하지 못한 것은 정치적 반대 때문이다. 국채매입에 반대하여 독일을 대표하는 위원들이 사임하였다. 유럽중앙은행은 내부 분열과 법적 제약을 피하기 위한 틀을 만들기 위해 노력하였는데, 유로 회원국이 유

36 Boer and Klooster(2020).
37 Klooster and Fontan(2020).

럽중앙은행에 투자한 자본에 비례하여 국채를 매입한다든가 그리스 국채는 매입에서 배제한다거나 하는 것들이다. 이런 조건들을 고려하다 보니 국채매입만으로는 대규모 양적 완화를 수행할 수 없게 된 것이다. 이 부족분은 회사채매입으로 채워져야 하였다.

회사채매입이 양적 완화에 포함된 것에는 또 다른 목적이 있었다. 유럽의 자본시장통합(capital market union, CMU) 사업을 지원하기 위함이다. CMU의 목적은 유럽의 회사들이 유럽 전체에서 자금을 조달할 수 있게 만드는 것이다. 유럽중앙은행의 양적 완화에 회사채가 포함된 것은 유럽 기업들이 채권 발행을 통해 자금을 조달하기 용이하게 만들어 주기 위함이었다.

그런데 회사채를 매입하기로 결정하고 나면 이제 어떤 자산을 얼마나 사야 하는가에 대한 고민을 해야 하는 상황에 직면하게 된다. 중립성을 의식하여 유럽중앙은행은 채권들의 시장가치에 비례하여 매입하겠다고 하였다. 그런데 이러한 기계적 중립 역시 완벽한 방법이 될 수는 없었다. 가령 배출가스 스캔들을 일으킨 폭스바겐 채권도 계속 매입하였고, 무기제조사, 주류회사의 채권도 계속 매입하였다. 이에 중앙은행이 사회에 피해를 주는 비윤리적 기업을 지원해야 하는가, 그리고 비윤리적인 기업을 판단하는 기준이 무엇인가라는 질문에 직면하게 된다. 나아가 시장가치에 비례한 채권매입도 분배적 효과를 낳을 수밖에 없다. 유럽중앙은행의 회사채매입은 회사채를 발행할 수 없는 중소기업에게 전혀 도움이 되지 못하였다. 거대 석유회사들은 이득을 본 반면, 소규모 재생에너지 회사들은 혜택을 받을 수 없었다.

기후위기에 대한 인식이 확대되면서 중앙은행에서도 이른바 '녹색 중앙은행업'에 대한 관심이 증폭되고 있었다. 환경 문제에 적극적인 유럽 사회의 요구에 맞추어 유럽중앙은행의 이사 슈나벨(I. Schnabel)은, 기후 변화 대응에 중앙은행이 적극적으로 나서는 것이 민주주의 사회에서 책임을 다하는 길이며, 이를 위해 시장중립성 원칙에서 벗어나야 한다고 주장하였다.[38] 유럽중앙은행이 유로존 위기 대응 과정에서 회사채를 매입하면서 결과적으로 대기업, 탄소배출 기업에 많은 혜택이 돌아가는 비중립적 결과가 초래되었음을 인정하고 있다. 기후 변화 대응이라는 사회적 가치를 우선적으로 고려한다면, 친환경산업을 더 많이 지원하는 의도적인 비중립적 정책을 중앙은행이 수행해야 하는 것이다. 그런데 이렇게 되면 중앙은행은 중립적인 정책을 추구해야 한다는 전통적 의무와 충돌하게 된다.[39]

5. 아베노믹스와 일본은행 독립성 후퇴

대한민국의 22대 총선을 코앞에 둔 2024년 3월 중순, 이창용 한

38 Schnabel(2021a; 2021b).
39 제4절의 내용은 황재홍(2022)의 일부를 요약한 것이다.

국은행 총재가 여당인 국민의힘 김은혜 성남 분당을 국회의원 후보자와 같이 찍은 사진이 많은 언론을 통해 공개되었다. 김은혜 후보자는 자신의 소셜 미디어를 통해 이창용 총재와의 면담 사실을 알리면서 기준 금리 인하를 건의하였음을 자랑하였다. 결국 김은혜 후보는 국회의원에 당선된다. 한국은행 노조가 강력하게 유감을 표명하였고 많은 언론들도 이를 부정적으로 평가하였다. 한국과 미국의 금리 역전 상황[40]에서 많은 이들이 한국에서 자본이 빠져나갈지 모른다는 우려를 표명할 때, 한국은행은 대한민국 정부로부터 독립하였지만 미국 연준으로부터 독립하지 못한 상황이라고 발언해 온 이창용 총재가 왜 민감한 시기에 여당 국회의원 후보를 만나 같이 사진을 찍었는지는 외부 관찰자의 입장에서 매우 이해하기 어려운 부분이다.

정치권과 중앙은행의 관계가 시끌시끌한 것은 비단 우리 사회만의 문제는 아니다. 지구촌에서 가장 독립적인 중앙은행 중 하나라고 평가받는 연준의 역사를 보더라도 그러하다. 재선에 성공한 트럼프(D. Trump)가 취임도 하기 전에 연준 의장 파월(J. Powell)에게 경고장을 날렸으며, 첫 임기 중에도 금리를 인하하라고 자주 연준을 압박하였다. 영국이 브렉시트(Brexit)를 감행할 때 이것이 영국 금융시장을 불안하게 만들 것이라는 영란은행 총재 카니(M. Carney)의 발언에 대해, 브렉시트를 주도하였던 영국의 한 의원은 중앙은행이 어떻

40 2024년 7월 6일 현재 한국은행 기준 금리는 3.5%, 연준 기준 금리는 5.5%이다.

게 감히 브렉시트와 같은 사안에 대해 논할 수 있느냐며 주제 파악 좀 하라고 비판하였다.[41]

글로벌 금융위기 이후 분위기가 좀 바뀌기는 하였지만 여전히 중앙은행 독립성은 중앙은행이 지켜내야 할 중요한 가치로 인식되고 있다. 중앙은행을 책임지고 있는 사람들만 그렇게 생각하는 것이 아니다. 다수의 경제학자, 다수의 언론들이 이러한 태도를 굳건하게 견지하고 있다. 경제학자들이 어떤 사안에 대해서 합의된 의견을 낸다는 것이 그리 쉬운 일이 아니다. 그리고 경제학자들은 가치 판단이 들어가는 문제를 회피한다. 경제학자는 세상이 어떻게 돌아가는가에 대해서만 관심이 있고, 세상이 어떻게 되어야 하는가는 대해서는 정치철학자나 윤리학자에게 물어보라는 입장을 견지해 왔다. 그런데 중앙은행 독립성에 대해서는 놀라울 정도의 의견일치를 보여주고 있다. 오죽했으면 중앙은행 독립성이 왜 이렇게까지 광범위하게 받아들여지게 되었는가를 주제로 논문[42]이 쓰여지기까지 하였다.

그런데 중앙은행 독립성을 탐탁하지 않게 생각하는 소수의 경제학자 그룹이 있었는데, 그들은 바로 제3절 말미에 잠깐 소개한 현대화폐이론가와 같은 비주류경제학자들이다. 이들은 민주주의 국가에서 비선출 기술 관료의 권력이 확대되는 것을 경계하고 있다. 중앙은행은 헌법에서 독립을 보장하는 사법부를 제외하고 경제 분야에

41 Jones and Matthijs(2019).
42 Forder(2005).

서 가장 강력한 권력을 가지는 비선출 독립 기관이다. 그러므로 중앙은행의 재량이 커지는 것은 민주주의 사회에서 바람직하지 않은 측면이 있다. 글로벌 금융위기와 양적 완화를 목격하면서 이제 중앙은행의 재량이 너무 비대해지는 것 아니냐는 목소리가 조금씩 높아지고 있는 상황이라고 할 수 있다. 그런데 많은 주류경제학자들은 이 문제를 해결하는 방법으로 금융위기 이전 수준의 정책 수행으로 되돌아갈 것을 주문하고 있다. 금융위기가 끝났으니 이제 하는 일을 줄이라는 뜻이다. 그러면 민주적 정당성이니 뭐니 하는 논란에서 벗어날 수 있다고 생각한다. 버냉키도 자신의 통화 정책을 회고하면서 금융위기가 어느 정도 진정된 이후, 뭘 해달라는 이야기보다 뭘 하지 말라는 이야기를 더 많이 들었다고 서술하고 있다.[43]

일본은행은 글로벌 금융위기 이후 중앙은행 독립성이 가장 많이 후퇴한 중앙은행으로 평가되고 있다.[44] 일본은행은 한국은행이 독립적 지위를 얻게 된 때와 거의 같은 시기인 1997~1998년에 독립적인 중앙은행의 지위를 얻게 된다. 중앙은행 독립성을 뒷받침하는 경제학 연구들[45]은 중앙은행이 독립적인 국가에서 인플레이션이 더 안정적이라고 주장해 왔지만, 일본은행이 독립성을 획득한 시점에서 일본은 인플레이션이 아니라 디플레이션에 시달리고 있었다. 잘 알려

---

43 Bernanke(2022).
44 도모히코(2024), Park *et al.*(2018).
45 Alesina and Summers(1993).

진 대로 1980년대 말 부동산 버블 붕괴 이후 일본은 잃어버린 10년을 경험하고 있는 상황이었다. 물론 이 잃어버린 10년은 이후 20년이 되고 30년이 된다. 버냉키와 크루그먼(P. Krugman) 등 세계의 경제학 석학들은 일본은행에 좀 더 과감한 통화 정책을 주문하고 있었다.[46] 그러나 일본은행은 여전히 과감한 통화 정책에 대해 조심스러운 접근을 하고 있었다. 디플레이션 위험의 상황에서도 일본은행은 여전히 인플레이션을 주요 위협으로 간주하고 있었다. 한 연구자는 이러한 상황을 일본은행이 이른바 '독립성 함정'에 빠져 있는 상황이라고 평가하였다.[47] 당시 일본은행 내부에는 어렵게 독립성을 확보한 일본은행이 이제 책임감 있게 인플레이션 싸움꾼으로서 신뢰를 구축하는 것이 양적 완화를 통한 경기부양보다 더 중요한 일이라는 분위기가 팽배해 있었다는 평가이다. 일본은행 내부에서는 본원통화 확대가 경제에 자극을 주지 못하며 물가변동성만 높일 뿐이라는 견해가 다수였는데, 1990년대 중반 이러한 생각은 일명 '일본은행 이론'으로 불렸다. 나아가 2008년부터 2013년까지 일본은행을 이끌게 되는 시라카와(白川方明)는, 디플레이션의 원인이 기술진보에 있는 것이라면 이는 좋은 디플레이션이며, 일본의 인구고령화를 고려할 때 디플레이션이 크게 문제되는 것이 아니라는 입장을 보였다. 양적 완화 등 적극적인 통화 정책으로 인하여 일본은행이 감당

46 Bernanke(2003), Krugman(1998).
47 Park(2022).

할 수 있는 수준을 넘어서는 손실을 보게 될 경우 어렵게 얻게 된 일본은행 독립성이 다시 위협받게 될 것을 우려하였다.

잘 알려진 대로 일본은행은 연준 등보다 앞서 2001년 3월 처음 양적 완화를 시작하는데, 그 규모는 글로벌 금융위기 시 수행된 미국 등 다른 국가들의 양적 완화와 비교할 때 양적인 측면에서 비교도 되지 않는 작은 규모였다. 2001년 3월부터 2006년 3월까지 일본에서 본원통화는 26% 증가하는 데 그쳤다.[48] 연준이 대차대조표 규모가 약 9,000억 달러인 상황에서 1차 양적 완화로 1조 7,000억 달러를 쏟아부은 점과 비교하면 미국보다 먼저 시작된 일본은행 양적 완화의 규모가 어느 정도였는지 판단할 수 있을 것이다.

2008년 금융위기가 진행되고 일본 경제도 계속 나빠지는 가운데 대규모 양적 완화를 거부하는 일본은행에 대한 정치권의 압박은 여야를 가리지 않았다. 2012년 12월 일본 총선을 앞두고 자민당은 인플레이션 목표 2%, 일본은행법 개정 등과 같은 공약을 내세우게 된다. 통화 정책이 완전히 선거 정치의 영역으로 들어오게 된 것이다. 이에 비하면 김은혜 국회의원 후보가 한국은행 총재와 사진 찍고 이를 자신의 선거에 이용한 사건은 애교로 넘길 수준인지도 모르겠다.

자민당이 총선에서 대승하고 아베(安倍晋三) 총리는 일본은행 장악이라는 가속 페달을 밟게 된다. 아베는 2013년 3월 구로다(黒田

48 Park(2022).

東彦)를 일본은행 총재로 임명한다. 구로다는 재무부 관료 출신으로 일본은행 독립 이후 일본은행 경력이 없는 첫 번째 총재가 된다. 그리고 이전의 양적 완화와 비교할 수 없는 규모의 양적 완화 정책을 추진한다. 구로다 재임 시절인 2013년에서 2020년 사이 일본의 본원통화는 244%가 증가한다.[49] 또한 양적 질적 완화(quantitative qualitative easing)라는 이름으로 국채뿐 아니라 회사채 등 신용등급이 낮은 자산들도 매입하였다. 이러한 엄청난 노력에도 불구하고 자민당과 일본은행은 구로다가 퇴임하는 2023년까지 목표하였던 인플레이션 2% 달성에 실패한다.

아베의 일본은행 장악이 진행되는 과정에서 일본은행의 독립성을 보장한 법조문이 바뀐 것은 없었다. 그러나 아베의 집권이 장기화되면서 임기를 다한 통화 정책 위원들을 자신의 성향과 일치하는 인물들로 교체할 수 있었다. 독립성 확보 이전에도 물가 관리를 잘 해왔던 일본은행이었지만, 법적 독립성을 확보한 이후 일본은행의 통화 정책은 오히려 더 정치화되었다.[50] 그리고 아베의 일본은행 장악이 성공할 수 있었던 것은 일본 국민들이 아베 정권에 압도적이고 꾸준한 지지를 보내 주었기 때문이다. 서양의 선진 민주주의 국가들이 강력하게 중앙은행 독립성을 외치고 있을 때, 일본에서는 민주주의에 의해 일본은행의 독립성이 처절하게 짓밟히게 된다. Covid

49 Park(2022).
50 Cargill and O'driscoll(2017), Park(2022).

19 위기 속에서 도쿄올림픽이 열리기로 되어 있었던 2020년 5월 22일 구로다 총재는 중소기업 지원 등을 포함한 75조 엔 규모의 '자금운영지원 특별 프로그램'을 결정한 뒤 저녁에 아소(麻生太郎) 재무대신을 만나 "감염 수습 후 일본 경제를 다시 확실한 성장궤도로 회복시켜 나가기 위해 일체가 되어 노력하겠다"는 공동담화를 발표한다.[51] 중앙은행과 정부가 한 몸이 되었음을 거리낌 없이 언론 앞에 드러낸 것이다.

6. 한국판 양적 완화와 한국은행 독립성

통화 정책의 구체적 내용이 선거 공약으로 등장하였던 일본과 유사한 사례가 한국에서도 나타났다. 2016년 총선을 앞두고 국민의힘 전신인 새누리당 공동선대위원장으로 활약한 경제학 박사이자 재정경제부 장관을 역임한 강봉균 위원장은 한국판 양적 완화를 선거 공약으로 내세운다. 한국은행이 MBS와 산업은행 채권을 인수하는 방식으로 가계부채 상황을 개선하고 당시 어려움을 겪던 조선업, 해운업 등을 지원하자는 것이었다. 총선에서 새누리당이 패배하면서 이 논란은 사라지는 듯하였으나 총선 패배 이후에도 당시 박근혜

51 도모히코(2024), p. 323.

정부는 한국판 양적 완화에 관한 주장을 굽히지 않았다. 당시 한국은행을 책임졌던 이주열 총재는 정치권의 이러한 요구를 매우 불편하게 여겼던 것으로 전해지고 있다.

정치권에서 박근혜 정부와 새누리당의 정책 제안이 양적 완화인가 아닌가에 대한 논란이 컸다. 당시 야당에서는 여당의 제안은 양적 완화를 가장한 관치금융일 뿐이라는 비판이 쏟아졌다. 우리가 앞 절에서 살펴본 버냉키의 주장에 비추어 보면 새누리당의 정책 제안은 신용 완화에 해당한다. 연준이 MBS 등 특정 시장의 안정을 위해 자산을 매입한 것처럼, 한국은행이 조선업과 해운업에 대한 지원을 통해 거시경제 전체의 안정을 꾀하려고 산업은행 채권을 매입하였다면 이것은 연준이 MBS를 매입하면서 내세운 논리와 정확하게 같은 것이 된다. 그런데 중앙은행이 매입하는 자산의 종류가 무엇이든 중앙은행의 대차대조표 규모가 늘어나는 것을 넓은 의미에서, 그리고 현재 통상적으로 인식되고 있는 의미에서 양적 완화라고 한다면 박근혜 정부가 추진한 정책이 양적 완화가 아니라고 할 수는 없다.

박근혜 정부의 정책 제안이 양적 완화이냐 아니냐라는 논쟁보다는 왜 중앙은행의 영역인 통화 정책에 정부가 개입하는가에 대한 논란에서 박근혜 정부는 일방적인 수세에 몰렸다고 할 수 있다. 새누리당과 박근혜 정부 인사, 그리고 일부 경제신문 등을 제외하면 보수, 진보와 상관없이 많은 경제전문가와 언론들이 한국은행 독립성을 위협하는 이러한 정책 제안은 매우 부적절하다는 의견을 표명하고 있었다.[52] 결국 2016년 박근혜 정부가 추진하였던 한국판 양적 완화는 역사 속으로 사라졌다.

시간이 좀 흘러 Covid 19 위기가 진행되고 있던 2020년 3월 26일 한국은행은 금융통화위원회를 열고 환매조건부채권[53](repurchase agreements, RP) 무제한 매입과 공개시장 운영 대상이 되는 증권의 범위를 확대하는 내용이 담긴 「공개시장운영규정」과 「금융기관대출규정」 개정안을 의결하였다. 이에 따라 한국은행은 3개월 동안 매주 1회 정례적으로 RP를 무제한 매입하기로 하였다. 한국은행의 RP 무제한 매입 조치는 사실상 양적 완화로 보아도 크게 틀린 것이 아니

52 '재벌저격수', '삼성저격수'라고 불리며 2017년 출범한 민주당 정부에서 공정거래위원장 등을 역임한 김상조 교수가 2016년 한국판 양적 완화 논쟁 과정에서, 중앙은행 독립성과 같은 전통적 논리로 대응하는 야당(민주당)도 답답하다며 양적 완화를 선험적으로 배제할 이유가 없다고 주장한 것이 눈에 띄는 부분이다(김상조, 2016). 경제위기가 더 심해지면 특정 산업, 기업을 지원하는 대책도 필요하다는 주장으로 해석될 수 있는 부분이다. 그런데 더 아이러니한 것은, 홍남기 기획재정부 장관이 선출 대통령이자 자신의 임명권자가 추진한 전 국민 재난지원금 정책에 대해 재정건전성을 이유로 반기를 들었을 때 당시 청와대 정책실장직을 수행하고 있던 김상조 실장 역시 기획재정부와 뜻을 같이하고 있다는 보도가 다수 등장하였다는 점이다. 본인이 직접 입장을 밝힌 것이 아니라 사실관계에 대한 좀 더 정확한 파악이 필요한 부분이기는 하지만, 만약 재정건전성을 이유로 전 국민 재난지원금 정책에 대해 반대하였다면 이는 2016년 교수로서의 자신의 견해를 180도 뒤집은 것이라고 할 수 있다. 중앙은행 독립성이라는 교과서적인 논리에 얽매여 경제에 필요한 정책 수행에 제동이 걸리면 안된다고 주장하였으나, 실제 정책담당자가 되었을 때는 재정건전성이라는 교과서적인 논리에 얽매여 경제위기 대책에 제동을 건 셈이다. 2016년 조선업, 해운업 위기와 2020년 Covid 19 위기 중 어떤 것이 더 심각한 경제위기였는가에 대해서는 굳이 설명할 필요가 없을 듯하다. 또한 새누리당(국민의힘), 보수 언론이 2016년에는 한국판 양적 완화를 주장하다가 2020년 전 국민 재난지원금 정책을 포퓰리즘이라고 비판한 비일관성에 대해서도 굳이 따로 거론할 필요성을 느끼지 못한다.

53 환매조건부채권은 금융 기관이 일정 기간 후에 다시 사는 조건으로 채권을 팔고 경과 기간에 따라 소정의 이자를 붙여 되사는 채권이다. 채권 투자의 약점인 환금성을 보완하기 위한 금융상품이다. 대부분의 국가에서 중앙은행과 예금은행 사이의 유동성 조절 수단으로 활용되고 있다.

라는 윤면식 한국은행 부총재의 발언을 많은 언론들이 보도하였다. 하지만 환매조건부채권과 같은 초단기 채권매입을 양적 완화로 볼 수 있는가라는 의문을 시작으로 한국은행의 이러한 정책 수행에 대한 여러 갑론을박이 계속되고 있다. 문재인 정부의 전 국민 재난지원금 정책 등이 훨씬 더 많은 이들의 주목을 받고 정쟁화되면서 사실 한국은행의 Covid 19 위기 대책은 일반인들에게 잘 알려지지도 않은 측면이 있다.

시계를 IMF 사태 시절로 되돌려 보면, 당시 외환위기 상황에서 대한민국의 대표 소방수는 임창렬 경제부총리였고, 이헌재 금융감독위원회 위원장 겸 금융감독원장이 은행 산업 구조조정을 진두지휘하였다. 당시 한국은행을 책임졌던 전철환 총재의 존재감은 크지 않았다. 『한국은행 70년사』와 같은 기록물을 보아도 IMF 위기에서 한국은행이 어떤 일을 하였는가에 대한 상세한 내용을 찾아보기 어렵다. 글로벌 금융위기에서 주인공이 연준 의장 버냉키였던 것과 비교하면 큰 차이가 있다.

한국 사회가 1997년 말 외환위기를 겪고 한국은행이 독립적인 지위를 확보한 뒤 불과 20년 만에 한국은행 독립성은 어느덧 우리 사회가 수호해야 하는 가장 중요한 가치 중 하나가 되었다는 것을 2016년 한국판 양적 완화 논쟁이 잘 보여 주고 있다. 일본의 식민지 지배를 받으면서 일본의 많은 제도가 한국에 이식되었고 해방 이후에도 계속 한국의 롤 모델이 되어 왔던 일본이었는데, 중앙은행 독립성에 있어서 우리 사회는 일본과 정반대의 길을 가고 있다. 이 방향성이 언제 바뀔지는 모르지만 말이다.

현재까지 한국은행은 연준이나 유럽중앙은행처럼 지나친 권력을 휘두른다는 비판을 받는 상황을 경험한 것도, 일본은행처럼 장기 침체 속에서 경제를 회복시켜야 한다는 전 국민적 염원과 이 염원에 부합하려는 정치권의 노력을 무시해서 독립성을 위협받는 상황을 경험한 것도 아닌 것으로 판단된다. 연준과 일본은행은 모두 자국의 경제 상황에 대해서 독자적으로 판단하고 통화 정책을 수행할 수 있는 능력과 권한을 가진 최고의 경제 엘리트 집단이라는 점을 부정할 수는 없다. 연준은 대공황과 같은 추락을 피하기 위해 불가피하게 비상 수단을 강구할 수밖에 없었다고 말하고 있다. 그리고 권한이 늘어난 만큼 좀 더 투명하고 책임 있는 통화 정책을 수행하겠다고 말하고 있다.[54] 양적 완화와 관련된 수많은 논란에도 불구하고 Covid 19 위기 시에 연준을 비롯하여 많은 선진국의 중앙은행들은 글로벌 금융위기 시기보다 보다 신속하게 그리고 보다 대규모로 양적 완화 정책을 수행하였다.[55] 일본은 중앙은행이 머뭇거리자 행정부가 압력을 넣어 양적 완화를 확대하게 된다. 여기서 공통적인 부분은 경제위기 극복이라는 큰 목표 아래 그동안 우리에게 익숙하지 않고 효과를 장담할 수 없는 새로운 정책이 감행되었다는 점이

54 Bernanke(2022).
55 Fischer(2021).

다. 미국과 일본의 차이는 미국은 전문 기술 관료가 이 정책을 주도하였고, 일본은 선출 정부가 이 정책을 주도하였다는 점이다. 중앙은행 독립성이라는 가치가 우선적 기준이 된다면 우리는 미국 모델을 따라가는 것이 맞다. 그리고 우리 사회의 많은 전문가와 언론들은 이러한 입장에서 2016년 박근혜 정부가 추진한 한국판 양적 완화를 비판하였다. 그러나 우리가 고민의 수준을 좀 더 확대하여, 민주주의 사회에서 비선출 기술 관료의 자율성은 어디까지 인정되어야 하는가라고 질문을 던져 보면 쉽게 미국 모델이 일본 모델보다 우월한 모델이라고 대답하기 어렵다고 생각한다. 상상하기 싫지만 국민은행과 삼성화재 둘 중 하나만 살리는 선택을 한국은행의 독자적 판단에 맡기자고 하면 우리 국민들은 동의할 수 있을까? 2016년 박근혜 정부에서 정부 주도가 아니라 한국은행이 독자적 판단으로 한진해운 등을 지원하였다면 과연 우리 국민들은 한국 경제 발전이라는 대의를 위한 한국은행의 슬기롭고 용감한 결단이라고 응원해 주었을까? 일국의 중요한 경제 정책을 논함에 있어 왜 경제 엘리트의 자율성이 제일 중요한 가치가 되어야 하는가에 대해서 진지하게 고민해 보아야 할 시기라고 판단된다. 미국과 유럽, 일본의 양적 완화는 우리에게 민주주의 사회에서 전문 기술 관료가 가지는 지위와 역할에 대해 잘 생각해 보라는 숙제를 던져 주고 있다.

7. 민중의 적

『민중의 적』은 노르웨이를 대표하는 극작가이자 시인인 입센(H. Ibsen)의 대표작 중 하나이다. 이 극의 주인공인 작은 마을의 의사 스토크만 박사는 자신의 형이자 마을의 시장이 마을의 사활을 걸고 추진하는 온천 사업에 심각한 문제가 있음을 발견한다. 온천수가 오염되어 전염병의 근원지로 전락한 것이다. 그러나 온천수가 오염되었다는 과학적 진실을 밝히려는 그의 노력은 정치권력과 언론의 권모술수에 가로막히고, 그는 마을 사람들의 공공의 적이 되어 가족 전체가 공격당하는 처지가 되고 만다. 입센의 작품에서 스토크만 박사는 민중의 적이 되었다. 그런데 입센의 작품에서 진정한 민중의 적은 진실을 은폐하는 정치인과 언론인, 그리고 우매한 민중 자신이다. 정치학자들은 테크노크라시(technocracy)와 포퓰리즘(populism)을 민주주의의 위협 요소로 지적해 왔는데, 입센의 작품은 포퓰리즘의 위험을 '민중의 적'이라는 제목을 통해 역설적으로 보여 주고 있는 것 같다.

전문성이 강조되면서 현대 민주주의에서 전문 기술 관료의 필요성은 점차 증가해 왔고 그 입지도 확대되어 왔다. 중앙은행은 비선출기관 중 가장 강력한 권한을 갖는 독립 기관이 되었다. 연준은 민간 금융 기관의 생사여탈권을 쥐게 되었다. 유럽중앙은행의 통화 정책은 독일연방헌법재판소에 의해 위법이라는 판결을 받았지만, 많은 경제 엘리트들은 이것을 독일 돈으로 그리스를 구제해 주는 것을 싫어하는 독일 극우파의 심리를 이용해 정치적 권력을 얻어 보자는 포퓰리즘 정당의 정치적 공세라고 생각한다. 우리 사회에서도 많은 복지 정책, 전 국민 재난지원금 등의 정부 정책이 포퓰리즘으로 비난받았고, 그 비판의 핵심에는 항상 경제학자, 경제관료 등의 경제 엘리트들이 있었다. 굳이 따지자면 선진국의 중앙은행 중 일본은행이 스토크만 박사와 가장 비슷한 처지일지 모른다. 일본은행 관계자들은 양적 완화가 경제 회복에 큰 도움이 되지 않는다는 과학적 진실을 잘 알고 있는 경제 엘리트였으나 정치권력을 획득하고 유지하려는 나쁜 정치인과 이에 편승하는 언론, 그리고 양적 완화가 무엇인지도 모르면서 아베노믹스 만세를 외쳤던 무지한 대중들에 의해 일본 경제의 적으로 전락한 것이다.

그런데 사실 양적 완화가 경제에 어느 정도 도움이 되는지, 그리고 그 경제적 효과가 부작용보다 큰지에 대해 정확히 아는 사람은 전 세계에 존재하지 않는다. 금융시장 불안으로 위기가 왔고 이 위기 극복을 위해 양적 완화를 시행하였는데, 우드포드와 같은 합리적 기대이론에 근거한 거시경제학 석학들은 금융시장이 완전하면 양적 완화(포트폴리오 밸런스 채널)는 효과가 없다는 어처구니없는 주장을 하고 있다. 전 세계 최고의 경제 엘리트 중 한 사람인 버냉키는 양적 완화가 효과가 있다고 하고 다른 한 사람은 효과가 없다고 한다. 일본의 최고 경제 엘리트들은 양적 완화가 효과가 없다고 믿었다. 일본의 경제 엘리트는 미국의 경제 엘리트보다 경제학 실력이 모자라서 그런 주장을 한 것일까? 자 이제 양적 완화에 관한 진실은 누가 증명할 수 있을까?

연준은 금융위기에서 4조 달러의 돈을 풀었지만 50조 달러의 돈을 풀어 기후 변화에 대응하자는 좌파 정치인의 '녹색 양적 완화' 제안을 포퓰리즘이라고 평가하였다. 50조 달러는 일반인이 보기에도 엄청난 숫자이기는 하다. 그러나 어떤 목적으로 돈을 풀 것인가를 결정하는 것은 중앙은행의 고유 권한이 아니다. 고유 권한이 아니라고 하는 것의 의미가 통화 정책에 정치권이 마음대로 개입할 수 있다는 뜻은 물론 아니다. 중앙은행은 어떤 목적을 가지고 통화 정책을 수행하는데, 그 목적을 정하는 것이 정치권이라는 뜻이다. 현재 대부분의 중앙은행은 물가안정을 가장 중요한 정책 목표로 가지고 있는데, 그것은 법률이 정한 것이다. 만약 기후 변화 대응이 우리 시대의 가장 중요한 과제라고 생각하는 시민들이 많아져 이러한 뜻을 국회의원들이 받아주면 중앙은행에 기후 변화 대응이라는 정책 목표가 추가될 수 있는 것이다. 중앙은행은 50조가 적절한지 4조가 적절한지를 결정할 수 있는 권한을 가지고 있을 뿐이다. 경제학자와 경제관료 등 현재 다수 경제 엘리트들의 생각은 기후 변화 대응이 중앙은행의 정책 목표가 되는 것이 적절하지 않다는 것이다. 그리고 이러한 생각에서 벗어나면 포퓰리즘이라고 몰아붙인다. 그런데 경제 엘리트들이 어떤 것을 포퓰리즘이라고 할 때 그 말이 꼭 진리인 것은 아니라는 점도 염두에 두고 있어야 한다. 스토크만 박사는 다수가 꼭 옳은 것이 아니라고 절규했지만 소수 엘리트가 내세우는 과학적 진리가 정말 진리인지도 알 수가 없다.

경제학은 자연과학이 아니지만 자연과학에 가장 가까운 사회과학임을 자랑스러워하면서 정치인보다 훨씬 공익을 위하는 척 도덕군자 행세를 하는 경제 엘리트가 세상에는 너무 많다. 인간은 기본적으로 사익을 추구하는 존재이고 정치인도 인간이므로 이들도 정권 창출과 유지라는 사익을 추구한다는 것이 중앙은행 독립성의 이론적 근거였다. 그렇다면 경제 엘리트도 인간이므로 이들도 사익을 추구한다고 보는 것이 이론의 일관된 적용일 것이다. 현재 우리는 경제 분야뿐 아니라 사회의 여러 분야에서 엘리트들이 사익의 극대화를 위해 자신들에게 주어진 권한, 그리고 정당한 권한을 넘어서는 힘을 행사하고 있음을 목격하고 있다. 이들의 자율성이 비대해질 때 민주주의가 어떻게 위협받을 수 있는가를 지금 우리 사회가 너무 생생하게 보여 주고 있다.

참고문헌

김상조, 「'양적 완화' 마지막 카드마저 날릴 건가」, 경향신문, 2016. 4. 11.

도모히코 니시노, 『침몰하는 일본은행?』, 가갸날, 2024.

정종우·이동원·김혜진, 「입시경쟁 과열로 인한 사회문제와 대응 방안」, 『BOK 이슈노트』, 2024.

한국은행, 『한국은행 70년사』, 한국은행, 2020.

홍훈·박종현·서한석·이상훈·이태수·황재홍, 『최근 경제학의 10가지 흐름: 다원적 사회과학의 모색』, 도서출판 해남, 2024.

황재홍, 「중앙은행의 역할과 권한 확대의 민주적 정당성」, 『사회경제평론』, 69, 2022, pp. 1~51.

Alesina, Alberto and Lawrence Summers, "Central Bank Independence and Macroeconomic Performance: Some Comparative Evidence," *Journal of Money Credit and Banking*, 25(2), 1993, pp. 151~162.

Ashworth, Jonathan, *Quantitative Easing: The Great Central Bank Experiment*, Agenda Publishing, 2020.

Bernanke, Ben, "On Milton Friedman's Ninetieth Birthday," Remarked by Governor Ben S. Bernanke at the Conference to Honor Milton Friedman, 2002.

______, "Some Thoughts on Monetary Policy in Japan," Speech by Ben Bernanke, Tokyo, 31 May 2003.

______, *21st Century Monetary Policy*, W. W. Norton and Company, 2022.

Bernanke, Ben and Vincent Reinhart, "Conducting Monetary Policy at Very Low Short-Term Interest Rates," *American Economic Review*, 94(2), 2004, pp. 85~90.

Boer, Nik de and Jens van't Klooster, "The ECB, the Court and the Issue of Democratic Legitimacy After Weiss," *Common Market Law Review*, 57(6), 2020, pp. 1689~1724.

Cargill, Thomas and Gerald O'driscoll, "The Federal Reserve in the Shadow of the

Bank of Japan," Center on Japanese Economy and Business Working Paper Series, No. 362, 2017.

Conti-Brown, Peter, *The Power and Independence of the Federal Reserve*, Princeton University Press, 2017.

El-Erian, Mohamed, *The Only Game in Town: Central Banks, Instability and Recovering from Another Collapse*, Random House, 2017.

Fiebiger, Brett and Marc Lavoie, "Central Bakers and the Rational for Unconventional Monetary Policy: Reasserting, Renouncing or Recasting Monetarism?," *Cambridge Journal of Economics*, 45, 2021, pp. 37~59.

Fischer, Stanley, "Comparing the Monetary Policy Responses of Major Central Banks to the Great Financial Crisis and the Covid-19 Pandemic," *Inaugural Miriam Pozen Prize Address*, 2021.

Forder, James, "Why is Central Bank Independence So Widely Approved?," *Journal of Economic Issues*, XXXIX(4), 2005, pp. 843~865.

Friedman, Milton, "The Role of Monetary Policy," *The American Economic Review*, 58(1), 1968, pp. 1~17.

Friedman, Milton and Anna Schwartz, *A Monetary History of the United State 1867-1960*, Princeton University Press, 1963a.

______, "Money and Business Cycles," *Review of Economics and Statistics*, 45(1), 1963b, pp. 32~64.

Fullwiler, Scott and Randall Wray, "Quantitative Easing and Proposals for Reform of Monetary Policy," Levy Economics Institute Working Paper, No. 645, 2010.

Joyce, Michael, Zhuoshi Liu, and Ian Tonks, "Institutional Investors and the QE Portfolio Balance Channel," *Journal of Money, Credit and Banking*, 49(6), 2017, pp. 1225~1246.

Klooster, Jens van't and Clement Fontan, "The Myth of Market Neutrality: A Comparative Study of the European Central Bank's and the Swiss National Bank's Corporate Security Purchases," *New Political Economy*, 25(6), 2020, pp. 865~879.

Krishnamurthy, Arvind and Annette Vissing-Jorgensen, "The Effects of Quantitative

Easing on Interest Rates: Channels and Implication for Policy," *Brookings Papers on Economic Activity*, 2011, pp. 215~265.

Krugman, Paul, "It's Baaack: Japan's Slump and the Return of the Liquidity Trap," *Brookings Papers on Economic Activity*, 2, 1998, pp. 137~205.

Mee, Simon, *Central Bank Independence and the Legacy of German Past*, Cambridge University Press, 2019.

Mehrling, Perry, *The New Lombard Street: How the Fed Became the Dealer of Last Resort*, Princeton University Press, 2010.

Mishkin, Frederic, *The Economics of Money, Banking, and Financial Markets*, Pearson, 2019.

Olivo, Victor, "Friedman, Monetarism and Quantitative Easing," MPRA Paper No. 6920, 2015.

Park, Gene, "The Bank of Japan: Central Bank Independence and the Politicization of Monetary Policy," in Robert Pekkanen and Saadia Pekkanen, eds., *The Oxford Handbook of Japanese Politics*, Oxford University Press, 2022, pp. 433~450.

Park, Gene, Saori Katada, Glacomo Chiozza, and Yoshiko Kojo, *Taming Japanese Deflation: The Debate Over Unconventional Monetary Policy*, Cornell University Press, 2018.

Sargent, Thomas and Neil Wallace, "Rational Expectations and the Theory of Economic Policy," *Journal of Monetary Economics*, 2(2), 1976, pp. 169~183.

Shiratsuka, Shigenori, "Size and Composition of the Central Bank Balance Sheet: Revisiting Japan's Experience of the Quantitative Easing Policy," IMES Discussion Paper No. 2009-E-25, 2009.

Skinner, Christina, "Central Bank Activism," *Duke Law Journal*, 71, 2021, pp. 247~328.

Tucker, Paul, *Unelected Power: the Quest for Legitimacy in Central Banking and the Regulatory State*, Princeton University Press, 2018.

Vanberg, Georg and Mitu Gulati, "Financial Crisis and Constitutional Compromise," in Tom Ginsburg, Mark Rosen, and Georg Vanberg, eds., *Constitutions in Times of Financial Crisis*, Cambridge University Press, 2019, pp. 117~145.

Wallace, Neil, "A Modigliani-Miller Theorem for Open Market Operations," *American Economic Review*, 71, 1981, pp. 267~274.

Woodford, Michael, "Methods of Policy Accommodation at the Interest-Rate Lower Bound," FRBKC Economic Policy Symposium on the Changing Policy Landscape, 2012.

chapter 02

지대수취 경제의 구조

1. 지대수취의 세 가지 사례
2. 경제학자들은 지대와 지대수취 활동을 어떻게 이야기하였나?
3. 지대는 어떻게 만들어지고 누가 가지고 가는가?
4. 지대수취 유형
5. 지대수취가 경제에 미치는 영향

인류의 역사를 되돌아보면 인간사회에서 부를 쌓는 두 가지 전략이 있다. 하나는 부의 이전전략(=지대수취 활동[1])이고, 다른 하나는 부의 생산전략(=생산 활동)이다. 부의 이전전략이란 다른 사람이 이미 쌓은 부의 일부를 자발적 교환의 외피를 쓰거나 혹은 강제적 약탈을 통해 자신의 것으로 이전시키는 전략이고, 부의 생산전략이란 스스로 새롭게 부를 만들어 가는 전략이다. 어떤 사회에서 생산전략보다 지대수취 활동의 비중이 더 커진다면 새롭게 무엇인가를 만들기보다 이미 만들어진 것을 둘러싼 배분에 골몰하게 된다. 더 많은 지대를 수취하기 위한 기술은 발달하지만 새롭게 무엇인가를 만드는 생산 능력은 잠식되고, 성장이 멈추게 될 것이다.[2] 이 과정에서 지대수취자는 부를 쌓게 되고, 축적된 부를 지렛대로 더 많은 부를 쌓게 되어 부자와 빈자의 불평등은 확대될 것이다.

이 글은 지대수취가 무엇이며, 현실 세계에서 어떠한 유형으로 나타나는지, 지대수취 활동에 따른 부의 불평등 확대는 거시경제에 어떤 영향을 미치는지 살핀다.

1 이 글에서 지대수취(rent extraction)와 지대추구(rent seeking)는 같은 의미로 사용하며 지대수취로 통일한다.

2 Murphy, Schleifer, and Vishny(1993).

1. 지대수취의 세 가지 사례

지대수취를 이해하기 위해 아래의 세 가지 사례를 생각해 보자.

첫 번째는 사모펀드 론스타의 사례이다. 론스타는 2003년 외환은행의 51% 지분을 1조 3,834억 원에 매입하고, 9년 후인 2012년 하나금융지주에 3조 9,157억 원에 매각하고 한국을 떠난다. 그뿐만 아니다. 론스타는 비슷한 시기에 극동건설을 1,700억 원에 인수한 다음, 건설사의 핵심 자산인 사옥을 매각하고, 유상감자와 배당금의 형식으로 5년 동안 2,200억 원을 챙겨 갔다. 그리고 6,600억 원에 웅진에 매각하였다. 4년 만에 7,000억 원의 이익을 회수한 셈이다.[3]

두 번째 사례는 재벌총수와 부인의 이혼소송이다. 언론에 따르면, "2심 판결이 대법원에서 그대로 유지된다고 가정할 때 성공보수를 5%로 계약했다면 위자료와 재산 분할액을 합친 1조 3,828억 원의 5%는 691억 4,000만 원에 달한다. 재산 분할액의 1%만 성공보수로 받는다면 로펌에 돌아가는 금액이 약 138억 원"[4]이라 한다. 138억 원은 로펌의 수익이 되고, 국민 계정상으로는 그중 일부가 법률서비스 생산으로 잡힐지 몰라도 그것이 국가 경제에 얼마나 기여할지 궁금하다.

3 이종태(2022).
4 『한국경제』, 2024년 5월 31일자.

세 번째는 구글의 성장과 관련된 것이다. 1998년에 등장한 구글은 기존의 검색엔진과 전혀 다른 방식으로 작동한다. 페이지 링크(page link)라는 알고리즘은 검색어가 등장하는 전 세계의 웹페이지를 골라낸 다음, 그 검색어가 들어간 웹페이지 중에서 그 검색어로 얼마나 많이 다른 웹페이지와 링크되어 있는지를 링크된 순서대로 사용자에게 보여 주는 혁신적인 방식이다. 혁신의 숭고함을 상징하는 "악마가 되지 말자"(Don't be Evil)는 모토를 내걸고 출범한 구글은 7년 만에 세계 시가총액 100대 기업에 진입하게 된다.

위 세 사례의 공통점은 무엇일까? 사례에 등장하는 론스타, 로펌, 그리고 구글은 지대수취자라는 공통점을 갖는다. 나중에 자세히 설명하겠지만 지대란 생산 활동보다는 희소한 자산(혹은 자원)을 소유하고 통제함으로써 얻게 되는 정상보다 높은 수준의 이익이며, 지대수취란 지대를 얻기 위해 자산을 소유하고 통제하는 것 혹은 소유와 통제를 극대화하기 위한 정치 및 경제적 행위를 일컫는다.

희소한 자산이 존재하게 되면 지대가 생기게 되고, 그것을 취하기 위한 지대수취 활동이 야기된다. 또 지대수취자들은 지대를 얻기 위해 희소한 자산을 만들기도 한다. 이와 달리 생산 활동이라 함은 생산요소를 가지고 사람들이 요구하는 그 무엇을 만들어 내는 활동이다.

위 세 사례의 차이는 희소한 자산의 형태가 다르다는 점이다. 첫째의 론스타 사례는 막대한 자금력을 지렛대로 회사라는 자산을 헐값에 사서 비싸게 매각하는 방식의 지대수취를 보여 주고 있다. 여기서 막대한 자금력이 주된 희소자산이다. 두 번째의 로펌 사례는 대형 로펌 브랜드라는 희소한 무형자산 그리고 고위 법관 출신이라는 희소한 인적 자본을 동원하여 정상 수준보다 비싼 수임료로 이익을 얻는 지대수취이다. 셋째의 구글 사례에서는 페이지(L. Page)와 브린(S. Brin)이라는 두 청년 창업가의 희소한 혁신적 기업가적 능력으로 기업가적 지대를 취하고 있음을 보여 주고 있다.[5]

일상의 경제 활동이 지대수취 활동과 생산 활동으로 뚜렷하게 구분되지는 않는다. 그렇지만 지대수취 활동의 비중이 늘어날수록 경제성장 잠재력이 위축되고, 부와 소득 불평등이 심화될 것임은 분명하다. 우리 사회에서는 끊임없이 '지대수취 행위 근절'이 슬로건처럼 등장하곤 사라졌다 다시 등장하곤 한다. 지대수취 활동은 일부 세력의 불법이나 탈법 행위라던가 1회적 사건 사고가 아니라 제도와 밀접히 연관되어 있다.

5 자본주의가 다이내믹하게 발전하기 위해서는 끊임없는 창조적 파괴 과정으로서의 혁신이 필요하며, 혁신에 대한 대가로서 정상 수준 이상의 기업가적 지대가 필요함은 슘페터 이래 많은 경제학자들이 강조하였다(Henrekson and Mikael, 2016). 그러나 구글을 비롯한 빅테크(big tech) 기업들은 창업 초기와 달리 혁신 활동보다는 독점적 지위의 유지·강화를 통한 지대수취에 몰두함으로써 신생 기업의 혁신을 저해하고 있다.

2. 경제학자들은 지대와 지대수취 활동을 어떻게 이야기하였나?

경제학에서 지대를 둘러싼 논의는 오랜 역사를 갖고 있다. 스미스(A. Smith, 1723~1790)나 마르크스(K. Marx, 1818~1881) 등 고전파 경제학자들, 그리고 마셜(A. Marshall, 1842~1924), 케인스(J. M. Keynes, 1883~1946), 로빈슨(J. Robinson, 1903~1983)은 여러 관점에서 지대이론을 제시하였지만 점차 뒷전으로 밀리게 된다.[6]

지대와 지대수취이론이 다시 주목받기 시작한 것은 1960년대 후반 털럭(G. Tullock), 크루거(A. Kreuger) 등 자유주의 경제학자[7]들의 일련의 논문과 관련된다.

이들 시장지상주의의 경제학자들에 따르면, 자유롭게 모든 것을 시장에 맡기면 시장에서의 생산 및 교환 과정을 통해 가격 우위 혹은 품질 우위 업체가 이익을 취하게 된다. 그런데 정부가 수입을 제한한다거나 인허가권을 가지고 공급 제한을 하게 되면 가격 혹은 품질 우위를 통해 이익을 얻기보다는 지대수취를 통해 이익을 얻으려 하게 된다.

미국의 경우 오래전부터 설탕 산업을 보호하기 위해 농업법(Farm

6 Mazzucato(2018), ch. 1, ch. 2.
7 여기서 자유주의적이라 함은 자유지상주의(libertarianism) 혹은 시장지상주의(market fundamentalism)를 일컫는다.

Bill)에 따라 설탕 수입을 제한하는 쿼터제가 실시되고 있다. 전체 소비량의 85% 이상을 국내에서 생산하고, 나머지 15%를 우대 관세로 수입하며 15%를 초과하는 수입분에 대해서는 높은 관세를 부과하는 것이다. 쿼터로 인한 공급 제한으로 설탕가격은 천정부지로 뛰게 되고, 설탕 소비자 3억 3,000만 명의 추가적인 비용 부담은 매년 24억~40억 달러, 미국 국민 1인당 부담은 약 9달러가 된다. 미국 국민 개개인들에게는 아주 미미한 액수이겠지만 설탕 업체 1개 회사당 추가이익은 매년 75만 달러이기에 4,000여 개의 설탕 회사들은 쿼터 제도를 유지하기 위해 치열하게 로비할 수밖에 없다.[8] 정부는 인허가권이라는 희소자원을 이용하여 쿼터 제도를 만들고, 이 제도로 인해 매년 24억~40억 달러 규모의 지대가 소비자로부터 설탕 업자로 이전하게 되는 셈이다. 지대를 계속 수취하기 위해 설탕 업계는 정부에 로비하는 낭비적 상황이 반복되는 것이다.

털럭이나 크루거가 지대이론을 제시한 이유는 정부가 시장에 개입하는 것이 비생산적인 결과를 초래함을 입증하기 위해서였다. 이들의 지대수취이론의 영향력은 강력하였고 1980년 이후 신자유주의의 흐름과 결합하여 정부의 시장 개입을 반대하는 논리적 근거로 자리 잡게 되었다.

그러나 1990년대 중반부터 경제학자들은 지대와 지대수취를 정

8 William(2023).

부의 개입에 따른 결과로 좁게 보는 것이 아니라 제도의 틀에서 보기 시작한다.[9] 이들에 따르면 지대와 지대수취 활동을 만드는 것은 정부의 시장 개입이라기보다는 제도라고 본다. 얼마나 많은 인적 및 물적 자원이 생산적 활동에 비해 지대수취 활동에 쏠리게 되는가는 두 종류 활동에 대한 상대적 대가(reward structure)와 인센티브 구조에 달려 있다. 지대수취 활동의 수익성이 높은 나쁜 제도하에서는 지대수취 활동으로의 인적 및 물적 자원 쏠림이 심해져서 저발전의 늪에 빠지게 된다. 아프리카나 남미의 여러 국가에서 그 사회의 엘리트들이 군대에 몰리는 이유는 군부가 지대수취의 중심에 있으면서 정치·경제적으로 수익성이 가장 높기 때문이다.

지대와 지대수취 활동에 대한 논의는 2008년 글로벌 금융위기 이후 활발하게 이루어진다. 몇몇 쟁쟁한 금융경제학자들[10]은 1970년대부터 진행된 금융의 탈규제와 금융혁신으로 금융 부문이 거대한 지대수취의 장이 되어버렸다고 진단한다.

금융위기 이후 경제적 불평등의 심화는 전 세계적 토픽이 되었다. 특히 피케티(T. Piketty)의 『21세기 자본』(*Capital in the Twenty-First Century*)은 그동안 제대로 주목받지 못하였던 부와 자산의 불평등 이슈를 전면에 드러내는 계기가 되었다. 제목에 붙은 자본(capital)은 경제학에서 흔히 말하는 자본이 아니라 토지, 금융자산, 무형자산과

9 Baumol(1990), Murphy *et al.*(1991), Acemoglu(1995).
10 Rajan(2010), Stiglitz(2016), Zingales(2015).

같은 자산(asset)을 의미하는 것이다.

그가 제시한 식 $r > g$(=자산수익률>경제성장률)는 많은 논쟁을 야기하고 있는데, 이 식은 자산으로부터 발생하는 수익을 통해 더 큰 자산이 축적됨으로써 자본주의 사회에서 부(자산)의 불평등은 증폭될 수밖에 없음을 시사한다.

『21세기 자본』 이후 지대와 지대수취 활동에 대한 논의는 불로소득 체제론(rentier capitalism)으로 발전하게 된다.[11] 지대수취 활동이 생기게 되는 원인을 정부 개입에서 찾는 자유주의 경제학의 논리와는 달리 불로소득 체제론에서는 신자유주의적 흐름과 희소한 자산을 갖고 있는 자산가와 기득권 세력이 불로소득 체제를 공고하게 만드는 힘이라고 본다. 불로소득 체제론에서 "지대란 경쟁을 제한함으로써 발생하는 소득, 그리고 희소하고 가치 있는 자산의 소유와 통제로부터 발생하는 소득"이고, "불로소득 체제는 지대를 만들어 내고 지대수취를 유지하게 만드는 자산을 둘러싼 시스템이다."

불로소득 체제론에서는 지대의 발생을 야기하는 여러 원천으로서 금융, 부동산, 자연자원, 민영 인프라 사업, 비금융 부문의 금융화, 지적재산권, 그리고 디지털 플랫폼으로 구분하고 있다.

11 Standing(2018), Mazuccato(2018), Christophers(2024).

3. 지대는 어떻게 만들어지고 누가 가지고 가는가?

고전파로부터 시작하여 자유주의 지대이론, 제도적 접근방법, 그리고 불로소득 체제론에 이르기까지 다양한 관점에서 제시된 지대와 지대수취 활동을 요약하면 다음과 같다.

첫째, 지대란 희소하고 독점적 자산의 소유와 통제로부터 발생하는 소득이다. 희소하고 독점적 자산은 자유주의 경제학자들에게 정부의 규제 권한이었지만, 불로소득 체제론에서는 금융 기관과 펀드의 독점적 지위, 독점적 망으로서의 플랫폼, 정치 권력을 좌우할 만한 영향력을 가진 자산 등을 말한다.

둘째, 지대수취 활동은 희소하고 독점적인 자산을 이용하거나, 다른 사람(다른 조직)의 희소하고 독점적 자산을 취득함으로써 다른 사람의 몫을 자신의 몫으로 만들려는 금전적, 시간적 노력을 총칭한다. 지대수취 활동은 사회 전체 파이 크기의 증가에 기여하지 못하기에 비생산적이다.

셋째, 지대수취 활동은 사회적 이익을 희생으로 높은 사적 이익을 추구하는 활동이라는 특성을 갖는다.[12]

지대의 여러 형태와 그 규모를 구체적 현실 경제와 데이터에서 정확히 추려내고 가르는 것은 불가능하다. 간단한 예를 들어 보자.

---

12 Murphy *et al.*(1993), Acemoglu(1995).

국민계정체계에서 이자, 임대료, 배당소득, 수수료 등은 부가가치에 포함되어 GDP에 산정되기 때문에 암묵적으로 생산적인 것으로 간주되고 있지만, GDP에 포함된다고 해서 이들 모두를 생산적인 것이라고 할 수는 없다. 양도 및 시세차익과 같은 자본이득(capital gain)은 부가가치에 포함되지 않지만 이들 자본이득을 모두 비생산적이라고 할 수는 없다.

현실에서 지대가 어떻게 만들어지고, 누가 가지고 가는가를 가지고 지대수취 활동을 유형화하기 위해서는 지대수취 대상인 희소한 자산의 종류가 어떠한 것이 있는지 구분해 볼 필요가 있다.

"자산이란 개인, 기업 및 정부가 장래 경제적 이익을 창출할 것을 기대하면서 통제하거나 소유하는 자원"[13]이다. 국민 대차대조표상의 자산을 재분류하면 〈표 2-1〉과 같다.

| 표 2-1 | 자산의 종류

자산의 종류	해당 자산
금융자산	현금, 예금, 채권, 보험 및 연금, 주식, 펀드, 파생금융상품, 기타 채권
부동산	건설자산, 토지자산
유형자산	설비자산
무형자산[14]	상표, 브랜드, 지적재산권, 소프트웨어, 데이터베이스, 인적 자본, 조직자본, 영업권

13 International Financial Reporting Standards(IFRS).

14 현행 국민계정에서는 브랜드, 인적 자본, 조직자본을 무형자산에 포함시키지 않고 있지만, Corrado *et al.*(2022)는 이들을 (국민계정의) 무형자산에 포함시킬 것을 제안하고 있다.

이들 중 유형자산은 지대수취와 관련해서 논쟁의 여지가 많으므로 여기서 생략하고, 금융자산, 부동산, 그리고 무형자산에 주목하고, 이들을 세부적으로 나누어 살펴보기로 하자.

4. 지대수취 유형

1) 그림자금융

그림자금융(shadow banking)은 은행과 유사한 기능을 수행하지만 중앙은행의 규제와 감독에서 벗어난 금융 기관과 금융 시스템을 의미한다. '그림자'라는 표현이 주는 중립적이지 못한 부정적 이미지 때문에 비은행 금융 중개기관(non-bank financial intermediation)이라고 부른다. 쉬운 예로서 증권업, 자산운용업, 보험업 등이 여기에 속한다.

제1항에서는 그림자금융의 활동에 초점을 맞추어 금융이 생산적이기보다 지대수취적임을 보인다.

금융의 뒷받침이 없으면 기업의 성장도 국가 경제의 성장도 불가능하다. 지난 수백 년 동안 선진국의 경제사를 보면 금융이 일찌감치 발달하여 실물 경제의 든든한 조력자 역할을 해왔음을 보여 주고 있다. 그러나 글로벌 금융위기를 계기로 금융에 대한 비난이 쏟아지고 있다. 영국 금융감독청장을 역임한 터너(A. Turner)는 "지난 20~30년 동안 금융의 규모가 커졌고 복잡해졌음에도 불구하고, 경제성장에 기여하였다는 증거를 찾기 힘들다. 금융 부문의 수익은 대부분 지대에 불과하다"[15]고 토로하였다. 최근 일련의 연구에 따르면, 경제 발전의 초기 단계에서는 금융시장이 중요한 역할을 하지만, 시간이 흐르면서 점차 경제에 부정적 영향을 미치고 있음을 보여 주고 있다.[16] 금융비판론의 핵심은 이렇다. 금융에서 실물로 자금이 들어가는 것보다 실물로부터 금융으로 더 많은 자금이 빠져나가고 있고, 많은 자금이 금융 부문 내부에서만 돌고 있을 뿐이다. 그 결과 실물은 위축되고 금융은 비만해지고, 가계와 중소기업은 빈약해지고 부자와 펀드는 부유해지는 것이다. 금융시장에서 조달한 자금 중 실물 부문으로 들어가는 것은 15%에 불과하고 나머지 85%는 다시 금융에 들어가고 있다[17]는 것이 대표적인 증거이다. 위 금융비판은 그림자금융[18]의 팽창과 밀접한 관련이 있다. 많은 전문가들이 글로벌 금융위기의 원인 중 하나로 그림자금융을 지목하고 규제법안이 만들어졌지만 그림자금융은 거침없는 성장세를 보이고 있다. 그림자금

15 Turner(2017).
16 Cournede and Denk(2015), Cecchetti and Kharroubi(2018).
17 Foroohar(2016), p. 7.
18 그림자금융은 비은행 금융 중개기관인 증권사, 카드사, 캐피털, 펀드, 대부 사업자 등을 포함하며, 비은행 금융 중개 대상이 되는 유동화 증권, 머니마켓펀드(MMF), 환매조건부채권(RP), 기업어음(CP), 콜머니, 금전 신탁 등 금융상품을 지칭한다. 2023년도 FSB(Financial Stability Board) 보고서에 따르면 전체 금융권 자산에서 그림자금융의 자산이 차지하는 비중이 47.6%에 이른다.

융의 크기는 [비은행 금융 기관(=그림자금융)의 자산/전체 금융권의 자산] 비율로 가늠해 볼 수 있다. 2022년 말 전 세계 그림자금융의 자산 비중은 47.2%로 은행권 자산 비율 39.7%보다 크다. 우리나라의 경우 그림자금융의 자산은 49.3%로 은행권의 45.9%를 앞서고 있으며,[19] (그림자금융의 자산/GDP) 비율은 2008년 121.3%에서 2020년에 256.5%로 실물 경제보다 2배 빠르게 증가하였는데, 미국 및 유럽 국가들도 대체적으로 비슷한 증가세를 보이고 있다. 그렇다면 그림자금융은 왜 이렇게 빨리 성장하게 되었나?

IMF(2014)[20]에 따르면 그림자금융의 팽창 원인은 (1) 다양한 금융상품에 대한 다양한 수익률의 추구,[21] (2) 연기금, 펀드 등 기관 투자자, 대기업과 부자들의 현금동원력, (3) 규제 차익, (4) 금융혁신이다.

규제를 받지 않는 영역에서 거대한 현금동원력과 금융혁신 기술이라는 희소자원을 이용하고 통제함으로써 높은 수익을 취할 수 있기 때문에 그림자금융은 빠르게 팽창할 수 있었던 것이다.

그림자금융의 세계에서는 금융 중개를 통해 자금이 금융으로부터 실물 경제로 이동하기보다는 실물 경제로부터 금융으로, 하나의 금융 부문으로부터 다른 금융 부문으로, 중·하층 가계로부터 상층

---

19 한국은행(2023), FSB(2023).
20 IMF(2014).
21 미국 어느 투자은행의 최고경영자가 실토한 것처럼 "증권화는 부자들의 다양한 투자 욕구를 충족시키기 위해 만들어진 것이다"(Goda and Lysandrou, 2014).

가계로 이동하는 경향을 보인다.

서민들이 주택 구입을 위해 은행으로부터 주택담보대출을 받는 경우를 생각해 보자. 대출이 너무 많아지게 되면 은행은 유동성이 부족해지고, 일부 대출자들의 상환 불능 위험까지 떠안을 위험이 있게 된다. 이를 대비하여 은행은 다음과 같은 묘수를 고안해 낸다. 대출이자와 원금받을 권리를 팔고 대신 대출 상환 불이행의 위험도 함께 떠넘겨버리는 것이다. 은행은 대출에 대한 (이자+원금) 받을 권리(=대출 채권)를 특수목적기구(special purpose vehicle, SPV)에 매각한다. SPV는 이러한 대출 채권을 주택금융공사에 팔고, 주택금융공사는 증권사의 도움을 받아 대출 채권을 담보로 모기지 담보증권(mortgage backed security, MBS)이라는 새로운 증권을 발행한다. MBS는 공공기관에서 신용보증을 해 주기 때문에 신용도가 높아 투자자들에게 잘 팔린다.[22] 또 높은 신용등급으로 인해 MBS는 국채와 함께 단기 자금을 빌리는 데 담보로 사용되기도 한다. MBS 투자자는 MBS를 담보로 단기 자금 시장에서 자금을 빌리며, 빌린 자금을 가지고 기업어음(CP)에 투자하기도 한다. 이때 MBS는 여러 차례 중복 담보[23]로도 사용될 수 있다. 이처럼 은행의 주택 대출 상환 불이행의 위험은 SPV에 넘어가고, 그다음 단계에서는 MBS에 묻어서 MBS 투자자에게 넘겨지거나, MBS를 담보로 하여 만들어진 새로이 발행되는 증

22 MBS 투자자로는 투자규모별로 은행, 증권사, 투신사, 연기금 순이다.
23 우리나라의 경우에도 정부는 MBS와 국채의 재담보 사용을 적극 권장하고 있다.

권에 묻어서 그 증권의 투자자들에게 넘어간다.

간단하게 정리하자면 채권을 담보로 자금을 빌리고, 빌린 자금으로 투자하고, 투자 대상 증권을 담보로 다시 자금을 빌리고, 빌린 자금으로 다른 종류의 증권에 투자하는 반복적인 과정이 그림자 금융의 특징이다. 초기의 위험은 여러 단계에서 복잡하게 분산되고 숨겨진다.

소상공인들의 신용카드 매출 채권, 중소기업의 외상매출에서 발생한 매출 채권, 저축은행 대출 채권, 심지어 (미국과 영국에서처럼) 가수 판권의 미래 수익, 프리미어 리그 구단의 입장료 수익, 이러한 각종 채권과 수익원을 기초자산으로 증권을 발행하게 된다. 20세기 가장 영향력 있는 음악인이라고 평가받는 싱어 송 라이터인 보위(D. Bowie)는 그의 음반 판권이 가지고 오는 미래의 수익을 기초자산으로 하여 보위 증권(Bowie Bond)을 발행한 적이 있었고,[24] 지금은 시들해졌지만 2006년까지 맨유, 리버풀도 장래의 입장료 수익을 담보로 증권을 발행하였었다. 미래 수익의 흐름이 있는 모든 것들이 기초자산이 될 수 있는 셈이다.

여기에 그치는 것이 아니라 다양한 채권들을 섞어서 이들을 기초자산으로 부채담보부증권(collateralized debt obligation, CDO), 자산유동화 기업어음(asset backed commercial paper, ABCP), 대출채권담보

24 Espiner(2016).

부증권(collateralized loan obligation, CLO)과 같은 다양한 유동화 증권을 만든다. 다양한 CDO를 기초자산으로 하여 만들어진 것이 CDO square, 그리고 CDO의 위험을 커버하기 위해 만든 보험상품이 신용파산 스왑(credit default swap, CDS)이다.

구조화된 복잡하기 그지없는 이들 금융상품이 얼마나 허무맹랑한지는 영화 「빅쇼트」(Big Shot)에서 잘 보여 주고 있다. 카메오로 출연한 탈러(R. Thaler, 2017년 노벨 경제학상 수상자)는 블랙잭에 참가한 고메즈(S. Gomez, 가수)가 베팅하는 것을 CDO에 비유하고 있는데, 고메즈의 승리 혹은 패배에 대해 그 누군가가 베팅한다고 할 때 그것이 바로 CDO square, 그리고 그 누군가의 베팅에 또 베팅을 할 수 있다는 것이다.

위 예는 그림자금융 중에서 중요한 부분 중 하나인 유동화 증권이 어떻게 발행되고 유통되는지를 보여 주고 있다. 우리가 그림자금융의 팽창을 주목해야 하는 이유는 무엇인가?

첫째, 금융이 실물과 관계없이 커지고 있다. 연구에 따르면, 자금이 투자자로부터 최종 자금차입자에 이르는 과정에 개입된 그림자금융 기관은 보통 2~7개라 한다.[25] 전통적인 금융 중개는 (예금-은행-대출)의 과정으로 이루어진다. 즉, 은행이라는 하나의 금융기업이 중간에서 금융 중개의 역할을 한다. 그런데 그림자금융

25 Tobias *et al.*(2012).

에서는 평균 2~7개의 금융기업이 중간에서 그 역할을 한다. 이때 그림자금융의 기관으로서는 증권사, 카드사, 보험, 연기금, 사모펀드, 헤지펀드, 자산운용사, 저축은행, 심지어는 은행도 포함된다.

자금 중개에 개입되는 금융 기관의 수가 늘어날수록 그들의 자산과 부채는 덩달아 증가하고 GDP와 비교했을 때 금융자산의 규모도 커질 수밖에 없다. 동일한 금액을 자금 중개하는 데 여러 기관이 개입되고, 새로운 증권이 파생적으로 만들어져서 유통되지만 실물 경제와는 전혀 관계없는 과정이다.

둘째, 그림자금융은 규제 차익(regulatory arbitrage)을 따먹기 위해 탄생한 것인 만큼 감독과 규제로부터 비껴나 있기 때문에 그만큼 그것이 초래할 결과의 위험성이 커지게 된다. 규제 차익을 노리는 활동은 경제의 효율성에 도움을 주지 못하면서 위험만 증폭시킨다.

앞서 언급한 주택담보대출 은행의 예로 돌아가자. 은행이 특수목적기구에 대해 10%의 지분을 갖는다고 가정하자. 은행의 경우 100억 대출액에 대해 8%의 최소 자기자본 요건을 갖추려면 8억 원을 자기자본으로 확보해야 하지만, 지분 10%의 SPV에 대출 채권을 매각할 경우 100억 대출의 10%인 10억에 대해서만 자기자본 요건(8,000만 원)을 갖추면 된다. 의무적으로 확보해야 하는 자기자본액수가 8억 원에서 8,000만 원으로 줄어들기 때문에 은행은 그만큼 더 많이 대출할 여력이 생기는 셈이다. 또한 대출 채권을 SPV에 매각함으로써 채무불이행의 위험을 몽땅 SPV에 넘기게 되어 위험으로부터도 자유롭게 된다. 이 두 가지가 은행이 그림자금융으로 행세함에 따라 얻게 되는 규제 차익이다.

은행이 짊어질 대출자의 채무상환위험을 잘게 쪼개서 다수의 유동화 증권 투자자들에게 분담지우는 것이 경제 전체적으로 무슨 도움이 되나? 은행의 자기자본 규제의 부담을 SPV에 떠넘기고 더 많이 대출해 줄 여력이 생긴다는 것이 경제 전체에 얼마나 긍정적으로 기여하는가? 규제 차익 행위는 행위자에게만 이익을 줄 뿐 경제 전반에 도움을 주지 못하고 금융 불안정을 증폭시킬 뿐이다.[26]

이외에도 그림자금융은 스티글리츠(J. Stiglitz)가 지적하고 있는 바와 같이 중·하층 가계로부터 부자에게로 가치 이전의 기제로 작용하고 있다.[27] 투자자들의 고수익/고위험 자산에 대한 수요가 증가하는 상황에서 은행과 증권사들은 중·하층 가계가 짊어지고 있는 부채를 기초자산으로 한 유동화 증권을 만들어서 부자 가계에게 판매하여 수익을 얻고 있다. 이런 메커니즘을 통해 중·하층 가계의 이자지급분이 상층 부자 가계의 금융지대로 이동하게 되고, 상층과 중·하층 가계 사이의 소득 및 부의 불평등이 증폭된다. 2008~2014년, 그리고 2020~2022년의 대대적인 양적 완화로 인한 유동성의 홍수 속에 돈이 두둑해진 상층 가계 투자자들의 투자 욕구를 충족시켜 주기 위한 투자상품을 제공하기 위해 새로운 금융기법과 상품이

26 Bernanke(2013).
27 Stiglitz *et al.*(2021).

등장함으로써 위의 메커니즘이 강화된다. 요약하자면 서민들의 대출, 중소기업의 사업자금대출과 외상매출, 실물 경제 거래를 둘러싼 채권, 이러한 것들을 끊임없이 기초자산으로 새로운 유동화 증권이 만들어지고 부자들은 다양한 펀드에 투자하는 것이다. 이 과정에서 중·하층은 부채의 늪에 빠지고 부자 투자자들은 높은 수익을 올리게 된다.

한국의 경우 미국과 달리 가계부채가 중·하층이 아닌 상층 가계에 몰려 있고, 상환연체 가능성이 낮기 때문에 상황이 조금 다르지만,[28] 금융과 실물 경제가 점점 더 따로 놀고 있다는 점에서 미국과 한국의 그림자금융은 유사하다.

1990년 노벨 경제학상 수상자인 밀러(M. Miller)[29]는 "지난 20년 기간 동안의 중요한 혁신은 규제 때문에 생긴 것들이다"라고 하였다. 기업의 발목을 잡는 낡은 규제를 피하기 위한 방책으로 혁신이 등장한 것처럼 읽혀진다. 실제로 금융위기 직전까지 많은 금융 경제학자들은 금융파생상품의 혁신성을 찬미하면서 금융규제론자들을 기술 러다이트주의자로 몰아세웠다. 그러나 버핏(W. Buffit)이 간파한 것처럼 "혁신적 금융파생상품은 대량 살상무기"[30]일 따름이라는 것이 금융위기를 통해 입증되었다. 그림자금융은 사회 전체의 이익

28 이경태·강환구(2023).
29 Miller(1986).
30 Emmons(2009) 재인용.

을 주는 혁신이 아니고 규제 차익 행동을 위한 소수의 이익을 위한 도구일 뿐이다. 규제 이외 방법이 없어 보인다.

2) 금융 중개 수수료

정보통신, 모바일 기술의 발달로 인해 그 이전에 비해 금융거래는 훨씬 활발해졌다. 은행의 예금과 대출, 그리고 계좌이체, 송금 등 금융결제와 같은 전통 업무는 일상생활에서 필수적이다. 그런데 지금 이 순간에도 생활 필수적인 전통 거래를 뛰어넘는 훨씬 더 많은 빈도의 금융거래가 이루어지고 있다. 금융거래가 빈번하게 이루어질수록 당연히 금융기업의 수수료 수입은 증가하게 된다. 주식 및 채권의 유통시장에서의 거래, 펀드 투자, 금융 자문, 부자들의 자산을 관리하는 자산관리 서비스, 이러한 것들 모두 금융업 혹은 금융중개 업무에 속하는 것들이다. 이러한 것들은 거래를 통해 새롭게 사회적 가치를 만들기보다는 이미 만들어진 가치를 이전시켜 줌으로써 중개 수수료를 받는 것이다.[31]

펀드 수수료를 예로 들어 보자. 펀드 자본주의의 시대[32]가 도래하였다고 말할 수 있을 정도로 헤지펀드와 사모펀드가 금융에서 차지

31 Murphy *et al.*(1991).
32 펀드의 막강한 영향력에 주목해서 Christophers(2022)는 이 시대를 자산운용 자본주의(asset manager capitalism)라 부르고 있다. 이때 자산운용 자본주의란 펀드 자본주의를 지칭한다. 펀드의 공식 명칭은 집합투자기구이다.

하는 비중이 커졌다. 헤지펀드의 세계에서는 2와 20의 원칙이 있다고 한다. 운용자산 규모의 2%를 운용 수수료, 수익이 발생하면 수익에서 20%를 성과보수로 떼어 간다.[33] 이익은 고객과 나누지만 손실은 고객이 전부 떠안는 희안한 인센티브 구조를 갖는다. 한 연구에 따르면, 1980~2006년 기간 동안 미국 금융산업이 GDP에서 차지하는 비중이 4.9%에서 8.3%로 증가하였는데, 이렇게 증가한 배경은 개인 및 기관 투자자들의 펀드 투자에 대한 수수료 수입이 증가하였기 때문이라는 것이다.[34] 수수료 규모는 25년 동안 140배 증가하였지만, 수수료 규모의 증가만큼 펀드 수익이 증가하지 못하고 있다. 이것이 의미하는 바는, 첫째 펀드 투자가 시장효율성에 기여하는 바가 거의 없었다는 것이고, 둘째 성과는 낮은데 수수료는 과다하게 떼어가고 있다. 즉, 기여한 것보다 많은 것을 가지고 간다는 것, 한마디로 지대수취적이라는 것이다.

경제발전에 따른 규모의 경제와 IT 및 모바일 기술의 발달로 인해 건당 거래비용이 감소하였지만 거래 빈도 증가로 전체 수수료는 증가하고 있다. 이들 거래의 대부분은 펀드와 기관 투자자들끼리의 거래이다. 누군가가 수익을 얻으면 누군가는 손해를 보았음을 의미하는데, 분명한 사실은 이익 보는 측과 손해 보는 측 모두로부터 거

33 공모펀드의 경우, 투자자는 펀드운용회사에 0.7% 내외, 펀드판매회사에 1% 내외, 신탁회사와 관리회사에 0.04% 내외를 수수료로 지급한다. 자세한 것은 금융투자협회의 전자공시 서비스에 공시되고 있다.

34 Malkiel(2013).

|그림 2-1| 금융 중개 단위비용(금융 중개 수입/중개 대상 금융자산)

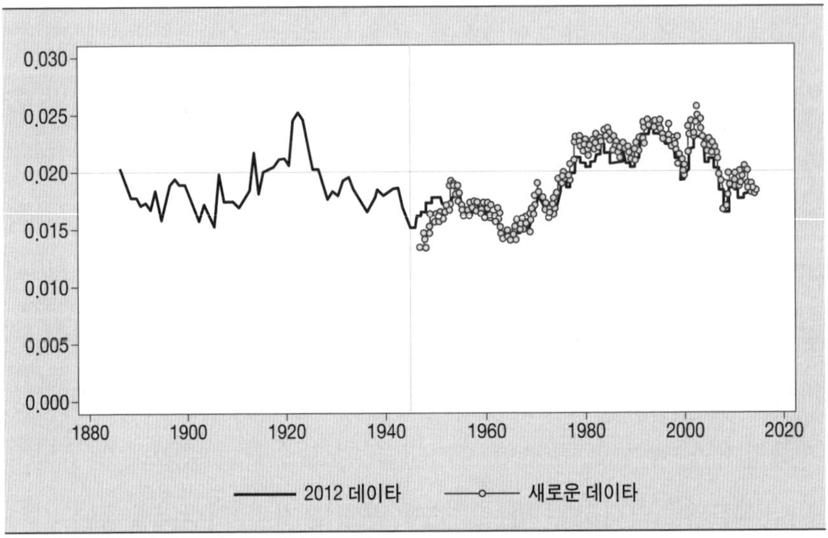

자료: Phillipon(2019), p. 212.

두는 수수료 수입은 항상 양의 값이라는 점이다.

금융 수수료는 비생산적이고 불필요한 것인가? 그렇지 않다. 금융 수수료는 중개 서비스에 대한 대가이며, GDP 산정 시 금융산업 부가가치에서 큰 몫을 차지하고 있다. 문제는 제공되는 중개 서비스에 비해 서비스의 대가인 수수료가 너무 높다는 것이다. 금융업에 점점 고급 인재가 몰리기 때문에, 그리고 과거에 비해 정보 기술 집약도가 높아지고 있기 때문에 거래당 중개 수수료는 낮아지는 추세를 보여야 할 것이다. 그러나 〈그림 2-1〉에서 보는 바와 같이 금융자산 단위당 거래비용은 100년 전보다 낮아지기는 커녕 높아지는 추세를 보이고 있다.

특히 대부분의 경제학자들과 정치가들이 금융혁신의 성과를 찬미했었던 2008년 글로벌 금융위기 직전에 거래 단위비용이 가장 높은 수준이었음은 아이러니컬하다. 〈그림 2-1〉이 보여 주는 바는 최고의 인재가 몰리고, 가장 기술집약적인 산업이라는 금융업은 날이 갈수록 비효율적인 고비용 산업으로 되어 가고 있다는 것이다.

높은 금융 수수료와 금융권의 높은 보수는 금융 서비스의 높은 생산성 때문이라기보다는 반대로 금융의 생산성이 낮기 때문이라는 것이 앞에서 인용한 연구 결과의 핵심이다. 과도한 보수나 수수료는 사회가 그것을 묵인하기 때문에, 그리고 그러한 인센티브 구조를 제도화했기 때문에 가능한 것이다.

금융에서의 수수료 체계는 이익이 발생하면 고객과 공유하고 손실이 발생하면 고객이 부담하는 방식인데, 이러한 왜곡된 인센티브 체계로 말미암아 (효율성 대비) 수수료 수준은 높기만 하다. 금융 수수료와 관련된 제도를 교정하는 방안 중 하나는 금융업의 성과지표에 고객 수익률을 연동시킴으로써 고객의 손실을 금융 서비스 공급자의 보수에 반영하는 방식으로 왜곡된 인센티브 체계를 바꾸는 것이다.

3) 민영화된 사업으로부터의 지대

여러 선진국에서 인프라 서비스, 돌봄 서비스, 공공치안 서비스는 공공기관이 독점적으로 공급하는 자연독점적 형태로 운영되어 왔다. 그런데 1990년대 이후 유행하기 시작한 공공-민간 파트너십(public-private partnership, PPP), 공공 업무의 민간 업체로의 아웃소싱, 더 나아가 서비스 민영화는 그동안 정부와 지자체 등 공공기관이 담당하였던 사업의 소유권과 운영권을 효율성 향상이라는 명분으로 민간 기업이나 민간 투자자에게 일부 혹은 전부 넘기고 있다. 즉, 인프라와 돌봄 서비스의 공급 및 운영권이라는 희소자원이 민간 업체에게 넘어감으로써 사업 운영에 대한 수익을 어느 정도 보장받는 대신 사업에 대한 위험을 공공 혹은 사회 전체가 부담하게 된다.[35] 경비, 보안, 양로, 유아 보육, 상하수도 시스템, 교통 및 운송 서비스, 유무선 통신망과 방송 통신 서비스, 건강 및 의료 서비스, 공공 및 사회주거 서비스, 공공 도서관과 박물관 등 문화 공유지, …. 이들 서비스는 공공성이 높기 때문에 대부분의 국가에서 정부 및 공공단체가 운영하고 있다. 그런데 언젠가부터 슬림화된 정부, 공공 부문의 긴축과 효율성 제고를 이유로 민간 사업자에게 위탁하는 사례가 늘어나고 있다.

이렇게 민간이 맡게 되는 사업은 두 가지 특징을 갖는다. 첫째, 정부나 공공단체에서 민간 사업자에게 최소운영수익을 보장해 주는 형태가 대부분이고, 둘째 민간 업체는 사업을 키우는 것을 목표로

35 Christophers(2022).

하는 장기 투자라기보다 대부분 단기적 재무 투자이다.[36] 단기 투자자들은 단기의 특정 수익률을 목표로 하고 그것을 달성하기 위해 유무형 자산 매각이나 자산 담보 대출을 서슴지 않는다.

이들 사업자는 보장된 수익을 얻는 권리를 통해 일차적으로 지대를 수취하게 된다. 그리고 보장된 수익을 얻는 권리 혹은 자산 매각을 통해 시세차익이라는 2차적 지대를 얻게 된다. 이들 사업에 투자하는 펀드들은 보통 투자 기간이 명시된 비즈니스 모델이며, 그 기간 동안 최대수익률을 목표로 한다.[37]

1980년대부터 영국의 경우 상하수도 사업, 양로원들이 사모펀드의 손에 넘어갔다. 영국 최대 요양원 체인인 포시즌스(Four seasons health care)의 수익구조는 지방정부에서 입주 환자 한 명당 제공해 주는 보조금이 기반이 되고 있다. 수익구조가 탄탄하다고 여겨졌는지 여러 사모펀드들의 포시즌스에 대한 인수–매각–인수–매각이 반복되었고, 이 과정에서 사모펀드들은 포시즌스의 자산과 수익을 담보로 자금을 차입하고, 그것을 다시 금융자산에 투자하는 등 수익을 늘렸다. 당연하게도 이 과정에서 포시즌스의 유형자산은 점차 감소하고 부채는 눈덩이처럼 불어나게 되었다.

이러한 양상은 우리 주변에서도 쉽게 찾아볼 수 있다. 조금 상황

36 블랙록(BlackRock), 뱅가드(Vanguard) 그리고 스테이트 스트리트(State Street)와 같이 주식, 채권 투자에 집중하는 투자회사와 달리 블랙스톤(Balckstone)처럼 대체 투자, 실물 투자에 집중하는 투자회사가 이 범주에 속한다.

37 'closed-end' 모델이라 부른다.

이 다르지만 나랏돈 2조 원이 보조금으로 투입되는 사립 유치원 비리 사건(2019년의 한국유치원총연합회 사건), 그리고 수시로 터지는 요양원의 각종 비리[38]도 지대수취와 관련된 것이다. 보통 지대수취 활동은 합법적으로 진행된다. 합법적으로는 일정 수준의 수익이 보장됨에도 불구하고 그 이상의 과도한 수익을 불법 혹은 탈법적으로 수취하려다 드러난 것이 신문 지상에 오르내리는 사건들이다.

위의 비리 사례와 달리 합법적으로 정상 수준 이상의 지대를 취하는 사례로 맥쿼리(Macquarie in Korea)와 차파트너스 자산운용을 들 수 있다. 한국 맥쿼리 인프라 펀드는 2005년 서울시와의 PPP를 통해 지하철 9호선 민간 투자자가 되었다.[39] 양해각서에 따라 첫 15년 동안 서울시에서 세후 8.9%의 사업수익률을 보장하기로 하고, 승객들이 많지 않은 기간에 서울시는 1억 5,000만 달러를 지급해 주어야 하였다. 이들은 9호선 지하철 요금의 50% 인상을 요구하는 등 초과이윤을 보장해 달라는 요구가 지속되었지만, 당시 공공성을 강조한 서울시와 갈등을 빚다가 철수하였다.

차파트너스 자산운용사는 인천 30%, 대전 14%, 서울 13%의 시내버스 지분을 보유하고 있으며, 보유 대수를 더 늘릴 계획이라고 한다.[40] 이렇게 사모펀드가 버스회사를 사들이는 이유는, 버스 준공

---

38 『한겨레』, 특집기획물(2019).
39 정태우(2013).
40 장필수 외(2023).

영제가 이들에게 유리한 수익구조로 되어 있기 때문이다. 지자체가 버스회사와 맺은 협약 때문에 승객수, 노선과 무관하게 적정 이윤을 무조건 보장해 주기 때문이다. 그리고 차고지의 땅도 도시가 팽창하면서 지가가 이미 높은 수준이므로 사모펀드로서는 언제든지 차고지를 민간 개발업자에게 높은 가격으로 매각할 수도 있다. 현재 이들의 버스회사 인수 속도가 빠르게 이루어지고 있어 지자체보다 협상력이 높아지고 있는 실정이다.

인프라와 케어 서비스와 같은 공공재가 펀드들의 좋은 먹잇감이 되는 상황에 대한 제동장치는 없는가? 공공재적 속성을 갖는 사업을 단기 차익 실현의 수단으로 삼는 것을 막기 위해서는, 2~5년 동안 질 좋은 공공 서비스 공급을 위한 투자를 의무화하거나, 동 기간 벌어들인 영업이익을 사내유보하지 않고, 또 설비 투자와 연구개발 투자하는 대신 주주 환원하는 것을 금지하는 것을 생각해 볼 수 있다.

4) 금융지원: 이익의 사유화와 손실의 사회화

구제금융을 비판하면서 스티글리츠는 "1994~1997년 멕시코 은행의 구제금융에 투입된 자금은 GDP의 15%에 달하는데 그중 상당 부분은 부유한 은행 소유주들에게 돌아갔다"[41]는 사실을 지적하

41 Stiglitz(2012), p. 110.

였다. 어디 멕시코뿐인가. 구제금융은 대부분의 경우 이처럼 소수의 이익으로 귀결된다. 미국의 경우 2008~2012년 기간 동안 1,000개의 은행과 기타 금융 기관을 긴급구제하기 위해 4조 6,000억 달러가 소요되었으며, 이를 마련하기 위해 재무부와 연준 등 정부 기관이 16조 9,000억 달러를 보증해 주었다. 이때 공적 구제금융 대상이 되었던 주요 투자은행들이 공적 자금을 가지고 흥청망청 임직원들에 대한 보너스 잔치를 했음은 잘 알려진 이야기이다.[42]

구제금융은 금융을 안정시키기 위해 추진된다. 물론 금융안정이 매우 중요함에 틀림없다. 그러나 금융안정이 중요하다는 명분 때문에 금융 부문의 잘못된 관행, 즉 '이익은 내가 얻고, 위험은 (내가 아닌) 사회 전체가 떠안는다'는 룰이 당연한 것처럼 받아들여지고 있는 실정이다. 그리하여 금융안정을 내세운 다양한 형태의 유동성 지원은 유동성 수혜 집단으로 하여금 '이익은 내 것, 손실은 사회의 몫'이라는 인식을 당연한 것으로 만들었다.

면밀한 위험 평가 없이 고위험-고수익의 사업을 벌이면서 고수익이 만들어지면 몽땅 자신의 것으로 가지고 가고, 손실이 발생하면 금융 안정성을 명분으로 금융 지원을 받아 지대수취자의 배만 불리게 되는 잘못된 형태가 반복되고 있다.

최근 부동산 프로젝트 파이낸싱(project financing, PF)의 부실화 우

42 2008년 1,250억 달러의 공적 구제금융을 받은 미국의 9개 대형 은행은 바로 그해 말에 250억 달러 이상의 배당금을 지출하였다고 한다(Zingales, 2014, p. 167).

려가 고조되는 가운데 정부는 PF에 대한 공적 보증 한도를 15조 원에서 25조 원으로 크게 상향 조정하였다. 부동산 PF의 경우 경기가 좋거나 운이 좋으면 잭팟을 터트리고, 엄청난 수익을 시행사, 건설사, 증권사가 사이좋게 배분한다. 증권사 PF 담당 임직원들의 보너스는 이를 잘 보여 주고 있다. 그런데 사업이 잘못되면 어떻게 되나? 일부의 사업이 실패로 돌아가면 거기서 멈추지만, 부동산 PF 사업 전반의 부실이 진행될 경우 정부는 공적 구제금융을 서슴지 않는다.

2011년에 있었던 저축은행 사태의 원인은 부동산 프로젝트 파이낸싱의 부실 대출 때문이었다. 그때 금융안정을 위해 27조 원의 공적자금을 투입하였지만 회수율은 절반에도 미치지 못한다. 그런데 10여 년이 지난 지금 부동산 프로젝트 파이낸싱이 또 다시 금융위기의 진원지로 지목되고 있다. 도급순위 15위인 태영건설이 워크아웃 절차에 들어갔고, 최근 자금난에 시달리는 롯데건설에 대해 4개 시중은행이 2조 3,000억 규모의 프로젝트 파이낸싱 매입 펀드를 조성하기로 하였다는 뉴스가 보도되고 있다. 건설사들을 살리기 위해 PF와 별 관련이 없는 은행들이 좋은 조건으로 대출 연장을 해 주고 있는데, 그 배경에는 금융당국의 은행에 대한 유동성 지원 압력이 자리하고 있다.[43]

---

43 2024년 2월 7일자 일간지. 증권사의 부동산 프로젝트 관련 이자가 8%인데 은행 이자가 5%라 가정하면 롯데건설은 2조 4,000억 원의 자금에 대해 3%만큼 다른 기업보다 싸게 자금을 사용하는 셈이기에 특혜라는 비난을 받고 있다.

글로벌 금융위기의 원인 중 하나로 금융권에서 이익은 사적으로 귀속됨에 비해 손실은 사회화시키는 잘못된 인센티브 구조였음을 지적하는 연구가 많다. 구제금융과 같은 잘못된 인센티브 구조를 바꾸지 않으면 앞으로도 계속 이와 같은 위기를 반복할 가능성이 크다.

5) 생산적인 기업가적 지대

기업가적 지대는 많은 경우 다른 지대와 달리 경제 발전을 촉진시키는 동력이기에 생산적인 경우가 많다. 구글이 창업한 지 7년 만인 2005년에 (시가총액 기준) 세계 100대 기업의 반열에 들어설 수 있었던 것은 대학원생이었던 두 창업가와 초대 CEO였던 슈밋(E. Schmidt)의 기업가적 능력 때문이다. 기업가는 여러 다양하고 상이한 생산요소를 조직·결합·조율하는 능력을 갖고 있어야 한다. 페이지 링크와 같은 새로운 방식, 혹은 신제품을 개발할 수 있는 능력, 연구개발 및 설비자금을 동원할 수 있는 능력, 기업 각 부서에 근무할 핵심 인력을 충원할 수 있는 능력, 각 부서의 업무조율을 효과적으로 할 수 있도록 만드는 능력, 신제품을 출시하여 판매할 수 있는 유통망을 확보할 수 있는 능력, 좋은 제품을 만드는 데 필요한 좋은 품질의 부품을 안정적으로 구매할 수 있는 공급망을 확보할 수 있는 능력, 매장에 나간 제품 중 팔리지 않은 재고를 잘 관리할 수 있는 능력, 회사 직원들이 열심히 일할 수 있는 인센티브를 적절히 잘 제공할 수 있는 능력, 이 모든 것들이 기업가적 능력이고, 이 능력의 대가가 기업가적 지대[44]이다. 기업가적 지대는 생산적일 수도 있고, 비생산적일 수도 있다. 구글의 브린(S. Brin), 페이지(L. Page), 슈밋이 초기에 창출한 지대는 새로운 것으로부터 만들어진 생산적인 것이었다.

그렇다고 해서 기업가적 지대가 항상 생산적인 것만은 아니다. 베네수엘라의 상점에는 항상 수많은 사람들이 생필품을 사기 위해 거의 온종일 줄을 서고 있다고 한다. 국가 보조로 돌아가는 기업의 생산품은 만성적으로 공급이 부족하여 수요를 충족시키지 못한다. 따라서 부자들은 보조금이 지원되는 상품을 사재기하여 높은 가격으로 재판매하여 수익을 올리려 하는데, 이들을 바차퀘로(bachaqueros)라고 부른다.[45] 2015년 베네수엘라의 상황에서 바차퀘로는 새로운 사업영역을 개척하여 많은 수익을 올릴 수 있었다. 이들 수익은 정보력 및 인맥 활용과 같은 기업가적 능력보다는 국영기업에서 생산한 생필품을 독점적으로 확보할 수 있는 자금력과 같은 희소자원으로부터 나오기 때문에 비생산적이다.

기업가적 지대를 취할 가능성이 없으면 어느 누구도 기업가가 되려 하지 않을 것이다. 성공적 기업가는 정상적 이윤보다 높은 수

44 Henrekson and Stenkula(2016).
45 Barbarani(2016).

준의 이윤을 기업가적 지대[46]로 취할 수 있도록 비즈니스를 한다. 그러나 시간이 지나면서 성공적 기업가를 모방하는 기업들로 경쟁이 치열해지면서 높은 이윤이 정상적 수준으로 되돌아간다.

초기의 기업가적 지대를 안정적으로 보장되도록 만드는 장치 중 하나가 지적 재산권이다. 그러나 혁신성이 떨어진 독점 기업에게 특허 기간을 연장해 줌으로써 기업가적 지대는 점차 비생산적인 것으로 변질된다.

6) 디지털 플랫폼으로부터의 지대

1인당 하루 평균 카카오톡 사용 빈도수가 72회(2022년 기준)이고, 이모티콘의 구매 규모는 7,000만 건이 오간다고 한다. 유튜브는 한 달 이용시간이 740억 분으로 1인당 하루 55분 시청하고 있으며, 소비자 중 80%가 배달 앱을 이용해 본 적이 있으며 1주일에 평균 1.1회 음식 주문을 하고, 이들 중 30%는 주 1회 이상 이용한다고 한다. 페이스북의 전 세계 월간 사용자 수는 29억 8,900만 명이고, 지구촌 사람들의 한 달 동안 구글 방문 횟수는 893억 번이라고 한다.

46 초과수익이 모두 기업가적 지대로 돌아가는 것은 아니다. 초과수익은 기업가적 능력, 종업원들의 인적 자본, 생산설비를 결합하여 만들어진 것이기에 이들 요소 중에서 기업가적 능력이 어느 정도 기여하였는지 분리하기가 어렵다.

카카오톡, 배달의민족, 페이스북, 구글, 유튜브, 네이버, 쿠팡, 인스타그램, 이러한 것들을 디지털 플랫폼 기업이라 부른다. 통계를 굳이 인용하지 않더라도 우리는 일상생활에서 플랫폼에 깊이 의존하고 있다. 플랫폼 기업은 이용자들로 하여금 플랫폼에 들르지 않으면 안되게끔 만든 다음 플랫폼을 드나들 때마다 지대를 징수하고 있다. 플랫폼이 거두는 지대는 수수료만 있는 것이 아니라 주목(attention)이라는 자원도 있다.

왜 이들 기업을 플랫폼 기업이라 부르는가? 이들이 취해 가는 것이 왜 지대인가?

플랫폼 지대는 플랫폼의 특성으로부터 나온다. 플랫폼은, 첫째 다른 사업보다 네트워크 외부효과가 아주 크다. 웬만한 사람들은 지인들과의 간단한 소통을 위해 카카오톡을 사용한다. 카카오톡이 품질이 좋기 때문에 사용하는 것이 아니라, 내 주변 사람들이 많이 사용하기 때문에 그것을 사용할 뿐이다. 나의 지인들이 많이 사용할수록 내가 편리해지고 만족도가 높아지는 것이 네트워크 외부효과이다. 네트워크 외부효과가 있는 서비스는 초기에 사용자를 많이 끌어모을 수만 있다면 그 사업은 성공할 수 있다. 시간이 흐름에 따라 사용자들이 증가할수록, 사용자들은 다른 서비스로 전환하기가 어려워진다.

둘째, 갇힘효과(lock in effect)를 이용한다. 네트워크 외부효과를 통해 사용자를 많이 모은 단계가 되면 사업자는 플랫폼의 성능과 품질 개선을 위한 추가적인 투자를 하지 않더라도 네트워크 외부효과로 인해 사용자를 묶어 둘 수 있다. 카카오톡을 사용하면서 탈퇴는 자유롭지만 탈퇴하게 되면 지인들과의 간단한 소통에 불편함이 예상된다. 따라서 사용자는 카카오톡 이용에 있어 스스로 갇힘을 선택하게 된다. 일단 사용자가 카카오톡에 갇히면 플랫폼 사업자는 사용자들에게 여러 요구를 할 수 있고, 사용자는 탈퇴 후의 불편함 때문에 그 요구를 수용할 수밖에 없게 된다.

셋째, 플랫폼 기업은 플랫폼에서 중개업자이다. 자신이 플레이어가 되는 경우는 거의 없다. 플랫폼이라는 자리를 만들어서 생산자나 소비자를 가급적 많이 모이고 많이 드나들도록 만든다. 플랫폼 사업자는 중개업자로서 생산자로부터 수수료를 징수하고 소비자들의 주목과 그들 개개인의 데이터를 긁어모은다. 소비자들은 경제적 대가로서의 수수료만을 생각하고 있지 자신의 데이터나 주목이라는 인지 자원을 납부하는 것이 수수료라고 생각하지 않는다. 많은 사용자들이 자신이 수수료를 납부하지 않으면서 공짜로 장터를 이용한다고 착각하는 가운데 더 많은 데이터와 더 많은 주목을 플랫폼 기업에 바치고 있다.

넷째, 플랫폼은 사람들의 주목을 한군데로 모으는 곳이다. 오늘날 우리는 정보의 홍수 속에서 허우적거리며 살고 있다. 정보가 넘치는 만큼 사람들은 한군데 제대로 주목하지 못하는데, 사람들의 주목을 한군데로 끌어모아 그것을 가지고 장사하는 것이 플랫폼이다.

우리 인간의 주목은 무한한 것이 아니라 유한하다.[47] 무수히 많은 정보에 집중할 수 없는 이유는 주목이라는 자원이 제한되어 있기 때문이다. 뉴욕의 타임스퀘어(Time Square) 광고가 웬만한 거리의 광고보다 인기를 끌고 있는 이유는, 타임스퀘어 거리가 뉴욕의 중심인데다 매일 300만 명 이상의 사람들이 지나다니는 장소이고 많은 사람의 주목을 끌 수 있기 때문이다. 월드컵 경기를 보면 경기장의 중앙에 걸린 배너들과 LED 보드에 있는 수많은 광고를 보게 된다. 타임스퀘어를 오가는 사람보다 더 많은 지구촌의 축구 팬들이 경기장 내의 광고를 보는 셈이다. 지구촌 사람들의 주목을 하나로 끌어모을 수 있는 좋은 기회인 셈이다. 이처럼 주목을 끌어모을 수 있기 때문에 경기장 하프라인 부근의 에이 보드는 한 경기당 12분에 500억 원 정도의 가격이라 한다. 만약 축구 팬들이 축구를 보면서 동시에 뉴스도 보고, 넷플릭스(Netflix)도 보고, 책도 읽을 수 있다면, 즉 축구 팬들의 주목이 무제한이라면 광고는 이처럼 비쌀 이유도 없을 것이다.

다섯째, 플랫폼 기업은 플랫폼을 이용하는 사람들의 무궁무진한 데이터를 공짜로 긁어모아 사업을 위해 이용한다. 구글은 내가 무엇

47 1978년 노벨 경제학상을 수상한 사이먼(H. A. Simon)은 "우리가 살고 있는 세상에 정보가 풍부하면 풍부할수록 주목은 희소해질 수밖에 없음"을 강조하였다(Falkinger, 2005).

을 검색하였는지, 나의 이동경로가 어떤지, 내가 어디서 언제 누구와 어떤 배경의 사진을 찍었는지를 실시간으로 파악하고 저장하고 있다. 내가 플랫폼을 이용하면 이용할수록 나의 데이터는 플랫폼에 쌓이게 된다. 내가 데이터의 주인이지만 플랫폼 기업은 나도 모르게 그것을 기반으로 온갖 새로운 사업을 확장할 수 있는 것이다. "오늘날 데이터는 새로운 형태의 원유와 같다"[48]는 지적처럼 플랫폼 사업자는 사용자의 데이터를 원유처럼 채굴하여 자기 사업을 위해 그 데이터를 대가나 동의 없이 마음껏 이용하고 있다.

세계 10대 부자들 중 절반이 플랫폼 사업이 중심인 빅테크(big tech) 창업자들인 것에서 잘 보여지듯이 플랫폼 기업들의 독점적 지배력은 날로 커지고 그들이 수취하는 지대 규모도 어마어마하다. 이들을 방치할 것인가? 이는 매우 복잡하고 어려운 과제이다. 가장 온건한 대책 몇 가지를 나열해 보자. 기업의 수수료 결정 과정을 투명하게 만들고, 더 나아가 수수료(율)가 합리적인지를 독립적인 제3의 기구에게 심의 의뢰하는 시스템이 필요하다. 그리고 유럽연합(EU)에서처럼 플랫폼 종사자에게 정규직에 준하는 대우를 강제하는 근로법 제정을 하는 것으로 지대를 공유하는 방식이다.

48 *Economist* 커버스토리, 2017년 5월 6일.

7) 주주가치 극대화와 주주들의 지대수취

언젠가부터 주주 중심 거버넌스(governance), 주주 중심주의, 혹은 주주가치 극대화가 기업경영의 키워드가 되어버렸다. 주주 이익에 반하는 기업의 행태나 경영방식은 여론의 질타를 받고, 기업경영에 있어 주주가치 극대화가 사회적 규범처럼 당연시되고 있다. 이러한 현상을 당연한 것으로 받아들여야 하나? 주주 중심 사고방식의 기원을 프리드먼 독트린(Friedman Doctrine)이라고도 부른다. 프리드먼(M. Friedman)은 1970년 『뉴욕 타임즈』 기고문에서 "기업의 사회적 책임은 이윤을 늘리는 것"이라며 "그것은 곧 주주의 수익률과 수입을 극대화하는 것"임을 분명히 하였다.[49] 그러나 주주 중심주의의 진원지인 미국에서조차 주주 중심주의 가치에 대해 거센 비판이 제기되고 있는데, 오늘날 우리나라에서는 경제·경영학자 등 전문가들은 물론이고 정치권에서의 여당과 야당, 그리고 진보와 보수할 것 없이 거의 대부분의 시민사회에서조차 주주 중심주의 가치를 금과옥조의 규범으로 받아들이고 있다. 과연 주주가치 규범은 반드시 지켜야만 하는 그러한 것인가? 이를 다시 생각해 보아야 하는 이유는 (1) 주식시장의 기업 생산 활동을 위한 자금조달 창구로서의 기능은 매우 제한적이라는 점, (2) 주주들로부터 기업에 들어가는 자금

49 Friedman(1970).

보다 거꾸로 기업으로부터 주주들에게 빠져나가는 자금 규모가 더 크다는 점이다.

주식시장이 기업의 자금조달 창구라고 알려져 있지만 실제 그 기능은 지극히 제한적이다. 주식시장에서 유상증자와 공모를 통한 자금조달을 위한 거래 비중은 전체 거래 중 1%에 불과[50]하고, 나머지 99%는 기업 생산 활동과 무관한 거래이다. 우리나라만 그런 것이 아니고 선진국의 경우에도 주식시장 거래의 대부분은 실물 생산과 무관한 자본시장 거래자들끼리의 거래이다.[51] 따라서 주주가 기업의 투자자금을 댄다는 주장은 반은 맞고 반은 틀리다. 상당수의 주주들은 기업의 장기 성과보다는 단기 수익에 관심을 갖는다. 회사의 이익과 종업원 그리고 소비자의 이익은 갈등관계로 가정하는 반면 주주의 이익과 회사의 이익은 동일시하면서 '회사의 경영성과가 좋다는 말은 주주가 실적을 가져가도 좋다'는 의미로 자연스레 연결시키고 있다. 오늘날 국내 투자자(기관 및 개인 투자자)들의 외국 투자 잔고가 1,200억 달러에 이른다고 한다. 엔비디아(NVIDIA) 주식 투자자가 그 회사의 운명을 자기의 운명처럼 생각하는 투자자가 몇이나 될까? 대부분의 투자자들은 자신이 주식을 팔게 될 그 시점까지

50 주식의 (자금조달액/시가총액)의 비율을 계산하면 지난 10년 동안 2%를 넘어간 적이 없다(KRX 정보데이터시스템).

51 에스테스(Estes)는 주식시장을 중고차시장에 비유하면서 "당신이 중고차시장에서 2005년도형 GM자동차를 구입하였다면 그 돈이 GM에 가는 것이 아니고, 중고차의 전 주인과 딜러에게로 간다"는 점을 지적하였다(Estes, 2013).

주가가 계속 오르기를 기원할 뿐이다.[52]

실제로 2023년도 우리나라 주식시장을 통해 기업에 투입된 자금과 주식시장을 통해 기업으로부터 빠져나간 자금을 비교해 보면 후자가 전자보다 크다.

자사주 매입은 2조 3,000억 원, 자사주 소각은 7조 원, 현금배당액은 41조 2,000억 원, 신주 발행은 3조 3,000억 원, 유상증자 규모는 25조 169억 원으로 현금 빼내기(disgorging cash flow=자사주 매입+자사주 소각+현금배당−신주 발행−유상증자)의 규모는 22조 2,000억 원(2023년)이다. 물론 큰 규모의 기업상장이 많은 기간에는 신주 발행 규모가 급작스럽게 커지기 때문에 현금주입이 더 많을 수도 있다. 2022년에는 5조 6,000억 원의 현금주입이 있었다. 그러나 여기서 중요한 점은 보통의 경우 주식 투자자로부터 기업으로의 현금주입보다 기업으로부터 주주에게로의 현금유출이 더 크다는 점이다.

아마도 주주 중심주의 가치를 가장 사랑하는 자는 사모펀드일 것이다. 사모펀드의 목표는 경영성과가 실력보다 미진한 기업을 인수하여 2~5년 동안 경영하고 기업의 성과를 개선하여 높은 가격에 매각함으로써 차익을 실현하는 것이다. 이 글의 처음에 제시되는 론

52 물론 장기적인 엔비디아의 성과에 대한 여러 정보와 예상이 현재 및 단기적 미래의 주가에 반영되는 측면이 있기 때문에 기업의 장기 성과와 투자자의 이익이 부합될 수도 있다. 하지만 항상 그런 것은 아니다.

스타의 외환은행 인수와 매각은 전형적인 예에 속한다.

사모펀드가 주식시장을 통해 지대수취를 극대화하려면 자금력, 기업인수 협상과 인수대금 확보 능력, 그리고 경영성과를 올릴 수 있는 경영진 물색 능력, 단기간에 피인수 기업으로부터 최대한 현금이익을 추출할 수 있는 능력, 매각협상 능력을 골고루 갖추어야 한다.

론스타는 외환은행 말고도 2003년 4월 극동건설을 1,700억 원에 인수한다.[53] 당시 65년 역사의 극동건설은 법정관리하에서 회생절차를 밟고 있었다. 그런데 론스타는 98%의 주식을 인수하자마자 상장 폐지한 다음 곧바로 건설사의 핵심 자산인 사옥을 매각하고, 배당금과 영업이익을 그대로 챙겨 갔다. 두 차례의 유상감자를 통해 회사의 자산을 줄이면서 주주들만 이익을 보게 된다. 이와 같이 빼낸 돈이 모두 2,220억 원, 론스타가 투자원금을 모두 회수하고 나니 극동건설은 껍데기 회사가 되어버렸다. 론스타는 외환은행 인수기업인 하나은행의 대출을 통해 극동건설을 웅진그룹에 6,900억 원에 매각할 수 있었고, 웅진그룹은 그 이후 무리한 인수로 법정관리에 들어가게 되었다. 만약 론스타가 극동건설 인수자금 1,700억 원을 피인수기업의 자산을 담보로 차입(leverage buyout)하였다면 현금을 한 푼 동원하지 않고서도 수년 동안 지속적으로 배당과 영업이익을

53 스트레이트(2020).

기업으로부터 빼내고, 핵심 자산을 매각하여 현금화시키고, 나중에는 비싸게 팔아서 매각이익을 얻는 그야말로 '손 안 대고 코 푸는' 격이었을 것이다. 이와 같은 차입인수 방식은 이례적인 것이 아니다.

재벌 기업이 자사의 근로자, 고객, 그리고 오랫동안 거래해 온 협력업체의 이익보다 재벌 기업의 이익을 앞세우면 기사 거리가 되고 사회적 지탄의 대상이 된다. 그러나 론스타와 같은 사모펀드의 행태에 대해서는 주주 가치 극대화의 일환이라고 당연시하고 있다. 사회적 물의가 있더라도 그것을 무시하고 투자자(limted partners, LP)들을 위해 고수익을 창출하고 언제든지 파산하고 청산할 수 있는 조직이 사모펀드이다. 주주 가치의 꽃은 사모펀드이다. 주주 중심주의가 확산할수록 재벌보다 사모펀드가 더 큰 힘을 갖게 될 것이고, 사모펀드가 재벌 기업을 위협하는 사례는 앞으로도 증가할 것이다.[54]

물론 사모펀드가 기업의 영업효율성과 생산성 제고에 긍정적 역할을 하는 여러 사례들도 보고되고 있다. 그러나 펀드의 영향력이 커질수록 주주의 이익이 최우선이라는 논리하에 기업을 둘러싼 경영자–종업원–소비자–채권자–지역사회 등 이해당사자들의 이익은 고려 대상이 되지 못하며, 기업경영을 둘러싼 의사결정 과정에서 주주가 우선이기 때문에 기업의 장기적 성장보다는 단기 성과

54 사모펀드가 재벌 기업의 지분을 위협하거나 실제로 인수하는 사례가 많아지고 있다. 미국에서도 블랙록(BlackRock), 뱅가드(Vanguard), 스테이트 스트리트(State Street) 등 몇몇 주요 사모펀드들이 보유하고 있는 미국 상장기업의 지분은 40%이고, 실제로 이들 상장기업의 경영에 깊숙이 영향을 미치고 있다(Azar *et al.*, 2018).

에 집착할 수밖에 없다.

주주 중심 거버넌스의 본국이라 할 수 있는 미국에서도 주주 중심주의에 대해 비판이 거세지고 있으며 주주 중심주의에 대한 여러 대안들이 제시되고 있다. 상원의원 워런(E. Warren)은 "이윤만을 추구하지 말고 사회적 계약을 준수하는 성실한 시민처럼 행동할 것을 요구"하며 책임감 있는 자본주의 법(the Accountable Capitalism Act)을 2018년 발의한 바 있다.[55] 법안의 핵심 내용은, (1) 총수입 10억 달러 이상 기업의 경우 이사진의 40%는 종업원이 선출하도록 하며, (2) 경영자는 스톡옵션 취득 후 5년 이후에만 매각 가능하고, (3) 자사주 매입 후 3년 후에만 매각 가능하다. (4) 정치 활동을 하려면 주주의 75% 그리고 이사회 75% 동의를 얻어야 한다. (1)은 독일에서 명문화되어 있고 북유럽에서 사회적 관행으로 정립된 공동의사결정제도(co-determination)와 유사하다. 이러한 제도가 정립된다면 기업이 주주의 소유물이 아니고, 사회공동체와 운명을 함께 할 수 있는 조직으로 거듭날 수 있는 계기가 될 것이다.

8) 부동산 금융화

2021년에 우리나라의 부동산 불로소득은 461조 6,000억 원[56]이

55 Yglesias(2018).
56 이들은 부동산 불로소득을 (실현자본이득+순임대소득)으로 정의하고 있다. 이때 실

라는 연구 결과가 나왔고(토지자유연구소), 이를 근거로 많은 기사들이 '대한민국은 부동산 공화국'이며, '불로소득의 원천은 부동산'이라고 이야기하고 있다.

이와 관련해서 여기에서는 두 가지를 이야기하고자 한다. 첫째, 지대와 지대수취 활동의 중심에 부동산 개발 관련 기관들이 있으며, 부동산 매매하는 가계는 지대수취에 보조적일 뿐이다. 둘째, 부동산으로부터의 지대와 지대수취는 부동산 그 자체로부터 만들어지기보다는 부동산 금융화에 의해 조성되고 팽창된다.

위 첫째와 관련해서 부동산 개발 과정에서 지대가 어떻게 만들어지고 지대수취 활동이 어떻게 이루어지는지 살펴보자. 지대와 지대수취 활동과 관련해서 '부동산 공화국', 혹은 '부동산 불로소득' 논의의 초점은 부동산가격 차익에 맞추고 있으며, 불로소득 취득의 중심에는 주택 매매에 참여하고 소유하는 개인 혹은 가계가 있다고 본다. 그러나 대부분의 가계는 주택을 통해 가격차익을 체계적으로 실현시킬 만한 희소한 능력이나 자산을 갖고 있지 못하며 가격 시세에 추종할 뿐이다. 부동산시장을 좌우하는 지대수취자들은 희소자산을 갖고 통제할 수 있는 시행사, 건설업체, 증권사를 비롯한 여신전문회사, 기관 투자자이며, 이들의 희소자산은 부동산 금융화와 깊이 관련되어 있다.

현자본이득이라 함은 (매각가액 – 매입가액)이고 순임대소득이라 함은 (현 임대가치 – 매입가액의 이자)이다.

2021년도 이른바 대장동 사건은 정치판을 흔들었다. 사람들의 뇌리에 각인된 것은 '개발이익이 1조 8,000억 원'에 달한다는 보도, 그리고 '50억 클럽'에 대한 보도였다. 부동산 개발은 도시화의 과정에 따라 진행될 수밖에 없는 필연적 과정이다. 그렇지만 부동산 경기가 좋거나 좋은 입지의 개발은 사업 초기부터 각 단계마다 부풀려 얹어지는 어마무시한 차익 규모 때문에 지대수취적 부동산 관련 기업들에게는 좋은 호재이다.

현실과 비슷한 가상의 상황을 생각해 보자. 판교는 LH가 공영개발하였는데, 당시 평당 90만 원에 수용하였으며 시공 단계에서 건설회사에게 평당 790만 원에 매각되었다. 그리고 건설사는 건축물을 완공하여 평당 1,190만 원(용적률 상한선 고려)에 분양하였다. 아주 단순화시키자. 10만 평 토지가 분양되었다면 시행사의 단순 차익은 10만×(790－90)만 원=7,000억 원, 건설사의 차익은 10만×(1,190－790)만 원×용적률(1.6)=6,400억 원이다. 물론 100% 성공적으로 분양되었을 경우이다. 이렇게 해서 완공된 25.7평 아파트의 분양가가 약 3억 원이라고 하자. 토지수용으로부터 최종 분양까지 각 단계에서 차익이 어떻게 붙게 되는지 가늠해 볼 수 있다. 이들 각 단계의 차익이 100% 지대는 아닐지라도 상당 부분이 지대의 속성을 갖는다고 볼 수 있다. 그 이후 거래 과정에서 부동산 경기 흐름에 따라 가격이 많이 높아지거나 덜 높아지거나 떨어지기도 한다. 일반 가계는 바로 이 단계에 참여해서 싸게 사서 비싸게 팔아 차익을 얻거나 그 반대로 손해를 보거나 한다. 예에서 LH는 시행사인데, 만약 시행사가 민간 업자일 경우에는 인허가 비용을 추가해야 하므로 건설회사에 매각할 때 가격이 비싸지고, 이를 구입한 건설회사는 평당 분양가를 비싸게 책정하게 된다. 만약 건설자재 가격이 오르면 이때에도 분양가는 비싸진다.

이러한 개발사업에서 시행사는 사업 초기 각종 인허가와 사업비용, 그리고 법률비용을 지급해야 하기에 브리지 론(bridge loan)이라는 자금을 비싼 차입 금리로 빌리고, 건설사 역시 건설자재, 인건비, 분양광고비에 비용이 소요된다. 아파트 단지뿐 아니라, 상가, 용산국제 복합단지 등 거대 프로젝트 등이 이러한 부동산 프로젝트 개발 과정을 통해 진행된다. 이것은 부동산 개발 과정이며, 완공된 부동산은 매매나 임대된다. 개인이나 가계는 매매·임대 단계에 참여할 수 있을 따름이다. 거대한 부동산 개발 차익을 염두에 둘 때 매매·임대 단계에서 개인이나 가계가 얻는 차익은 지극히 일부이며, 이들은 가격통제 능력도 없고, 지대를 취득할 수 있는 희소한 자원도 갖고 있지 못하다. 부동산 관련 지대수취의 중심에는 개인이나 가계보다는 부동산 관련 사업자가 위치하고 있다.

위의 둘째와 관련해서 부동산 금융화가 부동산 부문의 지대와 지대수취에 어떠한 역할을 하는지 살펴보자. 부동산으로부터의 지대와 지대수취는 부동산 금융화가 촉발시켰다. 부동산 금융화란 "부동산 분야에서 금융시장의 확대와 압도적 역할"[57]을 일컫는데, 모기지 대출 증가, 금융을 매개로 한 부동산 개발과 부동산의 투자상품화, 이로 인한 부동산 가격변동성의 증폭, 사회 구성원들 간 부동산 자산 격차의 확대를 특징으로 한다.

부동산 금융화는 세 가지 측면에서 진행되고 있다. 첫째, 주택 수요 측면에서 모기지 대출(장기 주택담보대출)의 확대를 들 수 있다. 모기지 확대를 통해 서민들이 쉽게 주택 매입에 나서게 되었고, 그로 인해 가계 부문의 자산축적이 빠르게 이루어지게 되었다.[58] 주요 선진국의 경우 1980년대 이후 중산층 육성을 위한 모기지의 확대로 (대출/소득) 비율이 높아지고, 모기지 관련 금융상품을 출현하게 되었으며, 금융의 뒷받침을 통해 주택가격이 상승할 수 있게 되었고, 주택은 더 이상 생활필수품이 아니라 투기적 자산으로 변모하게 되었다.[59]

둘째, 공급 측면에서 부동산 개발의 추진력을 제공한 것은 부동산 프로젝트 파이낸싱이다. 부동산 프로젝트 파이낸싱은 금융의 탈규제로 인한 그림자금융의 성장에 의해 촉진되었다. 50조 원이 소요되는 대규모 용산국제업무지구 개발이라던가 재건축사업, 서울 주변 도시 도처의 지식산업센터와 같은 프로젝트는 미래의 완공 후 예상되는 현금수입을 담보로 하여 추진되는 것으로 그림자금융의 도

57 Leijten and de Bel(2020).
58 OECD(2018).
59 OECD(2021).

움 없이는 불가능하다. 2022년 미국발 상업용 부동산위기나 한국의 부동산 PF위기도 모두 이와 관련이 깊다.

셋째, 주택 금융화로 인해 부동산 개발 과정에서의 금융 중개를 통해 펀드, 연기금 등 다양한 기관 투자자들이 적극적으로 수익을 얻는 데 참여하게 되었다.[60] 부동산 금융화는 금융위기 이후 그리고 Covid 19 시기의 대대적인 양적 완화와 그에 따른 유동성 증가로 더욱 촉발되었다. 부동산 금융화는 서민들의 주택 마련을 도와주고, 낙후한 부동산을 가치 있게 개발해 주는 긍정적 측면이 있지만 과도한 금융의 쏠림을 초래하게 되었다.

9) 인적 자본을 이용한 지대수취

인적 자본이 지대수취 대상으로서의 희소자산이 될 수 있을까? 인적 자본이 자산이 될 수 없다는 견해에 따르면, 인적 자본이 자산이기 위해서는 소유권이 붙고 거래될 수 있어야 하는데, 노예와 달리 인적 자본은 소유가 이전될 수 없기 때문에 자산에 포함될 수 없다는 것이다. 또 회계에서나 경제학에서 노동력은 생산요소로서 지출 대상이고 비용요소였을 뿐이었다. 그러나 이러한 견해와 달리 고급 기술과 전문가적 능력은 새로운 것의 생산과 지대 창출에 기여하

60 Ronald *et al.*(2015).

기도 하지만 지대를 이전시켜 주는 숙련 혹은 기술로도 활용되기 때문에 희소자산으로 간주할 수도 있다.

제1절의 첫 사례에서 제시한 것처럼 론스타는 10년 만에 2조 원이 넘는 천문학적 차익과 배당이익 등을 챙겨 갔는데, 모든 사모펀드들이 항상 이처럼 큰 이익을 내는 것을 아니다. 펀드 투자자금을 LP(유한파트너)들로부터 많이 모집할 수 있는 능력, 금융 기관으로부터 레버리지할 수 있는 능력, 투자 대상 업체와의 협상 능력, 매각 시 인수자와의 협상 능력은 다른 사모펀드에서 구할 수 없는 희소한 인적 자원이어야 하며, 이것들을 잘 결합하고 조율하는 것이 큰 수익을 낼 수 있는 필요조건이다.

두 번째의 로펌 사례에서 제시한 성공보수 138억 원은 대형 로펌의 브랜드 가치도 포함되지만 희소한 변호사의 능력과 전관 네트워크 자산이 결합된 것이다. '대장동 50억 클럽'이 뉴스를 뒤덮으면서 사람들의 주목을 받은 적이 있었다. 대장동 개발업자들은 사업의 원활한 추진을 위해 전직 검찰총장, 전 대법관, 특별검사, 전 청와대 민정수석 등 쟁쟁한 인사들에게 50억 원씩 주기로 했었다. 미래 예상되는 4,446억 원에 달하는 개발이익의 성공적 실현을 위해, 즉 개발 과정에서 발생할 수 있는 여러 난관들을 해결하기 위해 해결 능력을 갖춘 인사들에게 300억 원 정도의 자금을 건네는 것은 자연스럽다. 개발업자들이 주목한 50억 원 지급 대상 인사들이 갖추고 있는 능력은 보통의 변호사, 전직 공무원, 도시계획이나 법학 전공

교수에게서 찾아볼 수 없는 희소한 것이었다.

세 번째의 구글 사례에서 초기 창업 당시 두 젊은이는 기존 검색엔진의 단점을 발견하고, 어떤 검색엔진이 유저들이 원하는 것인지를 파악하는 혜안, 프로그래밍 능력, 창업자금을 끌어오는 능력을 발휘하였는데, 이들이 모두 희소한 인적 자본이다.

첫 번째와 두 번째 사례에서는 인적 자본 중 특정한 희소성을 활용하여 지대수취가 가능해 지는 것을 보여 주고 있으며, 세 번째의 사례는 인적 자본이 부의 창출에 기여하고 있음을 보여 주고 있다.

인류 역사를 보면 한 사회의 흥망성쇠를 좌우하는 것들 중 중요한 것이 교육과 인적 자본이었다.[61] 지대수취 활동에 인재들이 쏠리면 경제가 침체의 길로 나아가게 됨은 여러 연구[62]에서도 보여지고 역사적으로도 입증되었다.

1400년 이전까지만 하더라도 중국은 경제, 문화, 과학, 기술 등 모든 분야에서 서구보다 앞섰다고 한다. 그런데 언젠가부터 중국은 점차 무기력해졌으며, 서구는 중국을 추월하기 시작해서 산업혁명을 거치면서 중국은 서구의 과학과 기술에 압도당하고 결국 지배당하게 되었다. 이러한 역전이 왜 발생하였을까? 이에 대해 여러 견해가 있지만 대표적인 것이 고시망국론이다.[63] 명·청시대 600여 년 동

61 Galor(2023).
62 Baumol(1990), Murphy *et al.*(1993), Acemoglu(1995).
63 Huang(2023).

안 무수히 많은 중국의 인재들은 진사시험 합격을 위해 유교 경전 외우기와 서체 공부에 전력을 다하였다. 이들은 과학·기술 탐구, 신대륙 개척, 새로운 사업 아이템 개발 같은 것에는 관심이 없고 오로지 고시—그중에서도 가장 합격하기 힘든 진시—합격이 인생의 목표였던 것이다. 중국의 젊은이들이 고시에 목숨을 걸었던 이유는 상상을 초월한 권력, 경제적 대가, 명예가 보장되었기 때문이다.[64] 오랜 역사 속에서 중국의 청년들과 그들의 부모는 과학기술, 사업을 통한 이재, 예술에 대한 흥미, 바깥 세상에 대한 도전에는 관심이 없고 오로지 고시합격을 통해 고위 관료가 되는 것에만 관심이 있었다.

2008년 글로벌 금융위기 이후 미국에서는 위기의 원인에 대해 많은 분석이 있었다. 많은 전문가들이 한결같이 지적하는 바는 많은 인재들이 금융 부문에 쏠렸으며, 이들은 사회적으로 별 이로움을 주지 못한 금융혁신을 주도하였고, 이들이 만든 금융혁신의 상품들이 전 세계로 팔렸고, 위험이 전 세계로 전파되었다는 것이다. 주요 선진국들의 경우 금융이 실물 부문보다 너무 빠르게 성장하였고, 많은 인재들을 싹쓸이해 가고 있었다.[65] 금융권으로 몰리는 이유는 보수가 높기 때문이다. 소득 상위 0.1% 중 금융 부문 임직원이 18.4%

64 1873년 중앙관료의 경우 근로자 (연)평균 소득의 150배 높은 급여를 받았고, 급여보다 14~22배 많은 뇌물을 받았다(Bai, 2019). 즉, 보통 노동자보다 매년 2,100~3,300배 높은 소득을 올리고 있었던 셈이다. 지방의 최고 관료가 되면 당해 지역 관리 임용에 대한 전권을 가졌고, 사법권에 대한 무소불위의 권한도 가졌다고 한다.

65 Phillipon and Reshef(2012).

로 비금융 실물 부문 및 다른 전문가 그룹에 비해 월등히 높은 비중을 점하고 있다. 하버드 대학의 예를 들자면, 1970년경에는 졸업생의 22%가 금융으로 진출하였는데, 1990년대에는 38%, 2007년에는 58%로 증가하였으며, 다른 아이비리그 대학도 비슷한 추세이다.[66]

한국의 경우도 비슷하다. 금융권은 높은 보수로 유명하다. 증권사 임원들의 (2022년) 연봉 수준을 보면 "김＊＊ 하이투자증권 사장은 65억 6,700만 원, 최&& IBK투자증권 상무는 39억 4,400만 원, 박## 부국증권 부사장은 36억 9,200만 원, 김○○ 메리츠증권 사장은 36억 200만 원 …"이다.[67]

그런데 고액연봉은 금융권에만 국한된 것은 아니다. 대형 로펌의 시니어 변호사들, 특히 기업 법무와 관련된 업무를 맡고 있는 변호사들의 보수는 상당한 것으로 알려져 있으며, 미국의 경우 더 그러하다고 한다. 금융위기 이후 금융가의 연봉은 그리 상승하지 않았지만, 기업 관련 로펌 변호사의 소득은 천정부지로 올랐다고 한다.[68] 뉴욕의 크래배스, 스와인 & 무어와 커클런드 & 엘리스(Cravath, Swaine & Moore and the disruptive Kirkland & Ellis)의 경우 엘리트 변호사의 연봉이 1,500만 달러(약 195억 원) 이상이라 한다.

우리나라의 경우 최고 경영자들 중에서 가장 높은 보수는 신＊

66 Zingales(2014), p. 135.
67 각 증권사 사업보고서; MBC 「스트레이트」, 232회.
68 Stewart(2018).

회장이 212억 8,000만 원, 정& 회장이 122억 원, 김% 회장이 108억 원, 이# 회장이 99억 원 순이다. 경영자들의 평균 연봉은 21억 원 수준이고, 이것은 직원 연봉 8,713만 원의 약 24.1배라고 한다.[69] 이 비율은 미국의 상장기업 평균 344.3만 달러(2022년)에 비하면 양호한 편인데, 미국은 다른 유럽 국가들보다 이례적으로 높은 비율을 보인다.

이렇게 천문학적으로 높은 연봉을 용인해야 하나? 직원들보다 이들의 능력이 100배 이상 된다는 말인가? 높은 수임료나 수수료는 어떻게 설명할 수 있나? 대안은 무엇인가?

2023년부터 한국야구협회에서 도입하여 실시하고 있는 샐러리캡(salary cap, 팀 연봉 총액 상한 설정) 제도가 많은 시사점을 제공해 준다. 이 제도는 자금력이 월등한 구단들이 최고선수 영입을 위해 과도한 지출경쟁을 벌이고, 그로 인해 공멸을 자초하는 결과를 막기 위해 도입되었다. 리그와 선수 간 협의회가 합의하는 방식이다. 미국에서는 야구 메이저리그를 제외한 NBA, NFL 등 많은 스포츠 리그가 이를 시행하고 있다. 프로스포츠의 플레이어들과 최고경영자, 변호사 등 전문직은 다르지만 이러한 아이디어는 논리적으로 설명할 수 없는 높은 연봉을 억제하기 위해 응용할 만하다. 이미 스위스에서는 직원 평균 연봉 대비 최고경영자 연봉의 상한선을 설정할지

69 김경욱(2024).

여부에 대한 투표가 시행된 적이 있다.

무엇보다 중요한 것은 너무 과도한 소득을 용인하지 않는 사회적 규범이다. 우리는 언젠가부터 100억 원이 넘는 수임료, 50억 원이 넘는 연봉을 너무나도 자연스럽게 받아들이면서 살고 있다. 아마도 남의 일이라고 무시하는 것이리라. 그러나 보통 사람들이 심리적으로 받아들이는 초고액 소득자의 소득 수준이 올라갈수록 희소한 인적 자본 소유자들의 연봉도 천정부지로 상승하게 되어 있다. 그것을 받아들이지 않는 사회적 규범이 있어야 그것을 토대로 한 제도가 만들어질 수 있다.[70]

5. 지대수취가 경제에 미치는 영향

2017~2021년에 있었던 대기업 L사와 S사 사이에 벌어진 소송건은 지대수취적 활동이 얼마나 경제에 비생산적인지를 여실히 보여 주고 있다. L사와 S사 사이에 벌어졌던 소송전은 L사에 근무하였던 연구개발, 생산 및 품질 관리 등 핵심 직원 80명이 S사에 이직하면서 시작되었다. 이들 직원을 통해 개발, 생산, 영업 등 전 분야의 영업비밀을 S사가 훔쳐 갔다며 소송을 제기한 것이다. 결국 S사

70 Acemoglu(1995).

가 L사에 2조 원을 지급하는 것으로 합의가 이루어졌다고 한다.[71] S사가 독자적인 개발 노력을 하지 않고 영업비밀을 빼간 행위는 합법, 불법 여부를 떠나 지대수취적 활동이고, 기사에는 나오지 않지만 합의에 이르기까지 양 회사가 부담한 변호사 수임료와 자문료만 최소 5,000억 원, 합의금은 2조 원이라고 하는데 이들 대부분은 지대라 할 수 있다. 만약 이 두 회사가 변호사 수임료와 합의금으로 자금지출을 하는 대신 그 돈으로 연구개발을 통한 혁신 경쟁으로 세계 시장을 더 많이 장악하게 되고 공장 증설을 통해 많은 일자리를 창출하게 되는 상황을 상상해 보자. 지대수취적 활동이 고용과 생산 측면에서 얼마나 부정적인지를 가늠해 볼 수 있다. 이런 일이 비즈니스 세계에서 다반사로 일어난다면 기업들은 새로운 것을 만들기보다 가진 것을 지키거나, 다른 기업이 만든 것을 가져오는 데 집중할 것이다. 설비 투자, 고용 창출, 혁신은 뒷전에 밀리게 된다. 기업 관련 소송이 늘어날수록 이 분야의 수익률이 높아져서 변호사도 이 분야로 몰리게 될 것이다.

지대와 지대수취 활동이 전체 경제 활동에서 차지하는 비중이 커질수록, 첫째 실물 부문의 경제 활동이 위축되고, 둘째 생산성이 정체하거나 하락되고, 셋째 자산이 실물 경제보다 빠르게 팽창하고, 넷째 자산 불평등과 소득 불평등이 심화될 것이다.

---

71 한국무역협회(2021).

1) 실물 부문 경제 활동의 위축

〈그림 2-2〉에서와 같이 주요 선진국의 경우 총부가가치에서 차지하는 기업의 영업 잉여의 비율이 증가하는 추세임에도 불구하고 기업의 설비 투자, 즉 총고정자본 형성은 지속적으로 낮아지는 추세를 보이고 있다. 이러한 추세가 의미하는 바는 기업의 영업실적이 좋음에도 불구하고 그것이 실물 경제의 활성화를 위해 재투자되는 것이 아니라 다른 곳으로 빠져나가고 있음을 보여 주고 있다. 기업들이 벌어들인 영업잉여가 주주들에 대한 배당 형태로 빠져나가

|그림 2-2| (기업 부문 영업잉여/총부가가치)와 (총고정자본 형성/부가가치)

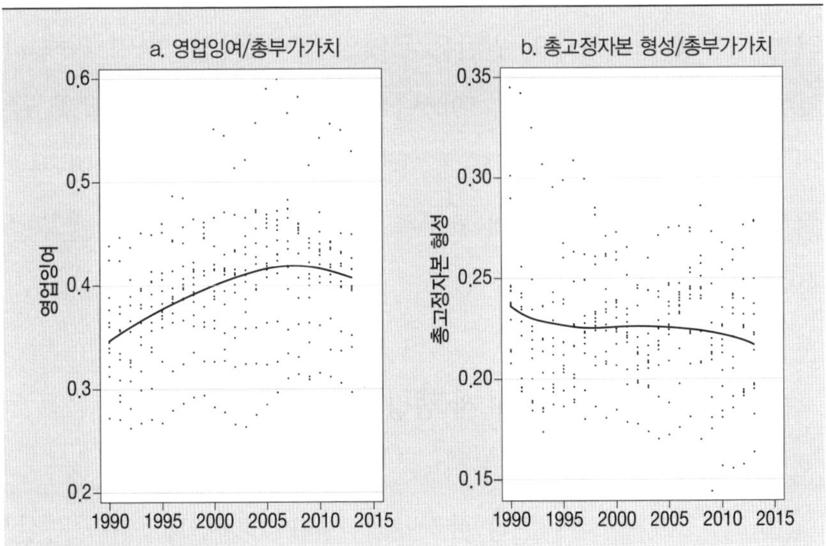

자료: World Bank, Chen *et al.*(2017), Dateset.

거나, 실물 투자로 이루어지기보다 금융 투자로 향하고 있음을 의미한다.

2) 생산성 정체

1990년대 중반 이후 인터넷의 등장으로 촉발된 정보통신기술 혁명, 그리고 2000년 이후의 모바일 혁명 등 우리 주변의 비즈니스 행태와 생활에 큰 영향을 미쳤다. 기술혁신에도 불구하고 〈그림 2-3〉에서 보는 바와 같이 1985년 이후 생산성은 상승하는 추세가 아닌 하락하는 추세를 보이고 있다. 기술혁신에도 불구하고 생산성이 하락하는 추세를 생산성 패러독스(productivity paradox)라고 부른다. 그러면 생산성 패러독스의 원인은 무엇일까? 이를 설명하기 위해 다양한 가설이 등장하였는데, 1985년 이후 본격화된 금융 자유화, 주주 중심주의와 부동산 금융화에 따른 지대수취 활동의 확산이 기술진보에 따른 생산성 향상의 효과를 갉아먹었다는 것이 이 글의 주장이다.

3) 실물 경제보다 빠르게 팽창하는 자산 부문

〈그림 2-4〉는 대부분의 국가에서 1980~1990년대 이후 (자산/GDP)가 빠르게 증가하고 있음을 보여 주고 있는데, 이는 자산이 실

|그림 2-3| 생산성 패러독스

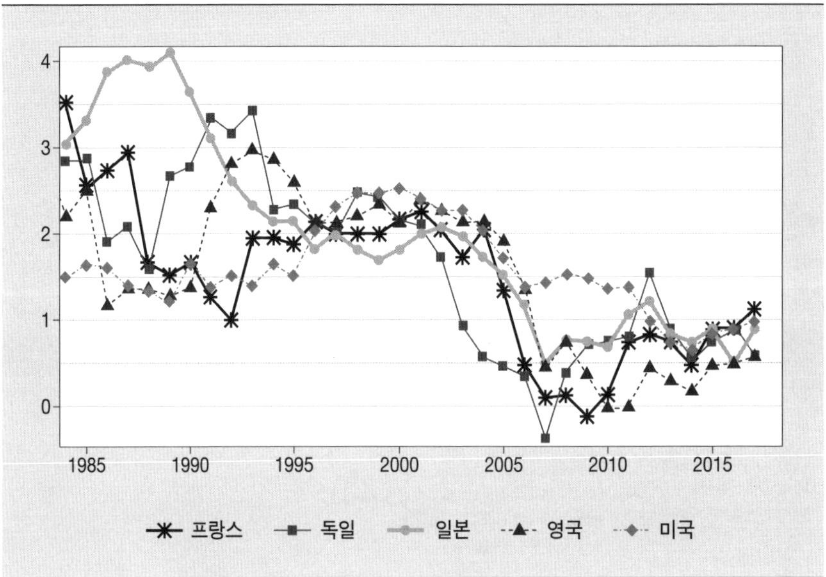

자료: Bergeaud *et al.*(2016).

물 경제보다 빠르게 팽창함을 의미한다. 희소자산인 금융과 부동산 자산을 통한 지대수취가 본격화된 것은 금융 자유화와 탈규제, 그리고 부동산의 금융화와 깊은 관련이 있다. 주요 선진국들의 경우 금융의 자유화, 탈규제가 본격화된 것은 1980년대부터이고, 중·하층의 내집 마련을 통한 중산층 육성 정책도 1990년대부터 시동이 걸리기 시작하였다. 금융 자유화와 부동산 금융화의 과정에서 지대수취 활동의 여지가 커짐에 따라 생산 활동을 통한 실물 경제의 성장속도보다 자산의 증가속도가 더 빠르게 된다.

평균적으로 보면 대부분의 국가에서 자산/GDP 비율이 상승하

|그림 2-4| 자산/GDP 변화 추세

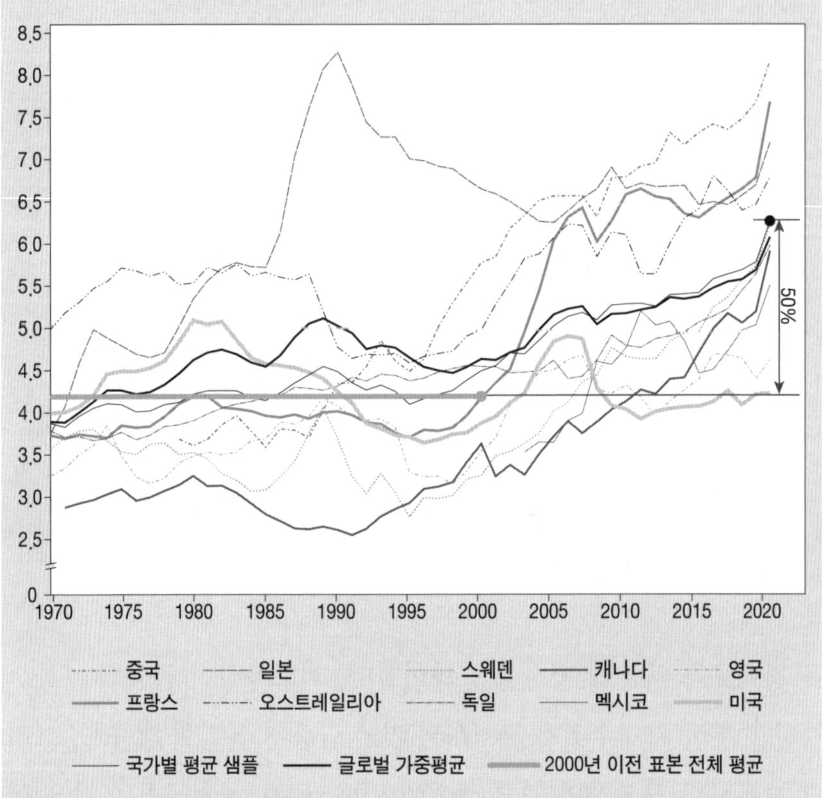

자료: McKinsey Global Institute(2021).

는 추세를 보이고 있으며, 2000년에 비해 그 비율은 50%가량 증가하였다.[72]

72 우리나라의 경우, 국민대차대조표에 따르면 (국내순자산/GDP)의 비율이 2021년에 8.973, 2022년에는 8.77로 다른 주요 선진국에 비해 조금 높은 값을 보이고 있다.

4) 자산 불평등과 소득 불평등의 심화

부자는 세 개의 그룹으로 나뉘어질 수 있다. (자산소득+임금소득)의 형태로 소득을 버는 Ⅰ그룹과 (자산소득) 혹은 (임금소득)만의 형태로 높은 소득을 버는 Ⅱ그룹, Ⅲ그룹이다. 그리고 이들 부자에 속하지 않는 보통 사람들은 희소하지 않은 노동만을 통해 임금소득을 얻는 Ⅳ그룹에 속한다. Ⅰ그룹은 축적된 자산을 기관 투자자나 펀드에 위탁하여 높은 자산소득을 얻는 동시에 희소한 자신의 인적 자본을 이용하여 높은 연봉을 받는다. Ⅱ그룹은 높은 수준의 자산소득만을 취하며, Ⅲ은 높은 연봉만으로 고소득 반열에 오른 그룹이다. 대체적으로 Ⅲ그룹 내에서도 높은 소득을 자산화함으로써 Ⅰ그룹으로 편입되는 경우도 있다. 이들 세 그룹의 부자들은 소득에서 많은 부분을 저축함으로써 이를 통해 자산축적을 하게 된다. 지대와 지대수취 활동의 영역이 확대됨으로써 부자 그룹의 자산 규모는 증가하게 되고, 자산으로부터의 소득이 증가함에 따라 Ⅳ그룹과의 자산 불평등과 소득 불평등은 확대될 수밖에 없다(〈그림 2-5〉).

|그림 2-5| 자산 및 소득 불평등

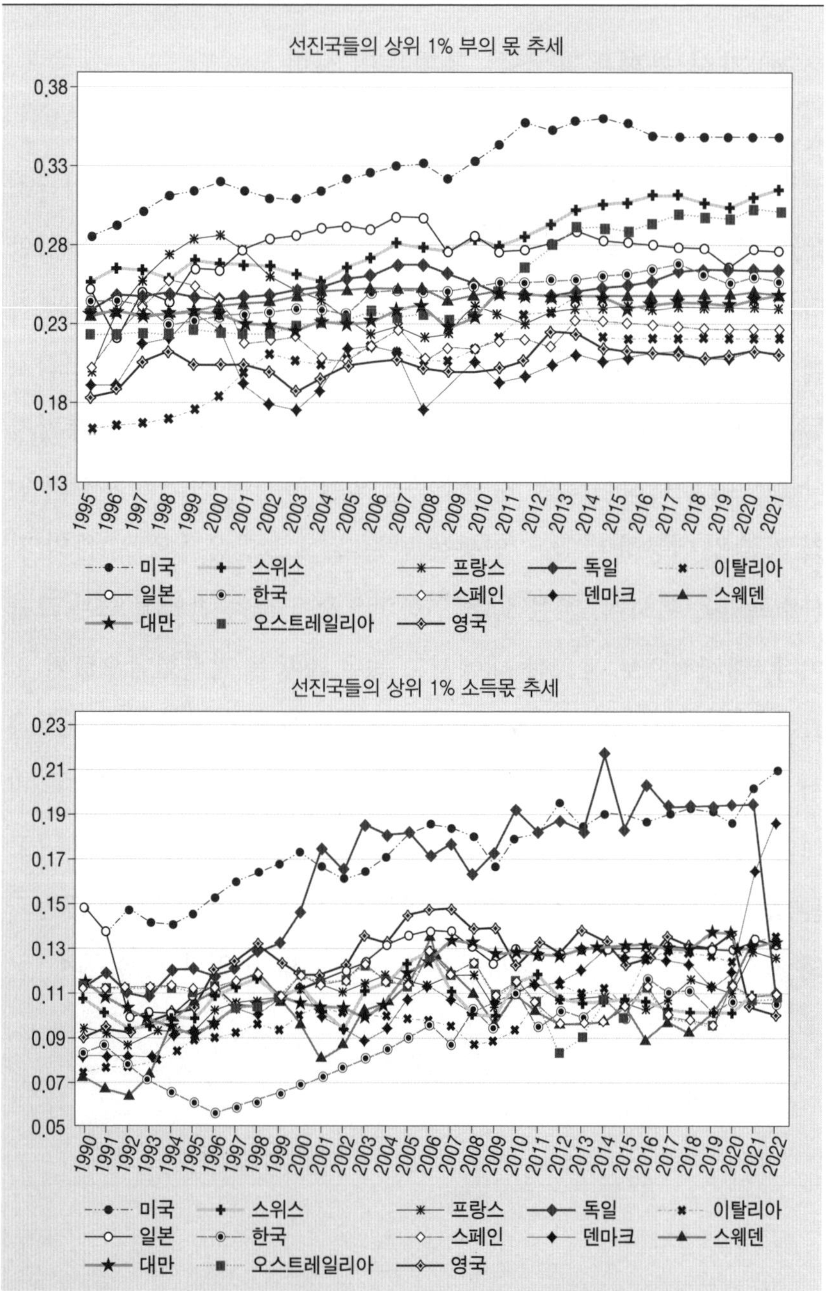

자료: World Income Inequality Dataset.

참고문헌

김경욱, 「CEO－직원 연봉격차 더 벌어져…카카오 98배, 이마트 77배」, 『한겨레』, 2024. 4. 2.

스트레이트, 「론스타 7천억 먹튀, 누가 도왔나?」, MBC, 2020. 11. 15.

______, 「시한폭탄 PF대출」, MBC, 2023. 11. 2.

이경태·강환구, 「장기구조적 관점에서 본 가계부채 증가의 원인과 영향 및 연착륙 방안」, 『BOK 이슈노트』, 22, 2023, pp. 1~23.

이종태, 「론스타는 어떻게 떼돈을 벌었나?」, 『시사인』, 782호, 2022.

장필수 외, 「준공영제 번스 삼킨 사모펀드」, 『한겨레』 특집기획물, 2023.

정태우, 「세금먹는 하마 맥쿼리, 지하철 9호선 사업 손뗀다」, 『한겨레』, 2013. 8. 7.

정환봉 외, 「대한민국 요양보고서」, 『한겨레』 특집기획물, 2019.

한국무역협회, 「2년여 지속된 국내업체 간 배터리전쟁」, 2021. 4. 12.

한국은행, 『금융안정보고서』, 2023.

Acemoglu, D., "Reward Structures and the Allocation of Talent," *European Economic Review*, 39(1), 1995, pp. 17~33.

Azar, J., M. C. Schmalz, and I. Tecu, "Anticompetitive Effects of Common Ownership," *The Journal of Finance*, 73(4), 2018, pp. 1513~1565.

Bai, Y., "Farewell to Confucianism: The Modernizing Effect of Dismantling China's Imperial Examination System," *Journal of Development Economics*, 141, 2019, pp. 1~22.

Barbarani, S., "Meet the Bachaqueros: The Venezuelans Turning to the Black Market to Survive," *Telegraph*, 2016. 11. 8.

Baumol, W., "Entrepreneurship: Productive, Unproductive, and Destructive," *Journal of Political Economy*, 98(5), 1990, pp. 893~921.

Bergeaud, A., G. Cette, and R. Lecat, "Productivity Trends in Advanced Countries between 1890 and 2012," *The Review of Income and Wealth*, 62(3), 2016, pp. 420~444.

Bernanke, B., "Monitoring the Financial System, At the 49th Annual Conference on Bank Structure and Competition," *The Federal Reserve Bank of Chicago*, Chicago, Illinois, 2013.

Berkshire Hathaway, *Annual report for 2002.*

Cecchetti, S. G. and E. Kharroubi, "Why Does Credit Growth Crowd Out Real Economic Growth?" NBER Working Paper 25079, 2018.

Chen, P., L. Karabarbounis, and B. Neiman, "The Global Rise of Corporate Saving," NBER Working paper 23133, 2017.

Christophers, B., *Rentier Capitalism: Who owns the Economy, and Who Pays for It?* London: Verso, 2020(이병천 외 옮김, 『불로소득 자본주의 시대』, 서울: 여문책, 2024).

______, *Our Lives in Their Portfolios: Why Asset Managers Own the World*, London: Verso, 2022.

Corrado, C., J. Haskel, C. Jona-Lasino, and M. Iommi(2022), "Intangible Capital and Modern Economies," *Journal of Economic Perspectives*, 36(3), 2022, pp. 3~28.

Cournede, B. and O. Denk, "Finance and Economic Growth in OECD and G20 Countries," OECD Economics Department Working Papers, No. 1223, 2015.

Economist, "The World's most Valuable Resource is no Longer Oil, but Data," 2017. 5. 6.

Emmons, B., "Ask AN economist," Federal Bank of St.Louis(https://www.stlouisfed.org/-/media/project/frbstl/stlouisfed/files/pdfs/publications/pub_assets/pdf/re/2009/b/reader_xchg.pdf).

Espiner, T., "Bowie bonds'-the singer's financial innovation," BBC, 2016. 1. 11(https://www.bbc.com/news/business-35280945).

Estes, R., *Fight the Corpocracy, Take Back Democracy: A Mad As Hell Guide for the 99%*, New Jersey: BookBaby, 2013.

Falkinger, J., "Limited Attention as the Scarce Resource in an Information-Rich Economy," IZA Dicussion Paper No. 1538, 2015.

Financial Stability Board, *Global Monitoring Report on Non-bank Financial Intermediation*,

2023.

Foroohar, R., *Makers and Takers: The Rise of Finance and the Fall of American Business*, New York: Crown Business, 2016(이유영 옮김, 『메이커스 앤드 테이커스: 경제를 성장시키는 자, 경제를 망가뜨리는 자』, 서울: 부키, 2018).

Friedman, M., "Friedman Doctrine—The Social Responsibility of Business Is to Increase Its Profits," *The New York Times*, 1970. 9. 13(https://www.nytimes.com/1970/09/13/archives/a-friedman-doctrine-the-social-responsibility-of-business-is-to.html).

Galor, O., *The Journey of Humanity: The Origins of Wealth and Inequality*, London: Penguin Random House, 2023.

Gladstone, R., "How Venezuela Fell Into Crisis, and What Could Happen Next," *The New York Times*, 2017. 5. 27.

Goda, T. and P. Lysandrou, "The Contribution of Wealth Concentration to the Subprime Crisis: A Quantitative Estimation," *Cambridge Journal of Economics*, 38(2), 2014, pp. 301~327.

Henrekson, M. and S. Mikael, "The Entrepreneurial Rent: The Value of and Compensation for Entrepreneurship," Research Institute of Industrial Economics (IFN) Working Paper, No. 1128, 2016.

Huang, Y., *The Rise and Fall of the EAST: How Exams, Autocracy, Stability, and Technology Brought China Success, and Why They Might Lead to Its Decline*, New Haven: Yale University Press, 2023.

IMF, *Global Financial Stability Report: Risk Taking, Liquidity, and Shadow Banking Curbing Excess while Promoting Growth*, 2014.

Kruger, A., "The Political Economy of the Rent-Seeking Society," *The American Economic Review*, 64(3), 1974, pp. 291~303.

Krugman, P., "Money for Nothing," *New York Times*, 2009. 4. 26(https://www.nytimes.com/2009/04/27/opinion/27krugman.html).

______, "Unproductive Finance," *The New York Times*, 2013. 6. 12(https://archive.nytimes.com/krugman.blogs.nytimes.com/2013/06/12/unproductive-finance/).

Leijten, I., K. de Bel, "Facing Financialization in the Housing Sector: A Human Right to Adequate Housing for all," *Netherlands Quarterly of Human Rights*, 38(2), 2020, pp. 94~114.

Malkiel, B. G., "Asset Management Fees and the Growth of Finance," *Journal of Economic Perspectives*, 27(2), 2013, pp. 97~108.

Mazzucato, Mariana, *The Value of Everything*, London: Penguin House, 2018(안진환 옮김, 『가치의 모든 것: 위기의 자본주의, 가치 논의로 다시 시작하는 경제학』, 서울: 민음사, 2018).

McKinsey Global Institute, *The Rise of the Global Balance Sheet: How Productively are We Using Our Wealth?*, 2021. 11. 15.

Mihet, R., "Who Benefits from Financial Innovation?" ECB Working Paper 2020.

Miller, M. H., "Financial innovation: The Last Twenty Years and the Next," *Journal of Financial and Quantitative Analysis*, 21(4), 1986, pp. 459~471.

Murphy, K. M., A. Shleifer, and R. W. Vishny, "The Allocation of Talent: Implications for Growth," *The Quarterly Journal of Economics*, 106(2), 1991, pp. 503~530.

______, "Why is Rent Seeking so Costly to Growth," *The American Economic Review*, 83(2), 1993, pp. 409~414.

O'Brien, H., "The Blackstone Rebellion: How One Country Took on the World's Biggest Commercial Landlord," *The Gurdian*, 2022. 9. 29.

OECD, *Brick by Brick: Building Better Housing Policies*, OECD Publishing, 2021.

Philippon, T., "Has the U.S. Finance Industry Become Less Efficient?" *The American Economic Review*, 105(4), 2015, pp. 1408~1438.

______, *The Great Reversal*, Cambridge: Harvard University Press, 2019.

Philippon, T. and A. Reshef, "Wages and Human Capital in the U.S. Finance Industry: 1909~2006," *The Quarterly Journal of Economics*, 127(4), 2012, pp. 1551~1609.

Piketty, T., *Capital in the 21 Century*, Cambridge: Harvard University Press, 2014(장경덕 옮김, 『21세기 자본』, 서울: 글항아리, 2014).

Rajan, R., *Fault lines: How Hidden Fractures still Threaten the World Economy*, New

Jersey: Princeton University Press, 2010.

Ronald, R., J. Kadi, and C. Lennartz, "Homeownership-Based Welfare in Transition," *Critical Housing Analysis*, 2(1), 2015, pp. 52~64.

Standing, G., *The Corruption of Capitalism; Why Rentiers Thrive and Work does not Pay*, Hull: Biteback Publishing, 2017(김병순 옮김, 『불로소득 자본주의: 부패한 자본은 어떻게 민주주의를 파괴하는가』, 서울: 여문책, 2018).

Stewart, J., "$11 Million a Year for a Law Partner? Bidding War Grows at Top-Tier Firms," *The New York Times*, 2018. 4. 26.

Stiglitz, J., *The Price of Inequality*, New York: W. W. Norton, 2012.

______, "New theoretical Perspectives on the Distribution of Income and Wealth among Individuals," in J. E. Stiglitz and K. Basu, eds., *Inequality and Growth: Patterns and Policy*, Volume I: *Concepts and Analysis*, Pallgrave Macmillan, 2016, pp. 1~71.

Stiglitz, J., A. Botta, E. Caverzasi, A. Russo, and M. Gallegati, "Inequality and Finance in a Rent Economy," *Journal of Economic Behavior & Organization*, 183, 2021, pp. 998~1029.

Tobias, A., A. Ashcraft, H. Boesky, and Z. Pozsar, "Shadow Banking," *Federal Reserve Bank of New York Staff Reports*, 2012.

Tullock, G., "The Welfare Costs of Tariffs, Monopolies, and Theft," *Western Economic Journal*, 5(3), 1967, pp. 224~232.

Turner, A., "The Consequences of Money-Manager Capitalism," 2017(https://www.ineteconomics.org/perspectives/videos/the-consequences-of-money-manager-capitalism).

Yglesias, M., "Elizabeth Warren has a Plan to Save Capitalism," VOX, 2018. 8. 15(https://www.vox.com/2018/8/15/17683022/elizabeth-warren-accountable-capitalism-corporations).

William, G., "How U.S. Sugar Protectionism could Sour Your Halloween and Christmas," *Washington Post*, 2023. 8. 9(https://www.washingtonpost.com/opinions/2023/08/09/sugar-protectionism-raises-prices/).

Zingales, L., *A Capitalism for the people*, New York: Basic Books, 2014.

______, "Presidential Address: Does Finance Benefit Society?" *The Journal of Finance*, 70(4), 2015, pp. 1327~1363.

chapter 03

소득 불평등의 경제학

1. 서론: 문제 제기
2. 세계적인 불평등의 양상
3. 소득 불평등에 대한 경제학의 기여와 문제 인식
4. 한국의 소득 불평등 추이와 논쟁
5. 결론

소득 불평등에 대한 경제학적 해석과 해법은 무엇인가?

이 장은 이 질문에 대해 답을 구하고자 한다. 이 과정에서 먼저 전 세계적으로 불평등의 현재까지 양상은 어떠하였는지 살펴보고, 그 양상에 담긴 공통된 경향성과 상이한 추이가 공존함에 대해 주목하고 해석해 본다.

다음으로 소득 불평등이 경제성장과 갖는 관계에 대해 주목한다. 양자 간의 관계는 두 가지 방향에서 추적할 수 있는데, 경제성장이 소득 불평등에 미치는 영향과 소득 불평등이 경제성장에 미치는 영향을 말한다. 시장주의 경제학에서는 경제성장이 소득 불평등을 해결할 것이며, 소득 불평등이 현실에서 존재함은 경제성장에 긍정적인 여지가 있음을 소개한다. 그러나 이에 대한 반론, 즉 성장은 소득분배 문제를 해결해 주지 못하며, 소득 불평등이 성장을 가로막는다는 대립적인 경제학적 견해도 보여 주고자 한다.

그다음은 한국의 현실에 집중한다. 경제 발전이 본격화된 시기부터 지금까지 반세기 이상 기간의 소득 불평등 변화 양상을 몇 개의 단계로 나누어 보고 그 이유도 설명한다. 그리고 한국 경제학계에서 소득 불평등에 대한 논쟁사로 기록된 문재인 정부 '소득주도성장 정책'을 둘러싼 양자의 주장을 정리해 봄으로써 한국 경제학이 앞으로 소득 불평등에 대해 어떤 과제를 안고 있는지 문제 인식을 던지려 한다.

1. 서론: 문제 제기

소득 불평등은 인류 역사와 함께 진행된 매우 오래된 사회경제적 문제였다. 중세 농경사회에서 생산력의 증대가 진행되었다고는 하지만, 오랜 기간 사회 구성원 전체의 생존을 유지하는 정도의 총생산량 수준이 지속되었다. 따라서 극히 일부의 상류계층만 풍요를 누리고, 나머지 절대다수는 절대빈곤을 크게 벗어나지 못하는 생활수준이었다. 불평등의 문제는 분명히 존재하였지만, 사회 구성원들의 문제 제기가 크지 않은 것(물론 때때로 극심한 빈곤에 대한 혁명적 봉기가 없지는 않았으나)은 신분사회의 특성도 있었지만 총생산량의 절대 수준이 크게 잉여생산물을 낳지 않았기 때문이기도 하다.

그러나 19세기 영국에서 자본주의의 원형인 자유 자본주의(free capitalism)가 확립되자 빈곤과 불평등의 양상은 달라졌다. 대규모의 상품 생산, 대규모의 이윤 창출, 대규모의 자본 축적 등으로 연결되면서 사회 전체의 부는 모든 구성원의 생존을 확보하는 수준 이상으로 충분하였지만, 분배의 부정의(不正義) 속에서 극단적인 빈곤과 극단적인 부가 병존하는 극단적인 소득 불평등이 일어나게 된다.

물론 이러한 초기의 양극화 현상은 이후 복지 국가의 수립을 장착하면서 불평등 해소에 대한 사회적 합의 수준에 비례하여 각 국가마다 주요한 정책과제로 등장하게 된다. 홀트(R. P. H. Holt)와 그린우드(D. T. Greenwood)에 의하면,[1] 미국으로 한정해서 볼 때 1950년대부터 1970년대 중반까지는 부의 분배와 경제성장이 공존하였던 이른바 '황금시대'(golden age)에 해당한다. 그러나 1980년대 들어 경제위기가 심화되고 신자유주의의 이념이 팽배하자 분배 대신 성장이 더 강조되면서 다시 소득과 자산의 불평등이 심화된다. 이 시기는 중상위권 가구들은 이전보다 더 작은 낙수효과를 보았고, 하위권 가구들은 실질소득이 감소하는 상황도 종종 맞이하게 되었다. 홀트와 그린우드는 1979년부터 2007년까지 40년 동안 상위 1%는 60%의 소득 증가를 실현한 반면, 하위 90%는 9%라는 보잘것없는 증가만이 있었다는 피케티(T. Piketty)와 사에즈(E. Saez)의 연구 결과[2]가 이를 잘 보여 주고 있다고 설명하고 있다.

한국의 경우도 외환위기 이후 불평등과 양극화가 심각한 사회문제가 된 2000년대부터 이 문제의 해소 내지 완화에 정부나 사회 전체가 주목하여 왔으나 여전히 고질적인 문제로 남아 있다. 다행히 2010년대 들어 가처분소득 기준의 불평등 추이가 완화되고 있으나 여전히 OECD 회원국 내에서 높은 수준을 보이는 것이 사실이다.

사실 경제학의 역사에서도 리카도(D. Ricardo, 1772~1823) 이후 생산요소별 분배 몫의 결정은 매우 중요한 해명거리가 되었으며, 이론적으로는 시장주의 경제학 내에서는 분배 몫이란 각 생산요소가 생산에 기여한 정도에 따라 결정된다는 '한계생산력설'이 20세기 초

1 Holt and Greenwood(2012), p. 363.
2 여기서 말하는 연구 결과란 Piketty and Saez(2012)를 뜻함.

에 이미 확립되어 논쟁적 여지를 남기지 않는다고 여겨 왔다. 그것이 현실 설명력을 갖는다고 믿지 못하는 이들이 있다면 노동시장의 수요와 공급에 의해 임금 수준이 결정된다고 하는, 마치 전가의 보도처럼 휘두르는 수요공급이론으로 마무리할 수 있다고 여겨 왔다.

그러나 현실에서 임금의 결정 메커니즘은 그리 간단치 않다는 것을 많은 이들은 체감할 수밖에 없다. 경제학자들이 수식과 논리를 통해 이론적으로 증명하는 것과 상관없는 결정 과정이 일어나는 것도 그 이유이며, 무엇보다 임금과 이윤 등 각각의 최종 확정된 몫이 자신의 현재와 미래 삶을 곧바로 결정해 버린다는 사실 앞에서 자신의 몫이 절대적으로든 상대적으로든 터무니없이 작다고 생각하는 이들이 생길 수밖에 없는 것도 현실적인 이유가 되었다. 따라서 불평등의 이슈는 현실에서 늘 뜨거운 감자가 된 지 오래이고, 이를 경제학 무대에서 외면할 수 없기에 이에 대한 논쟁은 끊임이 없었다.

이 장에서는 불평등을 경제학에서는 어떻게 보고 있는가를 살펴보려 한다. 그렇다고 분배 몫이 결정되는 이론이나 논증을 소개하는 것은 아니다. 앞에서 언급한 대로 불평등은 원초적으로 각자의 분배 몫 결정에 대한 근거의 정당성을 넘어서 이것이 현실에서 어떤 영향을 낳느냐의 문제, 또한 이러한 거시적 현상으로서의 불평등이 경제 부문에서 왜 이렇게 확대, 심화되느냐의 문제가 현실적으로는 매우 중요할 수밖에 없기에 이 글은 여기에 초점을 맞추어 살펴본다. 더욱이 이런 문제들에 대해 경제학에서는 많은 연구가 있고, 특히 실증적 분석이 넘쳐나고 있을 뿐 아니라 심지어 정치 세계와 이념의 세계에서 서로 격렬한 논쟁의 장을 형성하고 있으므로, 이에 대한 경제학적 논거들을 추적하는 것은 가치 있는 일이 될 것이다. 이 과정에서 과거부터 현재까지 우리나라와 유럽 국가들의 불평등 양상은 어떻게 변해 왔는지 추적한다. 또한 한국의 불평등 양상과 특징도 살펴보면서 한국 경제학계는 분배와 경제의 문제에 대해 어떤 논의를 해왔는지도 살펴본다.

2. 세계적인 불평등의 양상

소득 불평등의 추이에 대하여 비교적 오랜 기간 일관성 있게 추적하여 결과를 내놓은 대표적인 이는 피케티이다. 그는 『21세기 자본론』에서 〈그림 3-1〉과 같이 약 100여 년에 걸친 장기적인 미국의 소득 불평등 추이를 보여 주고 있다.

이런 장기적인 불평등에 대한 추이는 다른 서구 선진국들 내에서도 어느 정도 일치된 경향성을 보이고 있다고 예상할 수 있지만, 국가들이 속한 경제체제에 따라 의미 있는 상이성이 존재하는 것도 사실이다. 불평등 연구의 대가인 앳킨슨(A. B. Atkinson)은 이를 잘 보여 주고 있다. 그가 2015년에 발표한 논문에서는, 국가별로 유사한 경제체제를 갖고 있다고 이야기할 때 가장 전형적으로 나누는 영미

| 그림 3-1 | 미국의 소득 불평등(1910~2010년)

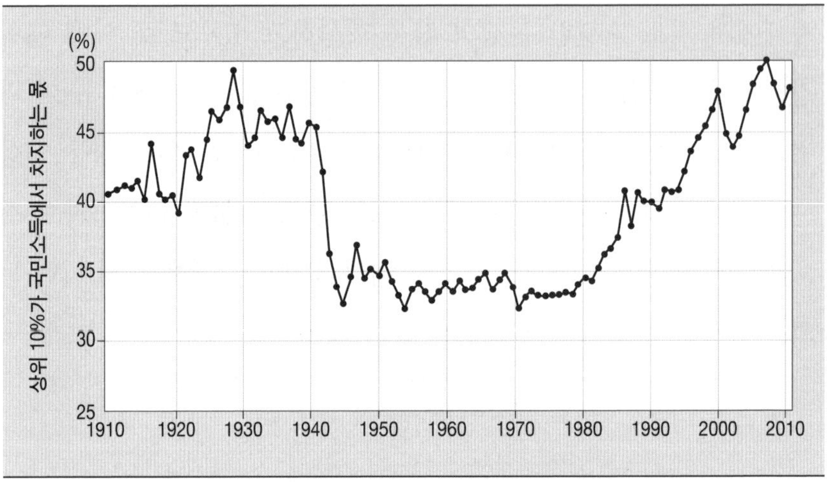

자료: Piketty(2013), p. 36.

국가군, 대륙유럽 국가군, 북유럽 국가군 등 세 집단으로 나누어 보여 주고 있다.[3] 그는 제2차 세계대전이 끝난 1945년부터 리만 브라더스 사태(2008)를 계기로 시작된 금융위기 직후인 2012년까지의 불평등 추이를 세 개의 국가군별 대표적인 국가들을 통해 〈그림 3-2〉와 같이 세 개의 그림으로 보여 주고 있다. 여기서 알 수 있는 것은, 세 개 국가군 모두 제2차 세계대전 이후부터 1970년대 말까지는 공통적으로 소득 불평등도가 완화되었다가 그 이후 악화되는 추이를 보이고 있지만, 국가군 간에 심지어 국가군 내에서도 서로 다른 추이를 보이고 있다. 몇 가지로 정리해 보면 다음과 같다.

3 Atkinson(2015), pp. 211~223.

|그림 3-2| 서구 국가군별 소득 불평등의 추이(1945~2012년)

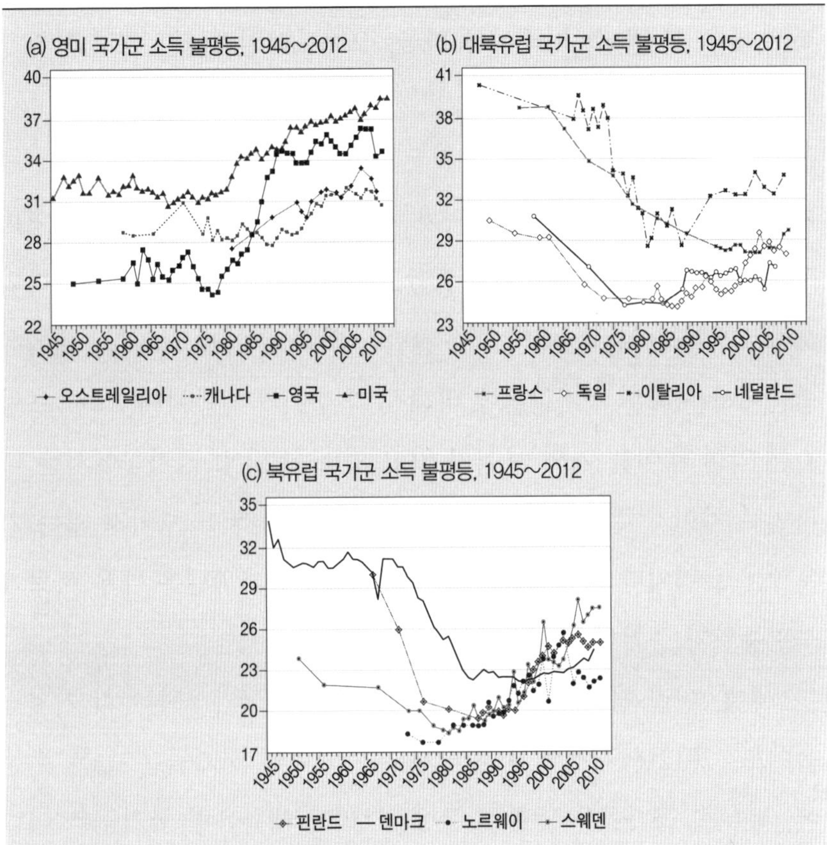

자료: Atkinson(2015), pp. 214~215.

첫째, 영미 국가군(〈그림 3-2〉의 (a))보다는 대륙유럽 국가군(〈그림 3-2〉의 (b))과 북유럽 국가군(〈그림 3-2>의 (c))은 1945년 즈음의 불평등 상태가 더 높았었기에 이후 불평등 개선의 정도가 훨씬 분명하게 나타나고 있다. 이는 위의 그림에서 (a)보다 (b), (c)에서 하락

폭이 급격함을 통해 확인할 수 있다. 특히, 핀란드와 덴마크의 하락 폭은 매우 큰 반면, 미국이나 영국, 오스트레일리아는 횡보를 하고 있는 모양새이다.

둘째, 1980년대 이후의 불평등 악화 경향은 국가군별 차이는 크지 않고 유사하지만 오히려 국가군 내의 차이가 두드러진다. 영미 국가군에서 영국이 매우 악화되었고, 그다음이 미국이며, 캐나다와 오스트레일리아는 상대적으로 완만한 악화 추이를 보인다. 대륙유럽군에서는 다른 국가군들에 비해 악화 추이가 완만하며, 그중 프랑스는 악화 추이를 거의 보이지 않고 있다. 북유럽 국가군에서는 나라별로 차이가 뚜렷하다. 덴마크가 악화 추이가 잘 보이지 않는 가운데 노르웨이나 핀란드는 완만하게, 그러나 스웨덴은 매우 빠르게 불평등도가 증가하고 있다.

셋째, 이런 경과를 국가군별로 그리고 각 국가 차원에서 거쳐왔음에도, 2012년 시점에서 지니계수는 영미권 국가들은 높은 수준에, 북유럽 국가들은 낮은 수준에, 그리고 대륙유럽 국가군은 이탈리아를 제외하고는 영미 국가군보다 낮게 유지하고 있다는 점이다.

그러나 서구 국가에서 불평등의 추이에 대해 전반적으로는 유사한 경향성을 보인다는 것 자체를 부정할 수는 없다는 점에서 그 배경을 이해할 필요가 있다. 이를 위해 자본주의에서 경제 발전 정도가 이 시기에 어떻게 전개되었는지를 밝힌 홀(P. A. Hall)의 주장을 참고할 필요가 있다. 그에 의하면, 제2차 세계대전 이후 서구의 자본주의 변화 과정은 대략 1945년부터 1975년까지의 현대화 시기(an era of modernization)와 1975년부터 2000년까지의 자유화 시기(an era of liberalization), 그리고 2000년 이후부터의 지식 기반 성장으로의 이동 시기(an era of movement toward knowledge-base growth)로 구분된다. 각 시기의 경제·사회 정책은 상당한 유사성을 가질 수밖에 없었다고 보는데, 특히 이 시기의 주요한 변화를 경제 게슈탈트(economic gestalt),[4] 성장전략, 그리고 선거정치라는 세 가지 틀로 설명하고 있다.[5] 따라서 이것들의 변화는 제2차 세계대전 이후 불평등의 전체적인 경향에 영향을 미치지 않을 수 없었다.

첫 번째 현대화 시기에는 전후 경제를 재건하고 현대화를 이루기 위해 정부에게 상당한 자원할당의 책무가 부여되는 경제 게슈탈트가 지배하여 '혼합 경제'(a mixed economy)를 받아들이게 되어 정부의 유효수요 관리 정책이나 경제계획 수립 정책이 수용되는 분위기였다. 따라서 단체 임금협상이나 임금협상의 조정력 등이 강하게 발동되어 불평등의 완화가 결과로 나타나기 시작하였다. 이 시기 경제의 기본적인 구조(the underlying structure of the economy)가 성장전략에 영향을 미쳤다. 제조업은 여전히 경제의 가장 큰 부문이었기에, 포드주의적인 생산방식은 준숙련노동자들(semi-skilled workers)을 농업 부문으로부터 좀 더 생산적이라고 여기는 제조업 부문으로 이동시

4 사람들이나 집단이 경제행위에 대해 적용하게 되는 통념이나 집단적 인식을 말함.
5 Hall(2021), pp. 57~97.

킴으로써 생산성은 증가할 수 있었다.[6]

그러나 두 번째의 자유화 시기에는 앞의 시기와 달리 정부의 개입을 억제하고 시장의 기능을 신뢰하는 경제 게슈탈트가 형성되고, 제조업에서 서비스 부문으로 중심이 이동하였으며, 개발도상국으로터의 경쟁 압박이 심해지는 한편, 국제 금융시장이 발달되는 특징을 가진 시기이다. 그러나 이 시기에는 이전 시기의 유제였던 스태그플레이션이 만성화되면서 혼합 경제에 대한 공감대에 균열이 찾아왔다. 즉, 이제 수요 측면이 아니라 공급 측면에서 성장전략을 찾는 쪽으로 바뀌고, 탈규제와 함께 서비스 분야가 성장의 동력으로 부상하기 시작하였다. 이 과정에서 사회 서비스 분야를 공공화하여 고용을 창출해 나가거나 값싼 노동력을 활용하여 민간 서비스가 활성화되는 쪽으로의 구체적인 전략들이 나라에 따라 다르게 적용되었다. 또한 계급에 기반을 둔 정치는 젠더, 이민, 환경 등에 대한 입장 차이가 가져오는 가치 균열(value cleaverage)이 더해짐으로써 기존의 단순한 구도에 따른 분배정치가 작동되기 어려웠다. 이런 경향들은 일관되게 소득 불평등을 악화시키는 쪽으로 작동하게 되었다.

2000년대 이후부터 시작된 지식 기반 성장으로의 이행기라 불리는 시기에는 ICT의 확산과 제조업의 개발도상국으로의 대규모 이동이 가장 두드러진 특징으로 등장하였다. 이 시기에는 숙련에 많이

6 Crafts and Toniolo(1996), p. 61.

의존하는 기술 변화가 성장을 결정한다는 경제학 내의 조류가 공고히 되면서, 노동자들은 일을 통해 복지급여를 받아야 한다는 워크페어(workfare)와 복지급여는 사회 투자의 의미를 띤다는 사회 투자 국가(social investment state)에 대한 경제 게슈탈트가 형성되었다. 이를 위해 각 국가는 복지제도를 재편하였고, 제조업 전통을 고수한 독일을 제외하고는 빠르게 ICT 기술의 발전과 금융시장의 변화에 대응하는 성장전략을 짜나가기 시작하였다. 이런 가운데 기업들의 외주화는 용이해졌고, 유연한 고용관계 속에서 기업 서비스 분야의 고용이 팽창하는 등 고용구조 역시 바뀌었다. 이제 기존의 계급이나 가치에 따라 복잡한 구도를 보인 선거정치는 지식 기반 경제의 수혜자와 피해자라는 구도까지 얽히면서 전통적인 분배 지지집단은 극우정당에서 위안을 얻는 상황으로 바뀌고 말았다. 분배정치는 더욱더 약화되었고 소득 불평등은 더욱 악화되어 나갔다.

그렇다면 왜 국가집단마다, 그리고 각 국가집단 내에서 나라마다 달라지는 것일까? 국가집단 간의 차이는 크게 보았을 때 이들 세 집단에 각기 부여되는 집단별 특성의 차이에서 비롯될 것이다. 즉, 영미 국가군은 시장주의의 성격이 강하고 분배 정책보다는 경제성장 정책에 더 무게를 두고 있으며, 대륙유럽 국가군은 영미 국가보다는 시장에 대한 사회적 제어를 좀 더 수용하며 조합주의에 근거한 사회적 합의를 해나가는 국가들이며, 북유럽 국가군은 대체로 시장에 대한 사회적 제어를 강하게 발동시키며 높은 세금과 많은 복지지출비를 통해 조정된 시장질서를 유지하고 있는 국가들로 구성되어 있다.

앞에서 다룬 것처럼 서구 국가들 모두가 기반하는 공통적인 경향성과 각 국가군의 특성에도 불구하고 최종적으로 각 국가군 내에서도 나라별로 차이가 있는 것은, 첫째는 그 사회의 경제구조와 산업구조, 그리고 그로부터 유발되는 1차적 소득분배 방식이 어떻게 되어 있느냐이며, 둘째는 이렇게 결정된 1차 분배의 결과로 나타난 불평등에 대해서 어떤 정책적 대응 방향을 갖고 있으며, 그에 따라 강구되는 정책적 대응 강도가 어느 정도이냐에 의해 영향을 받기 때문이다. 이렇듯 한 나라의 불평등 추이와 양상을 설명하는 것은 매우 복잡하지 않을 수 없다.

그렇다면 현시점에서 각 국가들의 불평등 양상은 어떨까? 〈그림 3-3〉은 2018~2022년 사이의 유용한 값을 통해 지니계수 값의 크기 순으로 OECD 국가들의 불평등도를 개관해 주고 있다. 그림에서 보면 이 국가들 간에 지니계수 값이 매우 큰 차이를 보이고 있음을 알 수 있다. 최고값인 코스타리카의 0.487에서부터 최저값인 슬로바키아의 0.222까지 그 최댓값은 최솟값의 두 배를 넘어서는 수준이다. 이처럼 소득 불평등의 상태는 각 국가마다 서로 다른 경제구조와 정책 양상에 따라 매우 상이한 결과를 가져온 것임을 다시 한 번 확인할 수 있다.

| 그림 3-3 | OECD 가입국의 불평등과 빈곤 현황

(단위: ×100=%)

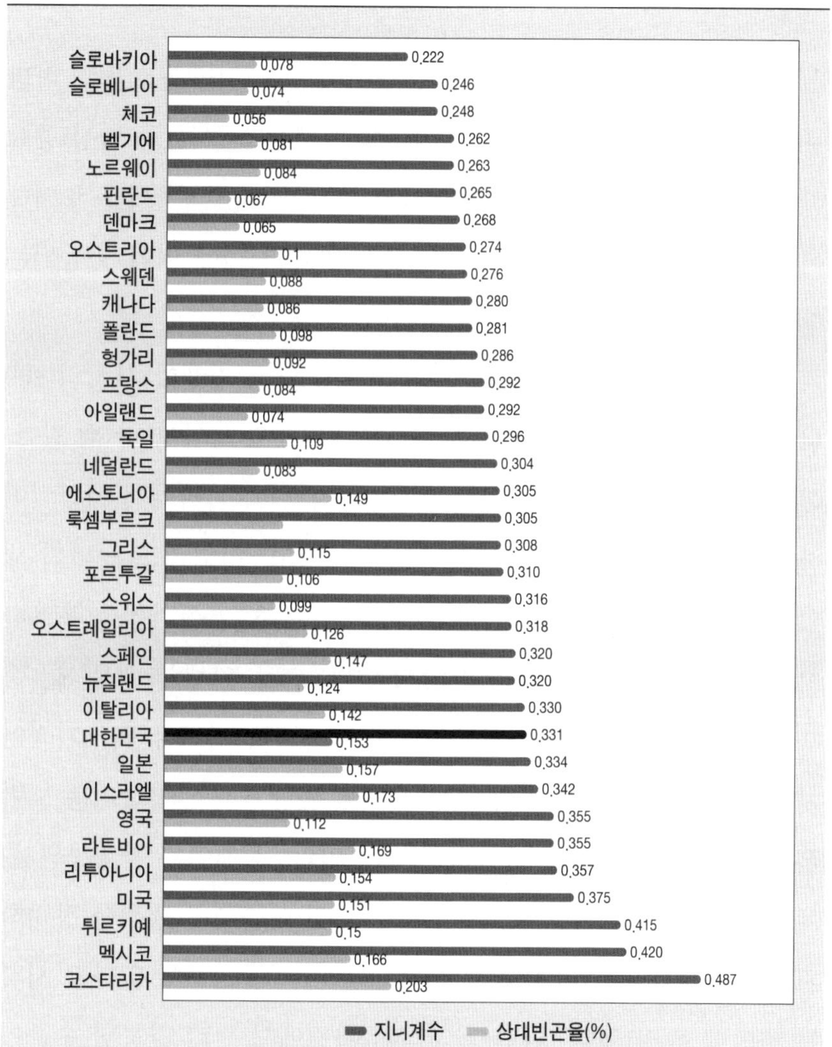

주: 2018~2022년 중 가장 최근 유효값임. 빈곤은 균등화된 중위 처분가능소득 50%를 빈곤선으로 하는 상대빈곤율임. 조세 부담 및 공적 이전을 고려한 처분가능소득 기준임. 지니계수로 측정하는 불평등을 기준으로 내림차순 함.

자료: 빈곤율은 OECD(2023a); 지니계수는 OECD(2023a); 김성아 외(2023), p. 17 재인용.

3. 소득 불평등에 대한 경제학의 기여와 문제 인식

그렇다면 경제학에서는 소득 불평등이 갖는 의미를 어떻게 바라보았는가? 특히, 소득 불평등이 일국의 거시경제 목표 중 가장 중요한 경제성장과는 어떤 관계가 있다고 보는가? 바로 이 질문에 대해 어떤 답을 갖느냐에 따라 정부의 정책 방향과 이에 따라 발동되는 수단과 실행 강도 등이 결정될 것이다.

이 질문에 대한 긍정적 또는 부정적 응답은 경제학 사상의 200년 역사 속에 일정한 계보를 형성하여 내려오고 있다고 할 수 있다. 이른바 시장주의 경제학이라 부르는 계보는 고전학파에서 시작되어 한계효용학파를 거쳐 신고전학파로 이어지고, 마침내 오늘날의 새 고전학파로 그 정통계보를 만들어 오면서 시장의 순기능을 옹호하고 정당화하는 기조를 버리지 않고 있다. 그로 인해 분배 문제, 즉 불평등의 문제도 경제나 시장의 구조적 문제라기보다 과도기적이거나 일시적인 문제로 보아 그것 자체를 없애거나 완화하려는 노력은 정책의 높은 우선순위가 될 필요가 없다. 심지어는 불평등의 존재 자체가 성장을 위한 동력으로서 기업의 이윤추구 행위를 장려하거나 투자자본을 유지 내지 확대하게 한다는 순기능이 있다는 시각도 바닥에 깔려 있다. 다만 정치적인 차원에서 관리 가능한 수준에 대한 논란은 있다.

이와 대조적인 입장으로는 애초 분배를 둘러싼 갈등은 착취와 피착취의 결과로써 필연적이면서도 자본주의 붕괴의 기반이 된다는 마르크스 경제학은 차치하더라도, 복지 국가의 이론적 기반을 제공한 케인스 경제학, 그리고 다시 진화된 포스트케인스 경제학은 소득 불평등의 원천이 되고 있는 실업과 유효수요 부족은 자본주의 경제에서 고질적인 것으로 정부의 개입 없이는 해소될 수 없는 것이며, 이 해소 노력이 불황의 탈피나 실업의 해소에 기여하며 나아가 경제성장을 가져오는 주요한 성장전략이 될 수 있다는 주장을 하면서, 앞서와는 전혀 다른 이론적 주장을 펼치는 계보를 형성하고 있다.

그렇다면 소득 불평등이 경제성장과 갖는 관계를 어떻게 주장하고 있는지를 다음 두 가지 측면에서 본격적으로 다루어 보고자 한다. 첫째, 경제성장은 소득 불평등을 해소할 수 있는 것인지, 둘째 소득 불평등은 경제성장에 어떤 영향을 주는지이다.

1) 경제성장은 소득 불평등을 개선해 주는가?

경제성장을 통해 소득분배 문제가 해결될 것인가에 대해 낙관론을 제기한 시장주의 경제학의 근거 중 가장 널리 알려진 것은, 쿠즈네츠(S. Kuznets)의 '역(逆)U자 가설'(inverted-U hypothesis)이다.

서구 국가들의 황금경제성장기가 시작되면서 다시 자본주의 경제에 대한 환호가 일기 시작하였고 많은 저개발 국가들에게 서구의 경제 모델을 이식하려 하였던 무렵인 1950년대에, 쿠즈네츠는 경제 논문지인 AER(*American Economic Review*)에 게재한 논문에서 미국, 영국, 독일의 1800년대부터 1900년대 전반의 장기 데이터를 분석한 결과, 경제성장의 초기에는 불평등이 악화되지만 일정 시점이 지나면 불평등이 완화된다는 사실을 발견하였다고 결론내린다. 특히, 제1차 세계대전이 발발하기 이전부터 시작하여 불평등이 확연히 완화되었다고 주장하였다.[7] 같은 논문에서 그는 그 이유가 장기적 관점에서 경제 발전을 볼 때, 일반적으로 농업으로부터 제조업으로 이동하기 마련인데, 초기에는 농업 위주의 사회에서 그 사회 구성원 중 일부만이 소득이 높은 제조업으로 진출함으로써 불평등이 심화되지만, 시간이 지나 제조업으로의 이동이 완료되면 소득 불평등 현상은 멈추고 개선이 시작된다고 설명하였다. 경제성장은 소득 불평등도를 역U자 모양으로 변화시켜 나간다는 것이었다.

이 쿠즈네츠 가설은 이후 서구 국가들만이 아니라 개발도상국이나 저개발 국가들에게도 정설로 받아들여지기 시작하였다. 한편으로는 이 가설을 뒷받침하기 위한 여러 논문들이 발표되었는데, 램프먼(R. J. Lampman), 윌리엄스(J. G. Williams)와 린더트(P. H. Lindert), 린더트와 윌리엄스 등이 있다.[8] 닐슨(F. Nielsen)과 앨더슨(A. S. Alderson)은 1920년대가 불평등의 정점이었고, 이후 1950년대까지 '흥미로운 안정화'(curious stability)의 시기임을 밝혀내기도 있다.[9]

7 Kuznets(1955), pp. 4~6.
8 Lampman(1966), Williams and Lindert(1980), Lindert and Williams(1985).

그러나 이 가설에 대해 반박하는 논문들도 발표되었다. 류비모프(I. Lyubimov)는 쿠즈네츠의 논문에 사용된 자료 자체가 매우 불충분하였음을 지적하면서, 산업화 이전 시기는 물론 산업화 시기에도 데이터는 부족하였었기에 쿠즈네츠의 논문에서는 언제 평등도가 높았던 수준이었는지를 특정하지 못하고 있으며, 불평등에 영향을 미치는 것이 성장뿐이라는 가정하에 논리를 전개한 것이라고 반박하였다. 다만 그는 횡단면 자료를 통해서 각 국가들의 소득 불평등 양태를 보면, 중위소득 국가들이 상대적으로 불평등도가 높은 반면, 빈곤 국가와 부유한 국가들이 더 낮은 불평등도를 보인다면서 쿠즈네츠의 가설은 국가 간 실증연구에서는 입증된다고 보았다.[10]

1990년대 들어 더 많은 데이터를 가지고 연구했을 때 가설은 맞다고 인정되는 결과보다도 맞지 않는다는 결과가 더 많다는 논문들이 쏟아졌다.[11] 그럼에도 세계은행(World Bank) 등은 쿠즈네츠의 가설을 통계적인 사실로 간주하고 2030년까지의 글로벌 불평등에 대해 낙관적 전망을 내놓았는데, 전 세계적으로 농업에서 제조업으로 인구이동이 활발히 일어나고 있음을 여전히 그 근거로 들고 있었다.

또한 해리슨(B. Harrison)과 배리(B. Barry)의 연구에서는 쿠즈네츠 가설의 이름을 본 떠 'U자로의 대전환'(Great U-turn)이란 주장을 하

9 Nielsen and Alderson(1997), p. 13.
10 Ivan Lyubimov(2017), pp. 44~47.
11 Deininger and Squire(1998), Higgins and Williamson(1999), Barro(2000), Savvidesa and Stengos(2000).

기도 하였다. 이들은 가구수입 기준으로는 1969년, 임금 기준으로는 1976년부터 미국의 불평등 추이가 다시 악화되어 쿠즈네츠의 가설이 한때는 맞았다 해도 이후 시기에는 다시 불평등도가 심화되는 현상이 반복된다는 것을 〈그림 3-4〉를 통해 보여 주고 있다.[12]

이러한 대전환 현상은 다른 많은 연구에서도 뒷받침되었다.[13] 특히 그린(G. Green)과 코더(J. Coder), 그리고 리스카비지(P. Ryscavage)의 공동연구에서는 캐나다, 스웨덴, 오스트레일리아, 서독 등에서도 성인 남성의 수입 분포에서 유사한 상승 경향이 확인되어 국제적 현상이라고 주장하기도 한다.[14] 이 쿠즈네츠 가설에 대한 반박으로 가장 최근이면서 가장 결정적인 것은 피케티의 주장이다. 그는 『21세기 자본론』에서 쿠즈네츠의 가설은 냉전 한복판에서 희소식을 주었지만, 그가 발견하였던 미국의 소득분배 개선은 단지 1930년대의 대공황과 제2차 세계대선의 충격에 의해 유발된 것이었다고 결론지었다.[15]

경제성장이 불평등 문제를 해결할 것이라는 주장을 대변하는 또 다른 용어가 있다면 그것은 바로 낙수효과(tricke-down effect)일 것이다. 사실 이 낙수효과는 일반인들에게도 친숙한 용어로서, 복잡한

12 Harrison and Barry(1988).
13 Thurow(1987), Bluestone(1990), Levy and Michel(1991), Levy and Murnane(1992), Morris, Bernhardt, and Handcock(1994).
14 Green, Coder, and Ryscavage(1992).
15 Piketty(2013), pp. 23~25.

|그림 3-4| 소득 불균등 추세의 역전

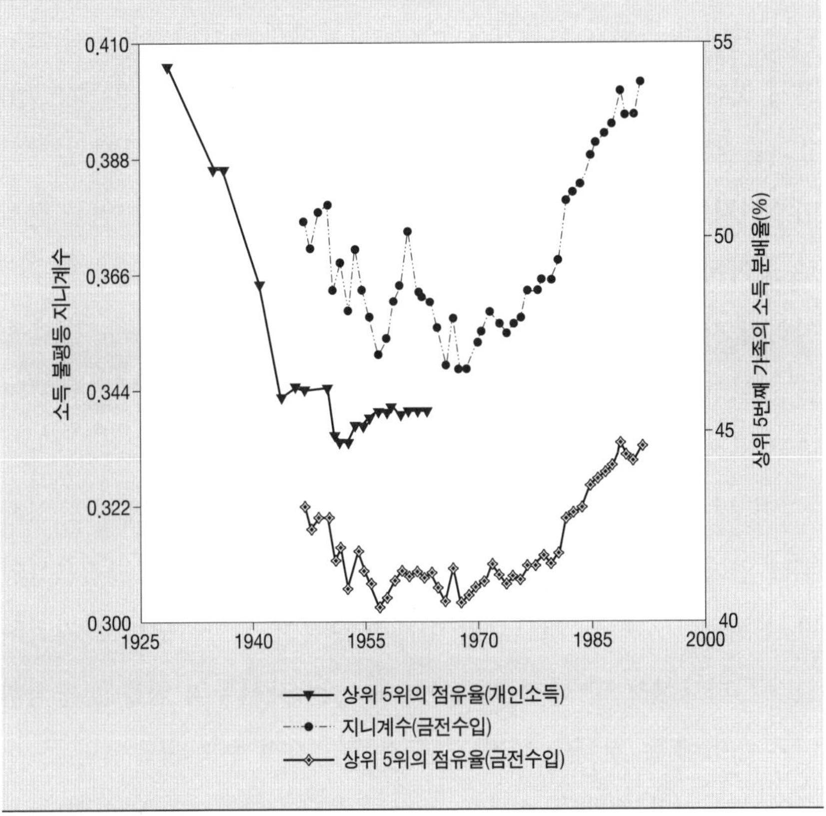

자료: Harrison and Barry(1988), p. 13.

논리를 떠나 양동이에 물이 다 차면 그것이 넘쳐서 주변 바닥에도 물이 공급된다는 표현(spill-over effect)으로 설득력을 얻게 된다.

그러나 이 용어의 기원을 따져 본 아른트(H. W. Arndt)에 의하면, 이는 이론이 아니라 신화에 가깝다고 한다. 낙수효과는 경제발전론 전후 1세대의 작품으로서 1950년대와 1960년대 경제발전론 교과서에 "trickle-dwon theory of development"라는 용어로 자리잡았다. 그러나 당대의 유명한 경제학자들에게 명확하게든 암묵적으로든 환영받지 못하였다고 밝히고 있다.[16] 아른트가 예로 든 바에 따르면, 이 효과를 주장한 바이너(J. Viner)는 대량의 빈곤과 함께 경제 발전이 이루어지는 것은 바람직스럽지 않으며 인구가 증가할 때 인구 전체로 보아서는 평균 임금의 상승이 바람직한데, 특정 영역의 인구에 이익이 지속되도록 하지 않는다면 심각한 빈곤의 절대 규모가 축소될 것이라는 당위적 주장이 가장 대표적인 낙수효과의 이론적 근거라고 지적하고 있다.

이 낙수효과에 대한 문제 제기는 경제발전론자 내에서도 일찍부터 있어 왔다. 시어즈(D. Seers)는 20세기 후반기 경제 발전을 1인당 소득이 상승하는 것으로만 이해한 오류에 기반하였다고 지적하였다.[17] 마흐부브 울 하크(Mahbub ul Haq)는 자신들의 임무는 솔직히 빈곤 해소에 둔 것이 아니라 평균 소득의 일정 수준 도달에만 둔 것이었기에 성장 정책과 소득분배 정책이 분리되었다고 자성의 목소리를 내기도 하였다.[18] 그랜트(J. P. Grant)의 경우는 발전을 경제성장으로 정의한 것은 대단히 잘못되었고 발전의 낙수효과는 심히 부적절한 것이었다고 언급하기도 하였다.[19] 홀트(R. P. F. Holt)는 오히려

16 Arndt(1983), pp. 1~3.
17 Seers(1969).
18 Mahbub ul Haq(1976).
19 Grant(1972).

음(陰)의 낙수효과(negative trickle-down effect)라는 용어를 통해 2008년 금융위기로 연결된 부의 분배 악화의 실상을 지적하기까지 한다.[20]

결국 경제성장이 소득 불평등을 개선할 것이라는 대표적인 두 가지 논거, 즉 '역U자 가설'과 '낙수효과'는 일반적으로 알려진 것보다 경제학 내의 이론적 근거나 통계를 통한 실증에서 그다지 근거가 확실하지 않음을 알 수 있다.

2) 소득 불평등은 경제성장에 기여하는가?

경제성장에 의해 소득 불평등이 해소되지 않는다면, 인위적으로 소득 불평등을 완화해 가는 정부의 역할은 정당한가? 이 질문을 둘러싸고 경제학에서는 많은 이론적 논쟁과 실증연구를 하여 왔다. 이 같은 논란에 대해 사회과학계로 폭을 넓혀 진행되는 논의를 보면, 심지어 소득 불평등에 대해서는 하나의 이데올로기가 작동되고 있다고도 본다. 피케티는 『21세기 자본론』에 이어 2020년 『자본과 이데올로기』를 발간하여 그가 불평등에 대해 찾아낸 장기적이고 역사적인 사실이, 결국 이데올로기 투쟁의 역사에서 자본의 이데올로기가 승리한 결과라는 결론을 내린다. 조돈문은 2024년 펴낸 『불평등 이데올로기』에서 한국 사회에 불평등 이데올로기가 얼마나 작동하

20 Holt and Greenwood(2012).

고 수용되고 있는가의 관점에서 분석하고 있다.

그러나 여기에서는 경제학 본연의 이론적 접근과 실증연구에서 불평등을 다룬 측면을 좀 더 본격적으로 살펴보기로 한다. 앞 절에서 본 것처럼 시장주의 경제학에서는 소득 불평등 자체는 시장에 의해 나온 결과라는 점에서 정당한 것이며, 더구나 경제성장 과정에서 완화될 수 있는 것이기에 인위적으로 완화 내지 해소를 꾀할 이유가 없다는 기조를 갖고 있는데, 더욱이 이러한 불평등 완화를 위해 정부가 조세를 더 거두고 재정지출의 양을 증가시키는 것은 받아들이기 어렵다. 왜냐하면 이런 과정에서 민간 기업의 투자금 중 일부가 축소될 수밖에 없으며, 정부 지출 수혜자들은 근로 의욕 저하로 노동시장 참여율이 떨어지게 됨으로써 경제성장의 동력을 떨어뜨리기 때문이다. 이들은 이 정도의 논리만으로도 불평등을 위한 정부의 노력은 바람직스럽지 않다는 근거가 되기에 충분하다고 본다.

그러나 반대로 불평등이 경제성장에 분명히 부정적인 영향이 있음을 뒷받침하는 다양한 근거들이 역설되고 있다. 이동진(D. J. Lee)과 손종칠(J. C. Son)은 문헌고찰을 통해 이런 주장을 세 가지로 정리하고 있다. 첫째는 불평등으로 저소득층은 투자 여유가 없어져 고소득층 위주로만 투자가 이루어지지만 한계의 원리에 의해 고소득층의 투자는 체감함으로써 투자자금 부족으로 저성장의 결과를 야기한다. 둘째는 앞서 시장주의 경제학자들이 주장하는 바와 달리, 불평등 자체가 대중 영합적인 정치인들에 의해 왜곡된 분배 정책을 가져오게 함으로써 근로 의욕이 떨어져 저성장이 된다. 셋째는 불평등은 빈곤계층에 의해 범죄, 폭동, 혁명 등과 같은 파괴적인 행위에 가담하도록 함으로써 경제 시스템의 불안정성과 불신을 가져와 투자의 유인을 감소시켜 저성장을 가져온다.[21]

이 밖에도 분배가 악화되면 사회 갈등이 심해지고, 그 와중에 노동조합의 임금 인상 요구가 거세져 인플레이션이 가속화되고, 이것이 금리 인상 등을 가져와 경제성장이 저해된다는 갈등인플레이션 이론(conflict inflation theory)이 있다. 또한 소득분배가 불평등하게 이루어지면 중산층이 상대적으로 적어 공업화를 위한 내수시장은 발달되지 않는 반면, 부유층은 고급 수입품을 소비함으로써 규모의 경제를 달성할 수 없다는 주장도 있다. 소득분배의 악화는 국민들에게 기초교육과 보건을 통해 인적 자본을 발달시킬 수 있는 기회가 줄어들어 경제의 생산성을 높일 수 없다는 주장, 그리고 소득 불평등이 자산시장의 불평등을 초래해 기업가의 인적 풀을 줄임으로써 기업가는 소수가 되어 노동수요가 줄어들 수밖에 없으므로 경제성장에 악영향을 끼친다는 주장 등 매우 다양하다.[22]

이런 대립되는 이론적 논거들을 입증하기 위한 실증연구들이 전개되었지만, 쉽게 어느 하나로 결론이 나지는 않는다. 물론 당연히 이 연구들은 사용한 자료가 횡단면 자료(cross-sectional data)인지 시계

21 Lee and Son(2016), p. 333.
22 이태수 외(2004), pp. 31~36.

| 표 3-1 | 소득 불평등과 경제성장의 관계에 대한 주요 실증연구의 결론

대표적인 실증연구	소득 불평등이 경제성장에 미치는 영향
Perotti(1996) Alesina and Rodrik(1994) Persson and Tabellini(1994) Deininger and Squire(1998) Rodrik(1998) Lee and Son(2016)	부정적
Forbes(2000) Li and Zou(1998)	단, 중기에는 긍정적, 장기에는 부정적
Barro(2000) Castello-Climent(2010)	저개발 국가는 부정적, 선진 국가는 긍정적
Galor and Moav(2004)	경제 발전 초기에는 긍정적, 이후에는 부정적
Luo(2021)	자본소득은 긍정적, 노동소득은 부정적

자료: 저자 작성.

열 자료(time-series data), 패널 데이터(panel data)인지 등 자료의 성격에 따라, 그리고 분석 대상 국가들의 수에 따라, 무엇보다도 적용한 계량경제기법에 따라 각기 다른 접근을 하였기 때문에 일의적으로 비교하기 어려운 측면이 있다. 그럼에도 대표적인 실증연구들의 결론을 〈표 3-1〉로 정리하였다.

1990년대 행해진 많은 실증연구는 페로티(R. Perotti)[23]를 비롯하여 알레시나(A. Alesina)와 로드릭(D. Rodrick),[24] 페르손(T. Persson)과 타벨리니(G. Tabellini),[25] 데이닝거(K. Deininger)와 스콰이어(L. Squire)[26]

23 Perotti(1996).
24 Alesina and Rodrick(1994).
25 Persson and Tabellini(1994).
26 Deininger and Squire(1998).

등이 대표적이다. 이 중 페로티는 불평등이 사회통합 및 사회자본의 축적을 해치는 것에 주목하였고, 알레시나와 로드릭은 소득 불평등이 시장 및 경쟁촉진적 정책에 대한 사회적 수용도를 떨어뜨리는 것에 주목하여 얻은 결론이었다.

그러나 소득 불평등이 오히려 경제성장을 가져온다는 긍정적 관계를 도출한 연구도 발표되었다. 포브스(K. J. Forbes)의 논문[27]과 리(H. Li)와 주(H. F. Zoo)의 연구[28]가 대표적이다. 특히, 리와 주는 소득 불평등이 경제성장에 전혀 해가 되지 않는다는 주장을 실증적으로 이끌어 내기도 하였다. 그렇지만 이들의 결론에는 그런 긍정적 관계가 단기와 중기에 대해서는 유효하지만 장기에 걸쳐서는 부정적일 수 있음을 언급하고 있다.

더 나아가 양자의 관계가 선형이 아니고 경제 수준이나 경제 발전 단계에 따라 달라질 수 있다는 실증연구도 나왔다. 배로(R. J. Barro)의 연구,[29] 카스텔로-클리멘트(A. Castello-Climent)의 연구[30]에서는 횡단면 자료를 이용하여 저개발 국가는 소득 불평등이 경제성장을 저해하지만, 선진 경제에서는 오히려 소득 불평등이 성장을 촉진할 수도 있음을 보여 주었다. 또한 갈로르(O. Galor)와 모하브(O. Moav)는 한 국가 내에서도 경제 발전 초기에는 물적 자본이 중

27 Forbes(2000).
28 Li and Zou(1998).
29 Barro(2000).
30 Castello-Climent(2010).

요한 성장 동력이므로 소득 불평등이 오히려 자본력을 키워 경제가 성장하는 데 기여하고, 이후 인적 자본이 중요할 때에는 소득 불평등은 성장을 저해한다는 결론을 도출함으로써, 앞의 배로나 카스텔로-클리멘트 연구가 횡단면 연구를 한 것과는 달리 시계열 연구라는 차이가 있다 해도 전혀 다른 결론을 보여 주고 있다.[31] 가장 최근의 연구로 이동진과 손종칠 연구에서는 다시 부정적인 관계를 확인하였고, 루오(W. Luo)의 연구에서는 자산 소득에 불평등이 크면 성장에는 긍정적이지만, 노동소득의 불평등이 크면 반대로 부정적이라는 결론을 또 다시 확인해 주기도 하였다.[32]

이상의 고찰을 통해, 이론적인 근거로나 실증적인 연구 결과를 통해서나 소득 불평등이 경제성장에 부정적인지 긍정적인지를 단정하긴 어렵다고는 하지만, 적어도 시장주의 경제학에서 말하는 대로 소득 불평등이 지속되는 것이 자연적으로 개선된다고 보기는 어려우며, 더군다나 그 불평등이 악화될 때는 다양한 경로로 경제성장에 부정적인 영향을 줄 가능성이 적지 않다는 결론을 내는 것은 그리 어렵지 않다고 할 수 있다. 특히, 국가의 경제적 수준이나 발전 단계에 따라서 양자의 관계가 동태적으로 작동할 가능성이 있다는 점도 상당히 주목할 만하다.

31 Galor and Moav(2006).
32 Luo(2021).

3) 소득 불평등의 대응방안

소득 불평등이 경제성장과 갖는 관계에 대한 경제학적 해석이 엇갈리는 가운데 현실에서는 끊임없이 소득 불평등에 대한 문제 제기가 있어 왔고, 정치권에서는 이러한 소득 불평등에 대한 완화의 요구에 응답하려는 움직임이 좌·우파의 정당에 관계없이 엄연히 존재해 왔다. 특히, 1950년대부터 1970년대 말까지 경제의 황금성장기 동안 성장의 과실을 자본가만이 아니라 노동자들도 요구하는 사회적 움직임은 복지 국가의 발전으로 이어졌다.

'사회 구성원의 인간다운 삶을 보장하기 위해 시장의 힘을 사회적으로 통제하는 국가'[33]로 정의할 수 있는 복지 국가의 발전은 유럽의 민주주의 국가들 대부분을 20세기 후반 경제성장과 민주주의, 평등을 동시에 발전시킨 국가들로 만들어 주었다. 그러나 1980년대를 지나면서 복지 국가 위기론, 복지 국가 붕괴론이 확산되면서 그간 소득분배 정책을 뒷받침해 온 복지지출비의 효용성에 대한 논쟁이 불평등과 경제성장의 관계에 대한 논쟁을 대신하여 뜨겁게 이루어졌다.

이런 시점에 앳킨슨은 독특한 연구 결과를 발표하였는데,[34] 소득분배 정책의 대리변수 격인 복지지출 수준을 감소시킨다고 하였을

33 Briggs(1961), p. 228.
34 Atkinson(1998).

|표 3-2| 앳킨슨의 복지 수준과 경제성장 간 연구 결과 정리 표의 재구성

복지 수준과 경제성장의 관계	연구	논문 수
유의미한 결론을 내리지 못함.	Landau(1985), Hansson and Henrekson(1994)	2
복지지출의 삭감이 경제성장률의 증가를 가져온다.	Weede(1986; 1991), Nordstrom(1992), Persson and Tabellini(1994)	4
복지지출의 삭감이 경제성장률의 하락을 가져온다.	Korpi(1985), McCallum and Blais(1987), Castles and Dowrick(1990), Sala-i-Martin(1992)	4

자료: 이태수 외(2003), p. 57.

때 경제성장률이 어떻게 변하겠는가에 대한 여러 연구 결과들을 정리해 보았다. 비록 시기는 다양하지만 대부분 OECD 국가를 대상으로 한 10개의 연구들에서 만일 GDP 대비 복지지출비 수준을 5%p 낮춘다만 성장률의 증가는 어느 정도일까를 놓고 보면, 그 결과는 어느 쪽으로도 쉽게 결론 내리기 어려운 팽팽한 상태였음을 보여 주었다. 〈표 3-2〉에서와 같이, 결론적으로 복지비 수준의 삭감이 경제성장률을 증가시킨다는 연구 4편, 그렇지 않고 오히려 하락을 가져온다는 연구 4편, 그리고 통계적으로 유의미한 결론을 내리지 못한다는 연구 2편으로서 어떤 일방적 결론도 내리기 어렵다는 것이다.

그러나 현재 시점 선진 민주주의 국가들을 볼 때 사회복지 지출비의 수준과 소득분배의 정도는 반비례하고 있으며, 비록 미국, 영국 등 영미형 국가들은 예외라 해도 대개의 경우 지니계수가 낮은 국가들은 경제선진국으로 분류되고 있다는 점에서 소득 불평등을 완화해야 하는 이유를 발견할 수 있다(〈그림 3-5〉 참조).

|그림 3-5| 사회지출비 비중과 지니계수의 관계(2015년)

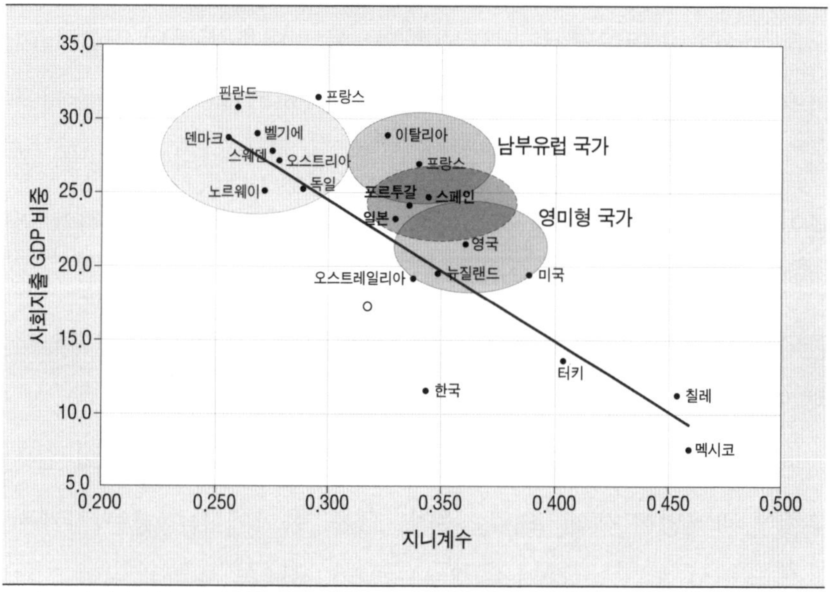

주: 가운데 직선은 추세선임.
자료: 대통령직속 정책기획위원회(2019), p. 68 그림을 수정·보완함.

그렇다면 결국 어떤 소득분배 개선 정책을 쓸 것인지가 중요해질 수 있다는 것에 주목할 필요가 있다. 즉, 성장과 분배, 경제와 복지의 선순환이 이루어질 수 있는 여지를 어떻게 확보해야 하느냐는 것이 될 것이다.

이는 결국 소득 재분배를 위한 정책 수단들의 성격을 분류하여 투자적 성격과 사회 안전망 성격으로 나누어 접근할 필요가 있을 것이다. 즉, 아동과 노인의 돌봄을 사회적으로 해결하여 여성들이 노동시장에 진출할 수 있도록 하고 이들의 노동소득 창출이 가계소득을 높이고 국내총생산을 높이며, 이 과정에서 고용과 세수가 확대되는 선순환이 일어날 수 있도록 한다. 이는 인적 자본의 질을 높여 미래의 노동생산성을 제고하는 역할도 수행하게 된다. 여기에 적극적 노동시장(active labour market policy, ALMP)이 가미되어 마찰적 실업이나 구조적 실업 등을 해소하고 노동수요와 공급을 적절하게 연결하는 역할을 수행하면, 분배와 성장만이 아니라 고용까지도 선순환되는 소위 황금삼각형(golden triangle)이 이루어질 가능성을 확보하게 된다.

다른 한편으로 사회적 안정성을 확보하기 위해서는 가계의 소득수준에 관계없이 생계, 의료, 주거, 교육, 육아에 들어가는 가계지출을 줄이고, 이 부분에서 발생하는 시장 실패를 공공의 역할로 보완할 수 있도록 정부 지출이 이루어져야 한다. 그러면 사회적 안전성이 확보되고 패자부활도 가능하여 성장에 필요한 기술 습득과 개발을 위해 필요한 혁신(innovation) 역량이 그 사회에 제고되어 인적 자본과 물적 자본의 투자효율성을 높여 핵심 생산요소인 노동과 자본의 생산성을 높이게 된다. 그러나 이러한 사회지출비의 성장촉진 경로가 근로 의욕을 저하시키거나 자원배분의 낭비적 요소를 유발할 수 있으므로 이를 어떻게 방지하느냐가 관건이다. 이 부분에서 복지급여의 전달체계를 효율화하고 시장과 공동체, 가족의 기능을 적절히 조정하고 조율하면서 재정의 투여에 대한 효과성을 지속적으로 제고시키는 유능한 정부의 존재가 핵심이다. 〈그림 3-6〉은 불

|그림 3-6| 사회지출비의 경제성장 촉진 또는 저해 경로

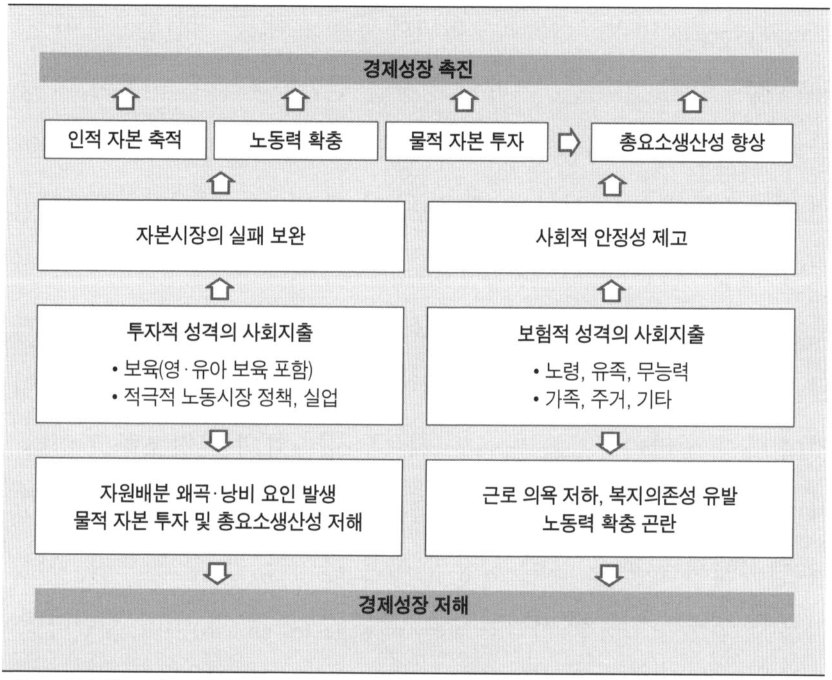

자료: 강성진(2009), p. 63.

평등 해소를 위해 지출된 사회복지비가 어떻게 순기능과 역기능을 가지는지 보여 준다.[35]

이렇듯 소득 불평등 완화는 오늘날까지 여러 정책 수단을 통해 각 정부가 씨름하는 주요 타개 목표가 되고 있지만, 2008년 미국발 금융위기가 세계 경제를 위기로 빠뜨린 뒤 더욱더 중요한 목

35 강성진(2009), p. 63.

표가 되었다. 그중에서 케인스 경제학의 뒤를 이어 포스트케인지언(Post-Keynesian)이라고 불리는 학파에서는 분배를 개선함으로써 경제가 성장할 수 있다는, 분배와 성장을 결합한 새로운 이론 틀이 등장하였고, 이들의 이론적 주장이 금융위기로 인한 신자유주의 기반의 자본주의에 대한 성찰 속에서 주목받게 되었던 것이다. 대표적인 것이 칼레츠키언 모형(Kaleckian model)으로서, 소득 불평등으로 인한 노동소득의 분배율 하락이 결국 소비를 위축시키고 이것이 설비가동률을 떨어뜨리면 가속도의 원리에 의해 투자가 다시 위축되고 이것이 다시 설비가동률을 떨어뜨리는 누적적 효과를 강조하고 있다. 따라서 임금인상으로 인해 이 악순환을 선순환으로 전환시킬 수 있다는 점에서 분배를 통한 성장의 이론 틀이라 할 수 있으며, 이를 이른바 '임금주도성장 전략'(strategy of wage-led growth)이라 불렀다.[36]

이 전략은 국제노동기구의 지지를 받으며 더욱 주목받았고, 우리나라에서도 문재인 정부 시절 '소득주도성장 전략'(strategy of income-led growth)이 채택되는 배경이 되었다. 시장주의 경제학의 온상인 세계은행, IMF를 비롯하여 OECD는 포용적 성장(inclusive growth)을 금융위기 이후의 성장전략으로 제시하면서, 빈곤과 사회적 약자에 대한 복지지출이 분배를 개선하여 경제를 회복하는 역할을 할 수 있다는 주장까지 가세하면서 분배를 개선하는 정책들이 그

36 나원준 · 백종성(2023), p. 101.

어느 때보다도 환영받는 상황이 되었다. 물론 이들이 말하는 포용적 성장은 임금주도성장 전략과는 근본적으로 달라 경기침체나 소득 불평등이 자본주의의 구조적인 모순과는 무관한 것으로 전제하고, 궁극적으로는 소득 재분배가 아니라 지속 가능한 성장에 무게를 두고 있다는 점에서 동일선상에 있다고 보아서는 안된다는 지적도 유념할 필요가 있다.[37]

4. 한국의 소득 불평등 추이와 논쟁

1) 한국의 소득 불평등 변화 추이

한국의 소득 불평등은 어떤 추이를 보이고 있을까? 이 부분에 대해 일관된 장기 추이를 보여 주는 통계는 별로 없다. 이러한 사실은 본격적으로 경제 발전이 이루어졌던 1960년대부터 눈부신 경제성장이 있었음에도 소득분배에 대한 관심과 연구는 상대적으로 적었음을 간접적으로 알 수 있다.

윤홍식(2024)은 〈그림 3-7〉과 같이 지난 60여 년 동안 소득분배 추이를 보여 주는 다양한 지니계수 통계값들을 최대한 망라하여 표

37 윤홍식(2018), p. 257.

| 그림 3-7 | 한국의 지니계수의 추이

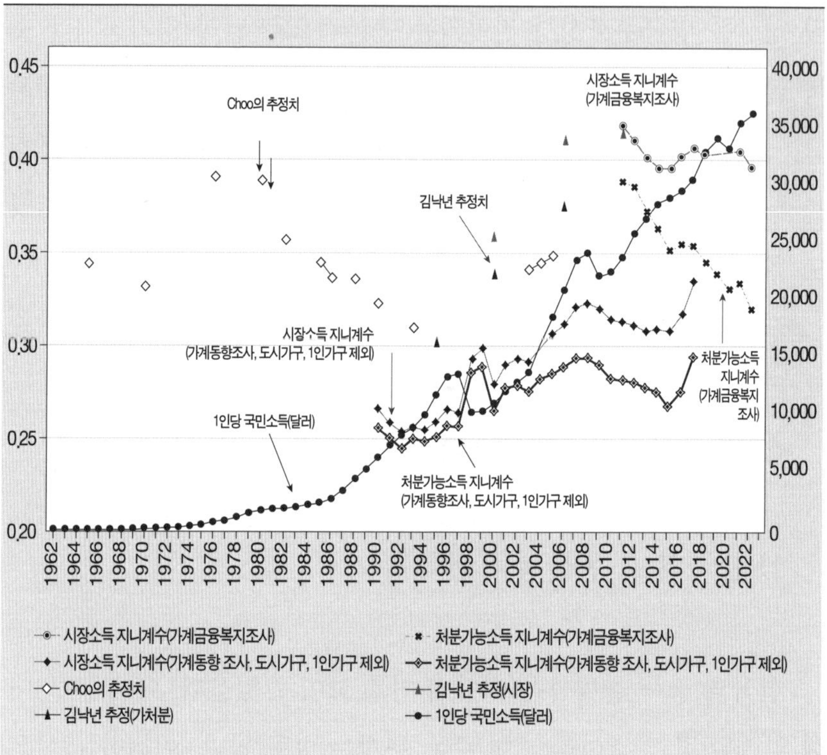

자료: 윤홍식(2024), p. 9의 그림 재인용.

시함으로써 그 추이를 짐작할 수 있게 해주었다.

〈그림 3-7〉로부터 한국의 경제성장 60년 동안 소득분배의 추이는 네 단계로 구분할 수 있다. 첫 번째 시기는 1960년대부터 1970년대 후반까지로 소득 불평등이 계속 심화되었다. 이러한 추이는 주학중(H. J. Choo)이 산출한 지니계수를 통해 확인되는바, 1960년대 경공업으로 공업화를 시작하여 급격한 탈농촌이 이루어지고 1970년

대 들어 차관 경제에 힘입어 중화학공업으로 이행하던 박정희의 개발독재 시기였다. 이때에는 절대빈곤을 탈피하면서 급격히 늘어나는 일자리를 통해 가구소득이 증가되어 자신과 가족의 기본생활을 영위할 수 있음을 체감하는 시기로서, 특별히 국가에 의한 복지제도의 본격적 도입 없이 경제성장의 신화를 믿고 나아갔던 시기였다. 그러므로 비록 불평등은 심화되었지만, 국민 각각의 삶의 수준은 나아지고 있고 나아질 것이라는 희망 속에 불평등은 크게 문제시되지 않았던 시기였다. 따라서 극빈층, 즉 노인, 아동, 장애인 등 취약계층 중에서 부양의무자가 없거나 부양할 여력이 없는 이들만을 국가의 공적 부조 대상으로 삼아 보호하는 것이 정부 정책의 거의 전부였다 해도 과언이 아니다.

두 번째 시기는 1980년대부터 1990년대 후반까지로 쿠즈네츠 가설대로 어느 정도의 공업화가 이루어지면서 불평등이 완화되었다. 특히, 전두환 군사정권 말기의 3저(低) 호황에 힘입어 한국 경제가 살아난 뒤, 1987년 민주화 시기를 지나면서 노동운동의 활성화로 임금인상이 이루어져 불평등은 완화되고 마이카, 마이홈으로 대변되는 바야흐로 중산층 내지 보통 사람의 시대가 오는 듯하였다. 그동안 저임금을 통한 경제 발전의 희생계층인 노동자들의 소득이 증대되고 고용 역시 활성화됨으로써 그 이전 한국 경제의 위기론이 무색하게 되면서 경제 발전의 성과가 1차 분배시장에서 어느 정도 향유되었다. 그러나 한국 경제가 고질적으로 가지고 있었던 재벌 경제,

관치 경제의 구조를 전혀 개선하지 못한 채 김영삼 정부가 들어서서 '세계화'(Segyehwa)를 외치며 1996년의 OECD 가입을 필두로 개방화의 물결에 몸을 던지면서 불행의 늪으로 스스로 빠졌다.

세 번째 시기는 IMF 경제위기부터 2010년까지로 불평등이 다시 악화되었다. 단군 이래 최대의 환란이라 표현된 외환위기가 닥치고 한국 헌정사상 최초의 정권교체가 이루어지는 극적인 사건들이 발생하며 시작된 이 시기에 불평등이 다시 악화될 것이라 예상한 이는 많지 않았을 것이다. 김대중, 노무현 두 민주 정부는 그들에게 기대되었던 정책노선과는 달리 IMF 외환위기를 극복하는 수단으로써 개방 정책을 강화하고 기업의 자율권을 최대한 보장하며 노동의 유연성을 증진시킴으로써 불평등이 급격히 강화될 수밖에 없었다. 다른 한편 생산적 복지(김대중 정부), 사회 투자 국가(노무현 정부) 등을 내세우며 공공부조, 사회보험, 사회서비스 등 전형적인 세 가지 사회보장 영역에서 새로운 정책이 전격 도입되고, 기존 제도의 확대 내지 개혁 등을 이루어 냄으로써 한국에 복지 국가가 시작된 시기로 평가되지만, 불평등의 심화를 반전시킬 만한 정도는 아니었고 정책효과의 시차를 고려할 때 집권 시기에 그 효과가 반영될 상황도 아니었다.

네 번째 시기는 2010년대부터 현재까지인데, 다시 불평등 추이가 완화되는 단계에 해당한다. 특히, 이때는 오랫동안 사회지출비의 저수준으로 대변되는 후진적 복지의 단계를 벗어나 드디어 본격적인 복지 국가 시대로 진입한 시기로서, 비록 1차 분배영역인 시장을 통해서는 저임금 노동자가 25% 수준이나 되고 실질임금 상승률도 노동생산성을 따라잡지 못하는 시기였으나 2차 분배영역에서는 복지 정책을 통해 재분배효과가 점점 증가하는 시기였다. 이 시기에는 1990년도부터 가계동향조사를 통해 산출해 오던 지니계수가 도시가구 위주이며 1인가구를 제외하고 있다는 지적이 오랫동안 지속된 끝에 가계금융복지조사에 의한 불평등 통계가 산출되기도 하였다. 한편 설문조사로 이루어지는 이 조사를 행정자료로 보완하는 작업을 거침으로써 그 이전의 추계와 일관성을 상실하게 되었다는 한계가 존재한다. 그러나 향후 좀 더 실제에 가까운 지니계수를 일관성 있게 산출하게 되었다는 점에서 한번은 거쳐야 하는 지점을 통과한 것이라 자위할 수 있다.

2) 한국의 현재 소득 불평등의 특징

한국의 소득 불평등은 과연 어느 정도일까? 이는 두 가지 측면에서 접근 가능하다. 하나는 다른 국가들과의 비교를 통해 어느 정도 위치에 있는지를 파악해 보는 것과, 또 하나는 지니계수와 같은 통계 수치에 상관없이 국민들이 소득 불평등 정도를 어떤 수준으로 받아들이고 있느냐를 통해 파악해 보는 것이다.

전자의 경우, 이미 제1절의 〈그림 3-2〉를 통해 OECD 국가들의 상대적 수준을 확인할 수 있다. 즉, 2018년부터 2022년까지 유효한 값을 확보할 수 있는 OECD 35개국 중 한국은 11번째로 소득 불평등도가 높은 국가에 속한다. 따라서 소득 불평도 수준은 중간 이하라고 평가할 수 있다. 이렇게 소득 불평등 수준이 상대적으로 높은 것은 시장소득에 따른 1차 분배의 결과를 조세와 사회보장급여를 통해 가처분소득을 만드는 과정에서 별반 큰 효과를 내지 못하는 것에 기인한다.

〈표 3-3〉은 OECD의 데이터베이스를 통해 회원국 중 가장 최근 통계에 속하는 2021년 지니계수가 도출된 27개 국가들을 정리해 본 것이다. 여기에서도 가처분소득 기준으로 볼 때 가장 높은 0.487의 코스타리카와 가장 낮은 0.217의 슬로바키아의 차이는 두 배가 넘을 정도로 심하게 나타난다. 그러나 시장소득을 기준으로 한 지니계수는 절대적인 수준에서는 두 나라가 각각 0.551, 0.384를 보여 각각 최고와 최소를 기록하지만, 그 차이는 상대적으로 적게 나타나는 가운데 절댓값만이 높은 수준이다. 이로써 시장소득이라는 1차 소득 분배의 결과가 다시 조세와 복지지출을 통해 사후적으로 어떻게 보정되는지에 따라 많은 차이가 있음을 확인할 수 있다. 한국은 그 변화의 정도가 18.8%밖에 되지 않아 가장 지니계수가 높은 코스타리카의 11.6%에 이어 두 번째로 낮은 수치를 보인다. 한국의 변화율 값은 나열된 OECD 국가들의 평균값인 34.4%의 절반 정도에 그치는 수준이다. 또한 가장 높은 변화율을 보여 주는 벨기에의 46.9%

| 표 3-3 | OECD 국가들의 가처분소득 및 시장소득별 지니계수와 변화율

국가	지니계수		지니계수 변화율(%) (B−A)/B
	가처분소득(A)	시장소득(B)	
코스타리카	0.487	0.551	11.6
튀르키예	0.433	0.530	18.3
미국	0.375	0.517	27.5
리투아니아	0.366	0.514	28.8
영국	0.354	0.510	30.6
이스라엘	0.348	0.474	26.6
라트비아	0.343	0.474	27.6
일본	0.338	0.513	34.1
이탈리아	0.330	0.525	37.1
한국	0.329	0.405	18.8
스페인	0.320	0.496	35.5
포르투갈	0.313	0.507	38.3
그리스	0.312	0.503	38.0
프랑스	0.298	0.526	43.4
네덜란드	0.295	0.445	33.7
캐나다	0.292	0.436	33.0
아일랜드	0.291	0.512	43.2
스웨덴	0.286	0.440	35.0
노르웨이	0.285	0.459	37.9
룩셈부르크	0.284	0.435	34.7
오스트리아	0.281	0.493	43.0
헝가리	0.278	0.443	37.3
폴란드	0.261	0.426	38.7
벨기에	0.256	0.482	46.9
체코	0.255	0.438	41.8
슬로베니아	0.242	0.435	44.4
슬로바키아	0.217	0.384	43.5
평균	0.314	0.477	34.4

자료: OECD 데이터베이스(2024. 9. 17 검색).

와는 거의 30%p의 차이를 보여 주고 있다. 다만 한국의 경우는 시장 소득의 지니계수가 매우 낮아 적은 변화율에도 불구하고 최종적인 가처분소득 기준 지니계수 값이 최하위까지 떨어지지 않는다. 이것이 한국의 소득분배 상태와 관련된 매우 특징적인 부분이기도 하다.

그렇다면 우리나라 국민은 소득 불평등에 대해 어떻게 생각하고 있는지를 살펴보도록 하자. 2019년에 발표한 대통령직속 정책기획위원회의 보고서에 의하면, 전국 만 19세 이상의 성인남녀 1,000명을 상대로 우리 사회에서 가장 문제가 심각하다고 느끼는 것 두 가지에 대해 복수응답을 받은 결과, 불평등에 대해 28.7%가 응답하여 1순위로 나타났다. 여기에 격차 역시 23.2%로 나타나 저성장이나 외교 분쟁에 비해 더 심각하게 느끼는 것으로 나타났다. 같은 조사에서 20~30대의 청년층이 40대 이상의 중장년층과 비교할 때, 32.0% 대 27.1%로서 불평등을 심각한 문제로 받아들이는 정도가 높았다.

소득 불평등에 대한 또 다른 조사로서 노회찬재단과 한국비정규노동센터가 행한 2023년도 국민인식조사 결과에서, 우리나라는 '소득 차이가 너무 크다'라는 항목에 '매우 찬성'과 '다소 찬성' 등 긍정으로 답한 비율이 87.7%에 달하였고, 반대로 부정적인 응답은 2.1%에 해당하였다. 이 보고서에서는 이 결과를 국제사회조사 프로그램(International Social Survey Program, ISSP)에서 2019년 조사한 다른 국가와도 비교해 보았는데, 긍정 응답률이 스웨덴 69.5%, 독일 91.5%, 미국 72.9%로 나타나 한국만 유독 높은 것은 아니었지만 절

|그림 3-8| 현재 우리 사회에서 가장 심각한 문제

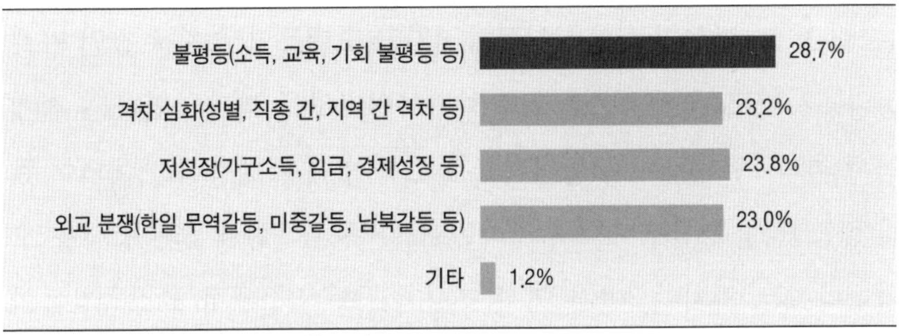

자료: 대통령직속 정책기획위원회(2019), p. 27.

대적으로는 매우 높은 수치임을 부정할 수 없다. 2023년 한국인의 소득 격차에 대한 부정적 인식을 한국종합사회조사의 이전 조사치들과 비교해 보면, 2003년 93.3%, 2014년 88.8%로 나타나 2000년대 초반에 비해 약간 낮아지긴 하였으나 크게 완화된 결과라고 볼 수는 없다. 이런 현상을 조돈문은 한국 사회에 불평등이 없거나 수준이 경미하다는 지배계급 이데올로기가 사회적으로 확산되지 않는 결과로 해석하기도 한다.[38]

그러나 소득 불평등의 심각성에 대한 국민의 인식은 지배계급 이데올로기의 작동과 수용 여부를 떠나 여러 가지 객관적 이유가 없지 않다. 그 가운데 대표적인 몇 가지를 들어 보기로 한다.

첫째, 한국의 소득분배에 대한 통계치가 과연 현실을 제대로 반영하고 있는가에 대한 합리적 의구심이 존재한다. 즉, 국민들의 실

38 조돈문(2024), p. 97.

제 소득과 통계자료로 활용하는 소득 사이에 괴리가 클 수 있다. 〈그림 3-7〉을 설명하면서 언급하였지만 오랫동안 유지해 왔던 가계동향조사가 도시가구만을 포함하고 1인가구를 배제하였다는 점에서 농촌과 1인가구처럼 상대적으로 소득이 적은 계층이 배제되어 왔다. 가계금융복지조사를 시작하면서 가구 소득통계 산출방식을 보완했다고는 하지만, 이것 역시 조사자료라는 점에서 고소득자들의 가구소득은 잘 반영되지 않을 가능성이 여전히 높다. 따라서 국세청의 행정자료로 사후적인 보정을 한다 하더라도 애초에 반영되지 않은 고소득가구의 보정은 제대로 이루어지지 않게 된다. 같은 그림에서 김낙년에 의해 국세청 자료를 기초로 만들어진 지니계수 값이 당시의 공식 지니계수에 비해 현격히 높은 것을 보면 공식적으로 활용하는 자료상의 한계가 분명 존재함을 부정할 수 없다.

둘째, 지니계수로는 보여 주지 못하는 현격한 부의 격차가 엄연히 존재하고 국민들도 이를 인지하고 있다는 점이다. 세계 불평등 데이터베이스(World Inequality Database)가 제공해 주는 자료를 통해 보면, 우리나라의 최상위 1%가 점하는 세전 국민소득 점유율은 2021년 14.7%로서, 미국 18.8%, 스웨덴 10.5%, 독일 12.8%, 스페인 12.4%와 비교된다. 신자유주의와 무한경쟁의 상징인 미국에 비해 낮을 뿐 대부분의 유럽 선진 국가들보다 높은 수준이다. 그러나 상위 10%의 점유율을 보면 우리나라는 46.5%, 미국 45.5%, 스웨덴 30.8%, 독일 37.7%, 스페인 34.5%로 나타나 우리나라가 미국의 수준을 넘어서고 있다. 하위 50%의 누적 소득에 비해 상위 10%의 소득은 한국이 14.45배, 미국 17.02배, 스웨덴 6.47배, 독일 9.74배, 스페인 8.18배로 나타난다.[39] 국민들이 왜 소득 격차의 심각성을 토로하고 있는지를 잘 드러내는 수치가 아닐 수 없다.

셋째, 불평등의 영역이 소득만이 아니라 다양한 영역으로 확대되고 있고 이것이 대물림되고 있다는 점이다. 최근에는 불평등이 소득의 차원을 넘어, 자산, 교육, 건강, 주거, 고용 등 사회 전반에 걸쳐 나타나고 있고, 이들 사이에 어떤 역동이 작동하고 있는지에 대한 관심과 연구가 증가하고 있다. 특히, 불평등이나 빈곤이 대물림되는지, 그렇다면 어떤 경로로 대물림되는지에 대한 추적도 많은 연구를 통해 시도되고 있다. 이런 연구들을 정리하고 그 함의를 찾아내는 것은 소득 불평등에 집중하는 본 장의 범위를 넘어선다고 생각하여 자세한 서술은 하지 않지만, 예시로 다음의 연구를 소개해 보기로 한다.

김지원·김동욱·구교준은 우리나라의 불평등 구조를 추적한 논문에서, 특히 교육과 고용, 건강상의 불평등이 생애주기와 연결하여 어떻게 구조화되는지를 추적하였다. 〈그림 3-9〉의 (a) 모형과 (b) 결과 값을 연결해 해석해 보면, 청소년기에 교육 불평등이 가구소득에 의해 결정되는데 10분위 계층의 대학진학률은 87%나 되고 1분위의 그것은 51%로 나타남으로써 생애 초반기 불평등 구조가 자리 잡는

39 세계 불평등 데이터베이스의 통계 수치들은 조돈문(2024), p. 40에서 재인용.

|그림 3-9| 생애주기에 따른 불평등의 구조

(a) 모형

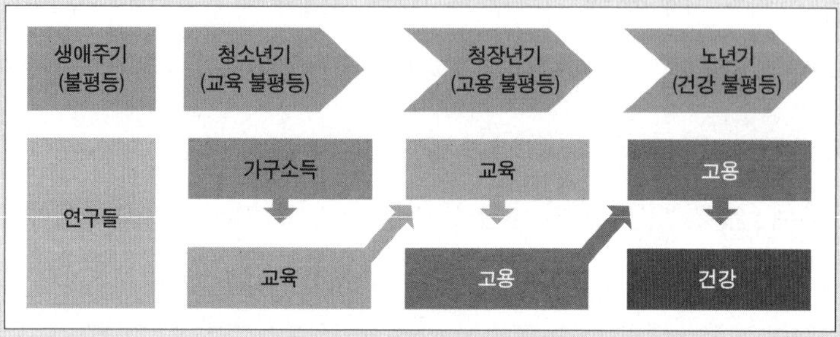

(b) 모형

모형 1: 교육 불평등		모형 2: 고용 불평등		모형 3: 건강 불평등	
소득분위	대학 이상	교육 수준	정규직	정규직 여부	주관적 건강
1	51%	고졸 이하	37%	비정규직	30%
10	87%	대학 이상	59%	정규직	41%

자료: 김지원·김동욱·구교준(2023), p. 177 그림과 p. 200 표를 조합함.

다. 이 교육 불평등은 청장년기의 고용 불평등으로 이어져 대졸 이상과 고졸 이하의 정규직 비율이 각기 59% 대 37%로 나타나고, 생애 마지막 단계인 노년기로 가서는 정규직과 비정규직의 주관적 건강 상태가 41%와 30%로 벌어져 건강 불평등을 낳으면서 개인의 일생은 마감되고, 다시 가구의 소득 불평등은 다음 세대에도 전승되는 구조의 일단을 알려 주고 있다.[40]

40 김지원·김동욱·구교준(2023), pp. 174~177, 188~200.

3) 한국 경제학계의 논쟁 지점

한국의 경제학계에서 소득분배를 주제로 연구가 진행되어 왔지만, 논란의 형태로는 2000년대 들어 김대중 정부부터였다. 이 시기 복지의 재정투여가 늘어나는 것을 계기로 재정의 기능 중 빈곤의 완화와 중산층의 안정성을 꾀하는 목적의 복지지출비 확대가 성장에 어떤 영향을 주느냐 하는 측면에서 등장하기 시작하였다고 볼 수 있다.

그러나 경제학계에서 직접적으로 소득 불평등을 개선하기 위한 정책을 둘러싸고 적극적으로 논쟁이 일어난 대표적인 경우는 문재인 정부 시기에 발생하였다. 특히, 문재인 정부가 소득주도성장 정책을 천명하고 시행하는 과정에서 활성화되었다.

문재인 정부의 소득주도성장 정책은 제2절에서 소개한 바와 같이 포스트케인지언의 분배를 통한 성장 정책인 임금주도성장 정책의 한국판으로서, 2010년대 초반부터 김병권, 주상영, 이상헌, 홍장표 등의 일련의 경제학자들에 의해 주장되기 시작하였다.[41] 대표적인 주창자인 홍장표는 2004년 한 논문에서 외환위기 이전에는 노동몫 증가가 소비와 투자 증가를 유발해 왔지만 노동소득의 총수요 증대효과는 높지 않았고, 외환위기 이후에는 양상이 달라져 노동소득

41 김병권(2012), 주상영(2014), 이상헌(2014), 홍장표(2014a; 2014b) 등이 대표적인 논문임.

의 소비성향이 높아졌으나 불행히도 노동 몫이 감소하여 소비를 위축시킴에 따라 노동 몫의 증가를 통해 경제성장을 이끄는 임금주도성장 모델의 적용 가능성이 확인되었다고 주장하였다.[42] 이것이 자영업자의 비중이 높은 우리나라의 특수성을 반영하여 임금이 아닌 소득으로 범위를 확장시켜 소득주도성장이 더 적합하다는 주장과 함께, 최저임금제 강화, 생활임금제 도입, 생산성과 실질임금의 연계성 확립, 영세자영업자의 경영안정, 자본소득세와 복지제도 강화 등 가계소득 증진을 정책적 대안으로 제시하게 되었다.[43] 일단의 경제학 강단에서의 정책 설계가 문재인 대통령 후보의 대표적인 경제정책으로 부상한 뒤 당선과 함께 최저임금 1만 원 공약의 시행을 추진하자 본격적인 논박이 일어나기 시작하였다.

그러나 최저임금의 급격한 인상은 경기저점과 맞물려 급속한 경기침체 및 고용 위축의 조짐을 보이면서 정책의 타당성에 대한 대대적인 반론에 직면하였다. 한국경제연구원은 만일 문재인 정부의 공약대로 최저임금이 1만 원으로 인상될 경우 총 47만 명의 고용감소와 1.23%의 소득분배 악화가 추정된다고 발표하며 기업 입장에서 정책의 실패를 예고하였다.[44] 소득주도성장에 대해 근본적인 폐기를 주장한 이들은 경제학계의 원로에 해당되는 표학길이나 안충

42 홍장표(2014a), p. 131.
43 홍장표(2014a), p. 133; 홍장표(2014b), p. 93.
44 조경엽(2018), p. 1.

영이 대표적이다. 표학길은 소득주도성장 정책이 채 본격화되기도 전인 2017년 대외정책연구원 보고서를 통해, 소득주도 성장론자들에 의해 이윤 투자 성장전략기라고 규정되는 2009~2016년의 기간이 오히려 소득주도 성장기였으나 이때 오히려 민간 소비 증대는 미미하였다면서, 대외 비중이 높은 우리나라는 일시적인 경기부양책은 될 수 있지만 한국에는 타당하지 않은 성장전략이라 못박았다.[45] 안충영 또한 문재인 정부의 소득주도성장 정책인 최저임금 인상과 혁신성장 정책인 중소벤처기업 육성은 상호 보완성보다는 이율배반의 상충적 결과로 나타난다고 비판하면서, 기업에 의한 투자견인 성장으로 궤도수정을 하라고 권고하고 나섰다.[46] 이 밖에도 성태윤과 박성준도 소득주도성장 논의는 경제성장이 결국 주어진 자원을 보다 효율적으로 사용하여 더 많은 생산이 이루어지도록 하는 것임에도 내수소비 진작으로 생산성 담보 없이 경제를 성장시킬 수 없다며 재분배정책 내지 경기관리 정책이라고 주장하였다.[47] 남상호는 급격한 임금 상승은 고용을 감소시키고 성장을 둔화시켰다고 실증연구를 통해 주장하면서, 생산성 향상이 뒤따르지 않으면 소득주도성장은 성공할 수 없다고 하였다.[48]

그러나 예기치 않은 코로나 팬데믹이 2020년부터 시작되면서 전

45 표학길(2017), pp. 57~58, 120~121.
46 안충영(2019), pp. 66~68.
47 성태윤·박성준(2019), p. 83.
48 남상호(2019), p. 54.

대미문의 상황이 문재인 정부 내내 지속되었기에 소득주도성장을 원래의 구상대로 밀고 나가기 어려운 상황이 되었다. 그러므로 문재인 정부 임기 초기에 시도하였던 정책 시도가 그 강도와 정도를 유지하면서 꾸준히 시행되었다고 보기 어려우며, 소득분배를 통해 경제가 활력을 얻는 선순환으로 이어지는 충분한 시간이 확보되지 않음으로써 이들의 비판이 충분한 결과를 놓고 실증된 것인지, 아니면 여전히 이론 수준에서의 반대인지 구분하기 쉽지 않게 되었다.

그런 가운데 코로나 팬데믹 상황에서도 대통령직속 정책기획위원회 산하 소득주도성장특별위원회에서는 〈그림 3-10〉과 같이 소득주도성장 정책을 세 개의 영역으로 추진한다고 정리하였다. 여기서는 직접적인 시장의 개입에 해당하는 가계소득 증대방식 외에도 사람에 대한 투자로 생산성을 증대하고 사회 안전망과 복지 확대로 가처분 소득을 증대시키는 것 등 복지 국가를 강화시키기 위해 필요하였던 정책들을 대대적으로 포함하여 소득주도성장 전략의 정책수단들을 망라하고 있다.

문재인 정부가 끝나는 시점인 2022년 초, 소득주도성장특별위원회는 책자를 발간하여 소득주도성장 정책의 성과와 과제를 정리하였는데, 여기서 초기에 행한 최저임금 인상이 정파적 이해에 따라, 그리고 전통적인 자유주의 경제학자들의 고정된 신념에 의해 근거 없이 비판받았으며, 팬데믹 시대에 소득주도성장은 오히려 국민의 소득을 보전하고 분배를 개선시키는 데 기여하였다고 주장하며 분

|그림 3-10| 소득주도성장 정책의 구성

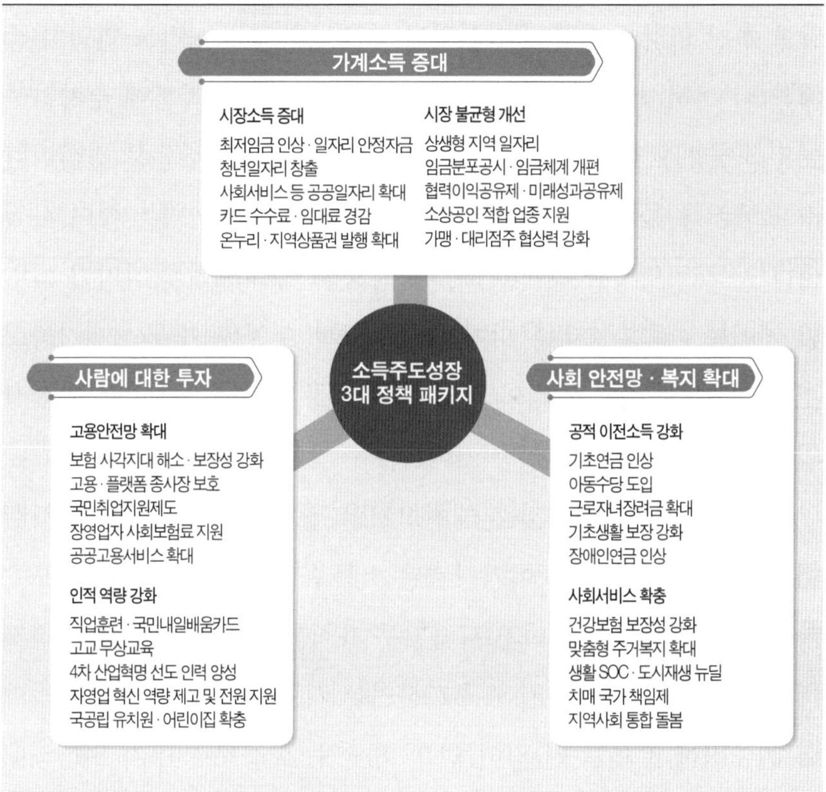

자료: 소득주도성장특별위위원회(2020).

배와 성장을 통합적으로 바라본 새 패러다임의 가능성과 실효성을 확인한 것으로 평가하고 있다.[49]

물론 진보경제학자 진영에서 모두 소득주도성장 정책을 옹호하

49 소득주도성장특별위원회(2022), pp. 13~38.

는 것은 아니다. 문재인 정부하에서 소득주도성장에 대한 치밀한 전략과 추진 의지가 있었는지에 대해 의구심을 갖는 시각도 엄연히 존재한다. 특히 과감한 재정·금융 정책을 통해 인적 자본에 투자하여 노동생산성을 제고하는 것이 핵심이지만, 여전히 부동산 건설이나 주택담보 등으로 공적 재원을 허비하였다는 지적이 있는 것이 사실이다. 소득주도성장 정책은 좌, 우 양 진영에서 뜨거운 감자가 되었던 것이다. 향후 코로나 위기라는 상황적 요인을 가급적 제거하고 소득주도성장 정책 자체의 추진과 성과를 냉정히 평가하는 분석작업은 반드시 이루어져야 할 것이다.

한국의 경제학계에서 분배친화적인 정책을 본격적으로 구사한 데 따른 격렬한 논쟁을 야기시켰던 소득주도성장 전략은 다시 보수 정권으로 정권이 바뀐 이후 사라지듯 자취를 감추었으나, 한국 경제에서 분배와 성장을 동시에 추진하려는 시도는 다시 부상할 수밖에 없다는 점에서 추후 더 깊이 있는 이론적, 실증적 연구가 진행되어야 한다는 과제를 남기고 있다.

5. 결론

경제학 성립 이전부터 문제로 존재해 왔으나 경제학의 영역이 본격적으로 구축된 자본주의의 확립 시기 이후부터 더욱 격렬해진

소득 불평등은 경제적 문제이자 사회적 문제이며 정치적 문제였다. 그러나 다른 주제와 마찬가지로 이 소득 불평등을 바라보는 경제학계의 주장도 자본주의의 작동 원리나 시장의 기능을 어떻게 보느냐와 근본적으로 연결되어 있다.

이런 대립된 관점이 그대로 한국의 경제학계에도 이입되고 있는 것은 어쩔 수 없는 것이며 또한 당연한 측면이 있다. 다만 이 과정에서 한국의 경제 발전 역사나 정치·사회적 조건이 지닌 자체의 고유성을 얼마나 고려할 수 있느냐는 점에서는 성찰할 지점이 많이 있다. 결국 소득 불평등의 완화 내지 해소 방안을 연구함에 있어 보편성과 고유성을 얼마나 적절히 적용하느냐는 것이 관건이다.

그러나 분명한 것은 한국의 소득 불평등 문제는 국제기구나 공공기관에 의해 발표되는 것보다 국민의 뇌리에는 더 심각한 문제로 인식되어 왔으며, 그 해법을 구하려는 노력도 정치권이나 시민사회권에서 매우 절실하게 나타나고 있다는 점에서 경제학계를 포함하여 사회과학계 자체의 분발이 필요하다.

참고문헌

김낙년·김종일, 「한국 소득분배 지표의 재검토」, 『한국경제의 분석』, 제19권 제2호, 2013, pp. 1~50.

김병권, 『2013년 체제의 성장전략, 소득주도 성장』, 새로운 사회를 여는 연구원, 2012.

김성아·신영규·임덕영·노현주, 『지표로 보는 KIHASA 사회보장 동향－소득과 주거』, 한국보건사회연구원, 2023.

김지원·김동욱·구교준, 「불평등에 관하여: 우리나라 불평등 추이와 구조에 관한 탐색적 연구」, 『정부학연구』, 제29권 제3호, 2023, pp. 171~207.

나원준·백종성, 「포스트케인지언 성장 이론의 현 단계와 발전 과제」, 『사회경제평론』, 통권 제71호, 2023, pp. 97~144.

남상호, 「소득주도성장론의 실증적 타당성에 대한 검토－최저임금 인상의 거시적 효과에 대한 분석－」, 『재정정책논집』, 제21권 제4호, 한국재정정책학회, 2019, pp. 29~63.

대통령직속 정책기획위원회·경제인문사회연구회, 『광복 100주년을 향한 혁신적 포용국가 미래비전 2045 중간보고서』, 2019.

대통령직속 정책기획위원회·관계부처 합동, 「문재인정부 포용국가 비전과 전략: 국민의 삶을 바꾸는 포용과 혁신의 사회정책」, 포용국가 전략회의 발표자료, 2018. 9. 6.

방형준, 「경제성장과 소득분배」, 『국제노동브리프』, 3월호, 한국노동연구원, 2018, pp. 39~48.

성태윤·박성준, 「소득주도성장 정책 쟁점과 분석 및 평가: 임금주도성장 논의 중심으로」, *Journal of Korean Economic Analysis*, Vol. 25, No. 3, Aug. 31, 2019, pp. 53~98.

소득주도성장특별위원회, 『소득주도성장, 3년의 성과와 2년의 과제』, 2020.

______, 『소득주도성장, 끝나지 않은 여정』, 2022.

안충영, 「소득주도성장, 혁신성장, 그리고 신기업생태계: 보완인가? 상충인가?」, 『한국경제포럼』, 제12권 제2호, pp. 33~71.

윤홍식,「소득주도성장과 한국 복지체제의 유산: 분배와 성장의 선순환을 만들 수 있을까?」,『한국사회정책』, 제25권 제2호, 2018, pp. 243~280.

______,「한국복지국가의 현재와 미래」, 제1차 복지국가포럼, 한국사회복지사협회 주관, 2024. 9. 6.

이상헌,「소득주도성장: 이론적 가능성과 정책적 함의」,『사회경제평론』, 제43호, 한국사회경제학회, 2014, pp. 67~99.

이태수·김연명·문진영·박찬용·유종일,『복지와 경제의 선순환관계 연구』, 보건복지부, 꽃동네현도사회복지대학교, 2003.

조경엽,「최저임금 인상이 고용과 소득재분배에 미치는 영향」,『KERI Brief』, 18-10, 2018, pp. 1~24.

조돈문,『불평등 이데올로기』, 한겨레출판사, 2024.

주상영,「노동소득분배율 변동이 내수에 미치는 영향」,『경제발전연구』, 제19권 제2호, 한국경제발전학회, 2013, pp. 151~182.

주상영·전수민,「노동소득분배율의 측정: 한국에 적합한 대안의 모색」,『사회경제평론』, 제43호, 한국사회경제학회, 2014, pp. 31~65.

통계청,「2022년 가계금융복지조사」, 2022.

표학길,『투자주도 성장정책의 이론과 정책의 국제비교』, 대외경제정책연구원, 2017.

한국보건사회연구원,『2021 빈곤통계연보』, 한국보건사회연구원, 2021.

홍장표,「한국 제조업에서의 노동소득분배율 변동요인 분석」,『산업노동연구』, 제19권 제1호, 한국산업노동학회, 2013, pp. 1~34.

______,「한국의 노동소득분배율이 총수요에 미치는 영향: 임금주도 성장모델의 적용 가능성」,『사회경제평론』, 제43호, 한국사회경제학회, 2014a, pp. 101~138.

______,「한국의 기능적 소득분배와 경제성장 – 수요체제와 생산성체제 분석을 중심으로 –」,『경제발전연구』, 제20권 제2호, 2014b, pp. 67~97.

Alesina, A. and D. Rodrik, "Distributive Politics and Economic Growth," *The Quarterly Journal of Economics*, 109(2), 1994, pp. 465~490.

Alesina, A. and R. Perotti, "Income Distribution, Political Instability, and Investment,"

European Economic Review, 40(6), June 1996, pp. 1203~1228.

Arndt, H. W., "The 'Trickle-Down' Myth," *Economic Development and Cultural Change*, Vol. 32, No. 1, 1983, pp. 1~10.

Atkinson, A. B., *The Economic Consequences of Rolling Back the Welfare State*, Cambridge: The MIT Press, 1999.

______, "Can We Reduce Income Inequality in OECD Countries," *Empirica*, 42, 2015, pp. 211~223.

Banerjee, A. V. and E. Duflo, "Inequality and Growth: What Can the Data Say?" *Journal of Economic Growth*, 8(3), 2003, September, pp. 267~299.

Barro, R. J., "Inequality and growth in a panel of countries," *Journal of Economic Growth*, Vol. 5, No. 1, March 2000, pp. 5~32.

Bluestone, Barry, "The Great U-Turn Revisited: Economic Restructuring, Jobs, and the Redistribution of Earnings," J. D. Kasarda, ed., *Jobs, Earnings, and Employment Growth Policies in the United States*, Boston, MA: Kluwer, 1990, pp. 7~37.

Briggs, Asa, "The Welfare State in Historical Perspective," *European Journal of Sociology*, 2(2), 1961, pp. 221~258.

Castello-Climent, A., "Inequality and Growth in Advanced Economies: An Empirical Investigation," *The Journal of Economic Inequality*, 8, 2010, pp. 293~321.

Choo, H. J., "Income Distribution and Distributive Equity in Korea," in L. Krause and F. Park, eds., *Social Issues in Korea*, Seoul: KDI, 1992.

Deininger, Klaus and Lyn Squire, "New ways of looking at old issues: inequality and growth," *Journal of Development Economics*, Vol. 57, Issue 2, 1998, pp. 259~287.

Forbes, K. J., "A Reassessment of the Relationship between Inequality and Growth," *American Economic Review*, 90(4), September 2000, pp. 869~887.

Galor, Oded and Omer Moav, "Das Human-Kapital: A Theory of the Class Structure," *Review of Economic Studies*, Vol. 73, 2006, pp. 85~117.

Grant, J. P., "Accelerating Progress through Social Justice," *International Development Review*, Vol. 14, September 1972, pp. 2~9.

Green, Gordon, John Coder, and Paul Ryscavage, "International Comparisons of Earnings Inequality for Men in the 1980s," *Review of Income and Wealth*, 38, 1992, pp. 1~15.

Hall, Peter, "Hqw Growht Strategies Evolve in the Developed Democracies," A. Hassel and Palier Bruno, eds., *Growth and Welfare in Advanced Capitalist Economies*, N.Y.: Oxford University Press, 2021.

Harrison, Bennett and Bluestone Barry, *The Great U-Turn: Corporate Restructuring and the Polarizing of America*, New York: Basic Books, 1988.

Holt, R. P. F. and Daphne T. Greenwood, "Negative Trickle-Down and the Financial Crisis of 2008," *Journal of Economic Issues*, Vol. 46, No. 2, 2012, pp. 403~410.

Kuznets, S., "Economic Growth and Income Inequality," *American Economic Review*, Vol. XLV, No. 1, 1955, pp. 4~6.

Kwack, S. Y. and Y. S. Lee, *Income Distribution of Korea in Historical and International Prospects*, Seoul: KDI, 2007.

Lampman, Robert J., *The Share of Top Wealth-Holders in National Wealth, 1922-1956*, Princeton, NJ: Princeton University Press, 1962.

Lee, Dong Jin and Jong Chil Son, "Economic Growth and Income Inequality: Evidence from Dynamic Panel Investigation," *Global Economic Review*, 45(4), 2016, pp. 331~358.

Levy, Frank and Richard J. Murnane, "U.S. Earnings Levels and Earnings Inequality: A Review of Recent Trends and Proposed Explanations," *Journal of Economic Literature*, 30, 1992, pp. 1333~1381.

Li, H. and H.-F. Zou, "Income Inequality is not Harmful for Growth: Theory and Evidence," *Review of Development Economics*, 2(3), 1998, pp. 318~334.

Lindert, Peter H. and Jeffrey G. Williamson, "Growth, Equality, and History," *Explorations in Economic History*, 22, 1985, pp. 341~377.

Luo, Weijie, "Inequality and growth in the twenty-first century," *Scottish Journal of Political Economy*, 69, 2021, pp. 345~366.

Mahbub ul, Haq, *The Proverty curtain: choices for the Third World*, New York: Columbia

University Press, 1976.

Morris, Martina, Annette D. Bernhardt, and Mark S. Handcock, "Economic Inequality: New Methods for New Trends," *American Sociological Review*, 59, 1994, 205~219.

Nielsen, Franscois and Arthur S. Alderson, "The Kuznets Curve and the Great U-turn: Income Inequality in U.S. Counties, 1979 to 1990," *American Sociological Review*, Vol. 62, No. 1, 1997, pp. 12~33.

OECD, Social Expenditure: Aggregated data, 2023(https://stats.oecd.org/Index.aspx?DataSetCode=SOCX_AGG).

Perotti, R., "Growth, Income Distribution, and Democracy: What the Data Say," *Journal of Economic Growth*, 1(2), June 1996, pp. 149~187.

Persson, T. and G. Tabellini, "Is Inequality Harmful for Growth?" *The American Economic Review*, 84(3), 1994, pp. 600~621.

Piketty T., *Le Capital au XXIe siècle*, Paris: Éditions du Seuil, 2013(장경익 외 옮김, 『21세기 자본』, 글항아리, 2014).

Piketty T. and Emmanuel Saez, "Top Incomes and the Great Recession: Recent Evolutions and Policy Implications," 13TH Jacoues Polak Annual Research Conference, November 8~9, 2012.

Seers, D., "The Meaning of Development," *International Development Review*, Vol. 11, December 1969, pp. 2~6.

Thurow, Lester C., "A Surge in Inequality," *Scientific American*, 256(5), 1987, pp. 30~37.

Williamson, Jeffrey G. and Peter H. Lindert, *American Inequality: A Macroeconomic History*, New York: Academic Press, 1980.

chapter 04

저출산의 경제학

1. 출산에 대한 경제이론적 접근
2. 한국형 저출산의 현황과 국가 간 비교
3. 한국형 저출산의 원인에 대한 몇 가지 가설
4. 한국형 저출산 대응방안의 모색

최근 한국 사회가 세계에서 유례없는 저출산 현상을 보이면서 한국 경제의 미래에 대한 암울한 전망들이 쏟아지고 있다. 저출산과 고령화 문제는 현재 우리를 짓누르는 가장 중요한 미래 현안으로 떠오르고 있으며, 이를 어떻게 해결할 것인가를 두고 여러 학문 분야에서 다양한 접근을 시도하고 있다. 이 글은 저출산 문제에 대한 경제학적 접근방식을 사용하여 저출산의 원인을 진단하고 해결방안을 모색하려는 다양한 시도들을 소개하는 데 그 목적을 두고 있다.

한국의 저출산 문제를 설명하는 방식은 크게 두 가지 방향으로 나누어 볼 수 있다. 첫째, 전통적인 경제이론에 기반하여 설명하는 방식이다. 소득이 증가할수록 출산율이 낮아지는 현상을 아이의 양과 질 사이의 상충관계에 주목하여 설명하는 방식을 활용하거나, 육아의 핵심 주체인 여성이 노동시장에 참여하게 되면서 발생하는 시간의 기회비용의 변화에 주목하여 한국의 저출산을 설명하는 방식이다. 둘째, 한국 사회의 상대적으로 고유한 특성에 주목하여 저출산 현상을 설명하는 것이다.

다양한 관점들이 제기되고 있으나 여기에서는 크게 세 가지 가설에 관해 설명한다. 첫째, 한국의 중요한 특징 중의 하나는 과도한 수도권 집중 현상인데, 이에 주목하여 한국의 저출산을 설명하는 방식이다. 둘째, 한국 사회의 지나친 경쟁과 과도한 사회적 압력에 주목하여 설명하는 방식이다. SNS의 급격한 확산과 과시 욕구, 이에 따라 빠르게 확산하는 사회적 전염 등을 통해 저출산 현상을 이해하는 것이다. 셋째, 최근 20대 남성과 여성 사이에 크게 드러났던 남성과 여성의 갈등과 경쟁 양상에 주목하는 견해이다. 이러한 견해들은 주류경제학의 이론과 결합하여 한국의 저출산을 설명하는 데 도움이 될 수 있다.

1. 출산에 대한 경제이론적 접근

1) 출산에 대한 기존 이론

저출산에 대해 논의하려면 먼저 출산과 관련한 사람들의 행동양식을 이해하는 것이 필요하다. 경제학에서 출산에 관해 설명할 때 크게 두 가지 방향에서 접근할 수 있다.

첫째, 소득과 출산율은 밀접한 관련이 있다는 것이다. 일반적으로 고소득일수록 출산율이 감소한다는 것인데 이는 이론적으로 양과 질 사이의 상충관계(quantity-quality trade-off)로 설명된다. 쉽게 말하면 부모의 소득이 높을수록 아이에게 더 많은 공을 들이게 되는데, 아이에게 더 많은 자원을 투자하기 위해서는 아이를 적게 낳는 것이 불가피하다는 것이다. 가난할수록 아이를 많이 낳는 대신 개개인의 필요에 집중하지 못하는 경향이 있다면, 고소득일수록 아이에 대해 더 많은 관심과 자원을 쓰기 때문에 이러한 투자를 유지하기 위해서는 적게 낳고 소수의 아이에게 집중하려 할 것이기 때문이다. 출산율과 1인당 GDP 사이의 강한 음의 상관관계는 시계열적으로도 국가 간 비교자료에 의해서도 관찰된다는 점에서 양과 질 사이의 상충관계는 출산 관련 사람들의 행동에 대한 중요한 측면을 시사한다.

둘째, 아이를 낳고 양육하는 데 많은 기회비용이 발생하는데, 이는 대부분 여성이 감당해야 하므로 여성의 노동참여율이 증가할수록 아이를 덜 낳으려 한다는 것이다. 여성이 일하게 되면 출산과 양육에 사용되는 시간의 기회비용이 상승한다. 즉, 일해서 벌 수 있는 돈(=임금)을 출산과 양육 때문에 포기해야 하는데, 전통사회일수록 여성의 취업 기회가 많지 않았기 때문에 이 문제가 출산 여부에 대한 의사결정에 큰 영향을 미치지 못하지만, 사회가 발전하여 여성의 교육 기회가 확대되고 여성의 노동참여율이 증가할수록 기회비용 부담이 커지기 때문에 출산율이 하락한다. 특히, 여성 노동의 임금상승률이 높을수록 이는 더욱 두드러지는 현상이 될 것이다. 여성의 노동참여율과 출산율 사이의 음의 상관관계는 국가 간 비교자료나 시계열 자료를 통해 모두 확인할 수 있다.

(1) 소득과 출산율: 양과 질 사이의 상충관계

결혼, 출산 같은 인류학이나 사회학의 전통적 주제를 경제학의 영역으로 끌어온 베커(G. S. Becker)가 초기 출산과 관련한 경제 문제를 다룰 때 주목한 것은, 인구 변화 과정에서 광범위하게 지속해서 발생한 출산율의 감소 현상이었다.[1] 산업화 이전 한 명의 여성이 생애에 걸쳐 낳는 평균 자녀 수는 대부분의 국가에서 5명이 넘었고 그런 현상은 아직도 다수의 나라에서 발견되고 있지만, 점차 평균 자녀 수가 줄어드는 것이 두드러진 추세로 자리를 잡고 있으며 소득수준의 상승과 함께 그 속도도 점차 빨라지고 있다. 소득과 출산율 사이의 음의 상관관계는 국가 간, 국내 지역 간, 시계열 또는 횡단면 자료에 걸쳐 모두 두드러지게 나타나고 있다. 부유하고 교육을 많이 받은 중상류층의 가족일수록 하위층의 경우보다 출산율이 낮은 현상이 지배적으로 나타난다.[2]

언뜻 보기에 소득이 증가한다는 것은 모든 가치 있는 소비를 늘릴 수 있는 여유를 갖는다는 것이므로 소득이 증가할 때 아이를 덜 낳으려 한다는 것은 아이에 대한 '선호'에 문제가 있다는 식으로 해석할 여지가 있다.[3] 베커의 논문은 이 점에서 매우 중요한 의의가 있다. 베커의 해석에 따르면, 아이는 부모들이 단순히 소비하는 재화가 아니라 투자하는 재화이기도 하다. 그러므로 부모는 아이의 수

1 Becker(1960).

2 하지만 이것이 반드시 소득과 출산율 사이의 인과관계를 표현한다고 볼 수 없다. 예컨대, 남편의 소득이 외생적으로 증가하면 출산율이 올라간다는 실증분석 결과도 있다(Butz and Ward, 1979). 이러한 종류의 연구는 남편의 소득 이외의 다른 모든 요인의 변화를 통제하기 위해 남편의 소득과 관련이 있을 것으로 여겨지는 부인의 임금소득, 육아비용, 교육 수준 등의 변수를 통제한다.

3 이와 관련하여 일부에서는 "소득이 증가할 때 수요가 감소하는 재화를 열등재라 하므로 아이는 열등재인가?"라는 식으로 접근하는 경우가 있는데 이는 적절한 접근방식은 아니다. 열등재는 일반적으로 더 높은 품질의 유사한 대체재의 존재를 전제로 하는데 아이의 경우 이를 찾기 어렵기 때문이다.

(또는 양, quantity)로부터 만족을 얻을 뿐 아니라 아이의 질(quality), 즉 아이에 대한 투자 수준에 따른 결과에 대해서도 만족을 얻는다. 예컨대, 부유한 부모는 아이를 위해 더 근사하고 큰 집의 넓고 여유로운 공간과 각종 부대시설 및 다양한 놀이 용품을 제공할 수 있다. 이러한 지출은 소득 수준과 비례하여 커질 것이므로 아이는 부자에게 점차 비싼 재화가 될 것이고, 이러한 아이의 질에 대한 수요가 소득탄력성이 매우 크다면 아이의 양에 대한 수요는 소득 수준이 증가할수록 감소하는 것으로 나타난다. 이것이 출산과 관련하여 유명한 양과 질의 상충관계이다.

아이의 질과 관련하여 관심은 주로 아이의 교육과 관련된 투자에 집중되었는데, 교육 투자비는 아이에 대한 지출 중 상당한 부분을 차지하기 때문이다. 의무교육이 무상으로 이루어지는 경우에도 이러한 분석은 유효한데, 그 이유는 아이의 기회비용과 관련이 있다. 빈곤한 국가일수록 아이는 아동노동(child labor)을 통하여 가족 수입을 일정 부분 책임지는 주요 노동의 공급원이기 때문이다. 즉, 의무교육 및 광범위한 초중등교육의 확산은 이 점에서 개발도상국의 수많은 가족에게 수입원으로서의 아동노동 감소에 따른 기회비용을 지출하도록 만든다. 많은 국가에서 아이들 교육 수준이 증가할수록 출산율이 낮아지는 모습을 볼 수 있는데, 이는 베커의 양과 질의 상충관계를 실증적으로 뒷받침하는 것으로 볼 수 있다. 초등교육부터 대학교육까지 아이들의 교육 수준이 점차 증가하면서 이러한 양과 질의 상충관계는 더욱 두드러진다. 즉, 부모들은 아이들이 더욱 비싸지면서 전체적으로 덜 낳는 방식으로 질로 양을 대체하려 하였다는 것이다.

이를 좀 더 경제이론적으로 살펴보자. 대부분의 국가에서 발견되는 소득의 증가는 일반적으로 임금의 상승으로 나타나는데 임금이라는 가격의 상승은 소득효과와 대체효과로 나누어 볼 수 있다. 이때 아이는 정상재이므로 소득효과는 양의 값(+)을 갖지만 대체효과는 이미 살펴본 바와 같이 음의 값(−)으로 나타난다. 대체효과를 구성하는 것은 크게 두 가지로 나누어 볼 수 있다. 첫째, 아이 양육에 들어가는 시간의 기회비용으로 임금의 상승은 이 기회비용을 증가시킨다. 둘째, 임금의 상승은 아이의 양에 대한 지출보다 아이의 질(즉, 인적 자본)에 대한 지출을 상대적으로 싸게 만든다. 즉, 상대적으로 비싸진 아이 양육을 소비로 대체하는 효과와 상대적으로 싸진 아이의 질로 아이의 양을 대체하는 효과를 발생시킨다. 이 두 가지 효과가 상승작용을 하여 대체효과를 소득효과보다 크게 만들기 때문에 임금소득이 상승함에도 출산율이 감소하게 되는 것이다.[4]

4 이 과정은 경제모형을 좀 더 꼼꼼하게 살펴보지 않으면 이해하기 조금 어려울 수 있다. 핵심은 인적 자본에 대한 투자의 가격(즉, 교육의 가격)이 주어져 있을 때 임금의 변화는 교육 투자량을 증가시킨다(즉, 아이의 양 대신에 아이의 질로 대체한다)는 것이다. 물론 임금이 상승하면 교육의 가격도 증가할 수 있으므로 경제적 논리는 조금 더 복잡해지지만, 교육 투자 수익률을 고려해 보면 이러한 결론은 여전히 유효하다. 일반적으로 교육 투자 수익률은 임금(=소득)의 상승과 궤를 같이하기 때문이다. 임금 상승은 교육의 가격을 상승시키지만, 교육 투자 수익률의 증가를 동반하기 때문에 교육 투자를 증가(즉, 아이의 질로 아이의 양을 대체)시킨다는 것이다. 경제성장이 인적

초기 베커의 이론적 기여를 통해 1980년대까지는 주로 출산의 선택과 관련된 다양한 경제모형의 개발이 이루어졌다면, 출산－교육 투자－인적 자본－경제성장으로 이어지는 좀 더 거시적인 성장모형과의 연결은 배로와 베커(R. J. Barro and G. S. Becker)로부터 나타나고 있고,[5] 이는 루카스(R. E. Lucas)의 기념비적인 인적 자본 성장모형으로 발전되었다.[6]

(2) 여성의 노동참여율과 출산율: 여성의 시간의 기회비용

양과 질 사이의 상충관계를 다룰 때 문헌 대부분은 가계의 의사결정 문제로 이 문제에 접근하였고, 남편과 부인을 분명하게 구분하여 다루지 않았다. 산업화 이전에는 가족농이 지배적 형태였으므로 남편과 부인의 의사결정을 따로 다루는 것이 큰 의미가 없었지만, 산업화 이후 직업이 분화되기 시작하고 남편의 노동과 부인의 노동이 분업화되기 시작하였으며, 여성은 가사노동과 육아에 특화되었다. 따라서 육아에 따른 시간비용은 여성이 전담하는 구조가 되었다. 여성의 교육 수준이 상승하고 여성에게 직업 기회가 확대되면서 육아와 경력 개발이라는 두 가지 과제가 여성에게 서로 상충하는 문

자본 투자에 대한 수익률을 증가시키는 경우가 이에 해당하는데 이는 많은 나라에서 관찰되는 현상이다. 이러한 경제모형에서 인적 자본 투자 수익률을 높이는 기술발전은 경제성장을 촉진하고 출산율을 낮추는 결과를 낳는다.

5 Barro and Becker(1989).

6 Lucas(1988).

제를 낳게 된다. 이러한 상충관계는 구체적으로 여성의 노동참여율과 출산율 사이의 음의 상관관계로 나타나게 되는 것이다. 대부분의 산업화를 이룬 국가에서 여성의 노동참여율과 임금 수준은 1930년대 이후 급격하게 증가하였으며, 이와 발맞추어 출산율은 하락하는 현상이 보편적으로 발견되었다. 이는 시계열적으로나 횡단면 자료 모두에서 확인된다.[7]

여성의 노동참여율과 출산율 사이의 음의 상관관계를 설명하는 핵심 이론은 여성의 시간의 기회비용이라는 개념이다. 여성이 일반적으로 육아를 전담한다면 육아에 쓰는 시간의 비용이 육아비용의 핵심인데, 이는 일반적인 평균 임금이 아니라 여성의 임금이 되어야 한다는 것이다. 이에 따라 임금에서 나타나는 남성과 여성의 격차, 그리고 노동시장에 참여하는 여성의 비율이 출산율 격차를 설명하는 핵심 변수로 떠오르게 되었다. 직관적으로 볼 때 남성과 여성의 임금 격차가 감소할수록, 여성의 노동시장 참여율이 증가할수록, 여성의 육아에 대한 분업의 이득이 감소하고 출산율은 감소할 것이다. 임금 수준을 결정하는 가장 중요한 변수 중 하나는 교육 수준이므로 여성의 교육 수준과 출산율 관계도 음의 상관관계를 갖게 된다.

경기 순환 과정에서 여성의 시간의 기회비용이 내포하는 경제적 의미를 분석한 코스쿤과 달기(S. Coskun and H. Dalgic)에 의하면,[8] 미

7 대표적으로 Aaronson *et al.*(2021) 참조.
8 Coskun and Dalgic(2020).

국의 경기침체기에 남성의 고용 수준은 급격하게 하락하지만, 여성의 경우 경기침체기에 오히려 고용이 증가하는 경향이 있는 교육 및 건강관리 분야에 더 많이 취업하기 때문에 크게 고용 수준이 떨어지지 않는다. 이 경우 가족의 소득에서 여성의 기여 부분이 커지기 때문에 여성의 시간의 기회비용이 더욱 중요해지고 출산율은 더 감소하게 된다. 다시 말해, 출산율은 경기침체기에 더 떨어지고 경기 상승기에 증가하는 경기 동행성(procyclical)을 갖게 된다는 것이다. 또 다른 한 연구에 의하면, 국민경제 전체에서 청년실업률의 비중이 높아지면 출산을 피하는 현상이 발견된다고 한다.[9] 이러한 효과는 시간이 갈수록 축적되는데, 주로 무자녀로 남는 여성들이 이를 주도하므로 단순히 출산을 연기하는 현상과 다르다. 실업률이 높은 상황에 직면하면 젊은 여성들이 좀 더 고임금-고수익 직종을 가지려 하고, 이에 따라 출산을 점차 포기할 가능성이 커지게 된다는 것이다.

2) 출산율에 관한 새로운 동향과 최근 이론

이러한 전통적인 설명에 대해 최근 자료를 통해 반론을 제기한 돕케 등(Doepke *et al.*)에 의하면 2000년대 이후 새로운 경향이 발견되고 있다. 저개발 국가에서는 여전히 소득과 출산율 사이의 강한 음

9 Currie and Schwandt(2014).

의 상관관계가 발견되지만 고소득 국가들(대표적으로 OECD 국가들)에서는 오히려 이 관계가 역전되는 경향을 보인다는 것이다.[10] 이는 고소득 국가 내의 소득 수준에 따른 출산율 분포와 국가 간 비교자료에서 모두 확인된다. 또한 여성의 노동참여율 및 여성 임금의 상승과 출산율 사이의 관계가 항상 음의 상관관계는 아니라는 사실도 확인되고 있다. 예컨대, 여성이 더 많은 교육을 받을수록 출산과 육아의 기회비용이 증가하므로 출산율이 더 낮을 것이라고 예측할 수 있는데, 미국의 경우 일반적으로 이러한 사실이 관찰되기는 하지만 가장 높은 교육 수준을 자랑하는 고소득인 여성층(교육 기간이 16년 이상)에서는 2000년대에 들어와서 오히려 출산율이 증가하는 모습이 보인다. 미국의 경우 이러한 경향은 최근에 올수록 더욱 두드러진다. 여성의 교육 기간을 가로축으로 하고 출산율을 세로축으로 하였을 때 일반적으로 우하향하는 모습이 관찰되지만 유독 교육 기간이 16년 이상인 고학력층에서는 출산율의 반전이 일어나 추세가 바뀌는 현상이 나타나고 있다.

왜 이러한 추세가 새롭게 나타났을까? 첫째, 고소득 국가에서 아동노동이 사라지고 성인이 될 때까지 지속해서 교육을 받는 것이 가능해졌다는 점에 주목할 필요가 있다. 이는 양과 질의 상충관계가 나타나는 핵심적 이유, 즉 아이를 더 긴 시간 학교에 보내는 것

10 Doepke *et al.*(2022).

과 더 많아진 가족을 부양하는 데 필요한 자원을 확보하는 것 사이의 상충관계가 많이 완화되었다는 것이다. 둘째, 여성의 시간의 기회비용이 증가하였다는 사실에 주목하는 기존의 설명방식은 육아시간을 확보하기 위해서는 일하는 시간을 줄여야만 한다는 전제에 기반하고 있는데, 이러한 상충관계가 아직 남아 있기는 하지만 육아방식에 공동체적 협력과 제도적 배려의 중요성이 확산하면서 아이 엄마 이외의 다른 사람들(예컨대, 유아원, 아이 조부모, 아이 아빠, 보모 등)이 육아시간을 상당히 대체하게 되어 아이의 출산 및 육아 관련 비용이 여성의 시간의 기회비용과 직접적으로 연결되는 고리가 상당히 완화되었다는 것이다.

아래에서 이러한 새로운 추이와 이에 대한 해석을 좀 더 구체적으로 살펴보고자 한다.

(1) 소득, 노동참여율, 교육과 출산율 사이에 나타나는 새로운 추이

초기의 경제모형이 아이의 양과 질 사이의 상충관계, 여성의 노동참여율과 출산율의 음의 상관관계에 따른 소득, 교육과 출산율 사이의 음의 상관관계를 이론적, 경험적으로 밝히는 데 치중하였다면, 최근에는 이러한 고전적 양상에 반하는 새로운 추이들에 관한 경험적 사례들이 보고되면서 이를 설명할 수 있는 새로운 경제모형들이 개발되고 있다. 새로운 모형들은 출산과 관련한 사람들의 행동 변화에 대해 먼저 주목한다. 소득과 출산율 관계를 볼 때 부유한 국가와 빈곤한 국가들을 횡단면으로 비교해 보면 큰 변화는 없다. 고소득 국가일수록 출산율이 낮고 빈곤 국가일수록 출산율이 높게 나타나고 있다. 하지만 고소득 국가 내부에서 소득 수준과 출산율을 정밀하게 검토해 보면 소득과 출산율 사이의 음의 관계가 점차 사라지고 있다는 것을 발견할 수 있다. 고소득 국가에서는 1980년대 중반 무렵 이미 출산율과 관련한 변화가 정리되어 합계출산율이 이제는 줄지 않고 오히려 몇몇 국가들에서는 살짝 상승하는 경향도 나타난다는 것이다. 좀 더 구체적으로 보면 1990년대를 지나면서 고소득 국가에서 두 개의 다른 양상이 관찰되는데, 한 그룹은 인구가 유지될 수 있는 출산율(합계출산율 2.1명 이상)을 보이는 국가들이고 다른 한 그룹은 1.6명 이하의 출산율을 보이는 국가들이다. 흥미로운 것은 상대적으로 높은 출산율을 보이는 그룹이 고소득 국가들 중 상대적으로 낮은 소득 수준을 보이는 국가들이 아니라는 것이다. 높은 1인당 국민소득을 보이는 미국이 대표적인 예이다. 실제로 1980년대와 2000년대의 대표적인 OECD 국가들을 대상으로 소득과 출산율의 관계를 보면, 1980년대에는 대체로 음의 상관관계를 보이다가 2000년대에 들어서는 오히려 양의 상관관계를 보인다는 것을 알 수 있다.

여성의 노동참여율과 출산율 사이의 관계도 유사한 모습을 보인다. 여성의 노동참여율이 낮은 국가들, 중간 수준의 국가들, 높은 수준의 국가들로 나누어 볼 때 1970년대까지는 전통적인 음의 상관관계를 관찰할 수 있지만, 1980년대에 서서히 역전되기 시작하여 높은 수준의 노동참여율을 보이는 국가들을 대상으로 관찰하면 노동참여율이 증가할수록 오히려 출산율이 증가하는 현상을 발견할 수 있으며, 1990년대가 되면 이러한 현상이 다른 그룹의 국가들로 확산하는 것을 발견할 수 있다.[11] 이러한 관계의 역전 현상은 여성의 교육 수준과 출산율 사이에서도 발견된다. 1980년대까지 여성의 교육 수준과 출산율 사이의 관계는 전 교육계층에 걸쳐 일관되게 음의 상관관계를 보였지만, 1990년대에 최상층 교육 수준의 그룹에서는 이 관계가 거의 사라져 석사나 박사 학위를 받은 최상위 교육 수준의 여성들은 대학교 졸업 여성들과 같은 수준의 출산율을 보이고 있으며, 2000년대에 들어와서는 오히려 최상위 교육 수준 그룹의 출산율이 상대적으로 더 높게 나타나고 있다.[12]

(2) 출산에 대한 남성과 여성의 선호 변화

출산을 결정하는 것은 여성이 단독으로 하는 것이 아니라 남편과 아내가 상의해서 하는 것이 일반적이다. 둘 사이에 쉽게 합의한다면 큰 문제가 없으나 심각한 견해차가 존재하는 경우 출산 의사

11 Ahn and Mira(2002).

12 최상위 교육 수준은 계층에서 나타나는 이러한 변화는 미국, 독일, 프랑스 등에서 관찰되고 있다. 미국에서 이러한 현상은 백인 여성에게서 두드러지게 나타나며, 흑인 여성의 경우 여전히 교육 수준과 출산율의 음의 상관관계가 지배적으로 나타나고 있다. 이는 흑인 사회에서 지속해서 강하게 나타나는 교육 수준의 성별 격차와 관계가 있을 것으로 판단된다.

결정은 어떤 방식으로 이루어질까? 내면적인 협상 과정을 밟아야 할 것이므로 협상의 결과가 어떻게 이루어지는가를 주목할 필요가 있다. 이때 협상 과정에서의 갈등은 출산을 미루는 주요 요인이 될 수 있다.

협상 과정에서 갈등 모형은 거부권 모형으로 설명할 수 있다.[13] 즉, 두 당사자가 합의하는 경우에만 출산할 수 있다는 것이다. 특히, 남편과 아내의 협상력이 유사할 때 이러한 현상이 극대화된다. 이는 남녀평등 의식이 강하고 여성의 노동참여율이 높은 고소득 국가에서 주로 발견된다. 반면에 남아 선호 사상과 가부장 문화가 발달한 곳이라면 상대적으로 남성의 선호가 지배적인 형태로 나타날 것이다.

합리적인 개인을 가정할 때 남편과 아내의 출산 동의 여부는 아이를 얼마나 좋아하는가, 즉 아이 선호(child preference)와 출산 후 가사노동의 부담을 얼마나 지게 되는가, 즉 아이 양육의 부담률(childcare burden)에 따라 결정된다. 아이 선호가 일치하는 동시에 양육의 부담률에 서로 동의한다는 두 가지 전제가 충족되기는 어려우므로 출산 관련 의사결정은 미루어지게 되는 것이다. 이 과정에서 사전 약속의 실제 실행 여부(즉, commitment), 조부모의 협력 가능성, 양육 서비스의 시장화 정도, 여성의 시간 사용 관련 외부의 가능한

13 Doepke and Kindermann(2019).

대안 (outside option: 즉, 일할 수 있는가, 일한다면 얼마의 소득을 올릴 수 있는가) 등의 차이가 결과에 영향을 미치게 된다. 아이의 양육비용 부담 정도가 여성에게 불리할수록 (노동시간에는 여성의 노동시장 참여율, 여가에는 육아 분담) 커플 사이의 불협화음이 커지며, 이는 낮은 출산율로 귀결된다.

일반적으로 여성이 아이를 양육하기 위해 포기해야 하는 노동시간이 클수록(즉, 남녀협상 시 여성의 시간 사용 관련 외부의 가능한 대안이 줄어들수록) 이러한 불협화음은 크게 나타날 것이다. 이때 세 가지 경우를 구별해서 볼 필요가 있다. 첫 번째는 출산과 관계없이 여성의 노동참여율이 낮은 경우이다. 이때는 아이를 갖는 것이 외부 가능한 대안에 미치는 영향이 거의 없으므로 협상 과정에서의 불협화음이 출산율에 영향을 미치지 않는다. 두 번째는 여성들이 일하고 싶어 하지만 아이들 때문에 불가피하게 경력 부담이 커지는 경우, 즉 외부 가능한 대안이 부족한 경우이다. 이때 협상 과정에서 나타나는 불협화음은 커지며 출산율에 중대한 영향을 미치게 된다. 세 번째는 여성들이 일을 많이 하고 있고 경력에 큰 부담 없이 아이를 양육할 수 있는 경우이다. 이는 여성들의 임금소득이 높고 시장에서 양육 서비스를 충분히 구매할 수 있을 때 나타나는데, 이 경우에는 아이를 갖는 것이 여성의 협상력(즉, outside option)을 악화시키지 않으므로 남녀협상에서 나타나는 불협화음이 출산율에 미치는 영향은 제한적이다. 전통적으로 출산율과 여성의 노동참여율 사이에 나타나는 음의 상관관계는 주로 첫 번째와 두 번째 경우의 대비 때문에 발생한다. 반면에 현대에 와서는 두 번째와 세 번째 경우의 대비가 두드러진다. 즉, 육아와 경력 개발이 양립할 수 있게 되면, 출산 때 직면하는 기회비용이 크지 않고 이는 남녀협상 과정에서의 불협화음을 줄이고 궁극적으로 출산율을 높이는 데 이바지할 것이다. 이 경우 여성의 노동참여율과 출산율 사이에 역전이 발생한다.[14]

(3) 무자녀 현상

아이를 얼마나 낳을까의 문제 이전에 아이를 아예 낳지 않으려는 경향도 일부 커플에게서 보인다. 역사적으로 보면 무자녀 현상은 여성의 교육 수준과 밀접한 관련이 있다. 일반적으로 최상위 교육 수준을 가진 여성은 결혼도 잘 하지 않고 무자녀로 남을 가능성이 크다. 최근에는 이런 현상에 변화가 생겨서 미국, 프랑스, 이탈리아, 스페인, 핀란드 등 일부 국가에서는 교육 수준과 무자녀 정도 사이에 U자형의 모습이 나타나고 있다. 물론 아직도 많은 국가에서는 두 변수 사이의 강한 음의 관계가 여전하지만 이러한 변화는 흥미로운 관찰점이다.

---

14 Doepke and Kindermann(2019)은 공공 육아 서비스의 제공이 출산율 제고에 효과적인 이유는 남녀 사이의 육아 부담률 배분을 여성에게 유리하도록 하여 출산과 관련한 남녀협상의 불협화음을 낮추기 때문이라고 주장한다. 반면에 조세 혜택을 주거나 남성에게 육아휴직을 주는 정책은 이러한 효과를 내지 못하므로 출산율에 상대적으로 영향을 덜 미친다는 것이다.

바우딘 등은 무자녀 유형을 세 가지 형태로 구분한다. 자연적 불임(출산을 시도하지만 안되는 경우), 사회적 불임(자녀 양육비용의 과중한 부담으로 아이를 낳지 않는 경우), 그리고 기회비용 때문에 발생한 불임(여성들에게 매우 좋은 환경을 제공하는 노동시장의 특성 때문에 높은 기회비용이 발생하여 생기는 의도적인 불임)이다.[15] 이러한 구분을 통해 여성의 교육 수준과 무자녀 사이에 나타나는 U자형을 설명한다. 즉, 여성의 교육 수준이 낮은 경우 사회적 불임이 지배적인 형태로 나타나고, 교육 수준이 높은 경우 기회비용 불임이 지배적으로 나타난다는 것이다. 현대에 와서 대부분 가족은 자녀를 넷 이상 두지 않으려는 경향이 강하다. 일반적으로 자녀 수의 선택은 0, 1, 2, 3의 네 가지에 제한된다는 것인데, 출산율이 매우 낮은 국가들의 경우 왜 0, 1을 많이 선택하는가에 관한 연구가 활발하게 이루어지고 있다. 이러한 연구들은 이산형 선택과 순차적 선택을 네 가지 선택과 관련하여 모형화하여 접근하는데, 특히 생명 주기에 걸쳐 출산의 타이밍을 어떤 방식으로 결정하는가와 관련하여 많은 시사점을 제공하고 있다. 젊었을 때 아이를 갖는다는 것은, 그 시간에 근로를 통해 얻을 수 있는 임금뿐 아니라 교육과 경험을 통한 인적 자본 형성의 기회를 상실함에 따른 기회비용을 부담하도록 하므로, 교육과 경험에 따른 수익이 큰 사회일수록 여성들은 출산을 미루고 자신의 경력

15 Baudin *et al.*(2015).

개발에 더 투자할 것이다. 따라서 아이를 낳을 적절한 시기는 교육 투자에 대한 수익이 실현되고 높은 임금을 얻는 때일 것이지만, 이 경우 출산의 기회비용도 더 높아지고 나이가 들수록 불임의 가능성도 커지기 때문에 출산을 미루면 전반적인 출산율이 낮아지게 된다.

이를 이산형 시간에 걸친 선택으로 묘사한 경제모형[16]으로 분석해 보면, 아이에 대한 선호의 크기를 통해 가임여성의 선택을 이해할 수 있다. 즉, 아이에 대한 선호가 낮을수록 무자녀를 선택하며, 아주 높은 선호를 가질수록 일찍 아이를 낳고, 중간 정도의 선호를 가진 그룹은 출산을 미룬다. 아이에 대한 선호 이외에 또 다른 중요 요인은 경력 개발 투자에 따른 수익이다. 여성의 직장 경험에 따른 수익은 남성 대비 상대적 비율도 증가해 왔고 절대적인 수치도 커져 왔으므로 여성들의 경력에 대한 욕망은 자연적으로 증가하였다. 이 수익이 클수록 출산을 미루는 여성의 수가 증가할 것이고 평균 초임 나이도 증가할 것이다. 이는 많은 국가에서 실제로 나타나는 현상이다. 두드러진 예가 스페인인데, 1980년 25세에서 2019년 31세로 평균 초임(첫 임신) 나이가 증가하였다. 이에 따라 젊은 연령대의 출산율이 감소하는 동시에 늦은 나이대의 출산율이 증가하는 현상이 나타나고 있다. 예컨대, 미국의 경우 전반적인 출산율이 낮아졌지만 35~39세 사이의 초임 비율은 1980년 이후로 2배 이상 증가하였다.

16 Caucutt *et al.*(2002).

이 두 가지 가설을 결합하면 아이에 대한 선호가 낮고 경력 개발 투자에 대한 수익이 높은 나라에서 출산을 미루는 경향이 두드러지게 나타날 것이며, 상대적으로 전반적인 출산율도 낮을 것이다. 아이를 낳기보다 경력에 투자하는(즉, 출산을 미루는) 여성은 높은 임금을 얻지만 적은 수의 아이를 낳는다.

위의 분석 결과를 통해 소득(교육)과 출산율 사이의 관계에 영향을 미치는 요인으로 아이에 대한 선호, 경력 개발 투자에 따른 수익, 그리고 고령에 따른 불임 가능성을 들 수 있다. 과학기술의 발전으로 고령 불임 가능성이 감소한다면 경력을 선택하는 여성과 그렇지 않은 여성 사이의 평균 출산율의 차이가 줄어들기 때문에 소득(교육)과 출산율 사이의 관계를 완화한다. 경력 개발 투자에 대한 수익이 소득(교육)과 출산율의 관계에 미치는 영향은 조금 복잡하다. 경력 개발 투자에 대한 수익이 매우 낮은 상태에서는 여성 대부분이 경력을 포기하고 일찍 아이를 낳을 것이기 때문에 소득(교육)과 출산율 사이의 관계는 상대적으로 뚜렷하지 않다. 경력 개발 투자에 대한 수익이 높아지면 일부 여성은 경력을 선택하려 할 것이기 때문에 소득(교육)과 출산율 사이의 관계가 점차 뚜렷해진다. 즉, 소득 수준이 높을수록 출산율이 낮아진다는 것이다. 반면에 이미 초기에 일부 여성이 경력을 선택할 정도로 이 수익이 높은 수준이었다면, 이 수익이 더 많이 커지는 경우 여성 대부분이 경력을 선택하게 되어 소득(교육)과 출산율 사이의 관계는 오히려 완화될 수 있다. 즉, 소득 수준과 출산율 사이의 관계가 상대적으로 모호해진다는 것이다. 이 경우 대학교육을 마친 의사, 변호사처럼 전문직을 가진 여성들만 출산을 미루는 것이 아니라 그렇지 못한 의료기술 인력, 미용기술자, 치과 보조간호사 등도 이 대열에 동참하게 되며, 이들도 결국 대학교육을 마치기 때문에 출산을 미루는 현상이 사회적으로 광범위하게 확산한다는 것이다.

2. 한국형 저출산의 현황과 국가 간 비교

"이미 세계 최저 수준인 한국의 출생률이 수십억 달러 규모의 정부 출산장려 정책에도 불구하고 2023년에 새로운 최저치로 떨어졌다는 자료가 공개되면서 한국의 인구통계학적 위기는 더욱 심화하였다. 한국의 인구가 4년 연속 감소하였다는 보도는 이웃 일본이 지난해 인구 감소를 기록하고, 출생자 수는 기록적으로 감소하고, 결혼 건수는 제2차 세계대전 이후 최저치를 기록한 직후 나온 것이다. 통계청 예비자료에 따르면, 한국 여성 1명이 평생 낳는 평균 자녀 수는 2022년 0.78명에서 0.72명으로 8% 가까이 줄었다. 이는 현재 5,100만 명의 인구를 유지하는 데 필요한 평균 2.1명의 아동 수에 훨씬 못 미치는 수치이다. 2018년 이후 한국은 경제협력개발기구(OECD) 회원국 중 유일하게 1 미만 출산율을 기록하였다. 또한 한국 여성의 평균 연령은 33.6세에 첫 출산을 하는데, 이는 OECD 회원국 중 가장 높은 수준이다"(*The Guardian*, 2024. 2. 27).

한국 사회에서 저출산 문제는 매우 심각한 수준까지 악화하고 있고 이러한 추세를 되돌리기 어렵다는 비관론도 팽배해 있는 상황이다. 이 절에서는 다른 국가와의 비교를 통해 한국의 저출산 문제

|그림 4-1| 한국의 합계출산율 추이 2000~2023년

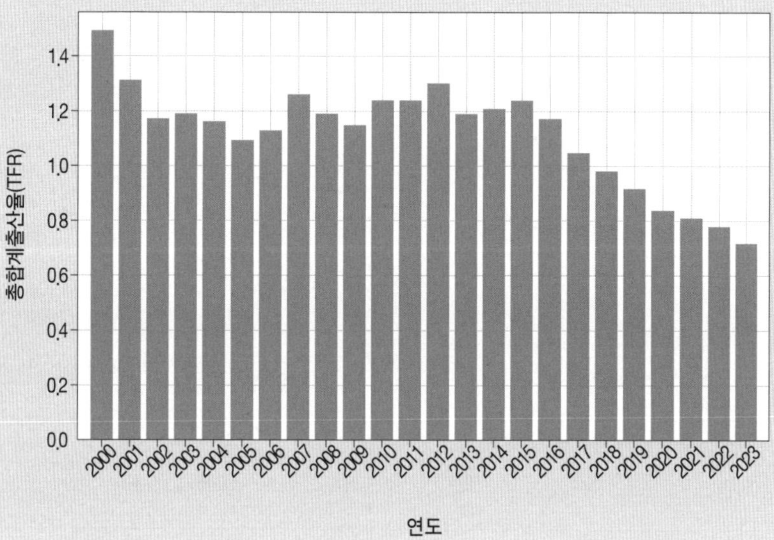

자료: 통계청 각 연도.

와 관련된 다양한 변수들에 대해 분석해 본다. 먼저 한국의 합계출산율(total fertility rate, TFR)[17]의 추이를 살펴보자.

〈그림 4-1〉을 보면 2000~2015년까지는 합계출산율이 1.2 수준에서 큰 변화가 없다가 2016년부터 지속해서 감소하고 있다. 그렇다면 2016년 이후에 그 이전과 다른 무엇인가 출산율에 영향을 미치는 중대한 변화들이 발생하였던 것일까? 변화가 있었다면 그러한 변화는 한국 사회에 고유한 특징이었을까? 이를 판단하기 위해서는

17 가임기 여성 1인이 평생에 걸쳐 낳을 것으로 기대되는 아이의 수.

|그림 4-2| 합계출산율 추이 비교: 한국, 일본, 중국, 대만, 싱가포르

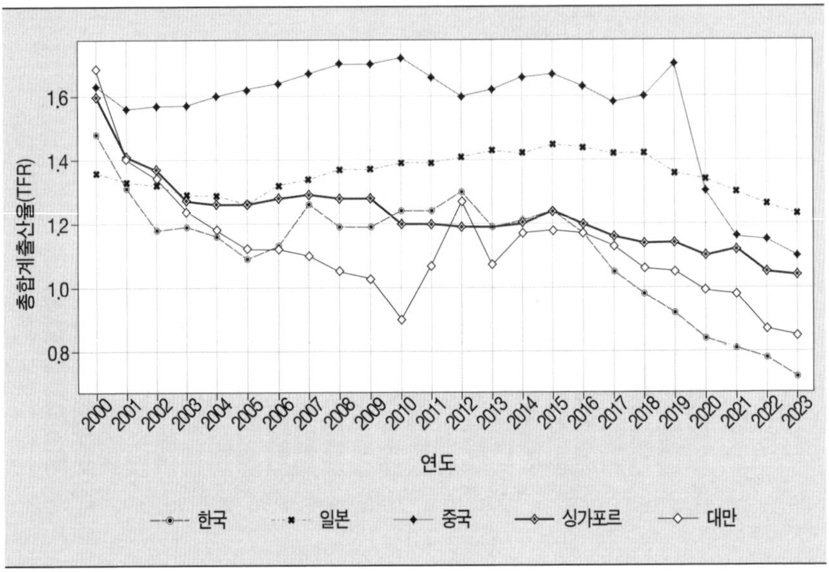

자료: 각국 통계자료를 바탕으로 저자 작성.

다른 국가들에서는 어떠한 변화가 나타났는지 함께 비교 분석을 할 필요가 있다. 비교 대상 국가로 상대적으로 유사한 문화적 특성이 있는 일본, 중국, 대만, 싱가포르 국가들의 합계출산율 추이를 살펴보면 〈그림 4-2〉와 같다.

한국, 일본, 대만, 싱가포르는 2016년 이후, 중국은 2020년 이후에 합계출산율의 지속적인 내림세가 나타나고 있으며, 그중에서도 특히 한국과 중국의 내림세가 가장 급격하게 나타나고 있다. 동아시아 국가들의 경우 혼외 출산율이 상대적으로 매우 낮아서 출산율의 급격한 저하는 결혼율의 변화와 관계가 있을 것으로 판단되어 5개

|그림 4-3| 결혼율 추이 비교: 한국, 일본, 중국, 대만, 싱가포르

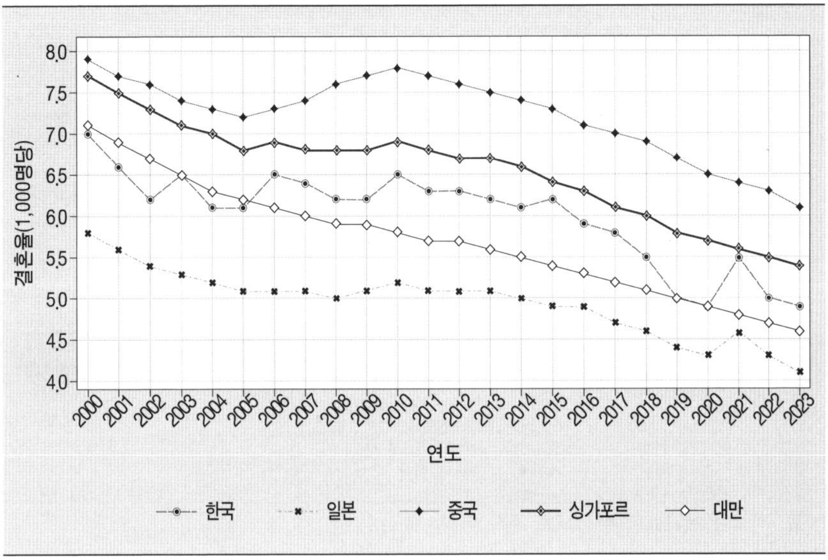

자료: 각국 통계자료를 바탕으로 저자 작성.

국가의 결혼율 추이를 비교하면 〈그림 4-3〉과 같다.

전반적으로 결혼율의 하락 추세는 모든 국가에서 관찰되고 있지만, 한국이 두드러진 차이를 보이지는 않는다. 출산율 저하 현상이 상대적으로 더 심각한 상태에 있는 한국과 대만의 경우를 비교해 보면, 한국이 결혼율도 상대적으로 높은 편이고 이혼율도 상대적으로 낮은 편이다(〈그림 4-4〉 참조).

여성의 노동참여율을 보면 중국을 제외하면 시간이 갈수록 꾸준히 증가하고 있으며, 전체적으로 싱가포르, 중국, 한국, 대만, 일본 순으로 높게 나타나고 있다(〈그림 4-5〉 참조).

|그림 4-4| 이혼율 추이 비교: 한국과 대만

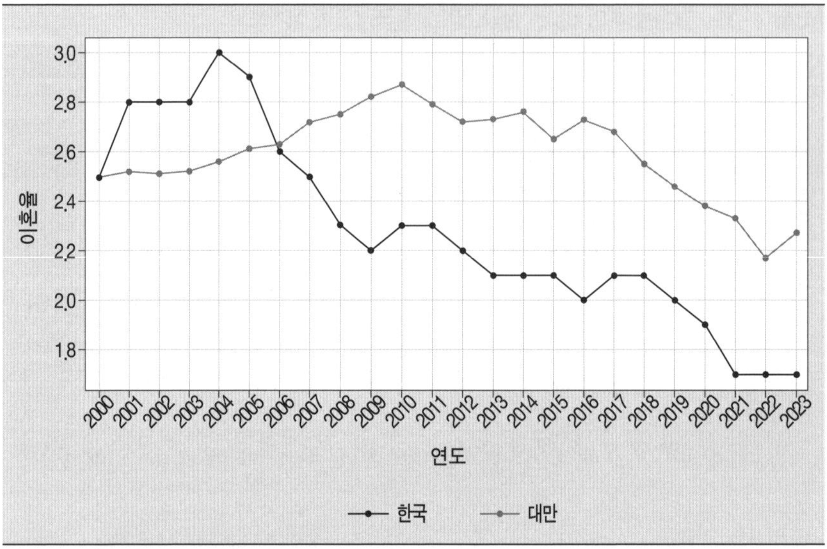

자료: 각국 통계자료를 바탕으로 저자 작성.

|그림 4-5| 여성의 노동참여율 추이 비교: 한국, 일본, 중국, 대만, 싱가포르

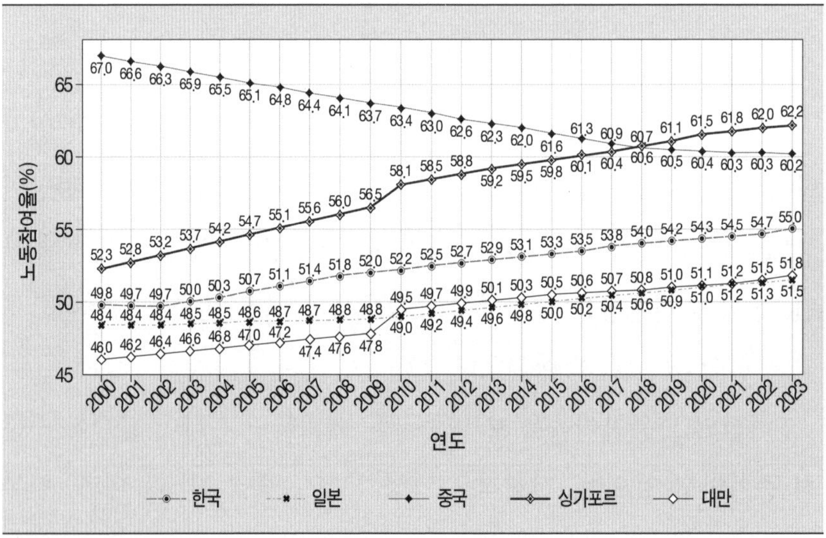

자료: 각국 통계자료를 바탕으로 저자 작성.

|그림 4-6| 여성의 대졸자 비율 변화 추이: 한국, 일본, 중국, 대만, 싱가포르

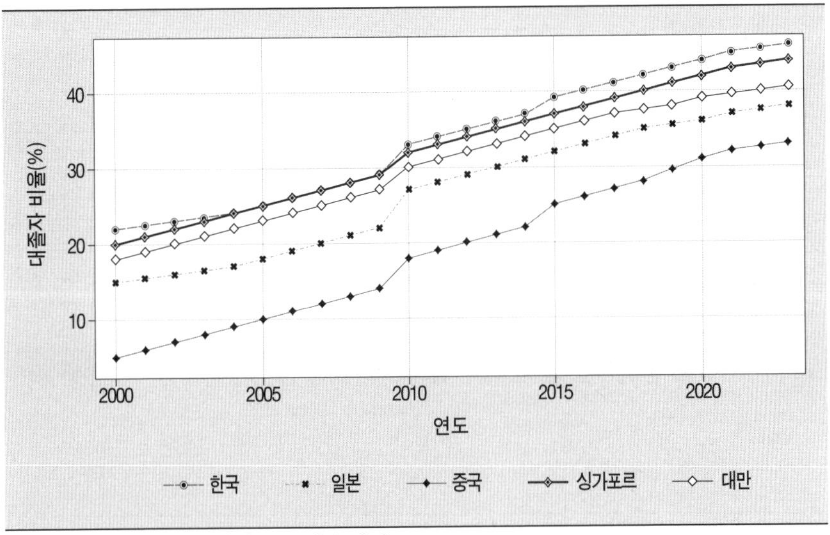

자료: 각국 통계자료를 바탕으로 저자 작성.

여성의 교육 수준은 대졸자 비율의 변화 추이를 보면 모든 국가가 전반적으로 이 기간 동안 상승하고 있으며, 한국, 싱가포르, 대만, 일본, 중국 순으로 나타나고 있다(〈그림 4-6〉 참조).

여성 취업자의 평균 임금의 변화 추이를 미국 달러로 환산하여 비교해 보면, 일본이 크게 변화가 없는 반면 다른 국가들은 시간이 갈수록 상승하는 추세를 보이고 있으며, 한국과 대만의 가파른 상승 추세가 주목할 만하다(〈그림 4-7〉 참조).

마지막으로 성평등지수의 추이를 살펴보자. 시간이 갈수록 상승하는 것이 일반적 추세이지만 전반적으로 보면 한국과 대만의 성평등지수가 상대적으로 낮게 나타나고 있다(〈그림 4-8〉 참조).

|그림 4-7| 여성 취업자의 평균 임금 변화 추이: 한국, 일본, 중국, 대만, 싱가포르

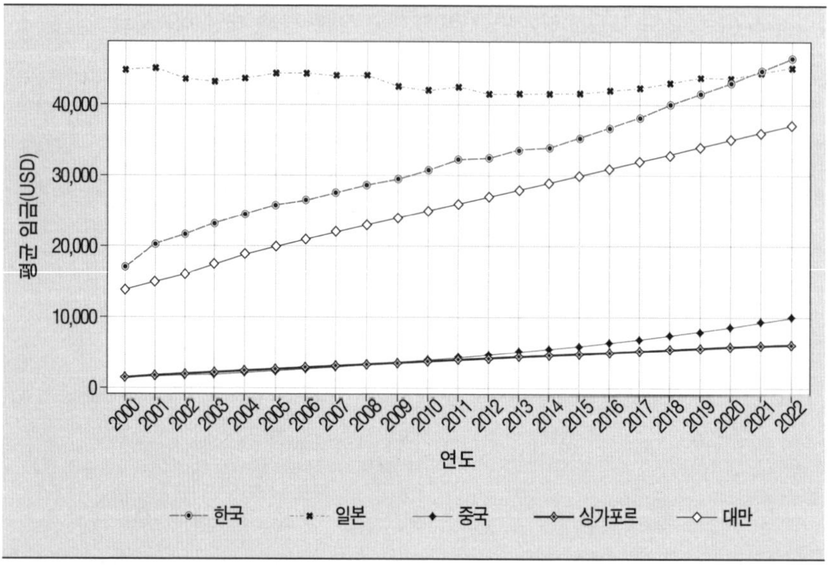

자료: 각국 통계자료를 바탕으로 저자 작성.

|그림 4-8| 성평등지수 추이 비교: 한국, 일본, 중국, 대만, 싱가포르

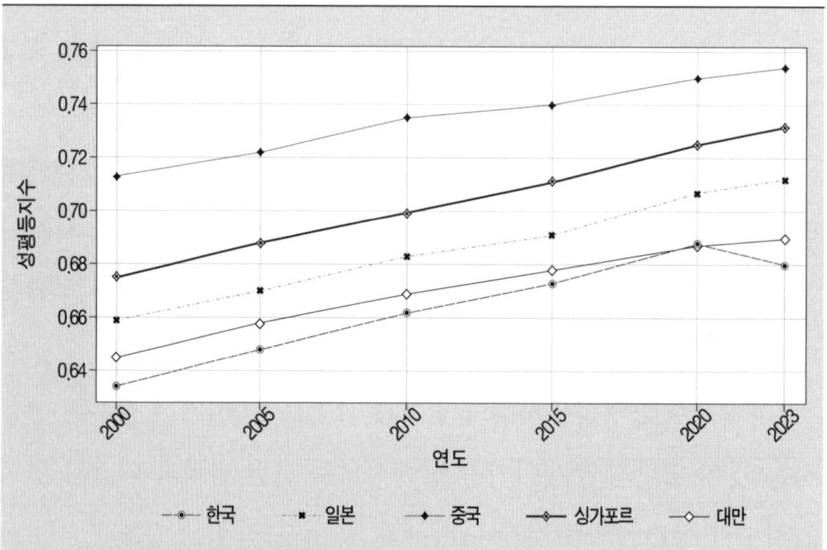

자료: 각국 통계자료를 바탕으로 저자 작성.

이제까지의 논의를 한국을 중심으로 정리해 보면 다음과 같다. 첫째, 한국의 합계출산율은 2016년 이후 지속해서 하락하고 있으며 그 하락 추세가 2020년 이후 중국을 제외하고는 가장 급격한 편이다. 둘째, 그러나 결혼율이나 이혼율 추이는 다른 국가들과 크게 차이가 없으며 양호한 편이다. 셋째, 여성의 노동참여율은 중국을 제외하고 꾸준히 증가하고 있으며 싱가포르, 중국이 높고 한국은 중간 정도의 위치를 차지하고 있다. 넷째, 한국의 경우 여성 대졸자 비중의 변화 추이와 여성 취업자의 평균 임금 변화 추이가 다른 국가에 비해 두드러지게 높고, 지속해서 상승하고 있다는 점이 주목할 만하다. 다섯째, 성평등지수는 꾸준히 상승하고 있으나 대만과 함께 5개국 중 가장 낮은 편이다.

3. 한국형 저출산의 원인에 대한 몇 가지 가설

한국의 저출산 현상이 워낙 가파르게, 세계사에 유례없을 정도로 빠르게 진행되었기 때문에 그 원인에 대해 그동안 다양한 설명이 시도되었다. 이 절에서는 경제이론이 제기하였던 가설들을 적용하여 검토해 보고 한국의 특수성을 지적한 다른 문헌들을 참고하여 정리해 보았다. 물론 하나의 가설로 모든 현상을 다 설명할 수 없다는 점에서 각각의 가설들은 한국 사회에 나타나는 저출산 현상의 부분적 특성들을 보여 줄 뿐이라는 한계점을 먼저 지적할 필요가 있다. 따라서 각각의 가설들을 정리한 후 이들을 결합한 혼합 가설을 제기하고 가설들의 상대적 중요성을 비교 분석해 보도록 한다.

먼저 한국의 저출산 문제를 설명하는 방식은 크게 두 가지 방향으로 나누어 볼 수 있다. 첫째, 전통적인 경제이론에 기반하여 설명하는 방식이다. 1절에서는 소득이 증가할수록 출산율이 낮아지는 현상을 아이의 양과 질 사이의 상충관계에 주목하여 설명하는 방식을 활용하여 한국의 저출산을 설명한다. 2절에서는 육아의 핵심 주체인 여성이 노동시장에 참여하게 되면서 발생하는 시간의 기회비용의 변화에 주목하여 한국의 저출산을 설명한다.

둘째, 한국 사회의 상대적으로 고유한 특성에 주목하여 저출산 현상을 설명하는 방향이다. 다양한 논의들이 있지만 여기서는 크게 세 가지 가설에 관해 설명한다. (1) 한국의 중요한 특징 중의 하나는 과도한 수도권 집중 현상인데, 이에 주목하여 한국의 저출산을 설명하는 방식이다. (2) 한국 사회의 지나친 경쟁과 과도한 사회적 압력에 주목하여 설명하는 방식이다. SNS의 급격한 확산과 과시 욕구, 이에 따라 빠르게 확산하는 사회적 전염 등이 주요 포인트이다. (3) 최근 20대 남성과 여성 사이에 크게 드러났던 남성과 여성의 갈등과 경쟁 양상에 주목하는 견해이다. 이러한 견해들은 주류경제학의 이론과 결합하여 한국의 저출산을 설명하는 데 도움이 될 수 있다.

1) 양과 질의 상충관계 가설: 소득과 출산율

소득이 높을수록 출산율이 낮아지는 경향을 설명하는 이론으로 아이의 양을 질로 대체한다는 양과 질의 상충관계 가설을 앞에서 설명한 바 있다. 한국과 관련하여 주목할 만한 것 중의 하나가 이러한 대체의 강도이다. 교육과 관련한 학부모들의 지대한 관심과 지나친 입시경쟁은 한국형 경쟁의 특성을 설명할 때 빼놓을 수 없는 단골손님이다. 해마다 증가하는 사교육비, 천정부지로 가격이 오르는 강남 아파트, 중산층까지 옭아매는 과도한 교육비 지출 비중, 조부모까지 동원되는 학업 관리시간 등은 이러한 현상을 잘 대변한다. 아이의 질에 대한 투자를 대표하는 교육 투자비가 과도할 정도로 많이 든다는 것은 다른 국가들보다 양을 질로 대체하는 강도가 훨씬 크다는 것을 의미한다. 상대적으로 여유가 있는 가정에서도 질에 대한 투자를 감당하기가 쉽지 않기 때문에 양을 늘리기가 어렵다.

물론 최상위 소득계층에도 질과 양 사이의 상충관계가 심각하게 나타나는가에 대해서는 다소의 논란이 불가피하다. 이는 소득분배의 불평등 정도와 밀접한 관련이 있기 때문이다. 소득 불평등이 심각할수록 최상위계층의 소득 수준은 높을 것이고, 아주 높은 수준에서는 질을 충분히 소화하면서 양을 늘릴 수 있는 여유가 있을 것이기 때문이다. 이 경우 양을 질로 대체하는 상충관계는 거의 없거나 약하게 나타날 것이다. 그리고 최상위 소득계층에서는 소득과 출산율 간의 음의 상관관계가 역전되는 현상이 발견될 수 있다. 이러한 현상은 미국 등 주요 선진국에서 이미 관찰된 바 있다. 하지만 이것이 국가 전체의 출산율 하락 경향에 얼마나 긍정적으로 작용할 것인가에 대해서는 의문의 여지가 있다. 대부분 계층에서 양과 질의 상충관계가 매우 심각한 강도로 나타난다면 일부 최상위계층의 출산율 역전 현상이 전체적인 국가 출산율 저하라는 대세에 영향을 미치기 어렵기 때문이다.

2) 기회비용 가설: 여성의 노동 참여와 출산율

이미 앞에서 살펴본 바와 같이 기회비용 가설은 상대적으로 육아에 더 많은 시간을 투입하는 여성의 시간의 기회비용이 상승하였다는 측면에 주목한다. 이 가설에 따르면, 여성의 시간의 기회비용에 영향을 미치는 다양한 변수들, 예컨대 여성의 교육 수준, 여성의 노동참여율, 노동 참여 여성의 평균 임금 등의 변화에 주목하여 이들의 변화가 급격할수록 출산율의 변화가 커질 것으로 추정한다. 한국의 경우 이 가설의 설명력은 높은 편이라고 할 수 있다. 여성의 교육 수준 및 노동 참여 여성 평균 임금의 상승이 다른 국가들에 비해 두드러지기 때문이다. 하지만 이 가설만으로는 2016년 이후에 나타나는 지속적이고 가파른 출산율의 하락 현상을 충분히 설명할 수 없다. 이 기간에 여성의 시간의 기회비용 측면에서 과거와는 다른 급격한 변화를 발견하기 어렵기 때문이다. 즉, 한국에서의 출산율이 장기간에 걸쳐 하락 추세를 보이는 것은 어느 정도 설명이 가능하지만, (사실 이 점에서는 다른 국가들도 유사하다고 볼 수 있다) 왜 2016년 이후에, 하필 한국에서 회복하기 어려울 정도로 낮은 수준으로 빠르게 출산율이 하락하고 있는지를 충분히 설명하기 어렵다.

3) 수도권 집중 가설

위의 두 가지 전통적인 경제이론에서의 설명에 더해 한국적 특수성을 강조하는 견해 중 대표적인 것이 수도권 집중 가설이다. 다른 OECD 국가들보다 한국의 서울 집중은 매우 심각한 정도이다. 이와 관련한 대표적인 연구가 한국은행에서 발표한 '2023 BOK 지역경제 심포지엄' 자료이다. 이 자료에서는 한국의 심각한 수도권 집중 현상의 중요한 폐해 중 하나로 청년층의 수도권으로의 인구 유입을 지적한다. 국토의 12% 정도인 수도권에 인구의 50% 이상이 집중되어 OECD 국가 중 압도적인 수도권 집중도를 보이지만 2~4위의 도시 인구 비중은 매우 낮다. 이에 따라 수도권과 수도권 이외의 지역 사이에 경제적 격차가 더욱 벌어지고 있고, 문화적 측면에서도 수도권 집중이 더욱 격화되고 있다는 것이 청년층 수도권 유입의 핵심적 이유이다. 이 자료에 따르면, 수도권과 수도권 이외 지역의 실질임금 격차는 2015년 34만 원에서 2021년 53만 원으로 확대되었으며, 고용률의 차이도 3.8%p에서 6.7%p로 벌어졌고, 인구 10만 명당 문화예술 행사 건수의 차이도 0.77건에서 0.86건으로 확대되었다.

청년층의 수도권 유입이 확대되면 어떤 문제가 발생할까? 이는 경쟁 양상의 변화와 깊은 관련이 있다. 수도권에는 청년층이 가장 선호하는 직업군이 집중되어 있지만, 가장 경쟁이 치열한 곳이며 가장 많은 교육 투자를 요구하는 곳이다. 이에 따라 결혼이나 출산을 미루는 현상이 가장 두드러지는 곳이기도 하다.[18] 2021년 기준으로 보면 도 지역의 합계출산율이 0.94명인 데 비해 서울의 합계출산율은 0.63명에 불과하다. 즉, 청년층의 수도권 집중은 국가 전체적인 출산율 저하에 커다란 영향을 미치게 된다는 것이다. 문제는 얼마나 많은 청년층이 수도권에 유입되었는가, 그리고 2015년 이후의 양상이 그 전과 얼마나 유의미하게 다른가이다. 한국은행의 자료를 보면,[19] 2015~2021년 중 수도권 인구 증가에 대한 청년 유입의 기여율은 78.5%이며, 반대로 인구가 감소한 동남, 호남, 대경권에서 청년 유출의 기여율은 각각 75.3%, 87.8%, 77.2%에 달하였다.[20] 이 자료

18 한국은행의 청년층 조사 결과에 의하면 경쟁압력을 강하게 느낄수록 청년층의 희망 자녀 수가 낮게 나타나고 있다. 이는 좋은 일자리는 한정되어 있고 비정규직이 확산하는 등 고용불안이 심각하고 생활비와 관련된 경제적 우려가 청년층 사이에 팽배해 있다는 것과 무관하지 않다. 각종 패널 분석에서 인구밀도는 출산율과 음의 상관관계를 갖는데, 인구밀도가 높을수록 경쟁압력이 커진다는 점에서 설문 결과의 유의성을 간접적으로 확인할 수 있다.

19 정민수 외(2023).

20 이 자료에 의하면 지난 20년간 청년 유출에 따른 호남권의 2021년 출산 손실은 출생아 수의 49.7%나 된다.

|그림 4-9| 한국의 합계출산율과 청년층 순유출률[21]

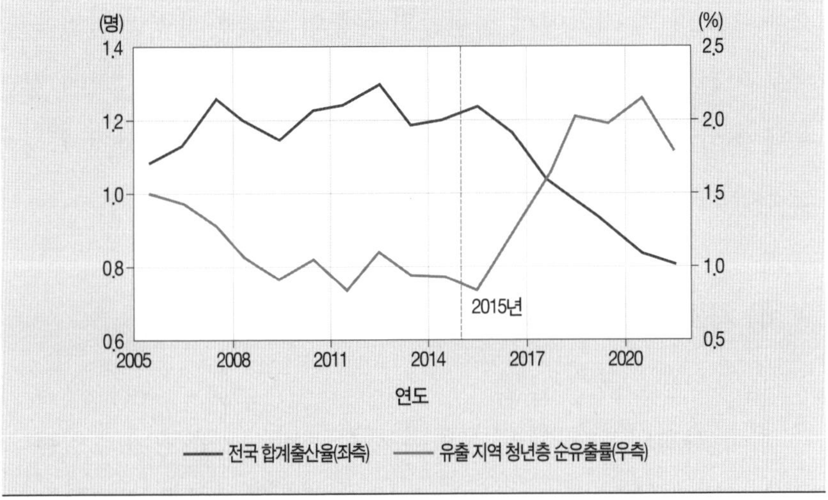

주: 인구유출 지역인 동남, 호남, 대경권의 순유출률.
자료: 통계청.

에서 가장 주목할 만한 그래프는 전국 합계출산율과 유출 지역 청년층 순유출률을 시계열로 비교한 것이다. 〈그림 4-9〉에서 보듯이 2015년 이후 이 두 변수는 매우 유의미하게 역의 상관관계를 보인다. 즉, 2015년 이후 청년층의 순유출률이 심하게 증가하는 것과 출산율의 급격한 하락이 효과적으로 어울리는 것이다.

이 자료는 여러 면에서 매우 흥미롭다. 두 변수 사이의 높은 상관관계가 2015년 이후 뚜렷하게 드러나고 있다는 점에서, 한국 사회의 특성 중 하나인 수도권 집중 문제가 한국의 저출산 현상에 미

21 한국은행(2023) 자료에서 발췌, 인용함.

치는 영향의 중요성을 효과적으로 웅변한다. 그렇다면 왜 2015년 이후에 수도권 외 지역에서 청년층의 유출이 급격하게 증가하였을까? 수도권 집중 현상은 매우 오래된 한국의 특성인데, 이 시기에 청년층 유출이 급격하게 증가한 원인은 무엇인가? 이를 설명하기 위해서는 다음의 가설이 필요할 수 있다.

4) 사회적 압력 및 전염 가설

한국 사회의 '빨리빨리' 문화는 사회 전반적으로 팽배해 있는 지나친 경쟁의 양상과 무관하지 않다. 경쟁에서 이기기 위해서는 더 많은 서비스를 효과적으로 제공해야 하므로, 남보다 먼저, 더 좋은 서비스를 제공하는 것이 생존의 비결이 될 수밖에 없다. 이러한 경쟁환경에서 살아남기 위해서는 남보다 빠르게 필요한 정보를 취득해야 하고, 관계된 사람들이 나를 바라보는 시선을 강하게 의식하게 된다. 특히, 어려서부터 교육과 관련한 치열한 경쟁환경을 온몸으로 체험해 온 젊은 세대에게 과도한 경쟁 과정에서 발생하는 사회적 압력의 크기는 매우 클 것이다. 이러한 사회적 압력은 경쟁자들에 관한 정보가 더 많이, 더 빠르게 유통될수록 커지게 된다. 다양한 SNS의 등장과 빠른 인터넷 서비스, 높은 활용률과 SNS 활동에 소비하는 시간의 증가 등은 정보유통의 규모와 속도를 크게 증가시켰다. 일반적으로 젊은 층이 온라인 관련 서비스를 더 광범위하게,

|그림 4-10| SNS 이용 추이[22]

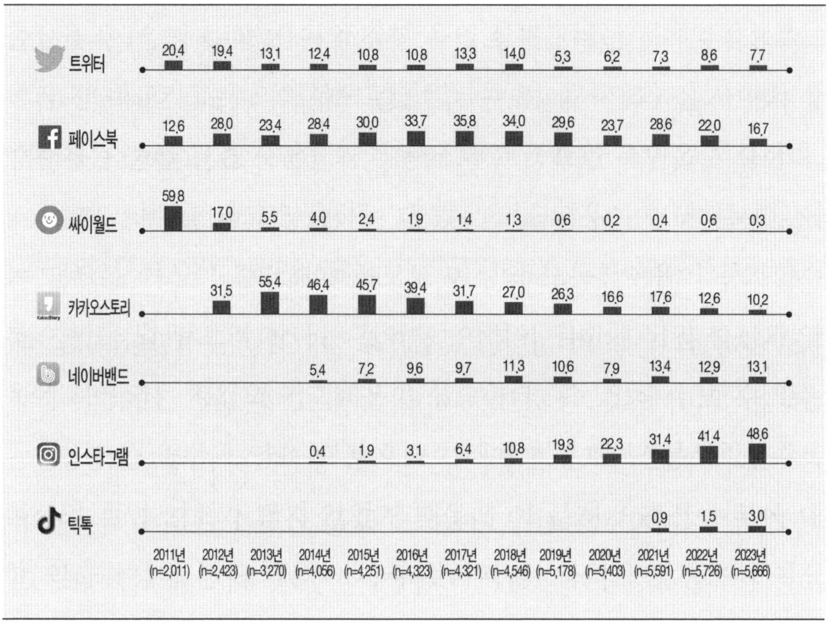

자료: 정용찬·김윤화·오윤석(2023).

더 많은 시간을 사용하므로 이러한 변화는 젊은 층에게 가장 큰 영향을 미칠 것이다. 〈그림 4-10〉은 2011년 이후 SNS 1순위 이용비율을 매체별로 정리한 것이다. 2023년을 기준으로 매체별 순위를 보면 인스타그램(48.6%), 페이스북(16.7%), 네이버밴드(13.1%), 카카오스토리(10.2%), 트위터(7.7%), 싸이월드(0.3%) 등이다. 가장 눈에 띄는 변화는 싸이월드의 급격한 몰락과 카카오스토리, 트위터, 페이스북

22 가장 많이 사용하는 SNS 1순위를 중심으로 정리한 내용이다.

의 퇴조 현상이다. 이는 2015년 이후 인스타그램의 급격한 성장과 무관하지 않다. 2015년 이후 한국 사회에서, 특히 젊은 층을 중심으로 SNS 사용이 인스타그램에 집중되는 현상은 무엇을 의미하는가?[23]

이를 파악하기 위해서는 먼저 인스타그램이 다른 SNS와 차별화되는 점을 이해하는 것이 필요하다. 첫째, 인스타그램은 다루기가 매우 쉽고 이미지 중심이다.[24] 둘째, 많은 사람들이 자신의 경험 중 주로 차별화되는 소비 행태를 중심으로 이미지를 구성한다. 고급 레스토랑에서의 식사, 호화로운 여행 경험, 명품 관련 소비 등이 대표적이다. 관심받기에 적절한 콘텐츠를 중심으로 소통한다는 것이다. 셋째, 이미지로 자신을 어필하기 좋은 환경을 만들기 때문에 유명 인플루언서들이 활발하게 활동한다. 넷째, 해시태그를 통해 관심사를 중심으로 인적 네트워크를 구성하는 것이 가능하다. 인스타그램의 폭발적 성장은 다른 사람들의 소비 행태나 관심사에 쉽게 동조하거나 몰입하도록 유도하기 때문에, 한편으로는 경쟁에 뒤질 수 없다는 강력한 사회적 압력을 만들기도 하는 동시에 다른 사람들의 행태에 쉽게 동조되는 현상을 낳는다. 이를 사회적 압력과 사회적 전염(social pressure and social contagion) 가설이라고 명명해 보자. 이 가

23 한국의 합계출산율이 2016년부터 급격하게 떨어진다는 점에서 인스타그램의 약진만으로 사회적 압력 가설을 충분히 설명하기는 어렵다. 다만 SNS 사용이 청소년층을 중심으로 광범위하게 확산하였고, 이것이 비주얼을 중심으로 하는 인스타그램에 점차 집중되었다는 사실은 사회적 동조 현상과 관련하여 충분히 주목할 만하다.

24 예컨대, 페이스북은 글이 먼저 올라오지만, 인스타그램은 이미지가 먼저 올라온다.

설의 핵심은 다른 청년들의 소비 행태에 대한 과도한 관심과 경쟁적 과시욕이 사회적 가치를 쉽게 동조화시키고 강력한 '떼지어 행동하기'(herd behavior)를 낳는다는 점에 있다. 청년층 사이에 현재 소비에 대한 강력한 열망을 부추기고 미래에 대한 할인율을 높게 만들며 결혼과 출산에 대한 비관적 생각들을 급속하게 동조화시켰다는 것이다. 물론 이는 청년실업률이 높고, 열망하는 직업을 얻기가 어려우며, 비정규직과 정규직의 갈등이 만연해 있는 현실과 무관하지 않을 것이다.

5) 성 갈등 가설

2015년 이후 한국 사회의 변화와 관련하여 한 가지 주목되는 견해는 20대 청년층을 중심으로 발생한 성 갈등이 저출산의 원인일 수 있다는 것이다. 여성의 사회 진출이 활발해지고 성평등 의식이 확산되면서 출산에 관한 의사결정은 일방적인 것이 아니라 남편과 아내 사이의 협상을 통해 이루어지는데, 젠더 간 갈등은 이러한 협상을 훨씬 어렵게 만들기 때문이다. 성 갈등은 또한 애초에 결혼에 대한 관심을 낮추고 결혼과 출산을 미루게 하는 동력으로 작용할 것이다. *Financial Times*가 한국종합사회조사(Korea General Social Survey)를 분석한 결과에 의하면, 2015년 이후 18~29세 한국 청년층의 남성과 여성의 이념지표가 극단적으로 갈린다.[25] 여성은 보다 진보적으로 변

|그림 4-11| 한국의 남성과 여성: 이념적 차이의 변화

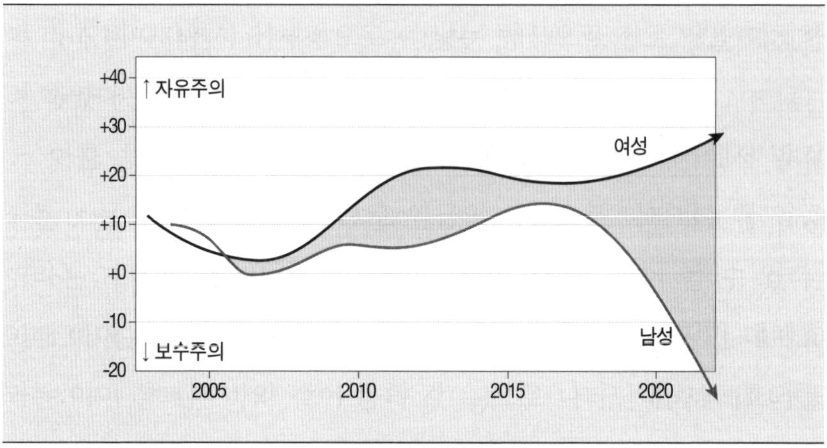

자료: *Financial times*.

하며, 남성은 급격하게 보수화된다는 것이다.

이러한 변화에 결정적인 영향을 미친 사건으로 많은 사람들이 2018년 발생한 '미투'(Me Too) 운동을 꼽는다. 이 운동은 의도치 않게, 특히 젊은 남성들에게 여성과 같이 있는 자리를 기피하도록 만들었으며, 이러한 경향은 소셜 미디어 사용의 증가, COVID 19의 전 세계적 확산 등에 힘입어 더욱 확대되었다. 미투 운동 이전인 2013~2017년 사이에 여성우월주의 관련 래디컬 페미니즘 성격을 가진 여성시대, 메갈리아, 워마드, 트페미 등이 온라인에서 활발한 활동을 한 사실도 주목할 만하다. 성 갈등이 저출산에 얼마나 영향

25 *Financial Times*(2024. 1. 26).

을 미쳤는가에 대해서 아직 신뢰할 만한 실증 분석 결과가 나오지 않았으나 한국형 저출산 형태에 유무형의 영향을 미쳤을 것이라는 추론은 가능하다.

6) 소결

이제까지의 논의를 정리하면 다음과 같다. 첫째, 한국 사회에서 출산율이 지속적으로 감소하는 현상은 2015년 이후로 두드러지는데, 이는 동아시아 많은 나라에서도 발견되는 것이므로 특이한 것은 아니다. 둘째, 그러나 특이한 것은 그 속도이며 지나치게 낮은 수준이다. 셋째, 경제이론은 출산율의 장기적인 하락 추세를 설명하는 데 많은 도움을 주지만, 2015년 이후 발생하는 지속적이고 급격한 하락 현상을 설명하는 데 충분하지 않다. 넷째, 한국 사회에 고유한 원인으로 2015년 이후 청년층 수도권 유입(수도권 집중)의 증가가 출산율의 하락과 절묘하게 역의 상관관계를 보인다는 점이 주목된다. 다섯째, 왜 이러한 현상이 2015년 이후 발생했는가를 설명할 때 사회적 압력과 사회적 전염 가설을 동원할 수 있다. 여섯째, 이와 별개로 20대를 중심으로 성 갈등이 2015년을 전후하여 유례없이 확산되고 강화되었다는 점이 결혼과 출산을 미루는 중요한 요인이 될 수 있다.

4. 한국형 저출산 대응방안의 모색

1) 기존 정책의 한계

한국의 지속적인 출산율 하락 현상은 많은 국가들에서 발견되는 장기 추세를 반영하는 측면도 있고, 한국만의 고유한 특성이 영향을 미친 부분도 있다. 따라서 저출산 대응방안을 모색할 때 이 두 가지 측면이 효과적으로 고려되어야 할 것이다. 먼저 여성의 노동참여율과 출산율 사이의 역의 상관관계가 완화되거나 역전되는 최근의 현상을 설명하는 새로운 이론은 여성이 얼마나 효과적으로 가족을 부양하면서 동시에 자신의 경험을 유지할 수 있는가의 문제, 즉 가족부양과 경력관리의 양립 가능성(family-career compatibility)에 주목한다. 양립 가능성이 큰 국가에서는 여성들이 경력을 효과적으로 유지하면서 출산 및 육아를 할 수 있으므로 더 많은 아이를 낳는 것이 가능해진다는 것이다. 반면에 두 가지 목표가 충돌하는 경우 아이도 덜 낳게 되고 여성들의 노동참여율도 낮게 나타난다.

그렇다면 가족부양과 경력관리의 양립 가능성을 크게 만들려면 어떤 것이 필요할까? 대부분 상식적인 것들이지만, 첫째 공공 아동육아 시설의 확대를 비롯한 정부 지원, 둘째 아이 아빠의 적극적인 육아 지원, 셋째 일하는 주부에 대해 긍정적인 사회 분위기, 넷째 유연한 노동시장 등이 지적되었다. 이러한 것들의 차이가 선진국에서 나타나는 새로운 현상들을 설명하는 데 도움이 된다는 것이다.

유럽의 주요 선진국들이 택한 정책 방향은, 첫째 일-생활 균형, 탄력근무제 등 노동시장 유연화를 통해 여성들이 육아와 경력관리를 조화롭게 할 수 있도록 장려하고 여성들이 출산에 대한 부담을 덜게 하는 것이다. 둘째, 개인의 양육 부담을 감소시키고 공공 보육시설을 확장하는 등 꼭 필요한 부분에 경제적 지원을 하는 것이다. 셋째, 육아휴직 남성 할당제와 같이 경제적 인센티브를 넘어 법적 의무를 부여하고 성 역할을 새롭게 정립하는 것 등으로 요약할 수 있다. 마지막 방안을 제외하고는 대부분 한국에서도 이미 2006년부터 5년마다 수립되는 '저출산 고령 사회 기본계획'에서 개별적으로 많이 다루어진 것들이다.[26] 2018년 대통령직속 저출산고령사회위원회 자료를 보면, 저출산의 원인으로 사회 전 영역에 걸친 삶의 질 악화를 지적하고 교육 부문에서 높은 사교육비, 양육 부문에서 의료비 및 돌봄 부담, 근로환경 부문에서 장시간 근로, 남녀 불평등, 독박육아, 주거 부문에서 높은 주거비용, 청년의 삶 부문에서 N포 세대의 문제 등을 해결해야 할 주요 과제로 제시하고 있다. 이에 따른

26 2024년 저출산고령사회위원회에서 고시한 대책들을 보면 양육비용 지원(부모급여), 늘봄학교(돌봄과 교육) 초등학교 전면 확대, 가족친화적 주거서비스(신혼부부 주택 구입 및 전세자금 지원, 신생아 출산 가구에 대한 주택 구입 및 대출 지원), 일가족 양립을 위한 지원제도 확대(생후 18개월 내 자녀를 둔 부모 모두가 육아휴직 사용 시, 첫 6개월에 대해 부모 각각의 육아휴직 급여를 통상임금의 100% 지원, 육아기 근로자 시차출퇴근장려금 지원, 아이돌보미 이용가구 확대), 행복한 부모, 건강한 아이를 위한 각종 지원(난임, 고위험 임산부 지원, 생후 24개월 미만 아동 입원비 지원, 미숙아, 선천성 이상아 의료비 지원) 등이 포함되어 있다.

대응방안으로 공교육 중심 교육제도 개편, 출산, 영유아 의료비 절감 및 촘촘한 돌봄, 워라밸 확산 및 평등한 일터, 신혼부부 주거 지원, 청년에게 공정한 기회 제공 및 안정된 일자리 제공 등을 제시하였다. 실제로 효과가 있었는가에 대한 평가가 필요하겠지만 거론된 대부분의 대안들이 총망라된 것이라고 볼 수 있다.

2) 새로운 접근의 모색

이제까지의 대책들이 얼마나 효과적이었는가에 대한 평가는 매우 중요한 과제이기는 하지만, 제한된 자료로 이를 충분히 다루기 어렵기 때문에 기존 대책에서 소홀히하였거나 부족하였던 부분들에 대한 논의를 한국형 저출산 원인 분석의 결과를 활용하여 간단하게 제시해 보자.

먼저 지적해야 할 것은 한국형의 특수성을 좀 더 밀도 있게 논의할 필요가 있다는 것이다. 2015년 이후의 지속적이고 급격한 출산율 하락에는 장기적 추세를 이끄는 주요한 경제적 요인들에 더해 한국 사회의 고유한 역동성과 사회문화적 기질의 특수성이 함께하고 있다는 사실을 간과해서는 안된다. 한국 경제가 장기적인 저성장 기조에 들어선 지 오래되었음에도 불구하고 청년층이 이미 성장기를 거치면서 오랜 기간 겪어 왔고 앞으로 겪어야 할 지나친 경쟁 양상은 여전히 수그러들 기미가 없다는 점이다. 현재의 청년층은 이미 저출산이 시작되어 가족당 자녀 수가 많지 않은 데다가 과거의 빠른 경제성장과 소득 상승을 배경으로 상대적인 풍요를 제공하는 부모 밑에서 더 폭넓은 경제적 지원하에 더욱 치열해진 전방위의 경쟁에 따른 질곡을 온몸으로 체험한 세대이다. 한국 경제에 저성장 기조가 정착되기 시작하면서 이들 세대가 느꼈을 좌절감을 먼저 이해할 필요가 있다.

성장이 둔화되면서 좋은 일자리에 대한 경쟁은 과거보다 훨씬 치열해졌으며 주택을 비롯한 자산가격은 이미 오를 대로 올랐고, 기후 변화의 현실화, 세계적인 전염병의 창궐, AI를 비롯한 4차 산업혁명의 충격 등으로 미래의 불확실성은 계획조차 무의미할 정도로 무겁게 현실을 짓누르고 있다. 물론 이러한 변화는 전 세계적인 충격이므로 모든 사회의 젊은이들이 겪고 있는 현실이기도 하지만, 현재 한국 사회가 직면하고 있는 각종 문제와 고유한 역동성이 결합되면서 문제의 크기가 훨씬 증폭되어 나타나고 있다. 한마디로 한국 경제의 압축성장 과정을 통해 내재화된 한국형 경쟁의 폐해가 동일하게 주어진 충격에도 더욱 깊고 넓게 그 영향을 미치고 있다는 것이다.

한국 청년층의 높은 교육 수준과 어린 시절의 상대적인 풍요가 현실적인 미래와 자신이 바라는 미래 사이의 괴리감을 더욱 크게 만들었다는 점도 중요하다. 개인주의 문화의 확산으로 공동체의 가치보다 자신의 삶이 훨씬 중요해진 세대에게 미래에 대한 더욱 심각하고 우울한 전망은 어떤 결과를 낳을까? 상대적으로 안전하다고 판단되는 영역을 찾아 자신을 보호하려 하거나, 불확실성을 더욱 증폭시키는 행위를 덜 하도록 만들 것이다. 의대 열풍과 청년층의 수도권 유입은 전자의 대응을, 결혼과 출산 기피는 후자의 대응을 대변한다고 볼 수 있다. 이 점에서 청년층의 수도권 유입 정도가 출산율 저하에 역의 상관관계를 보인다는 통계적 결과는 같은 문제에 대한 두 방향의 다른 대응방식을 함축적으로 보여 준 것에 불과하다. 중요한 것은 이러한 변화가 2015년 이후에 뚜렷하게 지속적으로 발견된다는 점이다. 이 점에서 이미 언급한 사회적 압력과 전염 가설 및 성 갈등 가설은 나름의 의미가 있다고 본다.

2015년 이후 인스타그램의 급격한 확산은 매우 상징적이다. 악의적으로 해석한다면, 남의 나보다 훨씬 나은 삶의 모습을 통해 나의 미래에 대한 불안을 대리만족으로 해소시키려 하지만, 이는 미래에 대한 절망감을 더욱 증폭시키는 악순환을 낳는다는 것이다. 즉, 풍요롭게 보이는 일상으로 도배되는 이미지들은 미래 불안에 대한 청년층의 경쟁적인, 그리고 필사적인 대응을 웅변한다. 인스타그램은 온라인으로 매우 촘촘하게 연결된 사회에서 대부분이 대학을 졸업한 청년층들이 기대감과 현실 사이의 괴리를 실시간으로 체험하는 현장이다. 여기에 더해 2015년 이후 청년층의 성 갈등이 격화되는 현상은 미래의 불안으로 결혼과 출산을 기피하려는 불꽃에 기름을 부은 꼴이 되었다.

이러한 진단이 맞다면 한국형 저출산 문제에 대한 장단기적 대응전략을 달리해야 한다고 본다. 장기적으로 경제이론에 입각하여 문제를 풀어나가는 것이 필요하지만 단기적인 대응전략도 필요하다. 이제까지 경제적 필요성에 부응하는 수많은 지원책을 썼지만 저출산 추세가 전혀 수그러들지 않고 있다는 사실이 이를 방증한다. 단기적으로는 청년층이 반응하는 문화적 기제를 적극 활용하여 과잉반응(overshooting) 현상을 완화할 필요가 있다. 저출산 대책의 핵심은 청년층의 의사결정에 영향을 미치는 것이다. 청년층이 무엇에 반응하는가를 이해하지 못하는 어떠한 정책도 실패할 수밖에 없다.

참고문헌

저출산고령사회위원회, 「'일하며 아이키우기 행복한 나라'를 위한 핵심과제 추진 방안」, 2018.

정민수 외, 「지역 간 인구이동과 지역경제」, 『BOK 이슈노트』, 제29호, 2023 BOK 지역경제 심포지엄, 한국은행, 2023.

정용찬·김윤화·오윤석, 「한국 미디어 패널조사 주요결과」, KISDI STAT Report, 2023.

Aaronson, Daniel *et al.*, "The Effect of Fertility on Mothers' Labor Supply over the Last Two Centuries," *The Economic Journal*, 131(633), 2021, pp. 1~32.

Adda, Jerome, Christian Dustmann, and Katrien Stevens, "The Career Costs of Children," *Journal of Political Economy*, No. 2, pp. 293~337.

Adsera, Alıcia, "Changing Fertility Rates in Developed Countries. The Impact of Labor Market Institutions," *Journal of Population Economics*, 17, 2004, pp. 17~43.

Ahn, Namkee and Pedro Mira, "A Note on the Changing Relationship between Fertility and Female Employment Rates in Developed Countries," *Journal of Population Economics*, 15(4), 2002, pp. 667~682.

Anderson, Thomas M. and Hans-Peter Kohler, "Education Fever and the East Asian Fertility Puzzle: A Case Study of Low Fertility in South Korea," *Asian Population Studies*, 9(2), 2013, pp. 196~215.

Angrist, Joshua D., Victor Lavy, and Analia Schlosser, "Multiple Experiments for the Causal Link Between the Quantity and Quality of Children," *Journal of Labor Economics*, 28(4), 2010, pp. 773~824.

Bar, Michael, Moshe Hazan, Oksana Leukhina, David Weiss, and Hosny Zoabi, "Why Did Rich Families Increase Their Fertility? Inequality and Marketization of Child Care," *Journal of Economic Growth*, 23(4), 2018, pp. 427~463.

Barro, Robert J. and Gary S. Becker, "Fertility Choice in a Model of Economic

Growth," *Econometrica*, 57(2), 1989, pp. 481~501.

Baudin, Thomas, David de la Croix, and Paula E. Gobbi, "Fertility and Childlessness in the United States," *American Economic Review*, 105(6), 2015, pp. 1852~1882.

Becker, Gary S., "An Economic Analysis of Fertility," in *Demographic and Economic Change in Developed Countries*, Princeton University Press, 1960.

_______, *A Treatise on the Family*, Cambridge: Harvard University Press, 1981.

Becker, Gary S. and H. Gregg Lewis, "On the Interaction between the Quantity and Quality of Children," *Journal of Political Economy*, 81(2), 1973, S279~288.

Becker, Gary S. and Robert J. Barro, "A Reformulation of the Theory of Fertility," *Quarterly Journal of Economics*, 103(1), 1988, pp. 1~25.

Beckman, Linda J., "Husbands' and Wives' Relative Influence on Fertility Decisions and Outcomes," *Population and Environment*, 7(3), 1984, pp. 182~197.

Black, Dan A., Natalia Kolesnikova, Seth G. Sanders, and Lowell J. Taylor, "Are Children 'Normal'?" *The Review of Economics and Statistics*, 95, 2013, pp. 21~33.

Butz, William P. and Michael P. Ward, "The Emergence of Countercyclical U.S. Fertility," *The American Economic Review*, 69(3), 1979, pp. 318~328.

Caucutt, Elizabeth, N. Guner, and J. Knowles, "Why do Women Wait? Matching, Wage Inequality, and the Incentives for Fertility Delay," *Review of Economic Dynamics*, 5(4), 2002, pp. 815~855.

Coskun, Sena and Husnu Dalgic, "The Emergence of Procyclical Fertility: The Role of Gender Differences in Employment Risk," CRC Discussion Paper No. 142, 2020.

Currie, Janet and Hannes Schwandt, "Short-and Long-term Effects of Unemployment on Fertility," *Proceedings of the National Academy of Sciences*, 111(41), 2014, pp. 14734~14739.

Del Bono, Emilia, Andrea Weber, and Rudolf Winter-Ebmer, "Fertility and Economic Instability: The Role of Unemployment and Job Displacement," *Journal of Population Economics*, 28(2), 2015, pp. 463~478.

Doepke, Matthias, "Accounting for Fertility Decline During the Transition to Growth,"

Journal of Economic Growth, 9(3), 2004, pp. 347~383.

Doepke, Matthias and Fabian Kindermann, "Intrahousehold Decision Making and Fertility," M. Cervelatti and U. Sunde, eds., *Demographic Change and Long-Run Development*, MIT Press, 2017, pp. 159~182.

______, "Bargaining over Babies: Theory, Evidence, and Policy Implications," *American Economic Review*, 109(9), 2019, pp. 3264~3306.

Doepke, Matthias and Michele Tertilt, "Does Female Empowerment Promote Economic Development?" *Journal of Economic Growth*, 24(4), 2019, pp. 309~343.

Doepke, Matthias and Fabrizio Zilibotti, *Love, Money, and Parenting: How Economics Explains the Way We Raise Our Kids*, Princeton and Oxford: Princeton University Press, 2019.

Doepke, M., A. Hannusch, F. Kindermann, and M. Tertilt, "The Economics of Fertility: A New Era," NBER Working Paper 29948, 2022.

Eun, K. S. and Y. S. Lee, "A Cross-national Comparative Study of Family Value in Korea," *Korea Journal of Population Studies*, 28(1), 2005, pp. 107~132.

Financial Times, "A New Global Gender Divide is Emerging," Jan. 26th, 2024.

Galor, Oded and David N. Weil, "The Gender Gap, Fertility, and Growth," *American Economic Review*, 86(3), 1996, pp. 374~387.

______, "Population, Technology, and Growth: From Malthusian Stagnation to the Demographic Transition and Beyond," *The American Economic Review*, 90(4), 2000, pp. 806~828.

Gobbi, Paula E., "A Model of Voluntary Childlessness," *Journal of Population Economics*, 26(3), 2013, pp. 963~982.

Hazan, Moshe and Hosny Zoabi, "Do Highly Educated Women Choose Smaller Families?" *Economic Journal*, 125(587), 2015, pp. 1191~1226.

Kim, H. S., "Female Labour Force Participation and Fertility in South Korea," *Asian Population Studies*, 10(3), 2014, pp. 252~273.

Kim, Seongeun, Michele Tertilt, and Minchul Yum, "Status Externalities and Low Birth Rates in Korea," CEPR Discussion Paper 16271, 2021.

Lucas, Robert E., "On the Mechanics of Economic Development," *Journal of Monetary*

Economics, 22(1), 1988, pp. 3~42.

Manser, Marilyn and Murray Brown, "Marriage and Household Decision-Making: A Bargaining Analysis," *International Economic Review*, 21(1), 1980, pp. 31~44.

chapter 05

사회연대경제

1. 사회적경제의 뿌리와 현대의 사회연대경제
2. 사회연대경제의 주요 사례
3. 사회연대경제를 뒷받침해 온 경제학과 사회과학 이론의 발전

이 장에서는 자본주의적 시장경제에 대한 대안적 실천으로서의 사회연대경제(social and solidarity economy) 혹은 사회적경제(social economy)[1]와 주류경제학에 대한 비판적 사상과 이론으로서의 사회연대경제론을 간략히 소개한다. 사회연대경제는 19세기 초 자본주의 등장에 따른 폐해를 노동자, 농민, 소상공인, 빈민들의 협력과 연대를 통하여 해결하고자 하였던 결사, 협동조합, 그리고 공제조합에 직접적 뿌리를 두고 있다. 이러한 사회연대경제는 케인지언 복지 국가의 등장과 시장에 대한 제도적 규율하에 발전해 온 자본주의 황금기에는 역사의 뒤안길로 사라지는 듯하였다. 그러나 1970년대 중반 이후 선진국 자본주의 시장경제의 침체, 복지 국가 모델의 위기와 신자유주의의 등장에 따른 시장의 과잉화, 세계화 및 기술혁명 등에 따른 양극화의 심화, 그리고 기후위기의 가속화 등 선진국 대부분이 처한 다중위기에 적극적으로 대응해 온 사회연대경제가 다시 주목을 받고 있다. 최근 사회연대경제는 이전에 비하여 실천적으로 혁신

1 이 두 용어는 통상 서로 큰 차이를 두지 않고 유사한 의미로 사용되고 있다. 다만 프랑스에서는 19세기부터 발전해 온 협동조합, 공제조합, 결사를 묶어 구(舊) 사회적경제로 부르는 반면에 1970년대 후반부터 등장한 노동통합형 사회적기업(주로 회사법인), 지역관리 기업, 공정무역조직, 마이크로파이낸스 등을 묶어 연대경제로 칭하여 이를 포괄하는 의미에서 사회연대경제로 부르고 있다(김신양, 2021; Defourny and Nyssens, 2017). 사회연대경제는 사회적경제 용어에 비하여 최근에 사용되고 있다고 할 수 있다. EU에서는 사회적경제 용어를 사용하고 있는 반면에 UN, ILO, OECD에서는 사회연대경제 용어를 사용하고 있다. 이 장에서는 구 사회적경제와 신(新) 사회적경제, 즉 연대경제를 명시적으로 포괄하는 의미와 연대성을 보다 강조하는 의미에서 사회연대경제 용어를 선호하여 사용하지만 사회적경제 용어도 유사한 의미로 사용할 것이다.

적 모습을 나타내고 있고, 이론적으로도 발전하고 있다.

케인지언 복지 국가 모델을 충분히 경험하지도, 시장에 대한 제도적 규율을 성숙시키지도 않은 채로 저성장과 양극화, 기후위기 등 다중위기에 놓인 한국 사회에서 사회연대경제는 시장 실패와 정부 실패를 줄이면서 다중위기에 대응할 수 있는 경제의 중요한 조직화 방안이자 사회경제 정책방안으로 설정될 수 있을 것으로 기대된다. 이 장에서는 사회연대경제가 우리 사회에서 왜 중요한 대안이 될 수 있는지를 이론과 실천 두 측면에서 서술한다. 특히, 제2절에서 우리나라에서 시사점을 제공해 줄 수 있는 대표적인 활동 영역을 중심으로 실천 사례를 소개하고, 제3절에서 사회연대경제의 발전을 뒷받침할 수 있는 경제학과 사회과학 이론을 간략히 서술한다.

1. 사회적경제의 뿌리와 현대의 사회연대경제

1) 사회적경제의 뿌리

19세기 초중반의 사회적경제는 유럽에서 자본주의 설립 및 자유방임 국가의 시기에 발생한 실업, 빈곤, 질병 등에 대응하기 위한 노동자와 상인들의 공제조합(mutual), 독과점의 횡포에 대응하기 위한 소비자들의 공동구매협동조합이나 농민들의 공동판매 및 공동

구매협동조합, 고리대금업자의 수탈로부터 자신들을 방어하기 위한 농민, 노동자, 상인들의 신용협동조합의 형태로 등장하였다. 특히, 프랑스에서는 푸리에(C. Fourier)와 블랑(L. Blanc) 등의 사상에 영향을 받아서 일하는 사람들의 결사(association), 혹은 노동자협동조합(workers' cooperative)이 등장하였다.

이러한 다양한 협동조합들과 공제조합, 그리고 결사는 경제적으로 어려운 사람들이 공개적이고 민주적인 운영 원리에 따라 외부에 의존하지 않고 자조와 협력의 힘으로 자신들이 필요한 재화나 서비스를 생산하거나 공급한다는 점에서 상호성 조직이라고 볼 수 있다. 이러한 상호성 조직들은 여러 지역과 여러 나라로 확산되었고, 개별 조직의 경제 활동 규모도 증가하였다. 이윤 추구형 기업이 지배하는 자본주의가 발전하는 가운데에도 이러한 상호성 조직들은 지속해서 성장하여 유럽 시장 내에서 상당한 시장 점유율을 차지할 정도가 되었다.[2]

자본주의의 성장과 더불어 대부분의 기업이 이윤을 목적으로 운영되고 있던 19세기 중후반에, 이러한 상호성 조직들의 출현과 성장은 이윤을 목적으로 하지 않고 조합원과 지역사회의 편익 증진을 목적으로 하는 사람 중심의 경제조직이 실제로 가능하다는 점을 증명하였다. 또한 이러한 상호성 조직들의 출현과 성장은 시장이 제도적

2 장종익(2014).

으로 규율되지 않고 정치적 민주주의가 확립되어 있지 않으며, 국가가 국민을 보호하지 않는 상황에서는 시민들은 자조와 협력의 원리에 입각하여 자본주의적 시장의 폐해로부터 자신들을 방어하고 보호하려는 노력을 기울여 왔다는 점을 보여 준다.

사회적경제 내에는 이러한 상호성 조직들과 더불어 자선(박애) 조직도 포함한다. 가톨릭, 기독교, 불교 등 다양한 종교조직과 기업의 리더 등이 지역의 빈곤과 불평등, 의료 및 교육 소외계층 문제에 대응하기 위하여 설립한 재단법인(foundation)과 영국에서의 자선법인(charity), 그리고 시민들의 자원봉사 활동 및 그 조직이 여기에 해당한다. 20세기 초반 이후 이러한 자선법인과 재단법인, 그리고 자원봉사 활동이 의료, 복지, 교육사업 분야에서 크게 두각을 나타냈다.[3] 프랑스나 스칸디나비아 국가들에서는 공익적 활동의 운영을 국가에 맡김으로써 기독교적 자선이나 다른 형태의 박애주의적 활동이 지닌 온정주의를 극복하고자 하였다. 그러나 자선의 전통과 이에 입각한 재단법인과 자선법인이 지속적으로 증가하고 있고, 자원봉사 조직을 포함한 공익 목적의 결사도 증가하고 있다.[4]

이러한 사회적경제는 제2차 세계대전 이후 이른바 케인스주의 복지 국가 체제하에서 자본주의 시장경제가 황금기를 구가하는 동안에 경제성장과 사회복지의 조화를 이루어 내는 발전 과정에서 핵

3 Evers and Laville(2004).
4 Defourny(2017).

심적인 주체로부터 제외되었다. 즉, 시장 실패에 대처하는 거시경제 정책, 소득 재분배 정책, 그리고 국가복지 서비스 정책을 핵심으로 하는 케인스주의 복지 국가 체제하에서는 정부, 고용주단체, 그리고 노동조합이 케인스주의 복지 국가 체제의 핵심적인 주체였다. 일부 공제조합, 자선법인, 재단법인 등은 국가의 공적 의료보험 시스템이나 복지 시스템에 흡수되거나 하위 파트너로 편입되기도 하였고, 농협과 신협은 경쟁에서 살아남기 위하여 주식회사와 동형화되는 경향을 보이기도 하였다. 전체적으로 이 시기에 구 사회적경제 조직들은 자신들이 공통의 정체성을 지닌 하나의 섹터로 인식하지도 않았다고 평가된다.[5]

우리나라에서 사회적경제의 뿌리는 일제하 민간협동조합운동에서 찾을 수 있다. 1919년 3.1 만세운동 이후 일본 도쿄 유학생 중심의 협동조합운동사, 기독교(YMCA)의 농촌협동조합, 천도교의 조선농민사 등이 추진한 소비조합, 농민공생조합, 신용조합, 이용조합, 직공조합 등이 전국 여러 곳에서 설립되고 확산되었다. 그러나 이러한 협동조합들은 법적 기반이 부재한 자발적인 조직이었고, 식민지 통치의 일환으로 추진한 금융조합과 산업조합 정책과 배치된다고 판단한 일제 총독부의 탄압과 경영 미숙 문제가 겹치면서 1930년대 중후반에 거의 문을 닫게 되었다.[6] 그리하여 일제 강점기에 우

5 Evers and Laville(2004).
6 김성보 외(2019).

리나라에서는 조선총독부가 관할하는 관제조합 형태의 협동조합이 제도적·물적으로 성장하게 되었다. 이러한 점에서 우리나라는 유럽과는 달리 상호성 조직의 성공 경험이 많지 않고 정부 통제형 하향식 제도 경로가 형성되어 왔다는 점이 특징이다. 그리고 일제하에서 자선 및 봉사 영역에서도 일부 가톨릭과 기독교 교회조직이 제한적으로 등장하여 운영되었다.

해방 이후에도 개발독재 정부는 농협, 수협, 중소기업협동조합 등 매우 제한적 영역에서 정부 통제적인 협동조합 법제를 유지하면서 시민들의 협동조합 설립의 자유를 사실상 박탈하는 등 제도적 다원성(institutional diversity)을 거부하고, 정부통제형 협동조합의 경로를 밟아 왔다.[7] 또한 개발독재 정부는 복지영역에서 가족의 역할을 강조하면서 상호성 조직과 자선조직의 출현을 억제시켰다.[8] 그러나 우리나라에서도 일제하 민간의 자발적인 협동조합운동의 맥을 이어받은 신용협동조합운동이 가톨릭 및 지역 운동가들의 주도로 시작되어 1973년에 법적 뒷받침을 받을 정도로 성장하였으며, 고리채 해결에 크게 기여하고 소상공인이나 농민 조합원 간 협력과 연대의 문화도 형성하였다.[9] 이러한 민간 주도의 신협의 성공 경험은 시민사회 영역에서 상호성 운동의 소중한 자산으로 자리 잡게 된다.

7 Coston(1998), 장종익(2012).
8 Jang(2017a).
9 장종익(2012).

2) 현대의 사회연대경제

사회적경제에 관한 관심이 증가하게 된 것은 1970년대 중반에 오일쇼크와 스태그플레이션으로 대표되는 자본주의적 시장의 실패, 그리고 국가복지 서비스의 비효율성과 재정의 한계로 대표되는 정부 실패가 동시에 나타나고, 여기에 대한 대응으로 1980년대에 등장한 신자유주의의 폐해가 겹치면서 사회 문제가 증폭되었기 때문이다. 1980년대 후반에 유럽에서 새롭게 등장한 사회적경제는 구(舊) 사회적경제와는 달리 복잡한 사회 문제 해결을 위한 혁신적인 것으로 평가되었다. 1980년대 이후 지속된 장기 실업의 문제와 사회적 배제층의 증가, 세계화 등으로 쇠락한 도시들의 증가, 여성의 경제 진출 확대와 노령화에 따른 다양한 돌봄 서비스의 늘어난 필요를 충족하지 못하는 정부 복지제도의 한계, 기후위기에 대응하기 위한 에너지 전환의 과제 등은 자본주의적 기업이나 공공 부문이 단독으로는 효과적으로 해결하기 어려운 문제들이다.

이에 대하여 이탈리아에서는 1970년대 말부터 민간에서 자발적으로 다양한 사회 서비스를 서로 돌봄 및 자원봉사 방식으로 제공하고, 사회적 배제층의 자활과 일자리 제공을 위한 사회적협동조합이라고 하는 혁신적 협동조합이 출현하여 급속히 확산되었다. 그리고 영국, 미국, 캐나다, 프랑스, 스페인 등에서는 사회적 배제층의 자활과 일자리 제공, 도시의 재생, 공정무역, 개도국 빈곤 문제 해결을 목표로 하는 사회적기업이 다양한 갈래로 생겨나서 확산되었다. 또한 프랑스에서는 유기농, 재생에너지, 공정무역, 지역공동체 증진 등 공익 실현을 직접적인 목적으로 설정하고 지방자치단체와 협력하는 공익협동조합(collective-interest cooperative)이 등장하여 확산되었다. 캐나다 퀘벡에서는 쇠락한 도시의 재생과 인구과소 지역의 활성화, 이민자의 포용 등의 목표를 지닌 연대협동조합(solidarity cooperative)이 새롭게 등장하여 발전하였다. 그리고 사회적·환경적 가치 창출에 기여하는 금융협동조합이나 윤리은행이 유럽 및 북미에서 출현하였는데, 2001년에는 유럽 윤리적·대안적 은행 및 금융 기관 연합회(European Federation of Ethical and Alternative Banks and Financiers), 2009년에는 글로벌가치은행연합(Global Alliance for Banking on Values)이 출범할 정도로 이른바 사회적 금융 기관이 크게 확산되고 있다.

이러한 새로운 흐름을 신(新) 사회적경제 혹은 연대경제라고 부를 수 있는데, 이러한 흐름이 1990년대에 들어오면서 다양해지고 강해지면서 사회적경제에 대한 기대와 관심이 늘어나게 되었다. 이렇게 신 사회적경제의 등장으로 인하여 구 사회적경제 조직들도 자신들의 정체성을 재정립하고 서로 협력할 수 있는 기반을 마련하고자 하였다. 이러한 일환으로 1989년에 유럽연합은 사회적경제에 관한 제1차 유럽 컨퍼런스 개최를 후원함과 동시에 유럽위원회 내에 사회적경제 담당 부서를 처음으로 설치하였으며,[10] 2009년에 유럽의

회는 사회적경제 결의안을 채택하였다. 또한 기존의 구 사회적경제 조직 중심으로 운영되어 온 '유럽 협동조합, 공제조합, 결사 및 재단 연락협의회'(the European Standing Conference of Cooperatives, Mutuals, Associations and foundations) 조직이 2008년에 상법상 사회적기업 및 사회적협동조합, 공익협동조합을 포함하여 '사회적경제 유럽'(Social Economy Europe)이라는 이름으로 재편되었다.

유럽연합의 의뢰로 이루어진 한 연구에 의하면, 2015년 기준으로 유럽연합 가입 28개 국가의 사회적경제에는 280만 개의 사회적경제 기업이 유럽 경제활동인구의 6.3%에 해당하는 1,360만 명의 유급 일자리를 제공하고 있고, 8,280만 명의 자원봉사자들[11]이 참여하고 있는 것으로 조사되었다.[12] 이탈리아, 프랑스, 네덜란드, 벨기에, 룩셈부르크에서 사회적경제는 경제활동인구의 9~10%를 차지하고 있는 반면에, 슬로베니아, 크로아티아 등 동부 유럽의 국가에서 사회적경제는 경제활동인구의 2% 이하를 나타내고 있다.

그리고 이러한 신 사회적경제의 등장과 확산을 기반으로 하여 사회연대경제의 제도적 인정과 발전을 위한 정책적 지원 근거 마련을 위하여 2000년대 말부터 「사회연대경제법」을 제정하는 국가들이 나타났다. 벨기에 왈룬지방이 2008년에 사회적경제 법령을 제

10 Chaves and Monzón(2007).
11 이는 550만 명의 FTE(full time equivalent, 전일제 고용)에 해당하는 것으로 추정된다.
12 Monzón and Chaves(2017).

정하였고, 스페인과 그리스는 2011년, 캐나다 퀘벡주와 포르투갈이 2013년, 프랑스가 2014년에 각각 「사회적경제기본법」 혹은 「사회연대경제법」을 제정하였다. 남미에서는 에콰도르가 2011년에 「민중연대경제 및 금융정부조직법」을, 멕시코가 2012년에 「사회연대경제기본법」을 제정하였다.[13]

한국에서의 신 사회적경제는 구 사회적경제의 흐름과 유사하게 시민사회 영역에서 자발적으로 추진해 온 흐름과 정부의 정책적 추진에 의하여 하향적으로 추진해 온 흐름이 혼합되어 있다. 전자의 중심을 차지해 온 운동은 1980년대 후반부터 시민들이 안전한 먹거리의 생산과 소비를 조직화하여 농민 및 가공생산자와 소비자 간의 거래를 조직화한 한살림, 아이쿱생협, 두레생협 등 소비자생활협동조합, 지역주민과 의료인이 공동으로 신뢰를 기반으로 한 의료 서비스의 거래를 조직화하고 예방의료를 목적으로 하는 의료생협, 그리고 부모가 육아 서비스 생산에 참여하는 공동생산 방식을 통하여 육아 서비스를 제공하는 공동육아생협이다. 소비자생협의 조합원 수는 2020년에 100만 명이 넘어설 정도로 확대되었고, 의료생협에서 「협동조합기본법」에 따른 의료복지 사회적협동조합으로 전환하거나 신규 설립된 의료복지 사회적협동조합의 수가 2023년 말에 28개로 전국적으로 확산되고 있다.

13 노대명 외(2017).

그리고 독재정권의 종식과 민주화로 인하여 「비영리민간단체지원법」(2000년)이 제정되면서 우리나라에서도 공익 수행을 정부만 독점하지 않고 시민사회 영역에서도 수행하는 것을 법적으로 인정하는 제도적 다원성이 도입되었다. 이러한 제도적 변화에 기초하여 우리나라에서도 재단법인과 사단법인 및 비영리민간단체 등의 결사가 1990년대 이후에 크게 증가하였다.[14] 또한 1997년 IMF 외환위기로 장기 실업에 처한 사람들의 자활을 위한 자활생산공동체 및 자활기업이 꾸준히 증가하였고, 시민운동에 기반한 아름다운가게, 아름다운커피, 사회연대은행, 다솜이재단 등 사회적·환경적 가치를 목적으로 하는 사회적기업이 등장하였다. 정부는 이러한 시민사회에서의 자발적 노력에 기초하여 취약계층의 일자리 창출을 목적으로 2007년에 「사회적기업육성법」을 제정하여 오늘날까지 4,000개에 이르는 사회적기업을 인증하였다.

그리고 2011년 12월에 제정된 「협동조합기본법」으로 인하여 보통 사람들이 이윤을 목적으로 하는 상법상 회사법인 이외에 조합원의 편익이나 커뮤니티의 편익을 목적으로 하는 비즈니스를 수행할 수 있는 자유를 가질 수 있게 되었다. 소상공인, 프리랜서, 노동자, 지역주민, 시민 등이 시장거래 방식으로는 해결하기 어려운 자신들의 애로 요인을 해결하거나 사회적·환경적 목적을 실현하기 위하

14 Jang(2017a).

여 2024년 6월 말 기준으로 26,500여 개의 협동조합과 사회적협동조합을 다양한 분야에서 설립하였다. 일터에서는 소상공인이나 프리랜서들이 서로 협력하여 소득의 안정을 도모하고 지식을 공유하는 방식으로 공동의 비즈니스를 만들어 나가고, 노동자들은 동료 노동자와 함께 공동 소유를 기반으로 경영에 민주적으로 참여하는 노동자협동조합를 체험하기 시작하였다. 그리고 삶터에서는 발달장애인들을 위한 돌봄 서비스를 부모와 돌봄전문가들이 협력하여 제공하는 사회적협동조합, 다양한 공유공간 마련을 통하여 주거공동체를 실현하는 주택협동조합, 시민들이 참여하여 에너지 전환을 실현하는 햇빛발전협동조합, 그리고 마을에서 아이도 같이 키우고, 서로 재능도 나누며, 마을도서관카페도 운영하는 지역공동체증진협동조합 등 매우 다양한 분야에서 협동조합과 사회적협동조합이 출현하고 있다.

이처럼 우리나라에서는 민주화에 따른 제도적 환경의 변화에 힘입어 불과 20~30년 전부터 전통적인 상호성 조직과 자선조직이 크게 성장하였고, 사회적·환경적 목적성이 강한 신 사회적경제도 동시에 출현하여 확산되고 있다는 점이 유럽과 다른 특징이라고 할 수 있다.[15]

15 보다 자세한 내용은 장종익(2024)을 참조할 것.

2. 사회연대경제의 주요 사례

1) 공동생산과 관계형 돌봄을 통한 1차 의료 및 돌봄 서비스 제공

서유럽에서 제2차 세계대전 후에 등장한 케인스주의 복지 국가에 기초한 복지 모델은 영국과 미국, 남부 유럽, 독일, 북유럽 등에 따라 서로 다른 유형으로 발전하였지만, 기본적으로 자본주의 시장의 완전고용을 목표로 하여 이에 필요한 육아 및 교육 지원, 일시적 실업에 따른 수당과 직업훈련 제공, 산재와 같은 사회보험 및 연금제도 구축, 그리고 질병 및 사고에 대응하는 의료지원 시스템 구축을 핵심으로 한다. 영국에서 이러한 현대 복지 국가 시스템의 기초를 정립한 1942년의 『베버리지 보고서』(*Beveridge Report*)는 빈곤의 퇴치와 보편적인 복지 국가를 지향하였다는 점에서 혁신적이었다.

그러나 『베버리지 보고서』에 기초한 20세기 복지 국가 모델은 1980년대 이후의 커다란 변화에 조응하기에는 근본적인 한계를 지니고 있다. 고령화와 고용의 세계적 위기, 빈곤과 불평등, 가족의 해체, 당뇨, 각종 암, 비만, 정신질환 등 증가하는 만성질환자 등의 문제에 직면하고 있는 21세기에는 평생직장 구조에서 생길 수 있는 일시적 중단을 관리하기 위한 체계를 고안한 20세기 복지 국가 모델은 그 효과성이 낮아질 수밖에 없다.[16]

그러므로 『베버리지 보고서』가 간과한 시민과 지역사회의 힘을 되살리고, 차가운 위계조직과 중립적 계약관계보다 지역사회 공동체와 사회적 관계를 토대로 한 관계형 복지로의 근본적인 전환이 필요하다는 주장이 늘어나고 있다.[17] 이러한 전환적 관점에 입각하여 이탈리아에서 1970년대 말에 혁신적인 협동조합 모형이 등장하였다. 정부와 지자체의 재정 부족과 복지 서비스 분야 및 전달체계의 제약성 등 복지 국가 모델의 한계에 대응하기 위하여 사회적 필요를 적극적인 시민들이 스스로 해결하기 위한 노력의 결과였다.

이탈리아는 우리나라와 유사하게 오랫동안 가족 구성원이 사회서비스의 대부분을 제공하도록 요구받았는데, 이는 여성의 노동시장으로의 진입을 가로막는 요인이었다. 유럽의 여러 나라와 마찬가지로 이탈리아에서 1960년대와 1970년대 초반에 근로조건 향상을 위한 노동운동과 복지 서비스의 확충을 위한 시민운동이 지속되었다. 특히, 후자는 핵가족화와 여성의 경제 활동 진출이 진척되면서 전통적인 가족의 역할이 변화하자 더욱 확산되었다. 그리고 1970년대 말에 정부가 정신적 장애인의 인권 측면에서 정신병원의 폐쇄를 결정하고 정신적 장애인은 마을에서 돌보아야 하는 상황이 사회 서비스의 적절한 공급체제 구축에 대한 요구를 더욱 높였다. 이탈리아 정부는 주로 현금 보조금 지급방식의 복지 정책 수단을 채택하였는

16 Cottam(2018).
17 Cottam(2018), Von Heimburg and Ness(2021), 정무권(2023).

데, 사회 서비스와 개인 서비스의 공급이 매우 제한되고 시설 중심으로 형편없이 운영되었기 때문에 이에 대한 시민들의 불만이 높은 편이었다. 그런데 정치투쟁을 추진해 오던 일부 지역의 리더들이 정부에 의하여 충족되지 않은 사회적 필요를 해결하기 위한 사회적 프로젝트의 조직화로 방향을 선회하면서 시민 참여와 사회적 배제와의 투쟁이라고 하는 철학을 정립하기 시작하였다.[18]

이에 그동안 정부의 복지 정책의 대상에서 제외된 계층을 사회적으로 통합하는 새로운 방법으로 자원봉사자 그룹을 확인하였다. 일부 리더들은 약물중독자를 위한 재활 커뮤니티, 노숙자를 위한 쉼터, 노인을 위한 방문요양 서비스 등 혁신적인 활동을 위한 새로운 조직을 출범시켰다. 이러한 조직은 처음에는 주로 어소시에이션(association) 형태를 취하였는데, 1980년대 초부터 사회적협동조합이라는 새로운 명칭의 협동조합 채택으로 변하기 시작하였다. 이 시기에는 이미 600개의 사회적협동조합이 설립되어 있었다. 이 사회적협동조합들은 대부분 공공 정책에 의하여 그 필요가 충족되지 않는 장애인, 노숙인, 약물중독자, 사회 부적응 청소년 등에게 사회 서비스를 제공하는 역할을 수행하였다. 또한 이 협동조합들은 취약계층을 위한 일자리를 마련하는 역할을 수행하였다.

1991년에 도입된 사회적협동조합법의 제정, 즉 제도혁신으로

18 Borzaga and Galera(2016).

이탈리아에서의 사회적협동조합 설립 및 성장이 비약적으로 이루어졌다. 이탈리아 사회적협동조합은 법안이 시행되기 시작한 1992년에 2,751개였는데, 2011년에 12,264개로 증가하였고, 유급종사자 수는 36만여 명, 이용자 수는 600여만 명으로 증가하였다. 2003년 기준으로 조사된 통계를 바탕으로 사회적협동조합의 활동 영역을 살펴보면, 사회 서비스 제공 사회적협동조합(A유형)은 사회적 돌봄 영역, 문화 및 스포츠/레크리에이션, 보건, 교육 및 연구 등 다양한 분야에 종사하고 있다. 이탈리아의 B유형 사회적협동조합의 대상이 되는 사람들은 법으로 엄격하게 규정되어 있다. 이들은 정신장애, 신체장애자, 마약중독자, 알코올중독자, 보호관찰 중인 출소자 등으로서 특정한 장애로 인해 노동시장 통합에 어려움을 겪고 있는 자들이다.[19]

이탈리아의 이러한 사례는 제3섹터 혹은 시민사회 조직을 단순히 이상적이고 권익옹호 중심의 활동에서 생산적인 활동으로 바꿀 수 있다는 점을 보여 준다. 그리고 이러한 선구적인 사회적협동조합 추진자들과 이들 운동의 지원을 받은 자원봉사단체가 1970년대부터 1990년대까지 이탈리아 복지환경을 변화시키는 데 중요한 역할을 하였음을 확인시켜 준다.[20] 즉, 국가의 돌봄 서비스 제공을 경제성장을 위한 도구적 관점이 아니라 서비스 수혜자, 즉 시민의 좋은 삶의

19 Borzaga *et al.*(2010).
20 Borzaga and Galera(2016).

성장과 자신의 삶의 주인공으로서 역량을 함양하는 데 기여하는 목표를 설정하고, 이를 실현하기 위하여 다양한 관계와 자원을 연결시켜 주는 조직적 주체로서의 역할을 사회적경제가 담당할 수 있고, 이러한 장점을 통하여 21세기 복지 국가에서의 관계형 복지의 중요한 파트너로서의 역할을 수행할 수 있다는 점을 보여 준 사례이다.

사회적경제를 통하여 관계형 돌봄사회를 구축하는 사례는 우리나라에서도 다양하게 나타나고 있다. 이러한 사례는 크게 네 가지 유형으로 나누어진다. 첫 번째 유형은 서비스 수혜자들이 중심이 되어 서로 협력하고 서비스 종사자와 협력하여 서비스 제공 기업을 운영하는 경우이다. 의료복지사회적협동조합, 공동육아사회적협동조합, 발달장애인 사회적협동조합 등이 여기에 해당한다. 두 번째 유형은 서비스 종사자들이 협력하여 서비스 제공 기업을 운영하는 경우이다. 요양보호사, 간병인, 사회복지사 등이 중심이 되어 운영되고 있는 사회적협동조합도우누리, 가사서비스 제공자들이 중심이 되어 설립된 사회적기업 돌봄세상 등이 여기에 해당한다. 세 번째 유형은 비영리재단법인이 중심이 된 사회적기업의 경우이다. 대표적으로 간병인의 일터 혁신을 통하여 서비스 수혜자의 만족도를 제고하기 위하여 설립된 사회적기업 다솜이재단이 여기에 해당한다. 마지막으로 마을이나 공동주택 등에서 서로 돌보고 함께 돌보는 비공식적 조직을 운영하는 경우이다. 위스테이별내사회적협동조합, 위스테이지축사회적협동조합, 은혜공동체주택협동조합, 대구안심 마을, 아산시 송악동네사람들이 여기에 해당한다.

2) 고용위기에 대응하는 사회연대경제 사례

최근에 선진국과 우리나라에서 고용계약이 아닌 노무제공계약 혹은 용역계약 방식으로 일을 하는 프리랜서와 플랫폼노동이 확산되고 있어 전통적인 고용 관련 복지혜택에서 제외되는 사각지대가 늘어나고 있다. 이미 미국에서는 프리랜서의 비중이 미국 전체 노동 가능 인구의 22~27%, 유럽은 18~28%를 차지하는 것으로 추정되고 있다.[21] 우리나라에서도 독립적 성격이 강한 프리랜서가 2017년에 55만 명,[22] 플랫폼 경제 종사자가 2018년에 47만~54만 명[23]으로 추정되고 있다. 이러한 프리랜서와 플랫폼 종사자의 증가 현상을 탈일자리화(de-jobbing)[24] 혹은 전통적 자본주의의 축소[25]라고 부르고 있으며, 이와 관련된 새로운 과제를 제기하고 있다. 즉, 프리랜서의 일은 일자리부터 해방되어 자유가 확장되었지만 프리랜서의 입장에서는 일감의 수주 및 소득의 불안정성 증대의 문제, 그리고 일의 포트폴리오를 관리할 수 있는 역량의 증진과제가 중요하게 부각되고 있다.[26]

21 Manyika(2016).
22 정홍준 외(2018).
23 김준영 외(2019).
24 Zamagni and Bruni(2003).
25 Bowles and Carlin(2021).
26 Jang(2017b).

그리고 플랫폼 기업의 종사자들도 전통적인 복지 정책이나 노동 정책만으로는 그 효과성에 한계가 노정되고 있고, 새로운 형태의 복합적인 노동복지 정책을 필요로 하고 있다.[27]

여기에 프랑스 사회연대경제 섹터 내에 노동자협동조합연합회가 중심이 되어 1990년대 후반부터 사업고용협동조합(coopératives d'activitéset d'emploi, CAE)을 창안하여, 창업 프로젝트 보유자가 홀로 창업하도록 내버려 두는 것이 아니라 개인적 발달 과정의 지원과 수단을 상호 부조하는 집단적 방식의 협동조합에 통합하였다. 사업고용협동조합의 독창성은 창업 프로젝트 보유자에게 직원기업가(entrepreneur-salarié)라는 다소 상호 모순된 지위를 제공함으로써 급여를 수령할 수 있고, 전통적으로 피고용인이 받는 사회보장 혜택을 누릴 수 있도록 함으로써 예비 창업자의 불안정한 지위를 보장해 준다는 점이다. 또한 기업가의 자율성을 존중하면서도 법적·행정적 지원과 네트워크의 확대 및 집단적 시너지를 추구하는 집단적인 방식을 통해 예비 창업자가 법적·재정적 위험성을 최소화하면서 시장에서 경제적 타당성을 타진하고, 자신의 작업에 집중할 수 있도록 한다. 사업고용협동조합이 1990년대 중반에 등장한 배경에는 프랑스의 경제 침체와 높은 실업률 및 고용 불안이 자리하고 있다. 아웃소싱, 프로젝트 계약노동의 증가 등 노동시장이 변화함에 따라 이러

27 이승윤 외(2020).

한 사회 분위기 속에서 대두된 사업고용협동조합은 자율(자신의 사업과 개발에 대한 책임성), 협동(고립이 아닌 협동과 상호 부조), 안정(직원의 지위 보장과 사회적 혜택) 등에 근거한 운영방식으로 다른 창업보육센터들과는 차별적이었다.

프랑스 노동자협동조합총연합(CGSCOP)의 '2016년 활동보고서'(2017)에 따르면, 123개의 CAE가 활동하고 있으며, 6,400명을 고용 중인 것으로 확인된다. 2014년 총누적매출이 1억 2,000만 유로를 넘었다. 사업자직원의 71%가 서비스 분야에 종사하고, 22%는 수공업(공인) 활동을 하고 있는 것으로 조사되었다. 사업고용협동조합을 찾는 사람의 71%는 구직자였고, 20%는 최저생계비의 수혜자였던 것으로 알려지고 있다. 이러한 사업고용협동조합은 사회연대경제가 자본주의 시장경제의 변화에 따라 노동자들이 직면하게 되는 위기에 대응하기 위하여 끊임없이 혁신을 시도하고 있음을 보여 주는 대표적인 사례이다.

3) 소상공인들의 협력과 연대를 통한 경제적이고 사회적인 목적의 실현

협동조합 조합원 간 협력과 연대를 원리로 하는 사회연대경제는 우리나라와 같이 기업 규모 간 임금격차가 크고 다수의 취업자가 자영업 및 소기업에 종사하는 경제구조하에서 발생하는 문제해

결에 일정 부분 기여할 수 있다. 한국 경제는 외환위기 이후 25년간 일자리, 부, 소득의 양극화가 심화되면서 대기업 종사자의 비중은 늘어나지 않고 있는 반면에, 중소기업 및 영세기업의 생산성 저위, 생계형 창업의 과잉, 높은 소득위험 등의 어려움에 직면해 왔다. 외환위기 직전인 1995년에 자영업 종사자 및 10인 미만의 종사자의 비중은 63.6%였지만, 20년 후인 2015년에는 58.1%로 크게 감소하지 않고 있다.[28]

그런데 다수가 영세 및 소기업에 종사하는 임금노동자의 평균임금 수준은 대기업에 비하여 매우 낮아 소득 불평등의 중요한 원인 중의 하나이다. 〈표 5-1〉에서 기업 규모 1~4인 기업에 종사하는 임금노동자의 평균 임금은 500인 이상 대기업 대비 32.6%, 5~9인 기업은 48.3% 수준에 불과하다. 미국, 일본, 프랑스에 비하여 격차가 매우 크다는 점을 알 수 있다. 이는 한국에서 500인 이상 대기업의 평균 임금 수준이 미국 대비 28.7%, 일본 대비 48.6% 높기 때문이고, 1~9인 기업의 평균 임금의 수준이 미국, 일본, 프랑스에 비하여 낮기 때문이다.

한국 경제의 가장 복잡한 문제라고 볼 수 있는 소상공인 및 소기업 종사자와 대기업 종사자 간의 임금 불평등 문제 해소를 위하여 그동안 정부 차원의 각종 정책이 이루어져 왔지만, 프랑스와 독일에서

28 저자가 경제활동인구 조사와 전국사업체 조사를 바탕으로 추계한 것이다.

| 표 5-1 | 기업 규모별 평균 임금 국제 비교(500인 이상 기업 대비)

(단위: 미국 달러 PPP, %)

	한국(2017)		미국(2015)		일본(2017)		프랑스(2015)	
	평균 임금	비중	평균 임금	비중	평균 임금	비중	평균 임금	비중
1~4인	1,990	32.6	3,731	78.8	2,697	65.7	3,083	58.8
5~9인	2,945	48.3	3,071	64.8	3,166	77.1	3,321	63.4
10~99인	3,490	57.2	3,450	72.8	3,438	83.8	3,625	69.2
100~499인	4,267	70.0	4,029	85.1	3,605	87.8	4,164	79.5
500인 이상	6,097	100.0	4,736	100.0	4,104	100.0	5,238	100.0
전체	3,302	54.2	4,200	88.7	3,616	88.1	3,811	72.8

주: 국가별 비교를 위하여 OECD에서 제공하는 PPP(purchasing power parity) 데이터를 사용하였고, 달러로 변환하여 적용함(2018. 12. 5 기준).
자료: 노민선(2018).

100여 년 전부터 채택하여 성공한 소상공인 및 소기업의 협동조합을 통한 규모의 경제 실현과 일자리 질 제고 전략도 효과적일 수 있다.

프랑스는 소비자나 기업을 상대로 상품과 서비스를 공급하는 독립적 자영업자나 소기업들의 협동조합이 상당히 발달한 국가인 것으로 조사되고 있다.[29] 프랑스는 이러한 협동조합을 상업협동조합(Commerce Coopératif)으로 명명하고 있는데, 슈퍼마켓, 스포츠용품 전문점, 안경점, 건축자재 및 홈데코레이션 제품 판매점, 약국, 자동차 정비소, 유아용품 전문점, 문화상품 전문점, 사무용품 전문점, 호텔, 여행사, 사진점 등 총 30여 개 업종에 종사하는 3만 1,600여 독립적 자영업자 및 소기업주들이 89개의 상업협동조합을 운영하고

29 Choukroun(2013).

있으며, 이들이 전체 상업 부문 거래액의 30%를 차지하고 있을 정도로 큰 비중을 차지하고 있다. 2014년 기준으로 89개 상업협동조합이 153개의 브랜드를 관리하고 있고, 여기에 소속된 점포는 모두 4만 3,870개이며, 이 점포와 상업협동조합에 고용되어 있는 직원 수는 모두 53만 4,308명인 것으로 알려지고 있다.[30]

프랑스 상업협동조합연합회(FCA)에 따르면, 프랑스의 모든 업종의 소매점포는 크게 독립적인 자영업자들이 운영하는 형태와 네트워크에 소속되어 운영되는 형태로 나누어지는데, 점차로 전자의 점포 수 비중이 줄어들고 후자의 비중이 늘어나는 것으로 알려지고 있다. 네트워크는 대기업의 수직통합형 네트워크, 프랜차이즈형 네트워크, 협동조합형 네트워크로 나누어지는데, 최근 10년 동안 협동조합형 네트워크의 시장점유율이 2배로 증가하였다.[31]

협동조합형 네트워크의 시장점유율이 높아진 이유 중의 하나는 협동조합형 네트워크의 상대적 장점 때문이라고 할 수 있다. 이러한 장점은 체인 본부를 체인점주들이 공동 소유하는 모델이 가맹 본부와 가맹점의 소유권이 서로 다른 프랜차이즈형 네트워크보다 체인 본부와 체인점 간 이해관계의 갈등이 적고, 제품 및 서비스의 개발과 브랜드의 가치를 높이기 위한 품질관리 등 체인 본부의 체인점에 대한 비즈니스 통제를 자발적으로 수용할 유인이 높다는 점에서

30 Choukroun(2013).
31 Choukroun(2013).

비롯된다.[32] 그리고 프랜차이즈형 네트워크에서는 가맹점주 간 교류와 협력이 이루어지지 않는 반면에 프랑스의 협동조합형 네트워크에서는 체인점주들이 조합원이기 때문에 협동조합의 공동 소유자로서 협동조합의 운영에 관한 논의뿐만 아니라 점포의 운영 노하우에 대한 지식과 정보를 공유하고 경영이 어려운 조합원 점포주에 대하여 도와주는 연대의 정신이 실현되고 있다.[33] 이러한 두 가지 이유로 인하여 프랑스 협동조합형 네트워크에 소속된 점포의 매출성장률이 다른 유형의 점포의 매출성장률에 비하여 더 높은 것으로 조사되었다.[34]

그리고 중소기업이 매우 안정적인 것으로 알려진 독일의 경우에도 소기업협동조합이 매우 발전한 것으로 확인되었다. 독일 소기업협동조합의 중앙연합회(Der Mittelstandsverbund-ZGV e.V.)에 따르면, 2015년 기준으로 도소매, 상업, 외식, 베이커리, 자동차부품 및 정비, 안경점, 개인 서비스 등 45개 업종에서 영업하는 23만 개의 소기업들이 조합원으로 가입되어 있는 310개 협동조합들이 활동하고 있다.[35]

32 일정 규모 이상의 프랜차이즈형 소매체인에서 가장 큰 체인 유지비용이 새로운 제품 및 서비스 등에 대하여 체인점주들을 설득시키는 것이라는 점(임영균 외, 2012)에서 협동조합형 소매체인의 상대적 장점이 나타날 수 있다.

33 Choukroun(2013).

34 Choukroun(2013).

35 같은 해에 독일의 사업체 중에서 1인 이상 고용한 사업체의 수는 240만 개에 달하므로 전체 사업체의 약 10%가 협동조합 조합원인 것으로 단순 계산할 수 있다(장종익, 2020).

반면에 2019년 기준 우리나라의 940개 중소기업협동조합의 평균 조합원 기업의 수는 76여 개이고, 조합당 평균 매출액은 5억 7,500만 원에 불과하다.[36] 많은 수의 영세한 중소기업협동조합을 특징으로 하는 우리나라의 중소기업협동조합에 전체 350만 중소기업의 조합원 가입률은 2%에 불과하고, 조합원의 협동조합 사업이용률이 매우 낮으며, 조합원들 간의 비즈니스 협력 수준이 매우 낮은 상태인 것으로 해석된다.

4) 지역공동체의 활성화에 효과적인 사회연대경제

최근 우리나라를 비롯하여 많은 선진국이 직장·가족·마을에서 공동체(community)의 쇠락에 따른 정신적·정서적·관계적 삶의 질 저하 문제에 직면하고 있다. 소득 및 자산의 양극화 심화, 기업 내 및 기업 간 노동시장의 분절적 이중구조화, 이직률의 증가 경향과 평생직장 시대의 종말, 노인돌봄 및 영유아돌봄 서비스의 시장화, 1인가구의 지배화, 플랫폼 기업의 확산 등이 이러한 공동체의 쇠퇴에 영향을 미치는 것으로 추론되고 있다. 공동체에 대한 소속감과 공동체에 대한 참여로 측정한 공동체주의는 사회 체제에 대한 신뢰 및 행복과 긍정적인 관계가 있다는 점이 세계 가치관 조사(world value

36 중소벤처기업부(2019).

survey) 데이터 분석을 통하여 실증적으로 확인되었는데, 공동체에 소속되어 있음을 느낄 때, 신뢰와 개인의 행복도가 높아지는 것으로 나타났다.[37] 그런데 우리나라는 OECD 더 나은 삶의 지수(Better Life Index) 조사 대상국 중 공동체 영역을 보면, 2014년에 36개국 중 34위에서 2015년에 36위, 그리고 2018~2020년에는 전체 40개국 중 최하위인 40위로 하락한 후 2021년에 41개국 중 38위로 약간 상승한 것으로 나타났다.[38] 이러한 공동체의 쇠락은 우리나라만의 문제는 아니고 미국과 영국 등 여러 선진국에서도 동시에 관찰되는 현상이라고 할 수 있다.[39] 더욱이 최근에 플랫폼 기업이 확산되면서 공동체의 쇠퇴는 더욱 심화될 수 있다. 예를 들면, 아마존의 물류센터 등에서 일하는 노동자들을 모니터링하기 위하여 사용하는 AI 등의 기술 확산과 그 노동자들이 지역사회와 괴리되어 있는 모습이 대표적이라고 할 수 있다.

지역공동체는 "주민들이 거주하면서 서로 교류하는 공간적이고 사회적인 영역"[40]이라고 할 수 있다. 지역공동체는 공동체 구성원의 역량 증진을 위한 중요한 환경을 제공하고, 사회적 신뢰를 제고할 수 있으며, 돌봄의 영역에서 호혜적 돌봄과 공동돌봄 등 가족돌봄과 공공돌봄 서비스의 중요한 보완적 역할을 수행할 수 있는 토대가 되

37 장용석 외(2021).
38 https://www.oecdbetterlifeindex.org(2023. 12. 5 접속).
39 Putnam(2000).
40 Chaskin(1997) p. 523; 한상일(2021)에서 재인용.

며, 무엇보다도 공동체 구성원에게 정서적 안정감을 제공하는 역할을 수행한다.[41] 그러므로 자본주의적 시장의 과잉화에 의하여 쇠락한 지역공동체의 회복은 중요한 시대적 과제라고 할 수 있다.

일정한 지역 내에서 다양한 생활상의 공동의 필요를 지역주민들이 서로 협력하여 해결하는 소비자생활협동조합, 공동육아협동조합, 의료복지사회적협동조합 등은, 특히 지역공동체성 회복에 적지 않게 기여해 왔다. 2012년 「협동조합기본법」의 제정으로 지역공동체 증진을 직접적 목적으로 하는 사회적경제 조직이 많이 등장하고 있다. 홍성의 비빌언덕협동조합, 춘천의 사회적협동조합 별빛, 위스테이지축사회적협동조합, 쉐어하우스 우주, 사회주택 안암생활 등이 대표적인 사례라고 할 수 있다.

해외에서는 오랫동안 주택협동조합과 사회주택 등이 발전해 왔는데, 최근에 지역공동체의 증진 및 지역 발전을 직접적 목적으로 하는 연대협동조합(캐나다 퀘벡, 남미), 프랑스의 공익협동조합(collective interest cooperative, SCIC), 지역협동조합(territorial cooperative, 독일, 덴마크 등)이 확산되고 있다. 프랑스의 공익협동조합은 공동체 주택, 로컬 푸드, 케이터링 서비스, 스포츠 등 문화 활동, 교육 서비스 등을 통하여 지역공동체의 위기에 대응하고 있는 것으로 조사되고 있다.[42] 프랑스 협동조합법에 규정된 공익협동조합은 공동의 프

41 정무권(2020), 한상일(2021).
42 Draperi and Margado(2016).

로젝트를 둘러싼 다중이해관계자들, 예를 들면 종업원 혹은 공익협동조합이 판매하는 재화나 서비스의 생산자, 수혜자, 이용자, 지방자치단체 등 공공기관, 회사, 지역주민 등이 참여하는 것을 허용한다.[43] 그리고 공익협동조합은 한 지역에 뿌리를 두고 그 지역 혹은 지역 내 한 섹터에서 살아가는 사람들의 공동 행동과 네트워킹을 촉진한다는 점에서 지역의 지속적인 발전을 위한 논리의 일환이다. 마지막으로 공익협동조합은 다양한 이해관계자들이 참여하는 민주적 토론과 숙의, 시민정신의 훈련, 집단적 의사결정 등과 같은 실천을 조직하고 이기적이지 않은 경영조직을 운영한다는 점에서 사회적 효용(social utility)의 성격을 지니는 공익(collective interest)을 생산한다.[44]

이상에서 대표적인 분야에서 효과적으로 발휘되고 있는 사회연대경제의 사례를 소개하였는데, 세계 여러 나라에서의 사회연대경제는 건강 및 사회 서비스 분야, 식음료, 제조업, 주택, 금융, 농업, 건설, 문화, 교역 등 매우 다양한 분야에서 활동하고 있는 것으로 조사되고 있다(〈표 5-2〉 참조). 물론 모든 국가에서 사회연대경제가 이렇게 다양한 분야에서 활동하는 것은 아니고, 일부 분야에 편중되어 나타날 수 있다.

---

43 2014년 협동조합법 개정을 통하여 지방정부가 공익협동조합 자본금에서 차지하는 비중 한도를 20%에서 50%까지 높였다. 2018년 말 현재 공익협동조합의 50% 정도가 지방정부가 조합원으로 가입되어 있는 것으로 조사되고 있다(Draperi and Margado, 2016).

44 Draperi and Margado(2016).

|표 5-2| 사회연대경제의 사업 분야

분야	사업
건강 및 사회 서비스	1차 의료 서비스, 돌봄 서비스, 취약계층 노동 통합 및 사회 통합
교역 및 유통	공정무역, 로컬 상점
문화 및 미디어	영화, 연극, 축제, 공연 분야 협동조합
건설	지속 가능한 건축자재 이용, 에너지 효율 건축(패시브 하우스)
관광	유스호스텔, 생태관광, 공정여행
교육	학교, 직업훈련기관, 학교협동조합, 공동체교육
에너지	커뮤니티 중심 재생에너지 사업
제조	포장, 인쇄, 부품 생산
은행 및 사회적 금융, 보험	신용협동조합 또는 상호공제, 저축은행, 공제조합, 사회적 투자금융협동조합
농업 및 식음료	농민협동조합, 사회적 농업, 식품공급협동조합, 슈퍼마켓, 와인 농사
ICT 서비스	ICT 지원, 플랫폼협동조합, 프리랜서협동조합
리사이클링	재사용, 재활용센터, 의류 재활용, 중고품 업사이클링
이동성(모빌리티)	친환경 이동 수단 확산(자전거 이용 및 수선, 자동차 공유)
부동산	주택협동조합, 사회주택, 공유지신탁

자료: OECD(2020) 수정·보완함.

3. 사회연대경제를 뒷받침해 온 경제학과 사회과학 이론의 발전

1) 사회연대경제의 목적과 운영 원칙

앞에서 설명한 사회연대경제의 출현과 발전에 대하여 기존 사회과학, 특히 경제학은 어떠한 설명이론을 제공하는가? 사회연대경제가 자본주의적 시장경제 원리와는 적지 않게 차이가 있다는 점을 인식할 때, 이러한 설명이론들은 기존 전통적인 경제이론과 어떠한 차이를 보이고 있는가를 확인하는 것은 경제학 및 관련 사회과학을 폭넓게 이해하는 데 도움이 될 수 있다. 우선 사회연대경제가 자본주의적 시장경제와 어떠한 점에서 차이가 있는지를 보다 명확히 이해하기 위하여 사회연대경제에 관한 개념 정의를 살펴본다.

유럽 내 280만 개의 사회적경제 기업 및 조직들의 대변조직으로 알려져 있는 '사회적경제 유럽'에서는 협동조합, 공제조합, 결사, 재단, 그리고 사회적기업[45] 및 노사공동복지기관을 사회적경제의 범주에 포함시키고 있고, 이러한 기업 및 조직들이 조직을 운영함에 있어 준수하고자 하는 공통의 원칙을 일곱 가지로 설정하고 있다. 첫 번째의 원칙은 자본에 대한 개인 및 사회적 목적의 우위성, 두 번째 원칙은 자발적이고 개방적인 조합원제도, 세 번째 원칙은 포용적이고 민주적 거버넌스, 네 번째 원칙은 조합원 혹은 이용자의 이익과 보편적 이익의 조화, 다섯 번째 원칙은 연대와 책임의 원칙, 여섯 번째 원칙은 공공기관으로부터의 독립과 자율적 경영, 일곱 번째 원칙은 조합원의 이익 혹은 보편적 이익을 위한 서비스의 개발에 대부

45 여기에서 사회적기업은 상법상 회사법인이지만 내부 정관 등을 통하여 사회적경제의 일곱 가지 원칙을 구현하여 기존 회사법인과는 다른 특성을 지니고 있다. 이러한 사회적기업의 특성에 대한 규정이 주주의 권한 등을 규정한 상법상 규정과 충돌될 수 있기 때문에 영국, 프랑스, 이탈리아, 미국, 한국 등 많은 나라에서 별도의 법을 제정하여 이러한 충돌을 해소하고 있다.

분 잉여의 재투자이다.

2023년 4월 18일에 유엔 총회 제66차 전체회의에서 '지속 가능 발전을 위한 사회연대경제 활성화'(Promoting the social and solidarity economy for sustainable development) 결의안(A/RES/77/281)이 채택되면서, 사회연대경제는 유엔이 공식적으로 인정하는 개념이 되었다. 결의안은 국제노동기구가 2022년 6월에 채택한 '괜찮은 일자리와 사회연대경제 결의안'(Resolution concerning decent work and the social solidarity economy)의 개념 정의를 재인용하였다. 이 결의안에 따르면, "사회연대경제는 자발적 협동, 상부상조, 민주적이고 참여적 지배구조, 자율과 독립성, 잉여/이윤 및 자산의 배분과 사용에서 자본보다 사람과 사회적 목적을 우선에 둔다는 원칙들에 바탕을 두고, 집합적이면서(또는 이거나) 일반적 이익에 복무하는 경제적·사회적 및 환경적 활동을 수행하는 기업, 조직 및 다른 형태의 조직체를 포괄한다."[46]

그리고 구체적으로 프랑스의 「사회연대경제법」 제1조에서 규정한 모든 사회연대경제 기업이 갖추어야 할 세 가지 기본요건은, 첫째 이윤배분 외의 다른 사회적 목적 추구, 둘째 정관에 규정된 참여경영에 기반을 둔 민주적 지배구조, 그리고 셋째 잉여의 기업 활동 유지 또는 발전 목적에 재투자, 비분할(indivisible) 적립금의 의무, 청산 또는 폐업의 경우 잔여재산의 유사 목적 사회연대경제 기업에의

46 https//www.ilo.org/.

이전 등 경영원칙 준수 등이다.[47] 이러한 사회연대경제 기업은 상법상 회사법인과는 매우 대조적이다.

이러한 사회연대경제에 관한 정의는 주로 사회연대경제의 주요 기업조직 형태와 이러한 기업조직들의 목적 및 운영원칙에 관한 내용으로 이루어져 있는 반면에, 사회연대경제 조직과 소비자의 거래 원리, 그리고 사회연대경제 조직 간 거래의 원칙이나 자본주의적 기업 혹은 정부와의 관계 혹은 거래의 원칙 등을 충분히 포함하고 있지는 않다. 그럼에도 이러한 정의에서 자본주의적 시장경제 기업과는 목적 및 운영 원리 측면에서 상당히 다르다는 점을 알 수 있다. 기존의 경제학 및 관련 사회과학은 크게 세 가지 측면에서 사회연대경제의 출현과 발전에 대하여 설명하고 있다. 첫째, 사회연대경제는 기업의 목적, 소유권, 지배구조, 그리고 기업 간 관계 측면에서 기존 자본주의적 시장경제와의 차이점이 무엇이고, 이러한 차이점에도 불구하고 출현하여 발전하게 된 원리는 무엇인가? 둘째, 합리적 선택과 파레토 효율, 그리고 이윤 극대화의 논리가 지배적인 기존 정통경제학에서는 설명하기 어려운 사회연대경제에 사람들이 참여하는 이유는 무엇이고, 그들의 행동 원리를 어떻게 설명할 것인가? 마지막으로, 사회연대경제가 사적 이익을 목적으로 하지 않는다면, 사회연대경제는 공적인 목적을 지닌 정부와 어떠한 관계를 유지하

47 https://www.economie.gouv.fr/cedef/economie-sociale-et-solidaire.

는 것이 바람직할 것인가?

2) 기업의 목적, 소유권, 지배구조 그리고 기업 간 관계에 관한 전통적 경제학 이론에의 도전

신고전파 경제학에서는 기업을 이윤 극대화를 목적으로 하는 생산함수로 취급하는 반면에, 마르크스 경제학에서는 기업을 노동자 착취를 통한 자본가의 자본축적 수단으로 취급한다. 재화 및 서비스의 생산을 위한 방법의 하나로 기업을 시장을 통한 거래방식과 대비되는 경제 활동 조직으로 바라보고 그 본질을 구명하고자 하는 경제학 연구는 1937년 코스(R. Coase) 이후 본격적으로 이루어졌다. 그 이후 자본과 임노동 사이에 수직적 위계구조를 지닌 기업을 시장거래비용을 내부화하기 위한 수단으로 보거나, 임금노동자의 소득 위험의 이전과 그 반대 급부로서 자본소유자에 대한 자발적 복종의 거래 수단으로 보거나, 혹은 기업을 팀생산에서 나타날 수 있는 무임승차자 문제를 해결하기 위한 계약의 총합으로 규정하는 기업이론들이 발전해 왔다.[48] 그리고 최근에 경제학, 사회학, 법학, 경영학 분야 학자들이 참여하여 기업 내부에서의 거래와 기업 간 거래방식을 거버넌스의 관점에서 구명하는 조직경제학이 크게 발전하고 있

48 Foss(2000).

다.[49]

이러한 기업이론들이나 조직경제학은 대부분 이윤을 목적으로 하고 자본이 지배하는 전통적인 기업을 연구 대상으로 한다. 그러나 이러한 전통적인 기업과 달리 자본주의 시장경제 내에 존재하는 다양한 형태의 협동조합이나 비영리 생산 기업, 그리고 최근에 등장한 사회적기업 등에 대한 경제학 및 사회학 연구도 발전해 왔다.

전통적으로 기업의 목적은 이윤 극대화에 있고 그 기업은 지본을 제공하는 자가 소유하고 지배하는 반면에 소비자협동조합, 농민협동조합 등 판매자협동조합, 신용협동조합, 노동자협동조합 등의 목적은 협동조합기업의 이윤 극대화에 있지 않고, 협동조합의 사업을 이용하거나 혹은 노동을 제공하는 조합원들의 편익 증진에 둔다. 그리고 이러한 목적을 실현하기 위하여 협동조합의 소유자는 소비자협동조합의 경우에는 소비자, 농민협동조합의 경우에는 농민, 노동자협동조합의 경우에는 노동자로 그 자격이 제한된다.

또한 이러한 협동조합들은 투자 자본의 크기에 따라 의결권이 부여되는 것이 아니라 조합원 모두 1인 1표가 부여되는 민주주의의 원칙을 고수한다. 대표적으로 노동자협동조합의 대표는 노동자 조합원들의 투표를 통하여 선출된다. 대부분의 협동조합에서는 조합원들이 단순히 자본제공자의 역할에 그치는 것이 아니라 동료 조합

49 Gibbons and Roberst(2013), Gibbons(2020).

원과 협력하여 재화 및 서비스의 생산과 공급 과정에 참여하여 의견을 나누고, 이른바 조합원 특정적인(member-specific) 산출물과 성과를 이루어 내기 위하여 노력하는 경향이 있다. 마지막으로 이러한 협동조합들은 대부분 자신들과 유사한 미션을 지닌 다른 협동조합들과 협력하여 협동조합 기업 운영의 노하우를 서로 공유하거나 공동 사업을 추진하는 경우가 적지 않다. 이러한 협력적 관계는 경쟁을 기본 원리로 하는 자본주의적 기업 간 관계와는 대비되는 것이다.

이렇게 이윤 극대화 이외의 목적을 지니고 있고, 소유자의 자격도 이용자 혹은 노동자로 제한되며, 민주주의적이고 참여적인 경영을 실천하며, 그리고 유사한 협동조합과의 협력과 연대를 유지하는 협동조합 형태의 기업이 왜 등장하였는지, 전통적인 기업 형태에 비하여 어떠한 장점과 단점이 있는지, 그리고 사회적 편익을 창출하는지, 그리고 지속 가능할 수 있는지에 대한 연구가 적지 않게 이루어졌다.[50] 일찍이 협동조합 사상가로 알려진 오언(R. Owen), 생시몽(H. de Saint-Simon), 푸리에(C. Fourier) 외에도 밀(J. S. Mill)이나 마셜(A. Marshall)과 같은 고전학파 경제학자들도 자본주의적 기업의 확장으로 인한 불평등 문제를 해결하고 기업 내 수직적 위계구조 문제에 대처하기 위하여 노동자가 기업의 운영에 참여하고, 그 운영의

50 장종익(2023).

과실을 고용주와 나누어 생산력을 높일 수 있는 노동결사체나 오늘날의 노동자협동조합 혹은 종업원지주제의 필요성을 피력하였다.[51]

1970~1990년대 중반에 발전해 온 기업이론과 조직경제학 이론에 근거하여 한스만(H. Hansmann)은 소비자협동조합이나 판매자협동조합, 그리고 엄밀한 의미에서 소유자가 없는 비영리 기업 등이 각각 자본주의적 시장경제하에서도 출현하여 발전할 수 있는 기업 소유 형태의 하나라는 점을 다양한 종류의 시장 계약비용과 기업 소유권 행사 비용의 개념을 사용하여 일관되게 설명하고 있다.[52] 그리고 미국에서는 비영리 경제학과 비영리 경영학이 출현할 정도 비영리 조직 및 비영리 섹터에 대한 경제학적 연구가 적지 않게 발전해 왔다.[53] 그럼에도 불구하고 현실에서 노동이 자본을 고용하는 노동자협동조합이 매우 부차적으로 존재하는 이유를, 노동자협동조합 소유 형태의 약점과 제도환경적 요인 측면으로 나누어 여러 연구자가 분석해 왔다.[54]

최근에 피케티(T. Piketty)는 자본을 민주적으로 통제하지 않고서는 불평등의 악화를 막을 길이 없다고 주장한다.[55] 즉, 자본을 소수의 손에 집중하지 않고 다수로 분산시키는 소유 혁명을 추진하지 않

---

51 Bruni(2007), McCabe(2019).
52 Hansmann(1996).
53 Seamon and Young(2010).
54 Dow and Putterman(2000), Pencavel(2001), Burdín(2014).
55 Piketty(2019).

고서는 불평등 완화는 어렵다는 것이다. 이른바 피케티 지수, 즉 국민소득 중에서 부동산자본과 금융자본이 차지하는 비중이 갈수록 높아지기 때문이다. 법률제도와 조세재정제도를 바꿔서, 한편으로는 기업 내 권력을 더 폭넓게 분산 점유하여 자본의 진정한 사회적 소유를 제도화함으로써, 다른 한편으로는 막대한 소유에 강력한 누진세를 적용하는 가운데 자본의 일시 소유원칙을 확립하는 것이다. 노동자협동조합과 종업원지주제, 프랜차이즈 본부 회사 소유에 대한 가맹점 및 종업원의 지분 참여, 하청 기업 노동자의 원청 기업 소유에 대한 지분 참여 등이 이러한 자본의 사회적 소유를 제도화하는 전략의 일환이라고 할 수 있다.

이탈리아 시민 경제학자들은 이러한 경제적 편익의 관점과는 다르게 협동조합과 사회적협동조합을 민주적 참여와 사회 통합 기능을 통하여 사회에 긍정적인 외부효과를 발휘하고자 하는 사람들이 자발적으로 추진한 시민 기업이라고 규정하면서, 이를 '무엇을 할 자유'의 관점에서 설명한다. 관계가 단절된 차가운 계약거래 관계가 지배적인 자본주의적 기업이나 시장이 아니라 협동조합이나 사회적 협동조합에서 경제 활동을 수행하는 시민들이 서로 상처와 축복을 주고받으며 성장할 수 있는 사회적 인간관계를 형성하기 쉬운 장점이 있다는 점을 강조한다.[56]

56 Zamagni and Zamagni(2009), Bruni and Zamagni(2007).

1980년대 이후에 선진국 여러 나라에서 등장하여 빠르게 성장하고 있는 사회적협동조합, 연대협동조합, 공익협동조합과 사회적기업에 대한 연구는 경제학, 사회학, 법학, 정치학, 경영학 등 다양한 학제에서 이루어졌고, 여러 개의 전문 학술지가 등장하였다.[57] 이러한 새로운 유형의 협동조합은 조합원 편익 증진보다는 사회적·환경적 목적 실현을 우선하고, 노동자, 서비스 수혜자 혹은 이용자, 후원자 등이 소유자로 참여하는 다중이해관계자 조합원구조와 지배구조를 지니고 있고, 자원을 조달하는 방법도 시장에서의 등가교환방법뿐만 아니라 기부금, 보조금, 재능기부, 자원봉사 등 혼합적 방법을 채택하고 있으며, 지자체나 공공 부문과의 관계도 협력적이고 보완적인 관계를 형성하는 경향이 있다는 점에서 앞에서 살펴본 전통적 협동조합의 목적 및 운영 원리와는 차이가 있다.

그리고 영국에서 공동체이익회사(community interest company), 미국의 공익회사(benefit corporation)와 저영리유한회사(low-profit limited liability company), 프랑스에서의 사회적 유용성 연대기업(entreprise solidaire d'utilité sociale, ESUS) 등 법적인 용어는 차이가 있지만 일반회사법인 중에서 사회적·환경적 목적을 우선시하는 기업으로 규정되어 있다. 경제학 연구자를 포함하여 기존 여러 사회과학 학제의

57 해외에서는 *Social Enterprise Journal*, *Journal of Social Entrepreneurship*, *Journal of Entrepreneural and Organizational Diversity* 등이 대표적이고, 국내에서는 『사회적 가치와 기업 연구』, 『사회적경제와 정책연구』 등이 대표적이다.

연구자들이 이러한 사회적기업이 이윤 극대화를 목적으로 하지 않으면서 출현하는 동력과 지속 가능한 원리는 무엇이며, 그 성과와 임팩트를 측정하는 방법은 무엇인지에 대한 우리들의 이해를 높이는 이론과 실증분석 결과를 내놓고 있다.[58] 이러한 사회적기업에 관한 연구의 결과, 사회적·환경적 가치를 실현하기 위한 비즈니스를 수행하는 사회적기업의 운영 원리는 기업가, 노동자 그리고 이해관계자들의 동기, 자원조달 방식, 그리고 가치실현 방식 측면에서 이윤 극대화를 추구하는 전통적인 기업과의 원리와 다르다는 점이 확인되었다. 그리고 기업가의 혁신성 등 사회적기업가의 역할뿐만 아니라 네트워크, 정부 부문 및 사회 책임 기업 등과의 파트너십, 사회적기업을 인정하고 장려하는 제도적 환경 등이 사회적기업의 발전에 기여하는 중요한 요인으로 확인되었다.

3) 상호성, 행복, 그리고 관계재

앞에서 설명한 여러 유형의 사회연대경제 기업의 목적과 운영 원리는 전통적인 경제학이 가정한 기업의 목적과 운영 원리와는 다르다고 할 수 있는데, 어떻게 자본주의 시장경제에서 출현하고 발전하고 있는가? 기업의 사회적 책임은 이윤 극대화에 가장 충실한 것

58 Mair and Marti(2006), Borzaga and Defourny(2010), Doherty *et al.*(2014), Phillips *et al.*(2015).

이라고 주장한 프리드먼(M. Friedman)[59]의 논리대로라면 사회연대경제 기업은 낮은 효율성 때문에 도태될 수밖에 없을 것이다. 그동안 신고전파 경제학에서 고수해 온 인간은 자신의 이익과 후생에 민감하게 반응하여 선택한다는 합리적 선택을 가정한다. 그리고 경제 주체의 소득 및 부의 증가가 효용과 행복을 증진시킨다는 가정에 입각해 있으며, 경제를 분석할 때 시장 분석으로 제한하고 그 속에서의 경제 주체는 동질적이고 원자화되어 있는 것을 가정한다.

이러한 가정들로서는 사회연대경제의 출현과 발전을 설명하기 어렵다. 사회연대경제의 출현과 발전을 설명하는 데 여러 가정과 이론이 필요할 수 있지만, 여기에서는 상호성, 행복의 역설, 그리고 관계재에 대하여 설명한다. 그동안 주류경제학에서의 개인행동의 가정인 합리적 이기주의는 상당히 추상적이고 선험적인 이론적 가정이지만, 개인의 선택 이면의 심리적 역동성을 연구한 카너먼(D. Kahneman) 등의 행동경제학과 실험경제학에서는 구체적인 실험을 통하여 사람들이 다른 사람의 불이익이나 고통과 무관하게 자신의 이익만을 추구하는 호모 에코노미쿠스가 아니라는 점을 확인한다. 그들은 상당히 큰 비중의 사람들이 이기주의나 이타주의가 아니라 호혜 혹은 상호성을 기준으로 행동한다는 사실을 누적된 실험과 이

59 프리드먼은 1970년 9월 13일자 뉴욕타임스 매거진에 기고한 글에서 "기업의 사회적 책임은 이익을 극대화하는 것이다"라고 주장하였고, 1962년에 출간된 *Capital and Freedom*에서 논리가 간략히 제시되어 있다.

론 분석을 통하여 확인하였다.

상호성 이론에 따르면, 사람은 상대를 가리지 않고 항상 관대하거나 인색한 것은 아니다. 오히려 선택적으로 행동하고, 상대의 반응에 따라 행동이 달라진다. 대표적으로 1993년에 *American Economic Review*에 실린 라빈(M. Rabin)의 논문은 두 가지 가정을 제시한다. 첫째, 사람은 자신에게 친절하게 대해 준 사람을 돕기 위해 자신의 물질적 풍요를 기꺼이 희생한다. 둘째, 사람들은 자신에게 불공평하게 행동한 사람들에게 '벌을 주기' 위해 자신의 물질적 희생을 기꺼이 감수한다. 그리고 자발적 신뢰게임에서는 A가 손해를 입을 위험을 감수하지 않을 수도 있었는데도 위험을 감수하면서 신뢰의 행동을 선택하였다는 사실을 B가 안다는 것만으로 B의 상호성 호응이 두 배로 늘어났다.[60] 이 실험들은 상호성에서는 나의 행동이 보내는 관계 신호가 매우 중요하다는 것을 알려 준다.

그리고 실험경제학과 게임이론의 연구 결과로 인간 유형의 분포는 사회적 환경과 제도에 따라 달라진다는 것이 확인되었다. 호혜적 행동과 매우 이기적인 행동에 영향을 미치는 요인들은 크게 제도적 요인과 환경적 요인으로 나누어진다. 제도적 요인은 구성원 간 신뢰 수준과 매우 이기적인 행위자를 공정하고 쉽게 벌할 수 있는 제도 등으로 구성되고, 환경적 요인은 시장경쟁 수준과 매우 이기적인 행

60 Kranton(1996), McCabe *et al.*(2003).

위자를 벌할 수 있는 사회적 환경 혹은 문화 등으로 구성된다.[61] 그리고 실험 분석을 통하여 매우 경쟁적 시장환경하에서는 아주 이기적인 사람들이 소수라고 하더라도 이들의 행동이 대다수 호혜성을 지닌 사람들의 행동을 완전히 이기적인 행동으로 유도하는 결과가 초래된다는 점이 확인되었다.[62] 반면에 또 다른 연구에서는 벌을 쉽게 할 수 있는 공공재 게임[63]을 통하여 소수의 호혜성을 지닌 사람들이 다수의 매우 이기적인 행위자들을 협력적으로 행동하도록 유도하는 결과도 나타난다는 점을 확인하였다.[64] 이러한 상호성 이론은 협동조합을 비롯하여 사회연대경제가 발휘하는 사회적 순기능에 대한 사람들의 인정과 이에 대한 참여 배경을 설명할 수 있을 뿐만 아니라 사회연대경제의 출현 및 발전 정도의 지역별 혹은 국가별 차이를 가져온 요인들에 대해서도 일정 정도 설명력을 제공한다.

다음으로 중요한 개념은 행복의 역설과 관계재이다. 신고전파 후생경제학에서는 소득이나 소비가 증가하면 후생이 증가한다고 주장한다. 그러나 1974년 이스털린(R. Easterlin)은 미국 사회에 관한 데

61 Fehr and Schmidt(1999), Fehr and Gächter(2000), Bowles and Gintis(2002).
62 Fehr and Schmidt(1999).
63 공공재 게임은 게임에 참여한 일정한 수의 사람에게 동일한 금액을 나누어 주고 공공기관에 기부하도록 하고, 그 기부한 돈은 3배로 커져서 다시 구성원에게 고르게 배분한다. 구성원 중 기부하지 않는 무임승차자에게도 골고루 배분하기 때문에 무임승차자는 더 큰 보상을 얻게 된다. 그런데 구성원들이 무임승차자가 누구인지를 알 수 있고 일정한 수의 반복적인 게임의 조건에서는 자신의 이익이 일부 감소하더라도 그 무임승차자를 벌하는 구성원이 자연발생적으로 늘어나서 게임 차수가 늘어날수록 무임승차자가 대폭 줄어드는 실험 결과가 나타났다.
64 Fehr and Gächter(2000).

이터를 가지고 사람들의 소득과 행복 사이에, 혹은 경제적 풍요와 행복 사이에 상관관계가 존재하지 않거나 매우 제한적으로 나타남을 보여 주면서 기존 후생경제학의 명제를 뒤흔들었다. 그 이후 행동경제학과 행복경제학 연구자들에 의하여 이러한 행복의 역설을 설명하는 이론으로 다람쥐 쳇바퀴 효과,[65] 지위 효과,[66] 관계 증진의 기회비용 증가 효과[67] 등이 제시되었다.

이러한 이론들의 공통 시사점은 소득이 일정 수준에 도달하면 그 이후부터 소득이 행복에 미치는 한계 효과는 미미하거나 오히려 마이너스가 될 수 있기 때문에 행복의 사회적 효과에 관심을 가질 필요가 있다는 것이다. 예를 들면, 자긍심을 높여 주고 다른 사람과의 관계를 증진하는 활동에 시간을 투자하거나 경제적 보상은 상대적으로 적지만 좋은 동료관계를 누릴 수 있는 일터에서 자신이 의미를 부여하는 일을 하게 되면 행복의 수준이 높아질 수 있다. 시민들이 경제적 보상이 상대적으로 적지만 협동조합이나 사회적기업, 비영리단체에서 일하는 것을 선택하는 이유는, 이러한 행복의 역설 이론과 관계재(relational goods) 이론에 의하여 잘 설명될 수 있다.

관계재 이론에 의하면 신고전학파 경제학에서는 개인의 선택에만 주목하고 그 개인들이 이루어 가는 관계들을 무시하였는데, 오

65 Kahneman(1999).
66 Frank(2005).
67 Bruni(2007).

늘날 가족, 친구, 직장 동료, 거래처 사람 등 이른바 다양한 커뮤니티에서의 소속감과 좋은 관계가 행복에 미치는 영향이 크다는 연구 결과가 늘어나고 있다.[68] 개인들의 상호 작용과 불가분의 관계가 있는 무형의 개념인 관계재는 시장거래 내에서도 발현될 수 있지만, 이해타산에 따른 만남이 아니라 선의를 기반으로 하는 만남에서 발생하는 서로 간의 감정이고 상호적인 인식이라고 할 수 있다.[69] 사회연대경제의 목적과 운영 원리가 인간의 관계를 중요하게 여긴다는 점에서 이러한 관계재 이론은 사회연대경제에의 참여와 발전을 설명할 수 있는 중요한 이론이라고 할 수 있다. 이러한 관계재의 개념은 일, 교육, 혹은 돌봄 등으로부터 배제된 사람들의 자긍심을 회복하는 사회 서비스를 제공하는 일이나 만성적 질환을 겪고 있는 환자들의 회복을 위한 다양한 의료 서비스를 제공하는 일, 혹은 다양한 돌봄 서비스를 제공하는 일이 늘어나는 현대 사회에서 갈수록 수요가 높아지고 있다.

4) 정부와 시민사회/사회연대경제의 관계에 관한 공동생산/신 거버넌스 이론

마지막으로 최근에 발전하고 있는 사회연대경제 기업 중 프랑스

68 Bruni and Stanca(2008), Villant(2012).
69 Bruni(2007).

의 공익협동조합이나 독일의 재생에너지협동조합 등에서 지방자치단체가 출자하고 이사회에 참여하는 현상을 어떠한 이론에 의하여 설명하는지 서술한다. 전통적인 미시경제학에서는 가격통제나 수량통제를 통하여 정부가 시장에 개입하게 되면 파레토 비효율이 초래된다고 주장한다. 반면에 유치산업의 발전을 위한 보조금 정책이나 환경보호 등을 위한 세금부과 정책은 외부효과 이론을 통하여 설명한다. 그리고 막대한 규모의 정부의 재화 및 서비스 구매 혹은 공공조달에 투명성과 더불어 최저가 원칙으로 대표되는 효율성이 강조된다. 그러므로 기존의 전통적인 경제학에서는 시장에서의 경제 주체에 대한 정부의 관계는 독립적인 것을 가정한다.

그러나 최근에 정치학 및 행정학에서 정부와 시민사회의 공동생산 이론, 정부와 제3섹터의 파트너십 이론, 신 거버넌스 이론(new governance)이 발전하고 있다. 정치학 배경의 노벨 경제학상 수상자인 오스트롬(E. Ostrom)은 학교 교사, 건강 담당 노동자, 교통순경 등과 같이 전문가(정부)와 서비스 이용자(시민사회) 참여가 결합할 때 서비스의 질과 양이 향상하는 시너지가 나타난다는 점을 확인하고, 정부와 시민의 투입요소 간에 상호 보완성이 있다면 두 요소의 결합에 의해서 시너지가 발생하도록 생산하는 것이 효율적이라고 주장한다.[70] 그리고 오스트롬은 고도로 중앙 집중화된 단일 중심

70 Ostrom(1996).

(monocentric) 정치 시스템보다 다중 중심(polycentric) 정치 시스템에서 이러한 공동생산이 더 잘 나타날 수 있다고 주장한다. 오스트롬은 공동생산의 성공 경험은 시민들에게 수평적 관계와 사회적 자본을 발전시키도록 장려할 수 있음에도 공공 부문과 민간 부문을 분리해야 한다는 논리는 부패를 견제하기 위한 것인데, 이러한 부패를 통제하기 위하여 공공 부문과 민간 부문을 분리하는 것은 다른 형태의 기회주의적 행동을 잉태할 수 있음을 경고한다. 마지막으로 오스트롬은 경제학 교과서나 행정학 교과서, 정치학 교과서에서 시민과 함께 문제를 해결하기 위한 지식 및 노하우에 대한 토론은 거의 다루지 않는다고 비판한다.

그리고 정부와 비영리조직이 파트너십을 통하여 공익 활동을 수행하는 것이 두 섹터가 각각 독립적으로 공익 활동을 수행하는 경우에 비하여 비용 대비 성과가 높게 나타난다는 점을 주장하는 정부와 비영리조직 파트너십 이론이 발전해 온 것도 비슷한 맥락이다.[71] 비영리 섹터의 약점이 정부의 강점을 통하여 보완되고, 정부의 약점은 비영리 섹터의 강점을 통하여 보완되는 방향으로 파트너십이 발전해 왔는데, 이러한 시너지가 잘 발휘되도록 하는 파트너십의 메커니즘을 구명하려고 하는 이론이 신 거버넌스 이론이라고 할 수 있다. 이 이론은 정부조직이 비효율적이라는 이유로 정부의 기능을 민

71 Brinkerhoff(2002), Salamon and Toepler(2015).

간으로 이전하여 시장 메커니즘을 통해 효율성을 제고시킬 필요가 있다고 주장하는 신 공공경영이론(new public management theory)과는 대조적이다.

사회연대경제가 최근에 1차 의료·돌봄·교육 분야, 생산·소비·주거 영역에서 시민참여형 에너지 전환 분야, 인구과소 지역에서의 생태관광, 문화, 사회적 농업 등을 통한 지역발전 분야에 이르기까지 확산되고 있는데, 이러한 분야에서 지방자치단체 및 공공섹터와의 파트너십 혹은 공동생산이 확산될 것으로 전망된다.

참고문헌

김성보 외, 『한국 협동조합운동 100년사 1』, 가을의 아침, 2019.

김신양, 「사회적경제는 어떻게 사회연대경제가 되었나? 사회적경제의 진부화와 연대경제의 도전」, 『한국 사회적경제의 거듭남을 위하여』, 착한책가게, 2021.

김준영·권혜자·최기성·연보라·박비곤, 『플랫폼 경제 종사자 규모 추정과 특성 분석』, 고용정보원, 2019.

노대명·이철선·김현경·길현종·김신양·김솔휘·한솔휘, 『제3차 사회적 기업 육성 기본계획 수립을 위한 기초연구』, 한국보건사회연구원, 2017.

노민선, 「대-중소기업 간 임금격차 국제 비교 및 시사점」, 『임금정보 브리프』, 9(3), 한국노동연구원, 2018.

이승윤·백승호·남재욱, 「한국 플랫폼노동시장의 노동과정과 사회보장제의 부정합」, 『산업노동연구』, 26(2), 2020, pp. 77~135.

임영균·윤홍근, 『프랜차이즈 관계론』, 문음사, 2012.

장용석·박명호·오완근·김보경·조희진·유미현·박찬열, 『글로벌 시대의 사회통합: 세계적 추세와 한국의 위상』, 집문당, 2017.

장종익, 「협동조합기본법 제정 이후 한국협동조합의 역할과 과제」, 『동향과 전망』, 86, 2012, pp. 289~320.

______, 「최근 협동조합섹터의 진화」, 『한국협동조합연구』, 32(1), 2014, pp. 1~25.

______, 「협동조합형 소매체인의 상대적 장점에 관한 탐색적 연구」, 『한국협동조합연구』, 38(3), 2020, pp. 155~175.

______, 『협동조합 경영론』, 박영사, 2023.

______, 「한국 사회적경제의 제도적 특징과 개선과제」, 나주몽 외 공저, 『한국 사회적경제의 성과와 미래』, 전남대학교 출판문화원, 2024.

정무권, 「복지국가의 미래와 사회적경제의 새로운 역할: 지역공동체 복지레짐의 형성」, 『지역발전연구』, 29(3), 2020, pp. 191~249.

______, 「포스트 성장전략과 관계적 복지: 미래 복지국가 패러다임」, 사회정책연

합학회 발표문, 한국보건복지인재원, 2023년 11월 17~18일.
정흥준·장희은, 『특수형태근로(특수고용) 종사자의 규모추정을 위한 기초연구』, 한국노동연구원, 2018.
중소벤처기업부, 「제2차(2019~2021년) 중소기업협동조합 활성화 3개년 계획」, 2019.
한상일, 『지역공동체 참여의 이론과 현실: 지속가능하고 포용적인 공동체를 위한 대안의 모색』, 집문당, 2019.

Borzaga, Carlos and Jacques Defourny, "Conclusions: Social Enterprises in Europe, a Diversity of Initiatives and Prospects," C. Borzaga and J. Defourny, eds., *The Emergence of Social Enterprise*, London and New York: Routledge, 2001, pp. 350~370.
Borzaga, Carlos, Sara Depedri, and Riccardo Bodini, "Cooperatives: The Italian Experience," Working Paper, Trento: ERICSE, 2010.
Borzaga, Carlos and Giulia Galera, "Innovating the Provision of Welfare Services through Collective Action: The Case of Italian Social Cooperatives," *International Review of Sociology*, 26(1), 2016, pp. 31~47.
Bowles, Samuel and Hebert Gintis, "Social Capital and Community Governance," *The Economic Journal*, 112(483), 2002, pp. F419~F436.
Bowles, Samuel and Wendy Carlin, "Shrinking Capitalism: Components of a New Political Economy Paradigm," *Oxford Review of Economic Policy*, 37(4), 2021, pp. 794~810.
Brinkerhoff, Jennifer M., "Government-nonprofit Partnership: A Defining Framework," *Public Adminstration and Development*, 22, 2002, pp. 19~30.
Bruni, Luigino, *La Ferita Dell 'Altro: Economia e Relazioni Umane*, Trento: Il Margine, 2007.
Bruni, Luigino and Stefano Zamagni, *Civil Economy: Efficiency, Equity, Public Happiness*, Oxford: Peter Lang, 2007.
Bruni, Luigino and Luca Stanca, "Watching Alone: Relational Goods, Television and Happiness," *Journal of Economic Behavior & Organization*, 65(3), 2008, pp.

506~528.

Bruni, Luigino and Charles M. A. Clark, *The Wound and the Blessing: Economics, Relationships, and Happiness*, New City Press, 2012(강영선 외 역, 『콤무니타스 이코노미: 모두를 위한 경제는 어떻게 가능한가』, 북돋움, 2020).

Burdín, Gabriel, "Are Worker-managed Firms more Likely to Fail than Conventional Enterprises? Evidence from Uruguay," *ILR Review*, 67(1), 2014, pp. 202~238.

CG Scop, "2016 Rapport d'activites," 2017.

Chaves, Rafael and Jesé L. Monzón, *The Social Economy in the European Union*, Brussels: European Economic and Social Committee, 2007.

Choukroun, Michel, *Le Commerce Associé: Entreprendre Autrement Pour Réussir*, Paris: Dunod, 2013(신재민 역, 『프랑스처럼 협동조합하라』, 소상공인시장진흥공단, 2016).

Coston, Jennifer M., "A model and Typology of Government-NGO Relationships," *Nonprofit and Voluntary Sector Quarterly*, 27(3), 1998, pp. 358~382.

Cottam, Hilary, *Radical Help: How We Can Remake the Relationships between Us and Revolutionize the Welfare State*, Georgina Capel Associates LTD, 2018(박경현·이태인 역, 『레디컬 헬프: 돌봄과 복지제도의 근본적 전환』, 착한책가게, 2020).

Defourny, Jacques, "Chapitre 1. Économie sociale," J. Defourny and M. Nyssens, eds., *Économie sociale et solidaire: Socioéconomie du 3e secteur*, 2017(김신양·엄형식 역, 『사회연대경제: 토대』, 착한책가게, 2021).

Doherty, Bob, Helen Haugh, and Fergus Lyon, "Social Enterprises as Hybrid Organizations: A Review and Research Agenda," *International Journal of Management Reviews*, 16(4), 2014, pp. 417~436.

Dow, Gregory K. and Louis Putterman, "Why Capital Suppliers (usually) Hire Workers: What we Know and What We Need to Know," *Journal of Economic Behavior & Organization*, 43(3), 2000, pp. 319~336.

Draperi, Jean-Frencois and Alix Margado, "Les SCIC, Des Entreprises au Service des Hommes et des Territories," *RECMA*, 340, 2016, pp. 23~35.

Evers, Adalbert and Jean-Louis Laville, eds., *The Third Sector in Europe*, Edward Elgar,

2004.

Fehr, Ernst and Klaus M. Schmidt, "A Theory of Fairness, Competition, and Cooperation," *The Quarterly Journal of Economics*, 114(3), 1999, pp. 817~868.

Fehr, Ernst and Simon Gächter, "Cooperation and Punishment in Public Goods Experiments," *American Economic Review*, 90(4), 2000, pp. 980~994.

Foss, Nicolai, ed., *The Theory of the Firm: Critical Perspectives on Business and Management*, Vol. 4, Taylor & Francis, 2000.

Frank, Robert H., "Positional Externalities Cause Large and Preventable Welfare Losses," *American Economic Review*, 95(2), 2005, pp. 137~141.

Gibbons, Robert, "Visible Hands: Governance of Value Creation—Within Firms and Beyond," in AEA Papers and Proceedings, 110, 2020, pp. 172~176.

Gibbons, Robert and John Roberts, eds., *The Handbook of Organizational Economics*, Princeton University Press, 2013.

ILO, "Decent Work and the Social and Solidarity Economy," ILO resolution, June 2022.

Jang, Jongick, "The Development of Social Economy in South Korea: Focusing on the Role of the State and Civil Society," *VOLUNTAS: International Journal of Voluntary and Nonprofit Organizations*, 28(6), 2017a, pp. 2592~2613.

______, "The Emergence of Freelancer Cooperatives in South Korea," *Annals of Public and Cooperative Economics*, 88(1), 2017b, pp. 75~89.

Kahneman, Daniel, "Objective Happiness," in D. Kahneman, E. Diener, and N. Schwartz, eds., *Well-Being: The Foundations of Hedonic Psychology*, New York: Russell Sage Foundation, 1999.

Kahneman, Daniel, Edward Diener, and Norbert Schwarz, eds., *Well-Being: Foundations of Hedonic Psychology*, Russell Sage Foundation, 1999.

Kranton, Rachel, "Reciprocal Exchange: A Self-sustaining System," *American Economic Review*, 86(4), 1996, pp. 830~851.

Mair, Johanna and Ignasi Marti, "Social Entrepreneurship Research: A Source of Explanation, Prediction, and Delight," *Journal of World Business*, 41(1), 2006, pp. 36~44.

Manyika, James, Susan Lund, Jacques Bughin, Kelsey Robinson, Jan Mischke, and Deepa Mahajan, "Independent Work: Choice, Necessity and the Gig Economy," McKinsey Global Institute, 2016, pp. 1~16.

McCabe, Helen, "John Stuart Mill and Fourierism: 'Association', 'Friendly Rivalry' and Distributive Justice," *Global Intellectual History*, 4(1), 2019, pp. 35~61.

McCabe, Kevin A., Mary Rogdon, and Vernon L. Smith, "Positive Reciprocity and Intentions in Trust Games," *Journal of Economic Behavior and Organization*, 52(2), 2003, pp. 267~275.

Monzón, Jesé L. and Rafael Chaves, *Recent Evolution of the Social Economy in the European Union*, Brussels: European Economic and Social Committee, 2017.

OECD, "Social Economy and the Covid-19 Crisis: Current and Future Role," OECD Publishing, 2020.

Ostrom, Elinor, "Crossing the Great Divide: Coproduction, Synergy, and Development," *World development*, 24(6), 1996, pp. 1073~1087.

Pencavel, John, *Worker Participation: Lessons from the Worker Co-ops of the Pacific North-West*, Russell Sage Foundation, 2001.

Phillips, Wendy, Hazel Lee, Abby Ghobadian, Nicholas O'Regan, and Peter James, "Social Innovation and Social Entrepreneurship: A Systematic Review," *Group & Organization Management*, 40(3), 2015, pp. 428~461.

Piketty, Thomas, *Capital et Idéologie*, Paris: Seuil, 2019(안준범 역, 『자본과 이데일로기』, 문학동네, 2020).

Putnam, Robert D., *Bowling Alone: The Collapse and Revival of American Community*, Simon and Schuster, 2000.

Rabin, Matthew, "Incorporating Fairness Into Game Theory and Economics," *The American Economic Review*, 83(5), 1993, pp. 1281~1302.

Salamon, Lester M. and Stefan Toepler, "Government-nonprofit Cooperation: Anomaly or Necessity?" *VOLUNTAS: International Journal of Nonprofit and Voluntary Organizations*, 26, 2015, pp. 2155~2177.

Seaman, Bruce A. and Dennis R. Young, *Handbook of Research on Nonprofit Economics and Management*, Edward Elgar Publishing, 2010.

Social Economy Europe, *The Future of EU Policies for the Social Economy: Towards a European Action Plan*, Brussels: SEE, 2018.

UN, "Promoting the Social and Solidarity Economy for Sustainable Development," The General Assembly Resolution, March 27, 2023.

Vaillant, George E., *Triumphs of Experience: The Men of the Harvard Grant Study*, The Belknap Press of Harvard University Press, 2012(최원석 역, 『행복의 비밀: 75년에 걸친 하버드대학교 인생관찰 보고서』, 21세기북스, 2013).

Von Heimburg, D. and Ottar Ness, "Relational Welfare: A Socially Just Response to Co-creating Health and Wellbeing for All," *Scandinavian Journal of Public Health*, 49(6), 2021, pp. 639~652.

Zamagni, Stephano and Luigino Bruni, *Civil Economy*, 2007(제현주 역, 『21세기 시민경제학의 탄생: 관계 속 행복의 관점으로 경제학을 재구성하다』, 북돋움, 2015).

Zamagni, Stephano and Vera Zamagni, *LA COOPERAZIONE*, 2009(송성호 역, 『협동조합으로 기업하라』, 북돋움, 2012).

chapter 06

플랫폼 노동

1. 플랫폼 노동이란?
2. 얼마나 많은 사람이 플랫폼 노동을 하는가?
3. 플랫폼 노동은 어떻게 일하는가?
4. 우리는 플랫폼 노동에 왜 관심을 가지는가?
5. 그렇다면 이들에게 무엇이 필요할까?
6. 글을 맺으며

디지털 플랫폼을 통해서 일거리를 얻는 플랫폼 노동(platform labor)은 긱 노동(gig work)의 한 형태이다. 플랫폼 노동자는 2023년 고용노동부 조사에서 약 90만 명으로 추정되나 아직 공식적인 통계는 없는 실정이다. 불특정 다수를 상대로 하여 일거리를 주고받는다는 특성이 있음에도 플랫폼 노동은 시장에서 수요독점 현상이 나타나기도 한다. 한국을 비롯한 여러 국가에서는 플랫폼 노동을 보호하기 위한 장치로서, 이들 가운데 노동자가 분명함에도 계약관계를 내세워 독립계약자로 잘못 구분하지 않도록 하는 오분류(misclassification) 방지, 노동조합 설립을 인정하는 것과 같이 협상력 높이기, 고용·산재보험 가입 지원 등의 사회 안전망 강화에 노력하고 있다.

1. 플랫폼 노동이란?

최근 한국 사회만 아니라 많은 국가에서 급증하고 있는 새로운 형태의 고용관계로 보이는 플랫폼(platform) 노동을 여기에서 다루기로 한다. 자본주의 사회에서는 고용주(employer)가 고용계약을 체결한 노동자(employee)에게 임금을 지급하고, 노동자는 노동력을 제공하는 방식으로 관계를 맺는다. 이와 함께 고용주는 실업·산업재해, 질환·은퇴 등의 위험에 대비하는 사회보험의 보험료를 전부나 일부 지원한다. 게다가 고용주는 노동자에게 일정 금액의 임금 지급을 약속하였기에 재화·서비스 수요의 변동으로부터 오는 위험을 대부분 자신이 떠안게 된다.

한국은 1998년 외환 부족 사태가 빚은 경제적 위기를 극복하는 과정에서 이와 같은 전통적 고용관계의 해체가 나타났다. 예를 든다면, 택배기사일 것이다. 이전에는 택배회사에 소속되었던 운전기사가 회사 소유의 차량을 운전하여 물품을 배달하였다면, 이제는 기사가 택배회사와 도급계약을 체결하고 자신이 소유한 차량으로 택배 업무를 수행하게 된다. 말하자면, 택배기사는 노동자가 아니라 '사장님'이다. 이 때문에 택배회사는 더 이상 이들에게 사회보험을 지원하지 않아도 된다. 그리고 도급계약이기에 택배 서비스 수요의 변동은 고스란히 택배기사에게 넘어간다. 이러한 변화는 몇 년이 지나지 않아 사회적 문제로 부상하였으며, 지금도 진행 중이다.[1]

그런데 디지털 기술의 발전에 따른 스마트 기기 사용의 확산은 이처럼 고용관계도 아니며, 그렇다고 경제적 계약관계라 하기도 모호한 영역의 계약을 더욱 많이 만들어 내었다. 플랫폼 노동이 대표적이다. 디지털 전환 시대에 마치 미래의 노동처럼 여겨지기도 하는 플랫폼 노동의 한국적 상황을 이 글에서 탐색하기로 한다. 어찌 보면, '한국적 상황'이라고만 하기도 어렵다. 지금 세계 각국에서 플

---

1 택배기사는 종속적 관계가 인정되어 2012년 5월 1일부터 산재보험에, 2021년 7월 1일부터 고용보험에 가입할 수 있게 되었으며, 고용·산재보험료 절반은 사업주가 부담하도록 하고 있다.

랫폼 노동이 문제가 되고 있기 때문이다. 그러면 플랫폼 노동이 왜 문제가 되는지, 그리고 어떠한 대응이 필요한가를 하나씩 논의하기로 한다.

도대체 플랫폼 노동이 무엇인가 생소해할지도 모르겠다. 플랫폼 노동은 우리 주위에서 쉽게 찾아볼 수 있다. 우리가 집에서 족발을 배달앱으로 주문하였을 때, 조금만 기다리면 족발을 들고 집을 방문하는 배달 라이더가 바로 그들이다. 또한 집안일을 도와주는 돌보미나 심부름을 대신해 주는 사람이 플랫폼 노동일 수 있다. 물론 한 가지 조건은 있다. 그들이 스마트 기기의 앱을 통하여 그 일거리를 찾아야 한다는 것이다.

그렇다면 왜 '플랫폼'이라는 말이 앞에 붙는 것일까? 플랫폼이 그리 낯선 단어는 아닐 것이다. 지하철이나 기차를 이용하는 사람이라면, 지하철이나 기차를 기다리는 장소가 플랫폼임을 알고 있기 때문이다. 그렇지만 플랫폼 노동이라 할 때, 이 플랫폼은 그런 눈에 보이는 장소가 아니다. 일종의 '가상공간'(cyberspace)이라 보면 된다. 굳이 정의를 한다면, "외부 생산자와 소비자가 상호 작용을 하면서 가치를 창출할 수 있게 해 주는 것에 기반을 둔 비즈니스"라는 것이 파커 외(G. Parker *et al.*)의 설명이다.[2] 이게 무슨 말인가 하겠지만, 위의 사례를 그대로 가져와 보기로 한다. 우리는 족발을 앱으로 주문하는

---

2 Parker *et al.*(2016), p. 35.

순간 '소비자'가 된다. 그리고 우리의 주문을 받는 족발집 주인은 바로 '외부 생산자'이다. 소비자는 앱으로 족발을 주문하고, 이 주문을 족발집 주인이 받아들이는 것으로 '상호 작용'이 이루어지면서 족발 요리와 배달로부터 일종의 '가치'가 창출된다. 이러한 과정이 이전에는 소비자가 직접 족발집에 찾아가서 요리된 족발을 받으면서 족발값을 계산하는 방식으로 이루어졌다. 이제는 이 '비즈니스'의 상당 부분이 가상공간에서 이루어진다.

플랫폼 노동도 마찬가지이다. 플랫폼을 위와 같이 이해할 때, 플랫폼 노동을 "플랫폼에서 상품처럼 거래되는 노동"[3]이라 하고, "디지털 플랫폼을 통해서 고객이나 일거리(short jobs, tasks, projects)를 얻는 노동"[4]이라 하였을 때, 우리는 이 해설에 고개를 갸우뚱거리지 않게 된다.

조금 더 알아보기로 한다. 장지연은 플랫폼 노동이라면, 〈표 6-1〉과 같은 네 가지 특성을 가져야 한다고 하였다.[5] 첫 번째 특성은 이미 앞에서 설명한 것이다. 괄호 속의 '재화를 거래하는 플랫폼이나 자산임대 플랫폼을 제외'라고 한 것은 '노동'이라는 서비스를 제공하여야 함을 나타낸다. 예를 들어, 숙박 플랫폼의 경우에는 '방'이라는 휴게 공간이 제공되는 것이지 '마사지'와 같은 노동 서비스

3 박제성(2016), p. 3.
4 장지연(2020), p. 10.
5 장지연 외(2020), p. 43.

| 표 6-1 | 플랫폼 노동의 정의

① 디지털 플랫폼에서 거래되는 것이 서비스나 가상재화일 것(=재화를 거래하는 플랫폼이나 자산임대 플랫폼을 제외).
② 플랫폼이 일자리가 아니라 '일거리'를 중개할 것(short jobs, projects, tasks).
③ 플랫폼이 노동의 대가(보수)를 중개(=단순한 광고 게시판이 아니라, 거래의 성사 여부와 거래금액이 플랫폼에 기록으로 남아 있을 것).
④ 플랫폼을 통해 연결되는 일거리가 불특정 다수에게 열려 있어야 함(=특정인에게 과업을 배정하기 위해 활용하는 경우를 배제).

자료: 장지연(2022), p. 43.

는 거래되지 않는다. 마찬가지로 요즈음 많은 사람이 자신에게 더 이상 필요하지 않은 물품을 교환하는 '당○마켓'처럼 '물품'이 거래되는 것도 해당하지 않는다.

다음으로 두 번째 특성이 중요하다. '일자리'가 아니라 '일거리'라는 것이다. 'short jobs', 'projects', 'tasks'에서 짐작되듯 오랜 기간에 걸쳐 동일한 노동 서비스를 제공하는 '일자리'가 아니라는 것이다. 배달 라이더가 족발을 배달하는 서비스, 몇 달에 걸쳐 영문 번역을 해 주는 서비스와 같이 그리 길지 않은 기간에 걸쳐 '노동'이라는 상품이 거래된다는 것이다.

세 번째 특성은 플랫폼의 역할을 강조하였다고 보면 좋을 것이다. 한 가지 예로 우버를 들 수 있다. 고객이 앱으로 우버 택시를 부를 때, 이용이 끝나면 바로 앱에서 미리 등록하여 둔 카드로 결제가 이루어진다. 이처럼 플랫폼이 노동의 대가나 보수를 중개하면서 거래 내용이 모두 플랫폼에 기록되며, 나중에 주기적으로 우버 기사에게 서비스 요금이 정산되는 것이다.

네 번째로 어느 '특정인'이 아니라 '불특정 다수'에게 일거리가 열려 있어야 한다는 특성 역시 중요하다. 어떤 부모가 2시간 정도 외출을 해야 해서 아이를 돌보아 줄 사람을 앱으로 찾았다고 하자. 이전에는 소개소나 지인의 소개를 받은 사람에게 돌봄을 부탁하였을 것이지만, 지금은 '째깍악◇'이라는 앱을 이용한다면, 쉽게 아이를 돌보아 줄 사람을 찾을 수 있다. 이때 우리가 알아야 할 사실은 어느 특정한 사람이 아니라 이 앱에 등록된 모든 돌보미에게 누군가가 2시간 서비스를 필요로 한다는 호출이 전달된다는 것이다. 그러면 시간이 맞아서 가장 먼저 호출을 잡은 사람이 그 일거리를 맡게 된다.

이렇게 길게 플랫폼 노동을 설명한 까닭은 무엇일까? 두 가지 이유이다. 첫 번째는 그렇다면 노동시장에서 플랫폼 노동을 하는 사람은 얼마만큼 있을까를 알아낼 수 있다. 플랫폼 노동이라는 정의가 들쭉날쭉하게 되면, 플랫폼 노동을 하는 사람이 도대체 몇 명인지 알 수가 없게 된다. 그리고 두 번째로 이들이 급증하고 있다는데, 이들의 노동은 정말 괜찮은 일자리(decent work)인가를 살펴볼 수 있게 된다. '괜찮은 일자리'는 무엇인가라는 물음도 따를 것이다. 간단하게 설명한다면, 오수현은 괜찮은 일자리란 "생산적이고 공정한 소득을 가져다주는 기회를 수반하며, 안전한 일터뿐 아니라 노동자와 그의 가족들에게 사회적 보호를 제공하고, 개인의 발전을 위한 보다 가능성을 제공하는 일자리"를 뜻한다고 보고 있다.[6]

지금까지 플랫폼 노동이란 무엇인가를 알아보았다. 이제 아래에서는 다음의 물음을 차례로 살펴보기로 한다. 첫째, 플랫폼 노동은 어느 정도의 규모이며, 이는 어떠한 방식으로 측정되는가? 둘째, 이 노동이 왜 문제가 되는가? 그리고 마지막으로 이 문제를 해결하기 위하여 어떠한 사회적 노력이 필요하며, 그 노력이 과연 진행되고 있는가?

2. 얼마나 많은 사람이 플랫폼 노동을 하는가?

결론부터 말하면, 플랫폼 노동을 하는 사람이 몇 명인지를 알려주는 공식적인 통계는 아직 없다. 그렇다고 해서 전혀 파악이 되지 않은 채 깜깜한 것은 아니며, 몇몇 연구에서 플랫폼 노동 규모를 추산하려는 시도를 이미 하였다. 이들 연구에서는 플랫폼 노동을 넓은 의미로 정의한다면 200만 명이 넘으며, 좁게 해석한다면 약 70만 명 수준에 이른다고 보았다. 조금 더 좁혀서 20만 명 정도로 보기도 한다.

6 오수현(2017), p. 116.

그렇다면 앞선 연구에서 파악하고 있는 플랫폼 노동을 하는 사람은 어느 정도나 될까? 플랫폼 노동 규모를 말할 때, 장지연(2020)과 김준영 외(2021)의 두 연구가 많이 참고된다. 먼저 장지연은 15~64세 인구를 모집단으로 하여 전화로 9만 명을 조사하였다. 조사는 2020년 10~11월에 걸쳐 실시되었는데, 조사 결과에 따르면 플랫폼 노동자는 22만 명 수준에 이르렀다.[7] 이는 취업자의 0.92%로서, 말하자면 수입을 목적으로 일하는 사람 100명 가운데 약 1명이 플랫폼을 통하여 일거리를 얻고 있음을 뜻한다.

다음으로, 2021년 8월에 고용노동부와 한국고용정보원이 공동으로 실시한 '플랫폼 종사자 규모 추정과 근무실태조사'를 김준영 외가 정리하였다. 김준영 외는 장지연의 정의에 따르되 '광의'와 '협의'로 구분하였다. 광의의 플랫폼 종사자는 "지난 3개월 동안 스마트폰 앱(어플)이나 웹사이트 등의 온라인 플랫폼의 중개 또는 알선을 통해 일감을 얻고 고객에게 서비스를 제공하여 수입을 얻은 적이 한 번이라도 있습니까?"라는 문항에 대해서 "그렇다"라고 응답한 경우이다. 이는 장지연의 첫 번째와 두 번째 특성을 충족하는 경우로서 15~69세 취업자 2,588만 5,000명의 8.5% 수준인 219만 7,000명이었다. 그리고 협의의 플랫폼 종사자는 장지연과 같은 정의로서 15~69세 취업자의 2.6%인 66만 1,000명이었다.[8]

7 장지연(2020), p. 3.
8 김준영 외(2021), p. 16.

| 표 6-2 | 주요 플랫폼 종사자 직종별 규모

(단위: 천 명, %)

직종	2021	2022	2023	증감률 (2022)	직종	2021	2022	2023	증감률 (2022)
배달·운전	502	513	485	Δ5.5	가사·돌봄	28	53	52	Δ1.9
전문 서비스 (교육·상담 등)	53	85	144	69.4	창작 활동 (디자인 등)	19	36	50	38.9
컴퓨터 단순 작업 (데이터 입력 등)	31	57	87	52.6	IT 서비스 (SW 개발 등)	14	17	41	141.2

자료: 고용노동부 보도자료(2024), p. 2.

그리고 2023년 고용노동부는 한국고용정보원과 공동으로 '2023년 플랫폼 종사자 실태조사'를 실시하여 발표하였다. 전국에서 무작위로 추출된 5만 명(15~69세)을 대상으로 하여 표본조사를 실시한 결과, 2023년 플랫폼 종사자 규모가 88만 3,000명으로 2022년 79만 5,000명 대비 8만 8,000명 증가하였다고 한다. 이 결과에서 Covid 19로 '거리두기'라는 일시적 격리가 플랫폼 노동의 발달을 가속하였을 것으로 추측되었다. 〈표 6-2〉에서 볼 수 있듯이 배달·운전이 비록 2022년보다 줄어들었어도 여전히 절반을 넘어서고 있다. 우리가 눈여겨보아야 할 점은 컴퓨터 단순 작업과 같은 단순 작업도 늘고 있지만, 전문 서비스나 IT 서비스, 창작 활동과 같은 전문직업이 증가하고 있다는 사실이다.

외국에서도 유사한 시도가 있었다. 브란카티 외(U. Brancati *et al.*)는 디지털 노동 플랫폼(digital labour platforms)의 정의를 "알고리즘 방식으로 노동 서비스 거래를 알선하는 디지털 네트워크"(digital

| 그림 6-1 | 디지털 노동 플랫폼을 통하여 서비스를 제공하는 사람(2017~2018년)

(단위: %)

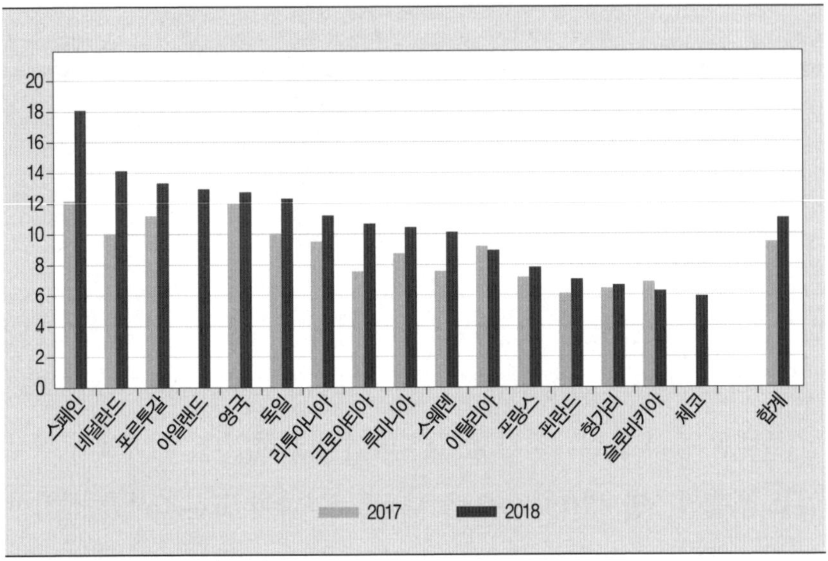

자료: Urzi Brancati *et al.*(2020), p. 15.

networks that coordinate labour service transactions in an algorithmic way)[9] 라 하고, Joint Research Centre(JRC)의 COLLEEM 조사(COLLaborative Economy and EMployment surveys)를 인용하였다. 2017~2018년 조사 결과를 보면, 14~16% 정도가 디지털 노동 플랫폼을 통하여 일을 하고 있었다.

미국은 브라크 외(A. Brach *et al.*)에 따를 때, 플랫폼 노동이라기보다 유사하면서도 약간 다른 정의인 긱 경제 노동(gig economy work)을

9 Urzi Brancati *et al.*(2020), p. 7.

이용하고 있다. 먼저 이 노동의 정의는 다음과 같다. 첫째, 노동자 소유의 가치나 시간, 기술을 수익으로 하고, 둘째 작업 단위로 수익이 계산되며, 셋째 언제 얼마만큼 일할지를 노동자가 선택할 수 있도록 하고, 넷째 장기 계약은 하지 않아 건강보험과 실업보험 같은 혜택이 없는 경우이다. 이는 온라인 노동과 오프라인 노동으로 구분된다. 우리가 말하는 플랫폼 노동은 바로 온라인 긱 노동에 해당할 것이다. 2015년에 실시된 조사에 따르면, 미국 가구주의 32.5%가 긱 노동자로 분류되며, 이 가운데 노동집약적 비공식 노동을 하는 경우는 가구주의 18.5%였다. 그리고 특히 온라인 긱 노동자는 이들 가운데 30.5% 수준이었다.[10]

다행스러운 한 가지 소식이라면, 2024년 주요 업무 추진계획으로서 '신 종사상 지위 기준 고용통계 조사'를 실시하겠다는 통계청 발표이다.[11] 이 신 종사상 지위에는 플랫폼 노동자와 같은 의존계약자가 포함된다. 2018년 국제노동기구(ILO)는 국제종사상 지위 분류(International Classification of Status in Employment)를 개정하고, 앞으로 이 분류에 따라 고용통계를 작성할 것을 회원국에 권고하였다. 이 개정된 분류에서 플랫폼 노동과 관련이 있는 것은 'dependent contractors'[12]이다. 이 개념이 종사상 지위에 추가된 것이다. 이에 따

10 Brach *et al.*(2021), p. 2.
11 통계청(2024), p. 5.
12 통계청(2024)은 이를 '의존계약자'라 번역하였다.

라 한국 통계청은 개정안으로서 이전의 '비임금 근로자'를 '이윤 목적 취업자'라 하고, 이를 세분화하여 '개인기업 독립 취업자', '의존 계약자', '무급가족종사자'로 하거나 '지휘권한(authority) 유형'에 따라 '독립 취업자'(고용주, 고용원이 없는 자영업자)와 '의존 취업자'(의존 계약자, 임금 근로자, 무급가족종사자)로 하겠다는 계획을 2021년 10월에 국가통계위원회 통계정책분과위원회에 보고하였다. 2024년 말에는 한국에서 플랫폼 노동으로 수입을 얻는 취업자가 몇 명인지를 알 수 있게 될 것이다.

3. 플랫폼 노동은 어떻게 일하는가?

설명을 배달 라이더로 시작하여 쉽게 이해할 수 있을 듯하지만, 플랫폼 노동은 생각보다 복잡하다. 먼저 일정 지역 이내에서 업무를 수행하는 지역 기반(local-based) 플랫폼 노동이 있다. 대표적인 사례가 배달 라이더이다. 경기도 북부 어느 지역에서 배달을 하는 라이더가 경기도 남부 지역의 배달 일을 하지는 않는다. 하지 않는 것이 아니라 사실은 못한다고 보아야 한다.

그리고 전국, 아니 전 지구상에서 업무가 가능한 웹 기반(web-based) 플랫폼 노동이다. 예를 들어, 프랑스의 어느 한국어 학습자가 한국 시를 프랑스어로 번역해 주기를 희망하는 주문을 어느 서비스

|그림 6-2| 디지털 노동 플랫폼 분류

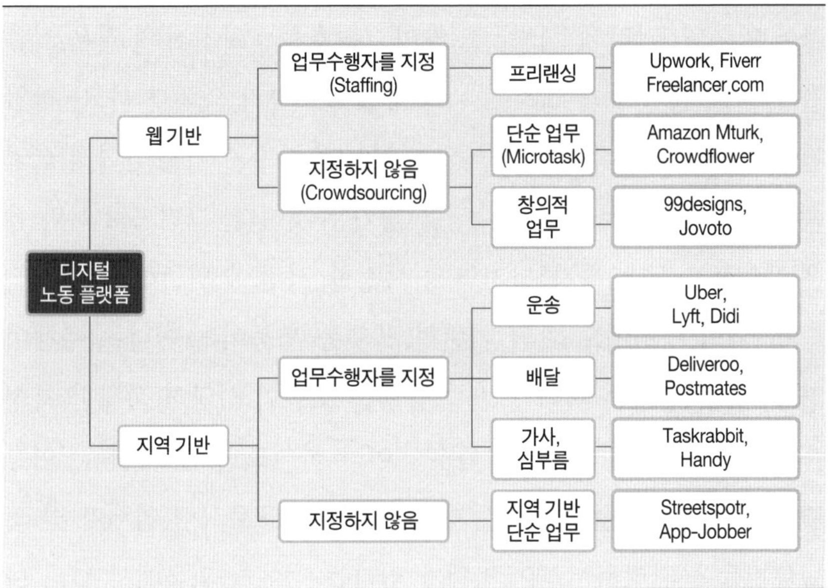

자료: 최기산·김수한(2019), p. 6.

사이트에 올렸다고 하자. 마침 프랑스 문학을 전공한 어느 한국인이 이 주문을 받아들였다면, 그 한국인은 웹 기반형 플랫폼 노동을 하게 되는 것이다.

〈그림 6-2〉에서 볼 수 있듯이 플랫폼 노동은 크게 웹 기반형과 지역 기반형으로 나누게 된다. 웹 기반과 지역 기반 모두 특정 업무수행자를 지정할 수도 있고, 그렇지 않을 수도 있다. 그리고 그림에서 볼 수 있듯이 지역 기반형은 주로 단순 업무가 많으며, 웹 기반형도 단순 업무가 적지 않으나 전문적이거나 창의적인 일거리가 거래된다.

웹 기반형 단순 업무의 전형적인 사례는 사진 이미지에 이름을 붙이는 일이다. 어느 사진 한 장에 사람, 고양이, 신호등, 자전거가 들어 있다면, 각각에 '사람', '고양이', '신호등', '자전거'와 같은 이름을 붙여 주는 작업을 불특정 다수에게 발주자가 의뢰를 하고, 작업 건수당 금액을 약속하면, 그야말로 불특정 다수가 이를 받아서 작업을 함으로써 작업량만큼의 수당을 챙기는 것이다. 그러므로 이와 같은 플랫폼 노동은 특정한 '지역'과 특정한 '사람'에 의존하지 않는다.

외국의 경우에도 지역 기반형 플랫폼 노동이 늘어나는 추세이긴 하지만, 한국은 지역 기반형 플랫폼 노동이 상당히 복잡한 특성을 보인다. 이른바 '한국적 특수성'이라 하여도 좋을 것이다. 이승렬 외에서 "한국 플랫폼 노동자들은 플랫폼 프로그램 업체가 있고, 노동자들을 관리하는 대행업체가 있다는 점에서 외국에서 널리 나타나는 플랫폼 노동과는 다소 차이가 있다"고 한 것은 바로 이를 말한다.[13] 치킨 배달을 예로 들어 보기로 한다. 먼저 어느 소비자가 치킨을 앱으로 주문하면, 치킨집이 이를 접수하여 치킨을 조리하면서 프로그램으로 배달 주문을 넣게 된다. 치킨집 주인의 배달 주문을 받은 배달업체는 역시 배달기사에게 배달을 주문하는 프로그램을 이용하여 자신과 계약을 맺은 배달기사에게 이른바 '콜'(call)을 띄운다. 그러면 다수의 배달기사가 이 콜을 잡아서 해당 치킨집에 가서 조리된 치킨을 받아 소비자에게 전달함으로써 모든 과정은 종료

13 이승렬 외(2018), p. 114.

된다. 쉽게 말해서, 세 개의 프로그램이 작동하는 것이다. 굳이 말하면, 세 개의 프로그램이라기보다 치킨집 주인의 배달 주문이 사실은 바로 치킨집과 계약한 배달업체의 프로그램에 바로 들어가면서 배달기사에게 이 정보가 전달되는 만큼 두 개의 프로그램이 작동한다고 보아야 한다. 소비자－치킨집 주인을 연결하는 상품(서비스) 주문 프로그램, 그리고 치킨집 주인－(배달업체)－배달기사를 연결하는 배달 서비스 주문 프로그램이다. 이것을 정리하면 〈그림 6-3〉과 같은데, 여기서 '배달주문앱'은 소비자와 생산자를 중개하는 플랫폼이며, '딜리버루'는 배달이라는 노동 서비스 수요와 공급을 중개하는 플랫폼이다.

|그림 6-3| 딜리버루 플랫폼 작동 원리

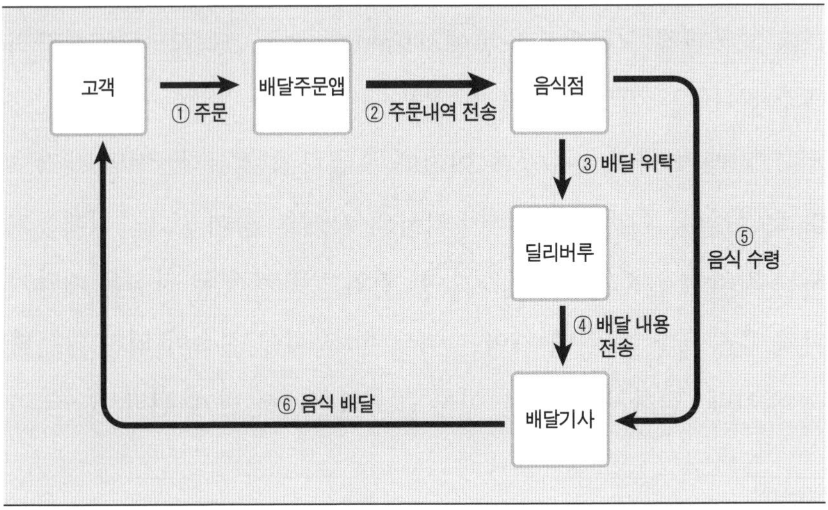

자료: 최기산·김수한(2019), p. 9.

그런데 〈그림 6-3〉에서 한국적 특수성이라 한다면, 딜리버루에 해당하는 프로그램사가 직접 배달기사와 계약을 맺지 않는다는 것이다. 물론 우리가 잘 알고 있는 배달의민족은 배달기사를 정규직으로 고용하는 경우이므로 예외적이다. 프로그램사는 보통 대리점이라고 하는 위탁업체를 통하여 배달기사와 연결한다. 〈그림 6-3〉에서 '딜리버루'와 '배달기사' 사이에 '대리점'이라는 또 하나의 매개가 끼어들게 된다.[14] 바로 이 대리점이라 하는 위탁업체가 사실상의 인력공급자 역할을 맡는다. 그렇다고 이들이 배달기사를 직접 고용하는 것도 아니다. 이전에는 배달 업무를 지시하기도 하였지만, 「근로기준법」의 '근로자'로 인정되지 않도록 업무지시를 가급적 하지 않는 쪽으로 하면서 이들을 간접적으로 관리한다. 마치 건설업이나 조선업, 심지어 제조업에서도 볼 수 있는 1차 도급, 2차 도급과 같은 중층적 고용관계가 플랫폼 노동에서도 나타난다. 그래서 이를 '한국적 특수성'이라는 이름을 붙인 것이다.

그런데 한국적 특수성은 여기에서 끝나지 않는다. 정말 생각보다 복잡하다. 이번에는 퀵배송기사의 사례를 들어 보자. 퀵배송기사는 지역이 일종의 배송이 가능한 권역으로 커질 뿐 사실은 배달기사와 유사하다. 그런데 차이는 어느 한 업체에 전속이 되지 않는다는 것이다. 말하자면, 콜을 여러 프로그램에서 받게 된다. 물론 이

14 물론 딜리버루가 이러한 시스템을 갖추고 있다는 것은 아니다.

|그림 6-4| 퀵서비스 사업 구조

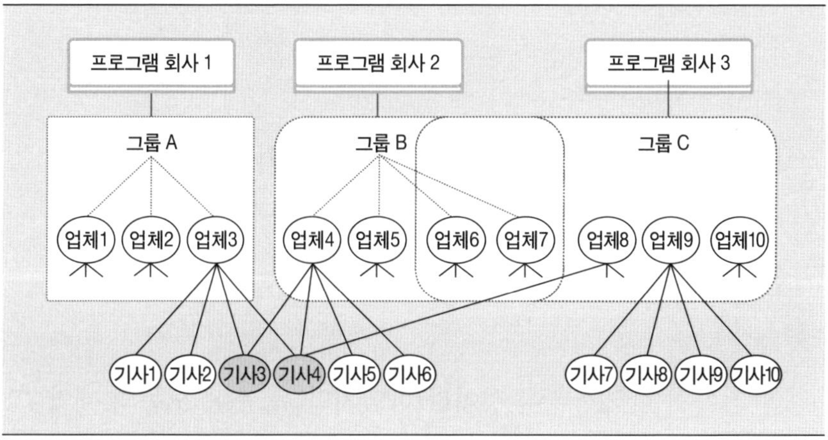

자료: 이승렬 외(2018), p. 117.

들은 어느 한 업체 소속이기도 하다. 퀵배송기사는 처음에 어느 퀵배송업체와 계약을 체결하면서 일을 시작한다. 그렇다고 해서 이 업체가 중개하는 서비스만 맡지 않고, 이 업체들의 연합이 함께 띄우는 배송 주문(이른바 '콜')을 기사가 맡는 방식이다. 다시 말해서, 여러 업체가 띄운 콜에서 자신에게 적합한 콜을 잡아서 퀵배송기사는 일을 하게 된다. 계약은 한 업체와 하였지만, 실제로는 여러 업체와 일을 하므로 업무방식으로 볼 때는 마치 여러 업체와 계약한 셈이 된다. 〈그림 6-4〉의 기사 3과 기사 4가 이에 해당하는데, 지금은 이와 같은 형태가 오히려 일반적이다.[15] 이것이야말로 진화한 '한국적

15 이전에는 그림의 '업체 9'와 같이 기사들이 전속으로 일을 하였다.

특수성'이라 하겠다.

4. 우리는 플랫폼 노동에 왜 관심을 가지는가?

1) 노동자와 프리랜서

앞 절에서 한국적 특수성이라 하였지만, 플랫폼 노동의 계약 그리고 일 처리 구조가 복잡한 만큼 많은 사회적 논제를 품고 있는 것이 현실이다. "첫째, 임금 노동과 비임금 노동의 경계가 모호해지고 있다. 예를 들어, 음식배달기사는 비임금 노동자인가, 임금 노동자(그렇다면 플랫폼이 사용자인가, 음식배달업체가 사용자인가)인가? 둘째, 영리 노동과 비영리 노동의 경계가 모호해지고 있다. 카카오 카풀 서비스는 영리 노동인가, 비영리 노동인가? 셋째, 취업과 실업의 경계가 모호해지고 있다. 플랫폼 노동자가 노동을 제공하고 있지 아니한 상태는 취업인가, 실업인가?"[16] 이를 이승렬 외는 '탈경계화'라 이름을 붙였다.

경계가 모호해지고 있다는 말에서 알 수 있듯이 플랫폼 노동은 이른바 조준모 외가 말하듯이 "근로자와 자영업자 사이에 존재하는

16 이승렬 외(2018), p. 61.

회색지대"[17]에 위치한다. 그렇다고 회색지대에만 있지는 않다. 일부는 '근로자'이며, 일부는 '자영업자'이기도 하다. 말하자면, 스펙트럼이 크다고 하겠다.

여기서 '근로자' 정의를 잠깐 언급한다. 일반적으로 우리가 근로자라 할 때는 통계청의 경제활동인구조사에서 쓰는 정의를 많이 인용한다. 경제활동인구조사는 매월 15일이 있는 1주간에 조사대상자가 어떠한 활동을 하였는지를 조사한다. 이 주간에 1시간이라도 수입을 목적으로 일한 사람을 '취업자'라 하고, 취업자 가운데에서 누군가(개인, 가구, 사업체)와 고용계약을 체결하여 일하고, 급여, 봉급, 일당, 현물 등의 형태로 급여를 받는 사람을 근로자로 간주한다. 이에 해당하지 않는 범주로서 '비임금 근로자'를 설정하고, 비임금 근로자는 자영업자와 무급가족종사자로 나눈다. 무급가족종사자는 쉽게 말해서 급여 없이 가족이나 친척의 일을 돕는 사람이며, 자영업자는 자기 책임 아래 사업체를 직접 경영하는 사람을 일컫는다.

이와 달리 「근로기준법」에서는 '근로자'와 '사용자'로 구분을 한다. 근로자는 법 제2조(정의)에서 "직업의 종류와 관계없이 임금을 목적으로 사업이나 사업장에 근로를 제공하는 사람"이며, '사용자'는 "사업주 또는 사업 경영 담당자, 그 밖에 근로자에 관한 사항에 대하여 사업주를 위하여 행위하는 자"로 하고 있다. 참고로 '근로계

17 조준모 외(2007), p. 5.

| 표 6-3 | 근로자와 프리랜서의 구분

	근로자	프리랜서(자영업자)
계약 형태	고용계약	도급계약
소득세	근로소득	사업소득/기타소득
급여	고정급여	고정급여 없음
위험 부담	사용자	본인
사회보장	4대 보험 적용 (사업주가 보험료 일부(전액) 부담)	4대 보험 임의 가입(일부 제외) 본인 부담

약'은 "근로자가 사용자에게 근로를 제공하고 사용자는 이에 대하여 임금을 지급하는 것을 목적으로 체결된 계약"이며, '임금'이란 "사용자가 근로의 대가로 근로자에게 임금, 봉급, 그 밖에 어떠한 명칭으로든지 지급하는 모든 금품"에 해당한다.

플랫폼 노동이 회색지대에 있다는 말은 이들이 사용자(사업주)와 체결하는 계약이 근로계약인가의 문제이다. 근로를 제공하는 것은 명확하지만, 이들이 임금을 지급하는가의 문제이기도 하다. 〈표 6-3〉을 보면 조금 더 이해하기 쉬울 것이다. 표에서 볼 수 있듯이, 고용계약의 경우에는 사용자가 고정된 급여를 지급하는 대신 근로자는 자신의 노동력을 제공한다. 그리고 고용관계로부터 발생할 수 있는 각종 위험으로부터 사용자가 상당 부분 보호를 해 주게 된다. 예를 들면, 실업이라는 위험에 대비하기 위하여 고용보험에 가입하거나 은퇴 이후의 소득을 보장해 주기 위하여 국민연금 보험료 절반을 납부해 준다. 하지만 프리랜서(자영업자)는 사용자와 독립된 관계로서 일거리 제공을 전제로 도급계약을 체결한다. 프리랜서가 맡은 일을 완수하면, 이에 대한 대가가 주어지며, 각종 위험은 전적으로 본인이 떠안아야 한다.

이처럼 근로자의 경우에는 소득과 위험 분산을 사용자가 부담하는 몫이 있어, 프리랜서와 비교할 때 같은 일이라도 사용자가 부담하는 비용은 더 들게 된다. 근로자를 채용하는 데 드는 비용, 교육하는 데 드는 비용 등이다. 대신 이런 비용은 프리랜서와 계약을 하게 되면, 사용자로서는 상대적으로 부담이 덜 하다. 이뿐만 아니다. 사용자가 모르는 사이에 근로자는 태업을 할 수도 있다. 게다가 해고가 쉽지 않다면, 사용자로서는 그 태업을 막을 수도 없는 일이다. 만일 일거리가 없어지더라도 사용자는 계약을 맺고 있기에 근로자에게 급여를 주어야만 한다. 반대로 프리랜서는 일거리가 없어지면, 계약관계 해소로 사용자는 부담을 줄일 수 있다. 이러한 사정이 이른바 '회색지대' 확장의 배경이 된다.

이 확장을 가능하게 한 것이 바로 플랫폼이다. 플랫폼을 통하여 거래되는 노동은 공장제도에서 협업이나 분업을 해야만 하였던 노동을 바꾸고 있다. 노동을 한 사람이 처리할 수 있는 일거리로 마치 조각처럼 쪼갤 수 있게 된 것이다. 게다가 이전 같으면, 구인공고를 어느 담벼락에 붙여 일꾼을 찾아야만 하였지만, 이제는 플랫폼으로 쉽게 사람을 찾을 수 있다.

프리랜서도 마찬가지이다. 고용관계 속에서는 아무리 열심히 일을 하여도 잘해야 성과급이라는 형태로 보상을 받을 수 있었지만,

프리랜서로 일하게 되면 자신이 일한 만큼 소득을 올리게 된다. 실업 걱정만 없다면, 굳이 고용보험료 절반을 부담하여야 할 필요도 없다. 산재보험도 마찬가지이다. 이런 사회보험료는 아무런 혜택이 없는 세금처럼 인식이 될 뿐이다.

전문적인 기술을 필요로 하지 않는 일거리가 늘면서 누구나 쉽게 이 프리랜서 시장에 진입을 할 수 있다 보니 대우는 좋아지지 않는다. 프리랜서라는 말도 더 이상 자유로운 전문직을 뜻하지도 않는다. 앞에서 설명한 것처럼 이들은 사용자가 특정되지 않아 독립적인 존재로 여겨질 수 있지만, 사실은 어느 한 사용자와 주로 일하게 됨으로써 경제적인 의미에서 의존적인 경우가 많다. 이 때문에 ILO가 '의존계약자'라는 별도의 명칭을 제안하기에 이른 것이다.

2) 플랫폼 노동과 수요독점

그런데 이처럼 독립적인 계약관계로 보이는 플랫폼 기업과 플랫폼 노동자 사이에 어떠한 문제가 있는 것일까? 바로 플랫폼 노동시장에서 발생하는 독점적 수요 문제이다. 먼저 노동시장에서 나타나는 수요독점(monopsony)의 개념을 간단하게 설명해 보기로 한다. 〈그림 6-5〉에서 만일 노동시장이 완전경쟁 상태에 있다고 한다면, 노동에 대한 수요와 공급이 만나는 L_c에서 균형을 이루면서 가격은 W_c로 정해진다. 만일 기업이 W_c가 아니라 W_m을 노동자에게 지급하

|그림 6-5| 노동수요 독점

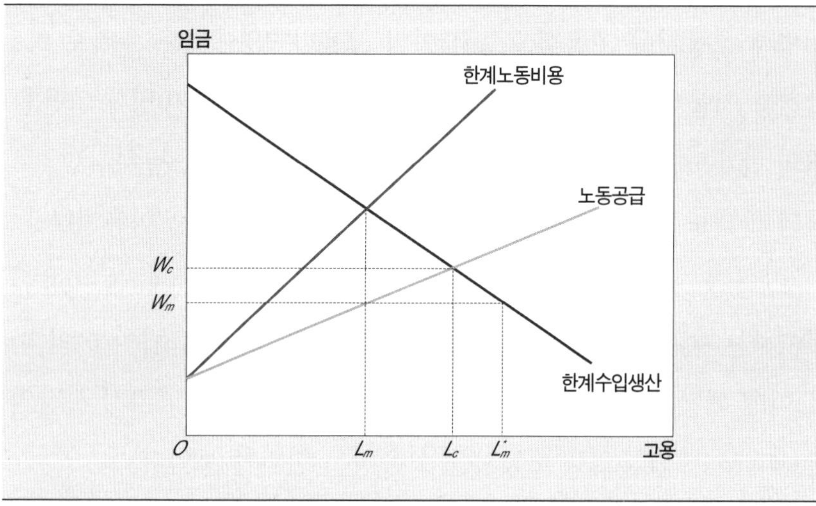

자료: Boal and Ransom(1997), p. 88.

고자 한다면, 이들은 다른 기업으로 떠나게 될 것이다.

이와 달리 노동수요를 독점하는 기업의 경우는 노동자 개인에게 시장임금을 적용하지 않게 된다. 에렌버그와 스미스(R. Ehrenberg and R. Smith)의 설명에 따르면, 노동수요 독점기업은 기업의 한계수입생산(marginal revenue product)과 한계노동비용(marginal labor cost)이 일치하는 수준에서 고용을 하게 된다.[18] 한계노동비용은 우상향 곡선을 그리게 되는데 이들은 다음과 같이 설명하였다. 노동자 9명을 시간당 7달러에 고용하는 노동수요 독점기업이 10명째 노동자를 고용하

18 Ehrenberg and Smith(1994), p. 74.

려 할 때, 시간당 7.5달러를 지불하여야 한다고 하자. 그렇다면 이 10명째 노동자를 고용함으로써 이미 고용한 9명에게도 추가로 0.5달러를 지불하게 된다는 것이다. 그러므로 노동자를 10명째 고용할 때의 한계노동비용은 12달러(=7.5×10−7×9)가 된다. 말하자면, 그림의 한계노동비용 곡선이 바로 우상향 형태를 보이는 이유이다.

그러면 노동수요 독점기업은 한계수입생산과 한계노동비용이 일치하는 수준에서 고용을 하게 된다고 하였으므로 그림의 L_m이 바로 이에 해당한다. 이때 가격은 W_m을 지불하게 된다. 따라서 시장임금보다 낮은 임금으로 노동자를 고용하는 결과를 보인다.

흥미롭게도 에렌버그와 스미스는 이와 같은 노동수요 독점기업이 실제로 존재하는 사례로서 지역의 병원을 들고 있다. 간호사를 고용할 때, 지역의 병원이 유일하다면, 병원은 간호사에게 노동수요 독점적 지위에 있게 된다는 것이다. 유사한 사례로 학교 교사 시장이 지역인 경우에 노동수요 독점적 형태가 나타날 수 있음도 이야기한다.

그렇다면 플랫폼 노동시장에서도 이와 같은 노동수요 독점적 기업이 존재하는 것일까? 듀브 외(A. Dube *et al.*)는 앞에서 설명하였던 웹 기반형 플랫폼 노동의 전형인 크라우드 작업자(crowd worker)를 고용하는 아마존 머캐니컬 태스크(Amazon Mechanical Turk)에서도 노동수요 독점적인 양상이 나타나고 있음을 밝혔다.[19] 크라우드 작업자는 누구나 작업을 요청할 수 있고, 이 작업을 수행할 수 있는 사람이면 누구나 참여할 수 있기에 완전경쟁 노동시장으로 이해되기 쉬우나 이와 같은 노동시장에서도 노동수요 독점이 발생할 수 있음을 듀브 외는 실증적인 결과로 제시하였다.

한국에서도 듀브 외와 같이 플랫폼 노동시장에서 노동수요 독점 상황이 발생하는지를 검증한 연구로서 이화령·한요셉이 있다. 이화령·한요셉은 웹 기반형 플랫폼 노동과 지역 기반형 플랫폼 노동 두 유형 모두를 연구하였다. 웹 기반형 플랫폼 노동에 해당하는 사례로서 ICT 분야 소프트웨어 개발자를 선정하였고, 지역 기반형 플랫폼 노동은 배달 라이더로 하였다. 이들의 결론은 소프트웨어 개발자 노동시장에는 노동수요 독점이 없어 이들의 일거리를 중개하는 플랫폼은 단순 중개자의 성격이 강하고, 배달앱 시장에서는 플랫폼 기업이 보수와 노동 여건에 대한 통제력이 커서 수요독점력의 존재가 있을 것으로 추측하였다.[20]

5. 그렇다면 이들에게 무엇이 필요할까?

플랫폼 노동시장의 노동수요 독점력이 초래할 수 있는 시장 실패(market failure)는 결국 이승렬 외가 말하는 플랫폼 노동의 '탈경계

19 Dube *et al.*(2020), p. 45.
20 이화령·한요셉(2022), pp. 57, 99.

화'와 관련이 있다. 이러한 탈경계화에 대하여 이승렬 외는 다음과 같은 과제가 우리 앞에 놓여 있음을 지적하였다.[21] 첫째, 사업주 개념의 새로운 정립, 둘째 플랫폼 노동의 실태 파악, 셋째 플랫폼 노동을 둘러싼 의사 결정 논의구조의 정립, 넷째 사회 안전망 체계의 구축이다. 마찬가지로 장희은·김유휘에서 ILO는 양질의 온라인 노동을 위한 21가지 과제로서 "① 종사상 지위 오분류(misclassification) 문제 해소, ② 플랫폼 종사자의 이해 대변(조직 결성과 단체협상 권리보장), ③ 노동조건 향상(최저임금, 공정계약, 정보제공 등), ④ 사회보장 시스템 조정"을 들었으며, 유럽연합의회(European Parliament)도 "① 플랫폼 노동 현황 파악을 위한 자료 축적, ② 고용관계법 개정, ③ 사회보장 개혁, ④ 조세체계 개혁, ⑤ 플랫폼 노동 기준 마련, ⑥ 플랫폼 노동자의 집단적 이해 대변(노동조합, 협동조합 등)을 주요 정책 과제"로 하였다.[22]

이화령·한요셉은 이처럼 기존에 제시된 정책 대안을 검토하면서 배달 라이더 노동시장에서 수요독점적 상황을 해소하는 것이 필요함을 강조하였다. 플랫폼 기업과 플랫폼 노동자 사이에 있을 수 있는 정보 비대칭성을 줄임으로써 노동공급 탄력성을 높이도록 하고, 알고리즘 사용의 투명성 강화와 데이터 이동성 강화방안을 제시하였다. 그리고 휴식권, 산업안전보건 관련 규제, 산재보험 적용을 함

21 이승렬 외(2018), pp. 153~154.
22 장희은·김유휘(2020), pp. 9~10.

께 제안하여 최소한의 사회적 보호방안이 플랫폼 노동자에게 필요함을 말하였다. 노동이라는 관점에서 볼 때, 다음에서 제시할 세 가지 대안이 플랫폼 노동자에게 근본적인 해결책이라 하겠다.

1) 오분류 방지

한국적 특수성이라 하였듯이 한국의 플랫폼 노동자는 「근로기준법」에서 말하는 '근로자'인지, 아니면 앞에서 말한 1인 자영업자인지가 명확하지 않다. 게다가 그동안 이 경계 사이에 있는 이른바 '특수형태근로종사자'[23]라 볼 것인지도 논란거리이다. 그렇다고 한국에만 있는 것도 아니며, 이 문제는 미국, 유럽 등 많은 국가에서도 다루고 있으며, 노동법적 접근방식에 해당한다.

이미 한국에서도 플랫폼 노동자를 「근로기준법」상의 '근로자'로 판정한 사례가 2024년 7월에 나왔다. 7월 25일 대법원에서 차량 호출 서비스인 '타다' 운전기사를 근로자라 판결한 것이다. 지방노동위원회와 행정소송 1심에서는 이들을 프리랜서로 판결하였다면, 중앙노동위원회와 행정소송 2심에서는 근로자로 판결하였다. 반대로 비슷한 시기에 플랫폼 노동자를 근로자로 인정하지 않는 판결도 나왔다. 2024년 7월 12일 서울중앙지방법원은 배달대행 플랫폼과 위탁

23 최근에는 「산재보험법」에서 '노무제공자'라 명칭을 바꾸었다.

계약을 맺은 배달 라이더는 「근로기준법」상 근로자가 아니라고 판단한 것이다. 이처럼 플랫폼 노동자를 「근로기준법」상의 근로자로 간주하여야 할 것인가는 결코 쉬운 일이 아니다.

근로자를 프리랜서로 간주하는 오분류를 방지하기 위하여 이미 미국 캘리포니아주를 비롯하여 유럽 여러 국가에서도 추진이 되었으며, 각국에서도 플랫폼 노동자를 근로자로 판결하는 사례는 계속 나오고 있다. 2024년 4월 24일에 가결된 유럽의회의 「플랫폼 노동의 노동조건 개선에 관한 지침」에서도 '디지털 노무제공 플랫폼을 통해 노무를 제공하는 사람의 고용상 지위의 올바른 판단을 위한 법적 추정'(제2장)을 담고 있다.

만일 「근로기준법」상의 근로자로 플랫폼 노동자가 인정이 된다면, 이들은 「근로기준법」을 비롯한 노동관계법, 사회보험 등의 혜택을 받으며, 최저임금도 적용 받게 된다. 2024년 최저임금위원회는 2025년 최저임금액을 심의하는 과정에서 플랫폼 노동자에게 최저임금 적용을 향후에 검토하기로 함으로써 플랫폼 노동자의 최저임금 적용 문제가 한 걸음 나아가는 결과를 보였다.

2) 협상력 높이기

오분류 방지가 노동법적인 접근이라 한다면, 협상력 문제는 노동법적 접근이면서 경제법적인 접근에도 해당한다. 이화령·한요셉이 강조하듯이 만일 플랫폼 노동자가 자영업자라 한다면, 이들이 조직을 구성하여 가격 협상에 개입하는 행위는 일종의 결탁(collusion)에 해당하고 따라서 공정거래질서 위반 소지가 있을 것이다.[24]

노동법적 접근으로서는 이들이 플랫폼 기업에 종속된 상황임을 고려하여 노동 3권(단결권, 단체교섭권, 단체행동권)을 부여하여야 하는 방안을 들 수 있다. 플랫폼 노동자와 유사한 노무제공자인 학습지교사나 가전제품방문점검원 등에게 「노동조합법」상의 근로자로 간주하여 이들의 노동 3권을 보장하는 판결도 이미 나왔다. 따라서 플랫폼 노동자에게도 이는 확대 적용될 수 있을 것이다.

실제로 플랫폼 기업과 플랫폼 노동자 사이에 단체교섭이 성사된 사례도 있다. 2019년 11월에 라이더유니온 서울지부가 서울시로부터 노조 설립신고필증 교부를 받은 전례가 있으며, 2020년 10월 22일에 배민라이더스(우아한청년들)와 민주노총 서비스연맹 서비스일반노동조합이 단체협약을 체결하기도 하였다.

이상을 주로 노동법적 접근방식을 통한 플랫폼 노동자의 협상력 강화라 한다면, 이화령·한요셉은 알고리즘 공개와 데이터 이동권 강화가 플랫폼 노동자의 협상력을 높임으로써 노동수요 독점 상황의 타개에 도움이 될 것으로 생각하였다. 이는 경제법적 접근이라 할 수 있지만, 알고리즘 공개는 근로조건과도 연결된다는 점에

24 이화령·한요셉(2022), p. 111.

서 노동법적 접근에도 해당하기도 한다. 소비자의 평가가 알고리즘을 통하여 플랫폼 노동자의 일거리 배정에 영향을 미친다는 점, 배달 라이더가 받는 수수료 결정에 거리측정 알고리즘이 이용된다는 점 등은 플랫폼 노동자의 근로조건을 결정하는 데 중요한 요소이기도 하면서 알고리즘 비공개가 정보비대칭성을 초래함으로써 플랫폼 노동자가 플랫폼 기업에 협상력을 가지기 어려운 조건이 될 수 있는 것이다.

이에 대하여 유럽의회가 결정한 지침에서는 '알고리즘 관리와 관련한 디지털 노무제공 플랫폼의 의무와 책임 및 플랫폼 종사자, 플랫폼 근로자, 그들의 대표 등의 권리와 권한'을 제3절에 명시하고 있다. 남궁준은 이 조항을 "가장 혁신적이고 잠재적으로 변혁적인 조항"[25]이라 한다. 그 이유로서 "이 규정은 고용상 지위와 관계없이 '플랫폼 종사자'에 대한 '알고리즘 관리'뿐만 아니라 '노동을 수행하는 모든 사람', 즉 플랫폼 고용주를 위해/고용주를 통해 업무를 수행하는지 여부와 관계없이 노동에 대한 규제를 근본적으로 재구성할 수 있는 기회를 회원국과 EU 기관에 마련해 줄 수도 있"음을 말하고 있다.

25 남궁준(2024), pp. 13~14.

3) 사회 안전망 강화

배달의 달인이란 칭호를 얻었던 어느 배달기사는 하루에 110~120건의 배달 콜을 처리하였다고 한다. 그 과로 속에서 신호를 위반한 버스와 충돌하여 결국 유명을 달리하고 말았다. 만일 산재보험에 가입하고 있었더라면, 유족에게 보상금이라도 지급이 되겠지만, 사망자 본인의 과로는 누구도 보상하지 못할 것이다. 이 과로의 배경에 바로 '프리랜서'라는 독립적인 계약관계가 자리하고 있다.

이 사건이 잘 말해 주고 있듯이 플랫폼 노동에게 필요한 것은 먼저 사회 안전망이다. 앞에서 설명한 것처럼 위험에 대한 부담은 대부분 프리랜서가 지기 때문이다. 그렇다고 해서 전혀 이들에게 사회 안전망이 없는 것은 아니다. 플랫폼 노동의 전형으로 알려진 퀵서비스기사가 2012년 5월 1일부터 산재보험 가입이 가능하게 되었다. 그리고 대리운전기사도 2016년 7월 1일부터 산재보험 적용 대상에 포함되었다. 다만 이들은 당시 '특수형태근로종사자'(현재는 '노무제공자')라 하여 근로자도 자영업자도 아니기에 본인이 보험료 절반을 납부하여야 하지만, 적용 제외 조항이라 하여 본인의 의사에 따라 가입을 하지 않을 수도 있다.

고용보험도 마찬가지이다. 특수형태근로종사자 일부에게 산재보험 가입이 가능하게 된 2012년으로부터 거의 10년 뒤인 2022년 1월에 배달 라이더, 퀵서비스기사, 대리운전기사 등에게 고용보험 가입의 문을 열어 주었다. 현재는 소프트웨어 기술자도 '노무제공자'로서 고용보험과 산재보험에 가입할 수 있게 되었다.

이들 외에는 아직 고용보험과 산재보험의 적용 대상이 되지 못하고 있어 플랫폼 노동에 종사하는 사람 모두를 대상으로 하는 고용산재보험제도로 개편되어야 한다. 이들이 위험에 전혀 노출이 되지 않는다는 보장이 없기 때문이다. 그리고 플랫폼 노동자는 국민연금과 건강보험도 지역가입자로서 가입을 하여야 한다. 이 때문에 보험료 부담을 꺼려 국민연금의 경우에 가입하지 않기도 한다. 따라서 플랫폼 노동자에게 적합한 사회 안전망 제도를 새롭게 설계하여야 할 것이다.

외국에서는 플랫폼 노동자를 보호하려는 움직임이 활발하다. 미국 매사추세츠주는 우버·리프트가 기사들에게 시간당 최소 32.5달러를 지급하도록 하여 일종의 최저임금제도를 도입하였다. 그리고 유급병가, 산재보험, 의료수당 등의 보호방안도 제공하기로 하였다. 프랑스의 경우에는 2016년에 관련 법 제정을 통하여 플랫폼 노동자가 산재보험에 가입하는 경우에 이들의 보험료를 플랫폼 기업이 부담하도록 하였다. 게다가 직업교육을 받는 경우에는 직업교육 기여금을 마찬가지로 플랫폼 기업이 부담하도록 하였다.

6. 글을 맺으며

흔히 미래의 노동은 종속성에 기초한 공장제 시대의 고용관계를 깨고, 독립적인 거래관계로 전환하여 자유롭게 자신이 일하고 싶은 만큼 일하고, 안전하며, 자신의 가치만큼 사회적으로 인정을 받는 노동일 것으로 예측한다. 하지만 반드시 그렇지도 않음을 플랫폼 노동으로부터 우리는 알 수 있다. 더욱 심각한 것은 파커 외의 예측이다. 파커 외는 "택시운전, 음식 배달 또는 가사와 같은 매우 일상적이면서 기술이 그리 필요하지 않은 일들만이 플랫폼에 취약할 것이라는 가정은 이미 무너졌다. 의약과 법률처럼 전통적으로 전문직이라 여겨졌던 일까지도 플랫폼 모델이 취약하다는 사실이 속속 드러나고 있다"고 하였다.[26] 이화령·한요셉의 연구에서 ICT 분야 소프트웨어 개발자가 당시에는 노동수요 독점적 상황에 놓여 있지 않은 것으로 밝혀졌지만, 파커 외의 예측에 따를 때 언제까지 이 상황이 지속되리라고 볼 수는 없는 것이다.

디지털 전환이 단순노동만 아니라 전문적인 지식을 필요로 하는 노동을 대체하고 있음을 알려 주는 연구가 속속 나타나고 있다. 플랫폼 노동, 그리고 이들을 포괄하는 긱 노동의 미래에 지속적인 관심을 보여야 한다.

---

26 Parker *et al.*(2016), p. 440.

참고문헌

고용노동부, 「플랫폼종사자 88.3만 명으로 전년 대비 11.1% 증가」, 보도자료, 2024.

김준영·장재호·김강호·박상현, 「플랫폼종사자의 규모와 근무실태」, 『고용동향브리프』, 한국고용정보원, 2021, pp. 14~31.

남궁준, 「AI와 노동에 대한 유럽과 미국의 규율 동향: 플랫폼 노동 지침과 바이든 정부 행정명령을 중심으로」, 한국노동연구원 AI와 노동 포럼 발표자료, 2024.

박제성, 「플랫폼 노동 혹은 크라우드 워크」, 『국제노동브리프』, 8월호, 한국노동연구원, 2016, pp. 3~6.

오수현, 「'품위 있는 일자리'(decent work)의 논의 동향이 우리 원조에게 주는 시사점」, 『국제개발협력』, 3월호, 2017, pp. 113~135.

이승렬·박찬임·박제성·이정희·고혜원·오은진·장희은, 『플랫폼종사자 보호를 위한 법·제도적 방안 마련 연구』, 경제사회노동위원회·한국노동연구원, 2018.

이화령·한요셉, 『플랫폼 노동에 관한 경제학적 분석: 플랫폼 노동수요 독점력과 사회적 보호 설계를 중심으로』, 한국개발연구원, 2022.

장지연, 「플랫폼 노동자의 규모와 특징」, 『고용·노동브리프』, 제104호, 한국노동연구원, 2020.

______, 「플랫폼 자본주의 시대의 노동」, 『산업관계연구』, 32(4), 한국고용노사관계학회, 2022, pp. 31~56.

장지연·이호근·조임영·박은정·김근주·Enzo Weber, 『디지털 시대의 고용안전망－플랫폼 노동 확산에 대한 대응을 중심으로－』, 한국노동연구원, 2020.

장희은·김유휘, 「플랫폼 경제에서의 노동자 보호를 위한 해외 정책동향」, 『산업노동연구』, 26(1), 한국산업노동학회, 2020, pp. 1~48.

조준모·이해춘·안경애·안준기, 『특수형태 근로종사자 보호에 관한 경제학적 이해』, 도서출판 해남, 2007.

최기산·김수한, 「글로벌 긱 경제(Gig Economy) 현황 및 시사점」, 『국제경제리뷰』,

2019-2, 한국은행, 2019.
통계청, 『2024년 주요업무 추진계획』, 2024.

Boal, William M. and Michael R. Ransom, "Monopsony in the Labor Market," *Journal of Economic Literature*, 35(1), 1997, pp. 56~112.

Brach, Anat and Mary A. Burke, "How Big is the Gig? The Extensive Margin, The Intensive Margin, and The Hidden Margin," *Labour Economics*, 69, 2021, pp. 1~27.

Dube, Arindrajit, Jeff Jacobs, Suresh Naidu, and Siddharth Suri, "Monopsony in Online Labor Markets," *AER: Insights*, 2(1), 2020, pp. 33~46.

Ehrenberg, Ronald G. and Robert S. Smith, *Modern Labor Economics*, 5th ed., New York: Harper Collins College Publication, 1994.

Eurofound(European Foundation for the Improvement of Living and Working Conditions) European Industrial Relations Dictionary(https://www.eurofound.europa.eu/en/european-industrial-relations-dictionary/platform-work).

Parker, Geoffrey G., Marshall W. Van Alstyne, and Sangeet Paul Choudary, *Platform Revolution: How Networked Markets Are Transforming the Economy and How to Make Them Work for You*, W.W. Norton & Company, 2016(이현경 옮김, 『플랫폼 레볼루션』, 부키, 2017).

Urzi Brancati, M. C., A. Pesole, and E. Férnandéz-Macias, *New Evidence on Platform Workers in Europe*, Publications Office of the European Union, 2020.

chapter 07

혐오와 경제

1. 들어가며
2. 경제가 혐오에 미치는 영향: 탈물질주의 관점
3. 혐오가 경제에 미치는 영향: 세 가지 관점
4. 정리하며

최근 정치와 언론의 양극화와 이에 따른 혐오 현상, 그리고 이를 부추기는 가짜 뉴스 등이 많은 이들의 우려를 자아내고 있다. 나와 생각이 다른 사람들을 적으로 규정하고 악마화하며 혐오하는 현상이 사회 전체적으로 만연해 있다. 예를 들어, 나와 다른 생각을 가진 정치인에게 폭력을 행사하고 이러한 상황을 오히려 부추기는 정치인과 유튜버들, 나와 다른 성별의 사람에게 폭력을 행사하고 이러한 상황을 정당화하는 인터넷 커뮤니티들을 들 수 있다. 이 글에서는 성 소수자에 대한 혐오를 중심으로 혐오 현상을 살펴보고, 성 소수자 혐오와 경제의 관계에 관하여 설명한다.

1. 들어가며

혐오 현상은 최근 사회의 특징만은 아니다. 혐오 현상은 인류의 역사 속에 항상 존재해 온 현상이다. 선사 시대의 삶을 생각해 보자. 사냥하거나 과일이나 채소를 채집해서 생활하는 사람들이 있다. 이들은 초원이나 숲속, 평야를 돌아다니다가 낯선 존재를 만나게 된다. 인간일 수도 있고 동물일 수도 있다. 개인이나 집단 입장에서 이러한 낯선 존재를 만나게 되면 일단 경계하고 주의를 기울여야 한다. 그래야 생존의 가능성이 커진다. 나에게 또는 우리 부족에게 해를 끼치지 않는다는 확신이 들기 전까지는 적대시하는 사람이 살아

남는다. 따라서 낯선 존재를 경계하는, 즉 나와 다른 존재를 혐오하는 감정이 잘 장착된 개인이 살아남게 되는 것이다.

고대 시대부터 역사에 기록된 혐오 현상은 쉽게 찾아볼 수 있다. 특정 인종이나 민족에 대한 혐오는 엄청난 학살로 이어지기도 하였다. 최근 혐오 현상이 많이 언급되는 이유는 이 현상이 새롭게 등장하였거나 급속히 늘어났다기보다는 그 양상이 이전과 달라졌기 때문일 것이다. 최근에는 인터넷과 SNS를 중심으로 온라인 영역에서 혐오가 나타나고 증폭되고 있다. 온라인에서의 혐오 표현이 오프라인에서의 혐오 범죄로 이어지는 사건이 미디어에서 보도되고 있다. 오래된 혐오 현상이 온라인 영역을 통해 새로운 양상으로 나타나고 있다.

혐오가 오랜 시간을 통해 인류의 본능 속에 뿌리 깊게 자리 잡은 감정이라면 그 감정 자체를 교정하기는 어려울 수 있고, 또 때로는 바람직하지 않을 수 있다. 억지로 교정하려다가 생각지 못한 부작용이 나타나 더 해결하기 어려운 문제로 발전할 수도 있다. 하지만 혐오라는 감정이 언어나 물리적 힘을 통해 폭력으로 나타난다면 이는 두고 볼 수 없는 사회적 문제이다. 또한 개인 차원에서 혐오를 표출하는 현상에서 나아가 혐오가 사회구조 속에서 암묵적으로 또는 명시적으로 차별의 형태로 나타난다면 사회를 분석하는 사회과학의 입장에서는 더 주목해야 할 문제이다. 경제학으로 한정해서 생각한다면 혐오 현상은 중요한 학문적 관심사는 아니었다. 다만 최근 다양한 이론들과 데이터 분석을 통해 혐오와 경제의 관계에 대한 논의가 이루어져 왔다. 이러한 논의를 여기서 정리해서 살펴보고자 한다.

전형적인 혐오 현상은 사회적 소수자를 대상으로 하는 혐오이다. 여성, 장애인, 성 소수자, 노인, 아동, 외국인, 유색인종 등 다양한 사회적 소수자 계층이 혐오의 대상이 되어 왔다. 다양한 계층이 혐오의 대상이 되는 것은 각각의 맥락 속에서 다양하게 해석하고 분석할 수 있다. 동일한 혐오가 다양한 시기와 장소에서 다양한 방식으로 나타난다. 여기에서는 지면의 한계상 성 소수자에 대한 혐오를 중심으로 혐오 현상을 살펴보고, 성 소수자 혐오와 경제의 관계에 한정하여 설명한다. 다른 대상에 대한 혐오 현상은 본질은 같지만, 다른 양상과 형태로 나타날 수 있다.

성 소수자는 이성애를 제외한 성적 지향을 가진 사람을 일컫는데, 그중에서 가장 대중적으로 알려진 것은 동성애자일 것이다. 보통 남성 동성애자와 여성 동성애자를 각각 게이와 레즈비언이라는 용어로 지칭한다. 1973년 미국정신의학회(American Psychiatric Association)는 동성애를 정신질환 진단 및 통계 편람(Diagnostic and Statistical Manual of Mental Disorders)에서 제외하기로 하였다. 이것은 동성애를 더 이상 치료받아야 할 질환으로 여기지 않는다는 결정이지만, 이후에도 여전히 동성애를 비정상적인 것으로 여기고 이를 두려워하거나 혐오하는 동성애 공포증, 즉 호모포비아(Homophobia)가

상당한 정도로 존재한다. 퓨 리서치 센터의 2013년 설문조사[1]에 따르면, 미국 성인의 42%는 동성결혼을 반대한다. 몇몇 국가에서는 성 소수자에 대해 정부가 물리력을 사용하거나 정책적으로 억압하는 경우도 보고된다.

성 소수자에 대한 혐오는 이들에 대한 다양한 형태의 차별로 이어진다. 이러한 차별은 주로 직장 내에서 나타나는 경우가 많다. 예를 들어, 여러 리뷰 논문[2]에 따르면 같은 일을 하고 같은 능력을 지닌 이성애자와 동성애자 사이에 임금 격차가 존재한다. 게이와 이성애자 사이에 임금 격차가 존재한다는 사실을 보고한 연구들은 많이 존재하는데, 처음 등장한 연구는 배짓(M. V. L. Badgett)의 1995년 논문이다.[3] 전 세계적으로 '일반사회조사'(General Social Survey)라는 유명한 설문조사가 있는데, 이 조사는 시카고대학의 전국여론조사센터(National Opinion Research Center)에서 실시한다. 배짓은 '일반사회조사'의 1889~1991년 데이터를 분석하여, 경력, 교육, 직업, 결혼 상태, 지역 등의 조건이 같은 경우 게이와 양성애자가 이성애자보다 11%에서 27%까지 임금을 적게 받는다는 사실을 밝혀내었다.

임금 이외에 직장 내 승진에서도 성 소수자에 대한 차별이 존재한다. 프랭크(J. Frank)의 2006년 연구[4]에서는 영국 대학교원협회

---

1 Pew Research Center(2013).
2 Croteau(1996), Ozeren(2014), Ward(2003).
3 Badgett(1995).
4 Frank(2006).

(Association of University Teachers)에서 영국 대학 6곳에서 수행한 2000, 2001 설문조사 결과를 분석하였는데, 이에 따르면 직장 내에서 게이와 양성애자가 겪는 유리 천장이 존재한다. 유리 천장은 보통 여성이 직장에서 승진의 제약이 존재하는 경우를 나타내는 용어인데, 이 현상이 게이와 양성애자에게도 마찬가지로 존재한다는 것이다. 이 연구는 대학 교원들을 대상으로 한 조사를 바탕으로 한 것으로, 자유로운 연구와 교육이 이루어지는 대학 내에서조차도 성 소수자에 대해 승진에서의 차별이 존재한다는 사실은 주목할 만하다. 일반 민간 기업에서의 차별은 더욱 심할 것으로 추측할 수 있다.

노동시장에서 성 소수자에 대한 차별 또한 존재한다. 일반적으로 고용 과정은 서류 심사를 거쳐서 후보자를 추린 뒤 면접 심사를 진행하고 이후 합격자를 결정하는 과정을 거치게 된다. 드라이다키스(N. Drydakis)의 2009년 연구[5]에서는 그리스에서 한 실험을 진행하였는데, 가상의 두 인물을 고안하고 이들의 능력과 조건을 동일하게 설정한 뒤, 동일한 구인 공고에 지원서를 보내는 실험이다. 실험 결과에 따르면, 같은 능력과 조건을 갖춘 이성애자에 비해 게이는 서류 심사를 통과해서 면접 일정을 통보받을 확률이 현저히 낮다. 즉, 고용 과정의 첫 단계에서 성 소수자에게 차별이 존재한다. 스웨덴에서 이와 유사한 실험을 수행한 한 2013년 연구[6]에서도 게이와 레

5 Drydakis(2009).
6 Ahmed *et al.*(2013).

즈비언에 대해 고용 차별이 존재함을 확인하였다. 비교적 자유롭고 개방적인 문화로 잘 알려진 스웨덴에서도 고용 과정에서 성 소수자에 대한 차별이 존재한다는 사실은 시사하는 바가 크다. 성적 지향과 정체성에 대해 억압적인 문화를 지닌 국가에서는 더 심한 차별이 존재하리라 추측할 수 있다.

부동산시장에서도 성 소수자에 대한 혐오는 드러난다. 2009년에 발표된 연구[7]에서는 스웨덴의 인터넷 부동산시장에서 한 실험을 수행하였다. 스웨덴의 Blocket.se(http://blocket.se/) 사이트에서는 개인이나 회사에서 사거나 팔고 싶은, 또는 대여하고 싶은 물품을 광고하는데, 특히 부동산 거래는 이 사이트에서 활발히 이루어진다. 특정 물품에 관심이 있는 사람은 광고를 게재한 사람에게 이메일을 보내서 문의한다. 이 실험은 가상의 두 부부가 아파트를 구하는 설정으로 이루어지는데, 한 부부는 이성애자 부부이고, 또 다른 부부는 동성애자 부부로 설정하였다. 실험 결과 동성애자 부부는 이메일로 문의하였을 때 집주인으로부터 호의적 반응을 받는 경우가 이성애자 부부보다 훨씬 적었다. 즉, 부동산시장에서도 성 소수자에 대한 혐오와 그로 인한 차별은 존재한다.

앞서 살펴보았듯이 혐오 감정은 누구에게나 존재할 수 있다. 인류의 유전자에 각인된 감정이라고 볼 수 있다. 하지만 이것이 외부

7 Ahmed and Hammarstedt(2009).

로 표출되는 것은 또 다른 차원의 문제이다. 최근 온라인상에서 혐오 표현이 늘어나고 있다는 지적이 계속 이어지고, 현실에서 혐오 범죄로 이어지는 경우가 미디어를 통해 보도되고 있다. 온라인상의 가짜 뉴스를 통해 이러한 혐오 표현과 혐오 범죄가 부추겨지고 있다. 여기에서 그치지 않고 개인과 사회구조 속에 만연한 차별이 혐오에 기반하여 암암리에 또는 명시적으로 지속되고 있다. 앞서 살펴본 다양한 연구 결과들이 이러한 차별의 존재를 확인해 주고 있다. 혐오에 기반한 차별은 자유로운 대학사회에서도, 개방적인 유럽에서도 존재한다.

이러한 혐오 현상에 대해 인문학과 사회과학의 다양한 분야에서 관심을 가져왔다. 특히, 정치학과 사회학을 포함한 사회과학계에서 혐오와 차별은 많은 관심을 두는 주제이다. 이 주제에 대해 주로 인권의 관점에서 논의가 이루어져 왔다. 경제학에서는 혐오에 대한 논의가 전혀 없는 것은 아니지만 혐오와 차별이 주된 관심사는 아니었다. 그렇지만 최근에는 몇몇 경제학자들을 통해 혐오 현상과 관련한 논의가 이전보다 좀 더 활발하게 이루어지고 있다.[8]

성 소수자를 포함한 사회적 소수자에 대한 혐오는 개인에 대한 공격이나 차별로 많이 나타난다. 즉, 성 소수자 개인이 겪는 어려움

8 관심 있는 독자는 성 소수자에 대한 혐오와 관련하여 경제학 내에서의 논의를 배짓과 동료 연구자들이 최근에 정리한 두 논문, Badgett *et al.*(2021)과 Badgett *et al.*(forthcoming)을 참조할 수 있다.

으로 볼 수 있다. 하지만 포괄적으로 보면, 이러한 혐오 현상은 사회 전체에 영향을 미칠 수 있다. 특히, 혐오 현상으로 인해 경제 발전이 영향을 받을 수 있다. 또는 경제 발전 수준이 혐오 현상의 정도에 영향을 미칠 수 있다. 여기서는 혐오와 경제의 관계에 대한 논의를 다양한 분야와 관점에서 살펴본다. 먼저 경제가 혐오 현상에 미치는 영향에 대한 논의를 탈물질주의(post-materialist) 이론을 중심으로 정리하고, 그다음에 혐오 현상이 경제에 미치는 영향에 대한 논의를 세 가지 이론 영역으로 구분하여 설명한다. 마지막으로 이러한 논의들과 관련한 데이터 분석 사례를 소개하고 시사점을 생각하며 마무리 짓고자 한다.

2. 경제가 혐오에 미치는 영향: 탈물질주의 관점

탈물질주의 이론은 경제 발전이 사람들의 혐오 수준에 영향을 미친다는 내용이다. 경제가 발전할수록 사람들의 관심사는 단순한 생존에서 벗어나서 탈물질적 주제, 예를 들어 자율성과 자존감 같은 것으로 옮겨 간다는 내용이다. 이것은 경제 발전이 문화와 가치관에 영향을 미친다는 내용이다. 이렇게 경제가 발전하여 생활이 풍요로워지면서 고차원적인 가치에 사람들의 관심이 옮겨지면, 사람들이 성 소수자를 포함한 사회적 소수자의 권리와 같은 인권 이슈에 더

호의적인 태도를 가지게 된다.[9] 따라서 경제 발전은 그 사회의 혐오 수준을 낮추는 데 일조할 수 있게 된다.

탈물질주의 이론은 미국의 정치학자 잉글하트(R. F. Inglehart)가 주장한 것으로 잘 알려져 있다. 잉글하트의 연구들[10]에서는 지속해서 탈물질주의 주장이 이어진다. 잉글하트는 선진 산업사회의 정치문화가 변화를 겪어 왔는데, 이 변화는 그 사회의 기본 가치를 변화시키고 있다고 주장하였다. 1970년 서유럽 6개국 설문조사에서 세대 간에 가치 우선순위가 상당히 다르다는 것을 확인할 수 있다. 기성세대에서는 경제와 안전 같은 물질적 가치가 압도적으로 중요하다. 반면, 젊은 세대에서는 자율성과 자기 표현, 삶의 질과 같은 탈물질적 가치가 보편적으로 퍼져 있다. 이러한 세대 간 가치관 차이는 상당한데, 65세 이상 세대에서는 물질적 가치를 중시하는 사람이 탈물질주의를 중시하는 사람보다 12배나 많다. 반면, 25세 이하에서는 탈물질주의가 훨씬 더 많은 호응을 받고 있다.

잉글하트는 이러한 세대 간 차이가 외적 조건의 변화에서 기인한다고 보는데, 생존이 위협받는 사회에서 성장한 세대와 생존은 당연한 것으로 여겨지는 사회에서 성장한 세대 간의 차이라고 주장한다. 인류의 역사를 보면 대부분 생존은 불확실하였다. 하지만 20세기 들어 급속한 경제성장과 복지 국가의 등장은 선진 산업사회에 새

9 Adamczyk and Pitt(2009).
10 Inglehart(1971; 1977; 1981; 1997; 2008).

로운 변화를 가져왔다. 제1, 2차 세계대전 이후 등장한 새로운 세대는 전례 없는 풍요로운 사회에서 성장하였고 복지 국가 체제를 통해 생존을 보장받게 되었다. 이러한 외적 조건의 변화로 인해 세대 간 경험의 차이가 이루어지고, 이에 따라 가치관의 차이가 나타났다. 잉글하트와 동료 연구자들의 실증 연구들[11]에서 경제 발전과 가치관 변화 간의 연관성은 확인되었다.

잉글하트는 이러한 세대 간 가치관의 변화를 두 가지 핵심 가설에 기반하여 설명한다.[12] 하나는 희소성 가설(scarcity hypothesis)이고, 또 하나는 사회화 가설(socialization hypothesis)이다. 첫째, 희소성 가설에 따르면, 사람들은 기본적으로 자유와 자율성을 추구하기를 원한다. 하지만 생계와 안전은 생존에 바로 영향을 미치는 것들이기 때문에 이러한 것들이 부족하게 되면 물질적 목표에 우선순위를 둘 수밖에 없다. 상황이 변하여 이러한 물질적 요소들이 풍족해지면 원래 사람들이 원하는 소속감, 존중, 미적 가치, 지적인 만족과 같은 탈물질적 목표를 중시하게 된다. 둘째, 사회화 가설에 따르면, 한 개인의 기본 가치들은 성인이 되기 전 경험에서 형성된다. 미성년 시절 경험한 조건들을 반영하여 가치관이 형성되고, 그 사회의 주류 가치관은 과거 세대의 가치관에서 현재 세대의 가치관으로 자연스럽게 교체된다. 즉, 세대 간 인구 변화에 따라 사회의 주류 가치들

11 Inglehart(1990; 2006), Inglehart *et al.*(2002).
12 Inglehart(1977).

은 변하게 된다. 현대사회에서는 20세기 후반 이후 선진 산업사회의 주류를 구성하는 세대가 경제적·물적 조건들이 풍요로운 사회에서 성장하였고, 이에 따라 사회 전반적으로 탈물질적 가치를 중시하는 분위기로 점차 변하였다는 주장이 존재한다.

앞서 살펴보았듯이 잉글하트의 탈물질주의 이론에 따르면, 경제 발전이 이루어짐에 따라 그 사회의 가치관이 물질적인 것에서 탈물질적인 것으로 변한다. 탈물질주의적 가치는 사회적 소수자에 대한 포용으로 이어진다. 인권에 관한 관심이 강해지고 소수자에 대한 인권도 마찬가지로 관심을 받게 된다. 따라서 소수자에 대한 사회의 전반적인 혐오 수준은 낮아질 것으로 예상할 수 있다. 즉, 탈물질주의 이론은 경제 발전이 사회적 소수자에 대한 혐오를 줄이는 데 공헌한다는 주장으로 이어진다.

경제 발전과 그로 인한 물질적 풍요는 혐오 문제를 완화시키는 데 공헌한다는 주장은 여러 실증 분석을 통해 검증되었다. 2001년에 발표된 한 연구[13]에서는 경제적 조건이 시민사회에 영향을 주고, 이에 따라 사회적 관용 수준에 영향을 미친다는 주장을 확인한다. '일반사회조사'의 1972~1994년 데이터를 분석한 결과 경제적으로 안정된 시기에는 인종 간 관용과 동성애에 대한 관용 수준이 높아지는 현상이 확인되었다. 실질 소득과 직업 안정성은 두 종류의 사회

13 Persell *et al.*(2001).

적 관용 수준에 모두 긍정적인 영향을 미친다. 다른 연구[14]에서는 '유럽가치연구'(European Values Study, 1999~2000)를 이용하여 유럽 31개국에서의 동성애에 대한 태도를 분석하였고, 종교, 도시화, 이민 등의 요인들과 함께 경제 발전이 동성애에 대한 태도에 영향을 미친다는 결과를 제시하였다. 여러 실증 분석에 따르면 경제 발전은 사회적 관용 수준을 높이고 동성애를 수용하는 태도를 촉진한다.

경제 발전과 물질적 풍요가 성 소수자에 대한 혐오를 줄일 수 있다면, 경제적으로 어려운 시기에는 성 소수자에 대한 혐오가 늘어난다고 예상할 수 있다. 예를 들어, 2018년에 발표된 한 연구[15]에서는 2000년대 이후 전 지구적 금융위기의 영향을 심각하게 받았던 그리스에서 호모포비아가 더욱 심해졌다는 사실을 지적하고 있다. 이렇게 다양한 실증 분석 연구에서 탈물질주의 이론을 지지하는 결과가 나오고 있다.

3. 혐오가 경제에 미치는 영향: 세 가지 관점

앞에서는 경제적 요인이 혐오 수준에 미치는 영향을 살펴보았다. 하지만 혐오와 경제는 단순한 인과관계는 아니다. 서로 영향을

14 Stulhofer and Rimac(2009).
15 Halkitis *et al.*(2018).

주고받는 관계라고 볼 수 있다. 여기서는 혐오 수준이 경제에 미치는 영향을 살펴본다. 일반적으로 혐오는 정치·사회·문화적 측면에서 배척되어야 하는 것으로 여겨진다. 또한 사회적 소수자를 향한 혐오는 소수자의 인권이라는 측면에서, 또한 사회적 연대라는 시각에서 당연히 처리해야 할 문제이다. 이렇듯 혐오 문제는 당위적으로 해결해야 할 문제이다. 한편, 혐오는 경제 성과에 영향을 미치기에 해결해야 할 문제일 수도 있다.

여기서 다룰 내용은 높은 혐오 수준이 그 사회의 경제 발전과 번영에 해를 미칠 가능성에 대한 것이다. 이런 논리와 관련한 이론들을 세 가지 영역으로 분류하여 설명한다. 각각 인적 자원 관점, 보건 관점, 창조 계급(creative class) 관점으로 지칭하여 살펴본다.

1) 인적 자원 관점

이상적인 경제 시스템에서는 사람들이 모두 원하는 교육을 충분히 받는다. 또한 본인이 효율적으로 일할 수 있는 직장에서 자기 능력을 잘 발휘할 수 있다. 사회적 소수자들도 마찬가지이다. 이상적인 경제에서는 사회적 소수자들도 충분히 교육을 받고 직장에서 효율적으로 일한다. 하지만 현실에서는 이상적인 경제가 작동하지 않는다.

만약 사회적 소수자들이 사회 전체적으로 혐오의 대상이 되어서

원하는 수준의 교육을 받기 어렵거나, 본인이 원하고 열심히 일할 수 있는 직장에 들어가기 힘들거나, 직장에서 본인의 능력을 잘 발휘하기 힘들다면, 그러한 사회는 개인들이 본인의 잠재력을 모두 발휘하지 못하고, 이에 따라 보다 높은 경제 발전을 이루지 못하게 될 것이다. 따라서 사회의 높은 혐오 수준은 그 사회의 경제 발전을 방해하는 요인으로 작용할 수 있다. 이러한 시각을 혐오와 경제의 관계에 관한 인적 자원 관점이라고 지칭한다.[16]

교육 현장인 학교에서 성 소수자에 대한 괴롭힘과 차별이 존재한다는 보고서들은 많이 볼 수 있다. 이렇게 성 소수자에 대한 비우호적인 교육환경은 성 소수자들의 인적 자원 개발에 방해가 될 것이다. 또한 궁극적으로 그 사회의 경제적 손실로 이어질 수 있다.[17] 성 소수자들이 교육에서 배제되면 그들의 인적 자원이 개발될 기회가 줄어든다는 것이고, 미래에 실현할 수 있는 경제적 성과를 제한하는 결과가 나타난다.

다양한 논문과 보고서를 통해 현실에서 성 소수자들이 비우호적인 교육환경 속에 있고, 나아가 교육에서 배제되고 있다는 증거를 볼 수 있다. 예를 들어, 인도에서의 연구들에 따르면, 성 소수자들은 교육 기회를 박탈당하고 이들에 대한 지원도 부족하며 부정적인 대우를 받고 있어서 원하는 교육을 받는 것이 쉽지 않다. 2005년

---

16 Badgett *et al.*(2014).
17 Badgett(2014), Badgett *et al.*(2014), Badgett *et al.*(2017).

성 소수자들을 대상으로 한 설문조사에서 절반에 해당하는 응답자들이 학교에서 교사와 또래들에게 괴롭힘을 받고 폭력에 노출되어 있다고 답변하였다.[18]

인도네시아 보고서에 따르면, 청소년 성 소수자의 경우 가족에게 버림을 받고 학교에서의 공교육도 지속할 수 없는 상황에 내몰린다. 개인적으로 학습을 이어 가려고 하더라도 여러 장벽에 가로막히게 된다. 신분증이 있어야 교육도 받고 다양한 사회복지 혜택을 받을 수 있는데, 신분증을 받기 위해서는 가족관계증명서 등이 필요하지만 부모에게 버림받은 입장에서 이러한 문서를 발급받는 것은 거의 불가능한 실정이다. 학교에 다닐 수 있는 성 소수자 학생들도 언어폭력 등 다양한 괴롭힘에 시달려야만 하는 실정이다.[19]

최근 여러 연구에 따르면, 일반적으로 학교는 게이 학생을 받아들이는 것에 부정적이다. 성 소수자 학생들은 학교에서 더 많은 폭력에 시달리며 약물 남용에 노출될 가능성이 더 높다.[20] 성 소수자들이 양질의 교육을 받을 수 없다면 그 사회는 인적 자원의 측면에서 경제적 잠재력이 훼손되고 있는 셈이다. 학교에서의 어려움은 성 소수자들에게 인적 자원을 개발하고자 하는 동기를 갖지 못하게 한다. 이러한 문제는 직장에서도 나타난다. 앞서 살펴보았듯이 직장에서

---

18 Badgett(2014).
19 Badgett *et al.*(2017).
20 Badgett *et al.*(forthcoming).

받는 임금에서 차별이 존재한다면 성 소수자들은 본인의 성과에 대한 공정한 대가를 받지 못하게 되고, 이에 따라 본인의 능력을 개발하려는 동기 또한 줄어들게 된다.

직장 내에서의 구조적 차별뿐만 아니라 전반적인 환경이 성 소수자들의 생산성에 많은 영향을 끼친다. 성 소수자에게 우호적인 직장환경에서 일하는 경우 성 소수자 직원들의 만족도가 높다는 연구결과가 있다.[21] 어찌 보면 당연한 결과이다. 이 결과의 함의는, 능력 있는 성 소수자를 고용하기를 원하는 직장은 성 소수자를 차별하지 않는다는 규정을 갖추는 등의 노력을 통해 성 소수자에게 우호적인 직장이라는 사실을 드러낼 필요가 있다는 것이다. 성 소수자들은 직장이 본인들에게 얼마나 우호적인지를 고려하여 구직 활동을 한다. 한 연구에 따르면, 게이 직원들은 성 소수자에게 우호적인 정책이 없는 직장에서 차별을 더 많이 경험하고, 이는 직장에서의 부정적인 업무 태도로 연결된다.[22] 거시적으로는 차별을 금지하는 법안이 직장 내 성 소수자 차별을 예방하는 직접적인 조치이지만, 실제로는 직장 내 정책이 직장 내 차별 수준에 가장 큰 영향을 미친다.

성 소수자 우호적인 기업 정책과 분위기는 기업의 성과에 어떤 영향을 미치는가? 2008년에 발표된 한 연구[23]에서는 기업의 주가와

21 Griffith and Hebl(2002).
22 Ragins and Cornwell(2001).
23 Johnston and Malina(2008).

기업의 성적 지향과 관련한 다양성 정책 간의 관계를 검토하였다. 기업의 평등 지수(corproate equality index, CEI)는 기업이 성 소수자 관련 문제를 얼마나 잘 처리하는지를 평가하는데, 이 지수 발표에 대한 주식시장의 반응을 분석하였고, 분석 결과 성 소수자 우호적인 기업 정책은 기업 가치와 무관하다. 최소한 해가 되지는 않는다. 이전에 성 소수자 우호적 정책은 해당 기업에 부정적인 영향을 준다는 주장이 있었는데, 이 연구는 이러한 소수자에게 적대적인 주장에 대해 반론을 제기한 셈이다. 다른 연구[24]에서도 동일한 지수(CEI)를 이용하여 분석하였는데, 다음 해의 주가를 이용하여 기업의 장기 성과를 살펴보았다. 분석 결과 성 소수자 우호적인 정책을 지닌 기업은 경쟁 기업보다 좋은 성과를 보여 주었다. 즉, 단기적으로는 관련이 없을지 몰라도 장기적으로는 성 소수자 우호적인 기업이 높은 주식 가치의 성과를 가져온다.

직장에서 성 소수자에 대한 혐오가 만연한 경우에는 성 소수자들이 본인들의 생산성을 잘 발휘할 수 없는 환경이다. 직장환경이 성 소수자에게 얼마나 우호적인지, 성적 지향이나 정체성에 따른 차별이 존재하는지는 성 소수자의 생산성에 영향을 미치고, 거시적으로 사회 전체의 생산성에 영향을 미친다. 36개 논문을 검토한 배짓과 동료 연구자들의 연구[25]에서는 기업의 성 소수자 관련 정책은 기

24 Wang and Schwarz(2010).
25 Badgett *et al.*(2013).

업의 성과에 긍정적인 영향을 준다는 결론을 내린다.[26]

직장 내에서의 정책, 차별, 혐오뿐 아니라 성 소수자들에 대한 고용 기회 측면에서의 혐오와 차별도 중요한 문제이다. 혐오와 차별에 따른 성 소수자들의 실업과 낮은 생산성 문제는 혐오가 경제에 미치는 악영향을 가장 직접적으로 나타낸다. 능력 있는 성 소수자들이 사회에서 자신들의 능력을 잘 발휘할 수 없다면 그 사회의 경제적 잠재력은 충분히 발휘하지 못한다.

인도의 2011년 인구조사에 따르면, 남성과 여성이 아닌 제3의 성이라고 밝힌 사람들의 38%가 일을 하고 있다고 답하였는데, 이는 전체 인구의 46%가 일을 하고 있다고 응답한 것에 비해 낮은 수준이다. 또한 2013년 설문조사에 따르면, 성 소수자이면서 대학을 졸업한 화이트칼라 노동자들의 56%는 직장에서 자신들의 성적 지향으로 인해 차별을 경험하였다고 답변하였다.[27] 인도네시아 사례를 분석한 연구들에 따르면, 성 소수자들의 낮은 교육 성과와 이로 인한 직업 선택의 제약이 존재하고, 매춘과 같은 위험한 직업을 선택할 수밖에 없는 상황이 존재한다. 인도네시아에는 고용 과정에서의 차별을 금지하는 법이 존재하지만, 이 법은 성적 지향과 정체성에 기반한 차별을 받는 사람들을 명시적으로 보호하지는 않는다. 대부

---

26 이 주제와 관련한 논의를 전체적으로 파악하기 위해서는 리뷰 논문 Ozeren(2014)을 참조할 수 있다.

27 Badgett(2014).

분 직장에서는 성 소수자를 보호하는 내규를 가지고 있지도 않다. '건강한 남성 또는 여성'을 찾는다는 구인 공고가 일반적이라는 사실도 고용 과정에서의 차별이 만연하다는 사실을 드러낸다.[28]

2) 보건 관점

혐오 현상이 강하게 나타나는 사회에서 혐오의 대상이 되는 집단은 그로 인하여 건강, 특히 정신 건강에 문제가 생기는 경우가 많다. 따라서 이런 사회에서는 건강을 회복하기 위한 비용이 추가로 발생하게 된다. 즉, 혐오 수준이 낮은 경우 지불하지 않아도 되는 사회적 비용이 발생하는 것이다. 이러한 공공 건강과 관련한 비용은 그 사회에 경제적 부담으로 작용한다. 한 사회의 혐오 수준이 낮을수록 이러한 건강 관련 비용은 적게 발생하므로 그 사회의 경제적 비용이 줄어든다는 것을 의미한다. 따라서 혐오 현상은 혐오의 대상이 되는 집단의 건강에 영향을 미쳐서 그 사회의 경제적 결과에 영향을 미치게 된다.[29] 이러한 논리로 혐오와 경제의 관계를 바라보는 시각이 보건 관점이다.

혐오와 혐오에 기반한 차별, 그리고 그로 인한 공공 건강 문제는

28 Badgett *et al.*(2017).
29 Badgett(2014), Badgett *et al.*(2017), Banks(2004).

수많은 연구를 통해 언급되었다. 2001년에 발표된 한 연구[30]에서는 실증 분석을 통해 미국 남미계 성 소수자 남성들이 자살 충동, 불안 장애, 우울증과 같은 정신 건강상의 문제를 가지고 있고, 이러한 증상은 사회적 차별 경험에서 비롯된다고 결론내렸다. 2008년에 발표된 한 연구[31]에서는 영국 성 소수자 청소년들을 대상으로 면접 조사를 실행한 결과 호모포비아가 있는 환경에서 이들은 과도한 음주, 약물 남용, 자살 충동과 같은 자기 파괴적인 행동이 늘어났다는 사실을 밝혀내었다. 캐나다 남성을 대상으로 한 2010년에 발표된 한 연구[32]에서는 성 소수자 남성은 이성애자에 비해 불안 장애를 더 많이 갖고 있고, 자살 시도 경험이 있다는 사실이 드러났다. 2013년에 발표된 한 연구[33]에 따르면, 미국 유색인종 성 소수자들의 과거 인종차별 또는 호모포비아 경험은 우울증과 불안 장애 등 정신 건강상의 문제를 일으킨다.

직장 현장에서도 혐오와 소수자의 건강 문제는 마찬가지로 나타난다. 배짓과 동료 연구자들의 2013년 연구[34]에 따르면, 직장에서 성 소수자 우호적인 정책이 있는 경우 성 소수자 직원들은 정신적으로 더 건강하다. 2009년 성 소수자 설문조사에 의하면, 차별 금지 정책

30 Díaz *et al.*(2001).
31 McDermott *et al.*(2008).
32 Brennan *et al.*(2010).
33 Choi *et al.*(2013).
34 Badgett *et al.*(2013).

의 혜택을 받는 성 소수자 직원들은 그렇지 않은 경우보다 우울감을 적게 경험하고, 고통을 덜 느끼고, 덜 피곤하다. 여러 설문조사에서 유사한 결과들이 보고되고 있다. 또한 성 소수자들이 자신들의 직장에서 우호적인 분위기를 느끼는 경우 정신적으로 더 건강하다는 결과도 보고된다. 직장 내에서의 성 소수자 우호적인 분위기는 낮은 직장 스트레스로 이어지고, 낮은 이직률로 나타난다. 이러한 직장에서는 성 소수자들이 자신의 성 정체성을 더 자연스럽게 드러낼 수 있을 것이다. 성 소수자 직원들이 직장에서 성적 지향과 정체성을 드러낸 경우 정신 건강이 더 좋다는 연구들이 있다. 또한 혐오에 기반한 직장 내 차별은 직무 스트레스를 늘린다는 연구 결과들도 보고되고 있다.

소수자 스트레스(minority stress)는 성 소수자들이 법적·경제적 차별 또는 일상생활 속에서의 개인에게 향한 언어적·물리적 폭력으로 인하여 경험하는 스트레스를 말한다. 이러한 소수자 스트레스는 성 소수자들에게 건강상의 문제를 일으키게 된다. 이러한 소수자 스트레스로 인한 건강 문제를 해결하기 위해 정책당국의 정책적 노력이 필요하지만, 많은 국가들에서 이러한 노력을 기대하기는 현실적으로 어렵다. 오히려 성 소수자들은 건강 문제를 처리하기 위해 방문한 병원이나 기타 보건 기관에서 본인들의 특수한 상황을 이해하지 못하기 때문에 발생하는 또 다른 스트레스를 경험하는 경우가 많다. 이로 인해 성 소수자들이 적절한 치료 서비스를 받지 못하거나 본인들이 보건 서비스 자체를 회피하는 경향도 나타난다. 이러한 문제로 인해 성 소수자들의 건강 문제는 더 심각한 결과로 이어질 수 있다.[35]

앞에서 소개한 연구 결과들에서 알 수 있듯이, 성 소수자들이 겪는 혐오와 차별로 인해 그들은 건강상의 문제를 갖게 된다. 호모포비아와 관련된 한 문헌조사 보고서[36]에 따르면, 성 소수자들은 만성 스트레스로 인하여 건강 문제를 갖게 되고 기대 수명도 짧은 경향이 있다. 캐나다 남성의 경우 20세가 되었을 때 기대 수명은 74.3세인데 반해 성 소수자 남성의 기대 수명은 54~66.3세에 불과하다. 이러한 짧은 기대 수명은 성 소수자들이 겪는 사회적 문제와 건강 문제에서 기인한다. 2010년에 발표된 한 연구[37]는 기존 연구들을 종합한 메타 분석을 수행하였는데, 이를 통해 호모포비아가 정신 건강에 부정적 영향을 미친다는 사실을 보여 주었다. 이 연구에서 31개 연구 결과들을 분석하여 호모포비아는 우울증과 불안 장애를 일으키는 요인이 될 수 있다고 설명한다.

성 소수자를 향한 혐오가 성 소수자에게 건강 문제를 일으킨다면, 이러한 문제는 경제적 비용 부담으로 이어지는가? 즉, 혐오가 보건 문제를 통해 경제적 비용을 야기한다는 주장이 가능하다면 어느 정도의 비용이 발생하는가? 이러한 질문에 답변하려는 연구들이 존

35 Badgett(2014), Badgett *et al.*(2017).
36 Banks(2004).
37 Newcomb and Mustanski(2010).

재한다. 예를 들어, 2004년에 발표된 한 연구[38]는 문헌조사를 통해 호모포비아로 인한 성 소수자들의 건강 문제를 분석하였다. 혐오로 인해 성 소수자들에게 나타나는 건강 문제를 경제적으로 분석하여 혐오로 인해 발생하는 경제적 비용을 계산하여 제시하였다. 계산된 비용을 정리하면, 자살의 경우에는 6억 9,500만 달러에서 8억 2,300만 달러, 흡연은 2억 8,100만 달러에서 6억 2,300만 달러, 음주는 2억 9,000만 달러에서 41억 달러, 약물 남용은 1억 1,900만 달러에서 2억 2,100만 달러, 우울증은 5억 4,000만 달러에서 23억 달러이다. 이 비용들은 혐오 현상이 존재하지 않으면 발생하지 않을 경제적 비용이다. 즉, 이 비용들은 혐오로 인해 발생하는 경제적 비용이라고 할 수 있다.

배짓의 2014년 연구[39]는 성 소수자들의 건강 문제와 이로부터 도출되는 경제적 영향을 측정하고자 하였고, 이를 위한 이론 모델을 제시한다. 이 모델은 두 가지 단계를 갖고 있는데, 첫째 성 소수자들이 혐오로 인해 겪는 건강 문제를 측정하는 것이고, 둘째 이러한 건강 문제에 대해 적절하게 의료비용을 추산하는 것이다. 의료비용은 직접적인 치료비용 외에도 이로 인해 소수자들이 겪는 노동생산성 문제와 기대 수명 문제도 포함한다. 이런 방식으로 혐오가 야기하는 비용을 추정하여 혐오 현상에 의한 경제적 비용을 추산할 수 있다.

38 Banks(2004).
39 Badgett(2014).

3) 창조 계급 관점

샌프란시스코 프라이드(San Francisco Pride) 행사는 매년 6월 말 샌프란시스코에서 성 소수자를 기념하기 위해 열리는 축제이다. 미국의 도시학자 플로리다(R. Florida)는 실리콘 밸리의 성공 요인으로 샌프란시스코의 문화적 분위기와 그 영향을 손꼽는다. 샌프란시스코의 개방적인 문화로 인해 능력 있는 인재들이 이 도시에 몰리게 되고, 자연스럽게 시너지 효과가 나면서 실리콘 밸리 신화가 탄생하게 되었다는 것이다. 즉, 다양성에 대한 관용 정도가 높은 지역은 성 소수자를 포함한 재능 있는 인재들을 끌어당기고 자유로운 분위기 속에서 이들은 자신들의 능력을 충분히 발휘하게 되어 그 지역의 경제적 발전이 이루어진다.[40] 2016년에 발표된 한 연구[41]에 따르면, 성 소수자들이 거주 지역을 결정할 때 지역과 지역 내 직장의 성 소수자에 대한 규범들이 중요한 요인으로 작용한다. 성 소수자들은 성 소수자에 대한 태도가 우호적인 지역, 그리고 우호적인 직장과 산업이 많은 지역을 우선적으로 선택한다는 것이다.

창조적 계급(creative class)은 지식과 아이디어를 결합해서 문제를 해결하고 새로운 가치를 창출하는 직업군을 일컫는 용어로서 플로

40 Florida(2002a; 2002b).
41 Lewis and Mills(2016).

|그림 7-1| 샌프란시스코 프라이드 깃발

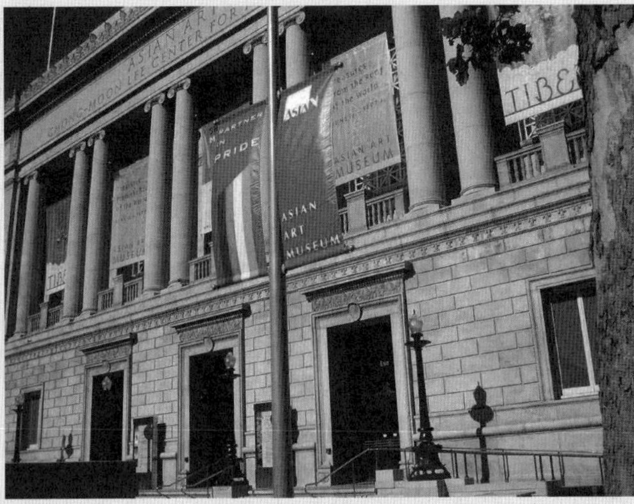

자료: 저자 제공.

리다의 2002년 책[42]에서 처음 제시하였다. 주로 전문가 그룹을 의미하며, 대표적으로 예술가와 디자이너, 경영자와 법률가 등을 포함한다. 대량생산에서 벗어난 후기 산업사회에서는 이러한 창조적인 전문가들이 경제 발전의 핵심 동력원이 된다. 창조적 계급은 다양성을 보장하는 문화적 분위기와 우호적 환경이 갖추어진 도시를 선택하는 경향이 있다. 따라서 도시는 창조적 산업과 경제 발전을 달성하기 위해 다양성 정책을 고려할 필요가 있다.

42 Florida(2002b).

창조적 계급 관점은 실증 분석을 통해 확인된다. 성 소수자를 포함한 사회적 소수자에게 개방적이고 관용적인 지역일수록 경제 발전의 정도가 높다는 결과는 여러 연구들에서 확인되었다. 2011년에 발표된 한 연구[43]에서는 게이 지수(Gay Index)를 이용하여 미국 도시 지역들의 1인당 소득의 차이가 그 지역의 인재들에 의해 결정된다는 사실을 보여 주었다. 인재들이 그 지역에 얼마나 많이 몰리는가는 그 지역의 다양성과 관용의 문화에 의해 영향을 받는다. 한 지역이 사회적 소수자에게 개방적이고 포용하는 문화를 지닐수록 재능 있는 소수자들이 더 많이 모이게 된다. 이러한 다양성과 관용 정도는 게이 지수를 활용하여 측정할 수 있는데, 게이 지수는 그 지역 인구 중에 동성애자 부부의 비중을 나타낸다. 게이 지수를 활용하여 분석한 결과 미국 도시 지역들의 경제적 성과는 그 지역의 인재들에 의해 결정된다. 도시가 다양성과 관용의 문화가 높을수록 능력 있는 소수자들이 그 도시에 많이 모여서 지역의 경제 발전에 도움이 된다는 것이다.

플로리다의 2014년 연구[44]는 2012년 갤럽여론조사에서의 게이와 레즈비언이 살기 좋은 지역 문항을 이용해서 성 소수자에 대한 관용적 태도와 경제 발전 정도가 밀접하게 연관된다는 사실을 발견하였다. 연구 결과에 따르면, 게이와 레즈비언에 대한 호의적 태도는 1

43 Chen(2011).
44 Florida(2014).

인당 소득, 만족도, 도시화 등 다양한 사회경제적 발전 정도와 관련이 있다. 또한 게이와 레즈비언에게 관용적인 지역은 부패도 적고 더 많은 자유와 성평등이 존재한다.

지역의 개방성과 관용은 지역의 1인당 소득뿐 아니라 부동산 가치도 높인다는 연구 결과가 있다. 2010년에 발표된 한 연구[45]에 따르면, 지역에 거주하는 예술가, 보헤미안, 게이 그룹은 그 지역의 부동산 가치를 높인다. 이러한 부동산 효과에는 두 가지 메커니즘이 작동하는데, 미적 시설 프리미엄(aesthetic-menity premium)과 관용적·개방적 문화 프리미엄(tolerance or open culture premium)이 그것이다. 미적 시설 프리미엄은 예술가와 보헤미안들이 거주하는 지역은 높은 수준의 지역 문화 시설을 갖출 확률이 높다. 또는 주로 훌륭한 문화 시설이 있는 지역에 그들이 거주한다는 사실을 의미한다. 따라서 예술가, 보헤미안, 게이들이 많이 거주하는 지역은 미적 시설의 존재가 보장되므로 부동산 가치도 높다. 관용·개방 문화 프리미엄은 예술가, 보헤미안, 게이 그룹이 많이 거주하는 지역에서는 지식 확산 효과가 있다는 것을 의미한다. 즉, 인적 자원 개발의 측면에서 높은 외부성을 보여 준다는 것이다. 창조적이고 전문적인 그룹들이 있는 지역에서는 자유로운 자기 표현과 아이디어 창출을 촉진하는 분위기가 있고, 기업 입장에서 훌륭한 인적 자원을 쉽게 동원할 수 있다.

45 Florida and Mellander(2010).

따라서 이러한 영향들로 인해 지역 소득과 부동산가격에 긍정적 영향을 준다는 것이다.

창조 계급 관점에 따르면, 지역의 문화는 지역의 경제적 성과에 영향을 미친다. 이 논리를 좀 더 확장하면 지역의 문화에 영향을 미치는 법과 제도 또한 경제 발전에 공헌할 수 있다. 즉, 한 지역의 법과 제도가 성 소수자를 차별하지 않는다면 그 지역의 경제적 성과는 더 높아질 수 있다. 미국은 주별로 성 소수자에 대한 법과 제도가 다양하게 존재한다. 성 소수자를 차별하는 정책은 그 주가 인재들과 경제적 투자를 유치하는 데 큰 방해가 될 수 있다. 이러한 흐름에서 2015년에 발표된 한 연구[46]는 미국의 주 정부들이 동성혼 합법화와 같은 성 소수자에게 우호적인 정책을 펼치는 방향으로 나아가야 한다고 권고한다.

4. 정리하며

지금까지 혐오와 경제의 관계를 논의하는 총 4개의 이론을 살펴보았다. 먼저 경제가 혐오에 미치는 영향에 대한 관점으로 탈물질주의 이론을 소개하였다. 이 이론에 의하면, 경제가 발전할수록 사람

46 Box(2015).

들은 성 소수자를 포함한 사회적 소수자의 권리에 이전보다 더 관심을 갖게 되고 성 소수자에 대해 우호적인 태도를 지니게 된다. 혐오 수준이 경제에 미치는 영향에 대해서는 세 가지 관점으로 구분하여 소개하였다. 첫째, 인적 자원의 관점에서 혐오는 성 소수자들의 인적 자원 형성에 부정적인 영향을 끼치므로 경제 발전에 방해가 된다. 둘째, 보건 관점에서 혐오는 성 소수자들의 건강에 해를 가하므로 다양한 의료비용을 사회가 부담하게 함으로써 경제 발전을 가로막는 역할을 한다. 셋째, 창조 계급 관점은 도시의 관용과 개방성이 성 소수자를 포함한 인재들을 끌어들여 지역 경제 발전에 공헌한다는 시각이다. 이렇게 혐오와 경제의 관계를 관련된 총 네 가지 이론들을 통해 살펴보았는데, 정리하면 혐오 수준이 높을수록 경제 발전에 해가 되고, 경제 발전이 이루어질수록 혐오는 줄어든다.

앞에서 혐오와 경제 발전에 관한 다양한 실증 연구들을 살펴보았다. 이제 좀 더 전체적 시각에서 실증 분석을 수행한 연구들을 살펴보자. 기존 연구들은 주로 1인당 소득과 설문조사 결과를 이용하여 혐오가 경제에 미치는 영향 또는 경제가 혐오에 미치는 영향을 살펴본 분석들이 대부분이다. 여기에서는 개인 수준이 아닌 국가 수준에서, 주관적인 설문조사 결과가 아닌 객관적인 지표를 이용한 실증 분석 논문 두 편을 소개한다.

배짓과 동료 연구자들의 2014년 연구[47]는 39개국 사례를 분석하였는데, 경제 발전 정도를 1인당 GDP와 인간개발지수(Human

Development Index, HDI)를 이용하여 측정하고, 성 소수자 포용 정도를 성 소수자의 법적 권리를 나타낸 지표를 이용하여 측정하였다. 성 소수자의 법적 권리 정도를 나타내는 지표로는 동성애 법적 인정 지수(Global Index on Legal Recognition of Homosexual Orientation, GILRHO)와 트랜스젠더 권리 지수(Transgender Rights Index, TRI)가 사용되었다. 경제 발전과 성 소수자 포용 정도, 이 두 요인을 나타내는 지표 간의 관계를 분석한 결과에 따르면, GILRHO가 한 단계 증가하면 GDP는 1,400달러 증가하고 HDI도 한 단계 증가한다. 즉, 성 소수자 포용 정도가 높을수록, 즉 혐오가 적을수록, 1인당 소득은 높다.

2021년에 발표한 한 연구[48]는 국제적인 성 소수자 단체인 ILGA-Europe(European Region of the International Lesbian, Gay, Bisexual, Trans and Intersex Association)에서 발표하는 무지개 지수(Rainbow Index)를 이용하여 유럽 49개국 데이터를 분석하였다. 무지개 지수는 각 국가의 법과 정책을 조사하여 성 소수자에게 얼마나 우호적인지 또는 차별적인지 분석하여 점수를 부여하는 것이다. 성 소수자에 대한 국가의 제도적 관용 정도를 무지개 지수를 이용하여 나타내고 각 국가의 경제 발전 정도를 1인당 GDP로 표현하여 실증 분석을 하였다. 그 결과, 경제 발전이 이루어질수록 관용의 정도도 높아지고,

47 Badgett *et al.*(2014).
48 Lee(2021).

관용의 정도가 높은 국가일수록 경제 발전도 높다는 사실이 확인되었다. 즉, 혐오와 경제 발전이 상호적으로 영향을 미친다는 결과를 확인하였다.

지금까지 보았듯이 이론과 실증 분석들은 혐오와 경제의 반비례적 관계를 주장하고 있다. 이러한 학문적 결론은 정부 정책의 측면에서 시사하는 바가 크다. 전 세계적으로 많은 정부들은 성적 지향과 정체성을 이유로 차별을 받지 않을 권리를 보장하는 정책적 조치들을 취하고 있다. 알려진 바에 따르면, 고용 과정에서의 성적 지향에 따른 차별을 금지하는 국가는 총 77개국이다. 미국의 경우 고용 시장에서 성 소수자들이 차별받지 않을 권리를 24개 주에서 법적으로 규정하고 있고, 2020년 대법원에서는 보스톡 대 클레이튼 카운티(Bostock v. Clayton County) 판결에서 고용 과정에의 성차별을 금지하는 조항이 성적 지향과 정체성에 따른 차별도 금지하는 의미라고 명시하였다. 여러 연구 결과에 따르면, 차별을 금지하는 정책을 펼치는 주에서는 당연히도 차별이 적게 나타나고, 나아가 차별을 금지하는 법이 있는 주에서 동성애자와 이성애자 간의 소득 차이가 적게 나타난다.[49] 즉, 차별 금지 정책이 무용하지 않고 효력을 발휘한다는 것이다.

성 소수자를 차별하는 행위, 혐오를 말이나 행동으로 표현하거

49 Badgett *et al.*(forthcoming).

나 물리적으로 공격하는 행위를 금지하는 법과 정책은 여러 국가에서 이미 시행하고 있다. 실질적인 효력은 각 국가의 역사와 문화에 따라 다르겠지만 이러한 제도적 조치들은 이제는 당연한 것으로 여겨지고 있다. 각국 정부의 이러한 노력은 일반적으로 인권의 측면에서 높은 평가를 받아 왔고, 성 소수자의 인권을 보호하려는 의도에서 성 소수자 우호적 정책과 법이 시행되고 있다.

한국은 전 세계적으로 성 소수자에 대한 법적, 제도적 지원이 미진한 것으로 알려져 있다. 그러나 최근 동성 커플에 대한 대법원 판결이 화제를 불러일으키고 있다. 2024년 7월 18일 사실혼 관계인 동성 동거인의 건강보험 피부양 자격을 인정해야 한다고 대법원 전원합의체가 판결하였다. 동성 커플 소성욱 씨와 김용민 씨는 2019년 결혼식을 올렸고, 2020년 2월 건강보험 직장 가입자인 김 씨는 소 씨를 피부양자로 등록하였다. 건강보험공단은 소 씨의 피부양자 자격을 취소하였고, 이에 2021년 2월 소 씨는 행정소송을 제기하게 된 것이다. 당시 공단은 사실혼 배우자도 피부양자 자격을 인정하고 있었기에 이는 동성 배우자에 대한 차별로 비추어졌다. 2022년 1월 1심 재판부는 원고 패소 판결을 내렸으나 2023년 2심 재판부는 원고 승소 판결을 내렸고, 대법원 판결은 2심의 판단을 인정한 것이다. 한국에서 동성 동반자의 법적 권리와 지위를 인정한 최초 판결이고, 혐오와 차별에서 벗어나 개방과 포용으로 한 걸음 나아간 사례라고 할 수 있다.

혐오와 경제의 관계를 논의한 본 글은, 성 소수자를 보호하는 정부의 노력이 인권의 측면뿐 아니라 경제 발전의 측면에서도 높게 평가받아야 한다는 사실을 보여 준다. 경제 발전이 정부 정책의 중요한 목적이라면 이를 위해서라도 성 소수자에 대한 혐오와 차별을 극복하고자 하는 제도는 바람직하다.

참고문헌

Adamczyk, A. and C. Pitt, "Shaping Attitudes about Homosexuality: The Role of Religion and Cultural Context," *Social Science Research*, 38(2), 2009, pp. 338~351.

Ahmed, A. M. and M. Hammarstedt, "Detecting Discrimination against Fomosexuals: Evidence from a Field Experiment on the Internet," *Economica*, 76(303), 2009, pp. 588~597.

Ahmed, A. M., L. Andersson, and M. Hammarstedt, "Are Gay Men and Lesbians Discriminated Against in the Hiring Process?" *Southern Economic Journal*, 79(3), 2013, pp. 565~585.

Badgett, M. V. L., "The Wage Effects of Sexual Orientation Discrimination," *ILR Review*, 48(4), 1995, pp. 726~739.

______, *The Economic Cost of Stigma and the Exclusion of LGBT People: A Case Study of India*, Washington, DC: World Bank, 2014.

Badgett, M. V. L., L. E. Durso, A. Kastanis, and C. Mallory, *The Business Impact of LGBT-supportive Workplace Policies*, Los Angeles: The Williams Institute, 2013.

Badgett, M. V. L., S. Nexhad, K. Waaldijk, and Y. van der Meulen Rodgers, *The Relationship between LGBT Inclusion and Economic Development: An Analysis of Emerging Economies*, Los Angeles: The Williams Institute, 2014.

Badgett, M. V. L., A. Hasenbush, and W. E. Luhur, *LGBT Exclusion in Indonesia and Its Economic Effects*, Los Angeles: The Williams Institute, 2017.

Badgett, M. V. L., C. S. Carpenter, and D. Sansone, "LGBTQ Economics," *Journal of Economic Perspectives*, 35(2), 2021, pp. 141~170.

Badgett, M. V. L., C. S. Carpenter, M. J. Lee, and D. Sansone, "A Review of the Economics of Sexual Orientation and Gender Identity," *Journal of Economic Literature*, forthcoming.

Banks, C., *The Cost of Homophobia: Literature Review on the Economic Impact of Homophobia on Canada*, Community-University Institute for Social Research,

2004.

Box, L., "It's not Personal, It's Just Business: The Economic Impact of LGBT Legislation," *Indiana Law Review*, 48(3), 2015, pp. 995~1021.

Brennan, D. J., L. E. Ross, C. Dobinson, S. Veldhuizen, and L. S. Steele, "Men's Sexual Orientation and Health in Canada," *Canadian Journal of Public Health*, 101(3), 2010, pp. 255~258.

Chen, X., "Tolerance and Economic Performance in American Metropolitan Areas: An Empirical Investigation," *Sociological Forum*, 26(1), 2011, pp. 71~97.

Choi, K.-H., J. Paul, G. Ayala, R. Boylan, and S. Gregorich, "Experiences of Discrimination and Their Impact on the Mental Health among African American, Asian and Pacific Islander, and Latino Men Who have Sex with Men," *American Journal of Public Health*, 103(5), 2013, pp. 868~874.

Croteau, J. M., "Research on the Work Experiences of Lesbian, Gay, and Bisexual People: An Integrative Review of Methodology and Findings," *Journal of Vocational Behavior*, 48(2), 1996, pp. 195~209.

Díaz, R. M., G. Ayala, E. Bein, J. Henne, and B. V. Marin, "The Impact of Homophobia, Poverty, and Racism on the Mental Health of Gay and Bisexual Latino Men: Findings from 3 US Cities," *American Journal of Public Health*, 91(6), 2001, pp. 927~932.

Drydakis, N., "Sexual Orientation Discrimination in the Labour Market," *Labour Economics*, 16, 2009, pp. 364~372.

Florida, R. L., "The Economic Geography of Talent," *Annals of the Association of American Geographers*, 92(4), 2002a, pp. 743~755.

______, *The Rise of the Creative Class: And How It's Transforming Work, Leisure, Community and Everyday Life*, New York: Basic Books, 2002b.

______, "The Global Map of Homophobia," available at http://www.citylab.com/politics/2014/02/global-map-homophobia/8309/, 2014.

Florida, R. L. and C. Mellander, "There Goes the Metro: How and Why Bohemians, Artists and Gays Affect Regional Housing Values," *Journal of Economic Geography*, 10, 2010, pp. 167~188.

Frank, J., "Gay Glass Ceilings," *Economica*, 73(291), 2006, pp. 485~508.

Griffith, K. H. and M. R. Hebl, "The Disclosure Dilemma for Gay Men and Lesbians: 'Coming Out' at Work," *Journal of Applied Psychology*, 87(6), 2002, pp. 1191~1199.

Halkitis, P. N., P. Valera, and M. Kantzanou, "Deterioration in Social and Economic Conditions in Greece Impact the Health of LGBT Populations: A Call to Action in the Era of Troika," *Psychology of Sexual Orientation and Gender Diversity*, 5(4), 2018, pp. 503~507.

Inglehart, R., "The Silent Revolution in Europe: Intergenerational Change in Post-Industrial Societies," *American Political Science Review*, 65(4), 1971, pp. 991~1017.

______, "Post-materialism in an Environment of Insecurity," *American Political Science Review*, 75(4), 1981, pp. 880~900.

______, *Culture Shift in Advanced Industrial Society*, Princeton: Princeton University Press, 1990.

______, *The Silent Revolution: Changing Values and Political Styles among Western Publics*, Princeton, NJ: Princeton University Press, 1977.

______, *Modernization and Postmodernization: Cultural, Economic, and Political Change in 43 Societies*, Princeton: Princeton University Press, 1997.

______, "Mapping Global Values," *Comparative Sociology*, 5, 2006, pp. 114~136.

______, "Changing Values among Western Publics from 1970 to 2006," *West European Politics*, 31(1-2), 2008, pp. 130~146.

Inglehart, R., P. Norris, and C. Welzel, "Gender Equality and Democracy," *Comparative Sociology*, 1, 2002, pp. 321~345.

Johnston, D. and M. A. Malina, "Managing Sexual Orientation Diversity: The Impact on Firm Value," *Group & Organization Management*, 33(5), 2008, pp. 602~625.

Lee, S., "Social Tolerance and Economic Development," *Social Indicators Research*, 158(3), 2021, pp. 1087~1103.

Lewis, N. M. and S. Mills, "Seeking Security: Gay Labour Migration and Uneven

Landscapes of Work," *Environment and Planning A*, 48(2), 2016, pp. 2484~2503.

McDermott, E., K. Roen, and J. Scourfield, "Avoiding Shame: Young LGBT People, Homophobia and Self-destructive Behaviours," *Culture, Health & Sexuality*, 10(8), 2008, pp. 815~829.

Newcomb, M. E. and B. Mustanski, "Internalized Homophobia and Internalizing Mental Health Problems: A Meta-analytic Review," *Clinical Psychology Review*, 30, 2010, pp. 1019~1029.

Ozeren, E., "Sexual Orientation Discrimination in the Workplace: A Systematic Review of Literature," *Procedia-Social and Behavioral Sciences*, 109, 2014, pp. 1203~1215.

Persell, C. H., A. Green, and L. Gurevich, "Civil Society, Economic Distress, and Social Tolerance," *Sociological Forum*, 16(2), 2001, pp. 203~230.

Pew Research Center, "A survey of LGBT Americans: Attitudes, Experiences and Values in Changing Times," available at http://www.pewsocialtrends.org/wp-content/uploads/sites/3/2013/06/SDT_LGBTAmericans_06-2013.pdf, 2013.

Ragins, B. R. and J. M. Cornwell, "Pink Triangles: Antecedents and Consequences of Perceived Workplace Discrimination against Gay and Lesbian Employees," *Journal of Applied Psychology*, 86(6), 2001, pp. 1244~1261.

Stulhofer, A. and I. Rimac, "Determinants of Homonegativity in Europe," *Journal of Sex Research*, 46(1), 2009, pp. 24~32.

Wang, P. and J. L. Schwarz, "Stock Price Reactions to GLBT Nondiscrimination Policies," *Human Resource Management*, 49(2), 2010, pp. 195~216.

Ward, J. H., "Setting the Diversity Agenda Straight," *Business & Professional Ethics Journal*, 22(3), 2003, pp. 73~91.

chapter 08

산업 정책의 부활과 새 산업 정책

1. 경제 발전의 역사와 산업 정책
2. 산업 정책이란 무엇이고, 그것은 왜 필요한가?
3. 산업 정책의 부침
4. 새로운 산업 정책
5. 새로운 산업 정책이 나아가야 할 방향

2024년 9월 9일 공개된 『드라기 리포트』(*Draghi Report, The Future of European Competitivness*)는 전 세계 미디어의 주목을 받았다. 이 보고서에서는 유럽연합의 추락하고 있는 경쟁력 현황, 유럽연합의 산업별 경쟁력 상황과 전략, 그리고 경제 전반의 문제점과 대책을 통해 미국, 중국과 경쟁할 수 있는 경쟁력을 키우기 위한 담대한 개혁안을 제시하고 있다. 이 보고서는 「반도체법」, 「인플레이션법」을 필두로 한 미국의 산업 정책 그리고 「중국제조 2025」로 상징되는 중국의 산업 정책에 대한 유럽연합 차원의 대응을 보여 주고 있다.

이는 그동안 자유무역 규범에 어긋난다며 터부시되었던 산업 정책이 전면에 등장하고 있음을 상징적으로 보여 주고 있다.

시장에 대한 정부의 적극적 개입인 산업 정책이 근대화와 경제성장 과정에서 왜 필요한지, 세계화의 시대에 산업 정책은 위축될 수밖에 없었던 이유는 무엇이었는지, 글로벌 금융위기 이후 산업 정책이 서서히 부활하게 되는 맥락은 무엇인지를 살필 것이다.

1. 경제 발전의 역사와 산업 정책[1]

19세기 말까지 산업혁명에 성공하여 근대화의 길로 들어선 선

1 경제 발전의 역사와 산업 정책의 내용 중 메이지 유신기 일본의 산업 정책에 대해서는 Juhasz *et al.*(2024)의 일부 내용을 정리한 것이다.

진국들은 대체적으로 유럽과 북미 대륙의 영어권 혹은 영어와 유사한 언어권의 국가들이다. 산업혁명의 대열에 끼지 못한 후진국들이 후발주자로서 산업혁명의 성과를 빠르게 흡수하여 근대화를 성취할 수 있는 방법은 무엇일까? 모키어(J. Mokyr)가 강조한 바와 같이 "산업혁명의 핵심 요소는 과학·기술지식"[2]이다. 따라서 후진국이 앞서 나간 선진국의 산업혁명의 성과를 빠르게 흡수하기 위해서는 선진국이 개발한 과학, 기술, 근대적 교육제도와 경영기법을 빠르게 도입하는 것이 급선무였다. 서구 선진국과 언어가 상이한 후진국이 서구의 기술지식과 제도를 빠르게 도입하기 위해 필요한 것은 무엇이었을까? 서구에 직접 사람들을 파견하여 대면학습과 직접경험을 통해 기술지식 등 선진 문물을 배워 오는 방법과 서구에서 출간된 과학·기술 및 문화, 제도에 대한 책을 번역하여 보급하는 방법이 있었을 것이다.

후진국이었던 일본은 메이지 유신 기간 동안 위의 두 가지 방법을 통해 가난한 농업사회에서 제조업 중심의 산업사회로 빠르게 구조 전환할 수 있었다. 이 기간 동안 정부 주도하에 서구의 기술지식을 담은 책들이 일본어로 번역·출간되는 방대한 작업이 이루어졌으며, 이를 통해 일본의 기업가, 기술자, 기능공, 근로자, 상인, 과학자, 문화인들은 서구의 과학지식과 문화·제도를 쉽게 접근할 수 있

2 Mokyr(2021).

|그림 8-1| 1870년과 1910년, 전 세계 각국에서 출판된 책의 종류 수

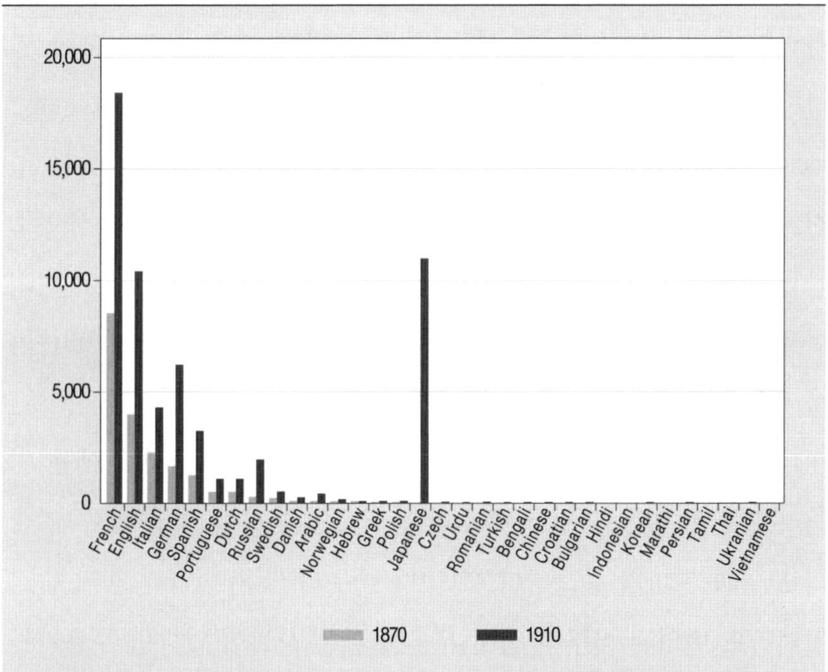

자료: Juhasz *et al.*(2024).

게 되었던 것이다.

1870년 이전만 해도 전 세계적으로 주요한 기술지식은 프랑스어, 영어, 이탈리아어 및 독일어로 표현된 것이 대부분이었다(〈그림 8-1〉의 연한 막대선). 그런데 1910년에는 메이지 정부 주도의 번역·출판사업에 힘입어 일본어로 번역되어 출간된 서적의 종류 수가 영어로 출간된 서적의 종류 수를 추월하여 프랑스어 출판 서적 종류 수에 이어 전 세계 2위를 점하고 있다(〈그림 8-1〉의 진한 막대선). 오늘날 번역은 그다지 어렵지 않은 작업이지만 19세기 말 다른 언어문화권의 용어, 특히 상이한 제도, 새로운 과학·기술 관련 용어를 번역하는 것은 매우 어려운 일이었다. railroad, steam engine, economy, society, manufacturing, … 이런 용어는 근대화에 들어서지 못한 후진국 국민들에게는 전혀 새로운 것들이기에 새롭게 자국어 용어로 만들어야 했고, 그것을 표준적인 용어로 정착시켜야만 혼란이 최소화될 수 있었다. 번역과 영어사전 편찬, 그리고 번역용어의 표준화를 주도하는 기관[3]이 반드시 필요하였던 것이다.

후진국 일본이 유례없이 빠른 산업화를 이루게 된 배경에는 여러 요인들이 있지만 정부 주도의 번역사업을 통한 서구 과학·기술의 도입과 전파가 중요하다. 그러나 아무리 많은 번역된 책이 출간될지라도 번역된 서구의 선진 문물을 읽는 사람이 없다면 무용지물이다. 즉, 경영자나 기술자, 종업원들이 그것을 흡수할 수 있는 인적 자본을 갖추고 있어야 하였다. 그래서 1872년 초등학교 의무제도가 도입되었고, 1890년까지 초등학교 등록률이 80%를 넘어서 서구 국가보다 높은 수준에 도달하게 되었다.

1870년 이후 메이지 유신기 일본 정부의 번역사업, 초등학교 의무제 도입은 전형적인 산업 정책이었다. 후진국 일본이 빠르게 농업

3 1856년 에도 시대에 반쇼시라베쇼(蕃書調所)란 이름으로 설립되었고, 메이지 시대 가이세이갓코(開成学校)로 개명되어 정부에 의해 운영되다가 도쿄대학 부속기관으로 흡수되었다고 한다.

사회로부터 제조업 중심의 산업사회로 구조 전환할 수 있었던 것은 시장의 힘에 의해 진행된 측면도 있지만 정부의 적극적 개입인 산업 정책에 의해 이루어진 것이기도 하다.

비서구권 국가들 중에서 서구의 경제 발전 수준을 따라잡은 국가는 전 세계에서 동아시아의 일본, 한국, 싱가포르, 대만 등 몇 개 국가뿐이다. 그런데 이들 국가들의 경제 발전의 역사는 산업 정책의 역사이기도 하다. 그래서 이들의 산업 정책은 주목을 받아왔다. 그러나 1980년대 신자유주의의 흐름 속에서 이들 국가의 산업 정책은 긍정적 성과 이상으로 부정적 측면이 부각되고는 하였다.

그런데 2023년 전후부터 '산업 정책의 부활 혹은 귀환'(revival/comeback of industrial policy), '산업 정책 르네상스', '새 시대의 산업 정책'이라는 제목의 글이 세계 주요 경제지와 뉴스를 장식하고 있으며, 세계 비즈니스에 영향력을 행사하는 정·재계, 학계와 언론계 인사들이 총출동한다는 세계경제포럼(World Economic Forum, WEF)에서는 2023년 산업 정책을 주요 토픽으로 다루기까지 하였다. 그뿐 아니라 미국 경제학회지 *Journal of Economic Perspective*의 2024년 가을호는 산업 정책을 특집으로 기획하였다. 그러면 이러한 산업 정책의 부활이 왜 중요하고 그것이 어떤 의미가 있는가?

세계경제포럼에서 주요 경제학자들을 서베이한 결과 74%가 산업 정책이 확산되리라 전망하고 있으며, 산업 정책의 확산으로 혁신의 드라이브가 걸리고(39%), 경제 활동이 전반적으로 자극을 받게 된다(20%)는 낙관적 전망이 있다. 그러나 산업 정책으로 인해 지정학적 갈등이 심해질 것이라는 우려(90%)가 훨씬 지배적인 점에서 새로운 산업 정책은 지정학적 문제와 깊이 연결되어 있다고 볼 수 있다.[4] 부활하고 있는 산업 정책을 주목해야 하는 이유는, 그것이 ① 산업·경제 구조를 업그레이드시키는 혁신 정책이며, ② 그린(green) 경제로의 이행이라는 전 세계적 합의를 실천하는 정책이고, ③ 지정학적 갈등에 의해 추진되는 국가안보 전략의 일환이고, ④ 민간 자본에 대한 자금조달 의존도가 높아짐에 따라 금융화에 의해 좌우될 여지가 커지게 되었기 때문이다.

제2절에서는 진정한 산업 정책의 국가로 평가받고 있는 우리나라[5]의 사례를 중심으로 경제 발전을 위해 산업 정책이 필요한 이유를 살핀다. 제3절에서는 산업 정책의 부침이 전 세계적 차원에서 어떻게 이루어지고 있는지를 조감한다. 제4절에서는 부활하고 있는 산업 정책의 특징을 살핀다.

---

4 Feingold(2023).
5 Cherif and Hasanov(2019), pp. 5~7.

2. 산업 정책이란 무엇이고, 그것은 왜 필요한가?

1) 산업 정책이란?

산업 정책에 대해서는 여러 다양한 정의가 있는데,[6] "국가 경제의 구조 전환을 목표로 하는 정부 개입", "경제의 구조 전환을 위한 기업이나 산업에 대한 지원 혹은 특정한 경제 및 비경제적 목표의 달성을 위한 정부 개입"이 대표적이라고 요약할 수 있다.

산업 정책은 크게 두 종류로 나뉜다. 하나는 특정 산업을 집중 지원함으로써 그 산업뿐 아니라 그 산업과 연관관계를 갖고 있는 여러 산업을 동시에 키우는 방식(수직적 산업 정책), 다른 하나는 기초과학·기술에 대한 연구개발 지원을 통해 개발효과가 산업 전 분야에 파급될 수 있도록 하는 방식(수평적 산업 정책)이다. 메이지 유신 시기 번역사업을 통한 서양 지식의 효율적이고 체계적인 도입은 후자에 속하는 예이다. 정부 주도 번역물 출판 프로젝트가 일본을 농업사회로부터 근대적 산업구조로 탈바꿈시켜 주는 수평적 산업 정책이었다면, 1960~1970년대 한국의 중화학공업화 정책은 경공업 구조에서 중화학공업 구조로 산업구조를 업그레이드시켜 주는 수직적 산업 정책의 전형이었다.

6 Cherif and Hasanov(2019), Criscuolo *et al.*(2022), Spence and Tyson(2023), Juhász, Lane, and Rodrik(2023).

그러면 산업 정책의 수단은 어떠한 것들이 있나? 경제구조의 전환을 도모하는 모든 정책이 산업 정책에 속한다고 볼 수 있는데, 간단히 대표적인 정책들을 열거하자면 다음과 같다.

외국산 제품의 수입을 억제하는 관세, 수입 쿼터, 품질 및 기술 검사 제도, 위생검사, 반덤핑관세, 인증 제도 등이 있으며, 수출 촉진을 위한 수출보조금, 수출보험 및 연불 수출 제도, 국산부품 사용 요건 등이 대표적이고, 국내 산업 경쟁력 향상을 위한 진입규제, 기술도입 라이선싱, 정책 금융 제도 등을 들 수 있다. 이러한 정책들은 특정 산업을 외국 업체와의 경쟁으로부터 보호하거나 대외경쟁을 지원함으로써 산업구조의 고도화를 도모한다.

엠에스 워드(MS Word)는 민간 기업에서 주로 사용되고 있지만, 한/글 혹은 아래아 한글은 공공기관 및 교육기관을 중심으로 널리 사용되고 있다. PC가 보급되는 초기 시점 정부에서는 국산 소프트웨어 보호를 위해 정부조달 프로그램으로 한/글 혹은 아래아 한글을 지정한 결과 오늘날까지 워드에 의해 밀리지 않고 생존해 있는 셈이다. 이와 같이 특정 산업 발전을 위한 정부조달은 가장 동원하기 쉬운 정책 중 하나이다.

우리나라의 주요 통신사업자는 SK, KT, LG U+ 등이다. 독과점적인 기간통신사업에 외국 기업이 뛰어들지 못하는 이유는 외국인 또는 외국인 주주가 국내 기간통신사업자 지분의 49%를 넘겨 직접 투자할 수 없도록 규정하고 있기 때문이다.

이처럼 정부조달 정책, 외국인 지분 제한 등은 많이 사용되는 산업 정책의 수단이다.

경제 발전 과정에서 산업 정책은 다양한 형태로 구사되었다. 산업 정책의 역사가 긴 일본이나 한국의 경우, 법과 규정을 통한 명시적인 산업 정책뿐 아니라 행정부서와 산업별 협회[7]의 소통을 통한 협조, 일본에서 많이 사용하는 행정지도 방식과 같은 것들도 산업 정책의 수단이 되고 있다. 이러한 정성적이고, 암묵적 방식의 산업 정책은 서구에서는 좀처럼 찾아보기 어려운 수단이고, 이들 때문에 산업 정책의 성과에 대한 정량적 분석은 쉽지 않은 작업이었다. 이처럼 산업 정책은 범위가 넓고 시대와 상황에 따라 산업 정책의 수단이 바뀔 수 있다.

2) 산업 정책은 왜 필요한가?

우리나라의 철강공업 육성 정책의 기폭제가 된 포항제철의 사례를 통해 산업 정책이 필요한 근거를 생각해 보자.

1968년 당시 한국 경제는 가발 수출을 통해 달러 외화를 벌어들이는 수준이었으며, 그것으로도 모자라 월남전 파병과 독일에 광

7 무역협회, 상공회의소, 섬유협회, 자동차산업협회, 조선해양플랜트협회, 전자정보통신산업진흥회, 석유유통협회, 철강협회, 은행연합회, 건설협회, 영상산업협회 등 각 세부적 산업마다 협회가 존재한다.

부를 파견하여 달러벌이를 할 수밖에 없었던 상황이었다. 한국 경제의 수준[8]에서 종합제철 사업에 뛰어들 민간 기업이 있었을까? 가발·의복 산업 수준의 경공업에서 자동차, 조선 등 중공업으로 비약하는 데 핵심적인 산업이 종합제철산업이다. 종합제철소를 설립하고 운영하는 데 엄청난 자금이 소요되고, 상당 수준의 기술력이 필요하였다. 따라서 설탕, 치약, 목재 등 생활용품 등 잡제품 수준의 생산에 머물고 있었던 대기업 입장에서 종합제철사업은 꿈꾸기 어려웠을 것이다. 설혹 성공적으로 제철소를 완공하여 운영한다 하더라도 철강 수요가 충분하지 않았기에 수익성을 기대하기 어려웠을 것이다. 또 기술력 측면에서 신일본제철소와 비견될 만한 경쟁력을 키울 수 있을지 기대할 수도 없었다. 1960년대 제철소 건립은 시기상조라며 세계은행과 미국은 자금 공여를 거부하였던 것도 이런 상황 때문이었다.

당시 정부는 대일청구권자금과 일본으로부터 차관을 동원하여 직접 포항제철소라는 국영기업을 만들었는데, 이 회사는 2000년 민영화되어 현재 포스코(POSCO)로 사명이 변경되었다. 만약 종합제철사업과 관련하여 정부가 어떤 정책도 취하지 않고 오로지 민간 기업의 자율과 시장원리에 내맡겼더라면 어떻게 되었을까? 당시 우리

8 당시 한국 경제의 1인당 GDP는 198달러(경상 가격)였다. 참고로 다른 지역과 비교해 보면, 아프리카 평균 173달러, 남미 평균 528달러, 유럽 평균 1,828달러, 미국 4,579달러였다(World Development Indicator).

와 소득 수준이 비슷하였던 미얀마, 과테말라에 오늘날 포스코와 같은 철강산업이 없는 이유 중 하나는 그 사업을 강력히 추진할 정부가 없었기 때문일지도 모르겠다.

포항제철의 사례가 주는 교훈은 제철사업을 민간 기업과 시장 메커니즘에 맡겼다면 오늘날의 포항제철, 중화학공업화의 기반, 그리고 오늘날 우리 경제를 이끌어 가는 자동차, 반도체, 선박, 철강, 석유화학산업은 존재하지 않았을 것이었다는 점이다.

시장 메커니즘에만 맡기게 되면 조율이 실패하는 경우가 많고, 동태적 그리고 정보 외부효과 때문에 산업구조 고도화와 기업·산업 경쟁력을 향상시키는 것이 매우 제약적이다. 그래서 경제성장 초기 단계에서 경쟁력이 취약한 스타트업과 유치산업은 그 이상으로 성장하기 어렵다. 산업 정책이 필요한 대표적인 이론적 근거를 그에 해당하는 사례를 통해 살펴보자.

(1) 조율의 실패

자동차산업, 선박제조업이 발달하기 위해서는 값싸고 품질 좋은 강판과 후판이 필요하고, 이를 안정적으로 공급하기 위해서는 종합제철산업이 필요하다. 다른 제조업과 마찬가지로 종합제철업을 제대로 가동하기 위해서는 안정적으로 전력이 공급되어야 한다. 전력공급을 위한 원유수입과 자동차를 비롯한 제조업 전반의 업그레이딩을 위해서는 석유화학산업이 자리를 잡아야 한다. 석유화학산업－전력산업－제철산업－자동차 및 선박산업은 한 몸이 되어 움직인다고 볼 수 있다. 정부의 정책이나 지원없이 어떤 민간 기업이 종합제철사업에 뛰어들었다고 생각해 보자.

민간 기업이 제철사업에 착수했는데 철강을 수요하는 선박과 자동차산업이 없다면, 또 반대로 전력이 안정적으로 공급되지 않는다면 제철업에 거금을 쏟아부은 기업은 어려움을 겪을 것이다. 자동차 제조에 필수적인 강판을 비롯하여 플라스틱 부품이 원활하게 공급이 이루어지리란 보장이 없는 상황에서 자동차사업은 불확실이 가득한 모험사업일 수밖에 없다. 산업들 간의 연관성이 강할수록 서로에게 도움을 주면서 동시에 발전하지만, 반대로 서로에게 도움을 주지 못하게 될 경우 이들 산업은 모두 한꺼번에 연쇄적으로 위축될 수밖에 없다. 다른 산업과의 관련성이 없이 어떤 특정 산업만 독립적으로 발전하는 경우는 없다. 정부의 전반적 개입이 없다면 제철사업에 진출한 기업이나, 자동차사업에 뛰어든 기업은 서로 눈치만 볼 것이고, 이들 산업과 연관된 산업에 진출하려는 기업들은 주춤거리고 망설이다 시간만 흘려보낼 것이다.

메이지 유신 시기 정부 주도의 번역 사업이 없었더라면, 용어 표준화 작업이 없었더라면, 정부의 초등학교 의무교육제도가 없었더라면 어떻게 되었을까? 호기심 많고 돈 많고 서양어에 능통한 극소수의 사람만이 서양 책을 구입해 읽고, 공부하고, 이들 호사가들의 지식은 입에서 구전되다 사라졌을 것이다. 큰 기업에서 선진 문물을 수입하기 위해 번역·출판사업을 병행한다 해도 그 기업은 자기 회사의 업무와 관련된 책만을 선정할 것이고, 용어의 통일된 번역은 처음부터 기대하기 어려웠을 것이다. 어느 누구도 한가롭게 번역할 여유도 없고, 번역할 능력도 되지 않으며, 민간 차원에서 용어를 표준화할 수는 없을 것이다. 따라서 서양의 과학·기술·문화의 유입, 확산속도는 매우 더뎠을 것이다.

(2) 동태적 외부효과

대도시는 비싼 임대료에도 불구하고 사람과 기업들이 몰려든다. 특정 지역에 사람과 기업이 밀집하게 되면 혼잡 비용이 높아지지만 그 이상으로 생산성이 높아지고 소득이 올라가고 일자리가 만들어진다. 사람과 기업이 특정 지역에 몰리게 되면 만들어지고, 교환되는 지식과 아이디어의 양이 크게 증가하게 되고, 일자리도 증가하게 된다. 그 특정 지역에 입지하고 있는 개인과 기업들의 생산성과 수입도 덩달아 오르게 된다. 이 점에 착안하여 정부가 주도해서 만든 것이 국가산업단지이다. 석유화학, 조선, 자동차, 기계산업이 밀집한 울산미포국가산업단지, 기계 중공업 관련 업체가 밀집한 창원국가산업단지, 전기·전자산업 중심의 구미산업단지가 그것이다.

동태적 외부효과의 긍정적 측면을 극대화시키기 위해 정부가 포항–울산–미포를 산업단지로 개발하고 기업입지를 권장(명령?)하고, 지원하였던 것이다.

(3) 정보 외부효과

1960년대 이전 후진국에서 종합제철산업과 같은 거대 사업에 뛰어들어 성공한 기업의 사례가 없기 때문에 세계은행에서는 한국 정부의 제철사업 프로젝트에 대한 자금제공을 거부하였다. 미국에서 흑인과 히스패닉 가계에 대한 대출이 대부분 거절당하는 것과 비슷한 원리이다. 이것을 정보 외부효과라고 한다. 정보 외부효과가 작동한다면 생산이나 수출실적과 같은 과거 데이터가 미미한 후진국의 기업들은 자금지원 대상에서 제외되어 사업자금이 부족하기 때문에 영세한 사업만 꾸릴 수밖에 없게 된다. 자금이 부족하니 영세 기업의 수준에서 벗어날 수 없으니, 수출도 어렵고 자금난에 시달릴 수밖에 없는 악순환이 계속될 것이다. 이러한 악순환의 고리를 깨기 위해 정부가 나서야 하는 것이다. 중후장대한 대규모 프로젝트를 위해서는 정부가 앞장서 자금을 끌어다 지원할 수밖에 없는 것이다.

(4) 유치산업 보호

종합제철사업이 경제구조의 업그레이드를 위해 반드시 육성해야만 하는 핵심 산업이었다면, 영화산업은 외국 경쟁자로부터 반드시 보호해야만 하는 산업이었다.

1990년대까지 우리나라 영화관은 할리우드 영화들이 장악하고 있었다. 시장 중심 자유무역 원리에 따르면, 이러한 현상은 한국 영화의 경쟁력이 취약하였기 때문에 자연스러운 것이다. 즉, 경쟁력이 취약한 국산영화는 퇴출되어야 하고, 세계적 경쟁력을 갖춘 할리우드 영화가 한국 시장을 지배하는 것이 자원 배분의 효율성 측면에서 바람직스럽다는 것이다.

그런데 이러한 시장원리에 도전한 것이 유치산업 보호 정책인 스크린 쿼터 제도이다. 스크린 쿼터는 국산영화가 유치하고 재미없더라도 개봉관에서 무조건 365일 중에서 1/3 이상을 방영해야 함을 의무화시킨 것이다. 경쟁력이 없는 산업을 나랏돈을 투입하면서 연명시키는 것은 비효율과 낭비의 전형이라고 볼 수 있다. 시장 경제 원리만을 신봉하는 사람들에게 스크린 쿼터는 비효율적이고 낭비적인 것으로 보였을 것이다. 그렇지만 시간이 흐르면서 정부의 보호 우산하에 영화산업은 「기생충」, 「미나리」와 같이 세계적으로 호평을 받는 작품은 물론 「오징어게임」과 같이 넷플릭스(Netflix)에서도 두각을 나타내는 작품을 만들기에 이르렀다. 한국의 영상산업은 스크린 쿼터라는 유치산업 보호 덕분으로 시간이 흐르면서 동태적으로 효율적인 것이 되어 버린 것이다.

3. 산업 정책의 부침

1) 산업 정책의 화려한 역사

산업 정책은 한마디로 산업·경제의 고도화를 통해 경제성장을 촉진시키는 정책이다. 한국의 경제성장 과정은 산업 정책과 분리시켜 생각할 수 없을 정도로 중요하다. 1973년 한국 정부는 중화학공업화를 선언하고 철강, 기계, 조선, 전자 등 전략업종을 지정하였다. 분야별 1~2개 대표 기업을 지정해 자금의 우선 배정과 세제 혜택을 통해 규모의 경제를 실현하도록 하였다.[9] 산업 정책의 전형이었던 중화학공업화가 한국 경제의 생산성과 성장에 큰 기여를 하였음은 실증적으로 입증되고 있다.[10] 오늘날 주력 산업 중 하나인 반도체의 경우, 삼성전자의 반도체 진출(1983년)은 1982년 만들어진 「반도체공업육성 세부계획」의 지원 속에서 추진되었다. 산업 정책이 차지하는 압도적 중요성 때문에 발전국가 모델 혹은 국가 주도형 발전 모델이라 불린다. 한국뿐 아니라 제2차 세계대전 이후 냉전 시대 미국, 서유럽 국가들, 일본은 광범위하게 발전전략으로 산업 정책을 채택하고 있었다.

---

9 중화학공업화는 매우 담대하고 방대한 정책이었다. 이에 대한 체계적 연구는 박영구(2012)가 있다.

10 Lane(2021).

미국의 경우 냉전 체제하에서 소비에트 진영에 비해 과학·기술과 경제력의 우위를 점하기 위한 산업 정책이 체계적으로 시행되어 왔다. 소비에트가 우주선을 먼저 발사하자 위기를 느낀 미국 정부는 국방부 산하에 방위고등연구계획국(Defense Advanced Research Project Agency, DARPA)을 설립하여 혁신적인 연구개발을 주도한 것이 대표적인 예이다.

유럽의 경우 1950년대부터 1970년대 중반까지를 산업 정책의 중흥기라 불린다.[11] 산업 정책에서 가장 과감하였던 프랑스는 철강, 화학, 기계, 통신, 항공, 핵 발전 등 주요 산업에서 국가 챔피온을 육성하는 승자선별 방식의 정책을 대대적으로 사용하였다. 유럽 차원에서도 사양산업이라 할 수 있는 일몰 산업을 지정하거나, 반대로 뜨는 산업을 지정하여 육성하는 방식으로 자원을 정책적으로 재배치하였는데, 민간 항공기산업에서 에어버스 컨소시엄을 구축한 것이 대표적 예이다.

우리나라처럼 일본의 근대화와 고도성장 과정도 산업 정책과 떼어서 생각할 수 없다. 1980년대 일본은 반도체, 전자제품, 자동차 등 당시 최첨단 기술집약적 산업에서 미국을 추월하면서 세계 경제의 패권을 장악하는 수준까지 나아간 적이 있었다. 보걸(E. Vogel)의 『세계 최고의 일본』(*Japan as Number One: Lessons for America*, 1979)이라는

---

11 Owen(2012).

책이 출간되었고, 일본식 경영을 배우자는 열풍이 불기도 하였다. 이런 막강한 일본 경제를 만들어 낸 산업 정책의 총본산은 통산성(통상산업성, MITI)이며, 일본 주식회사의 연출자로 지목되기도 하였다. 파죽지세로 미국 시장 점유율을 높이고 있었던 일본 기업에 대한 미국의 강력한 보호주의적 무역 정책[12]도 산업 정책 역사의 중요한 사례이다.

2) 산업 정책의 퇴조

1980년대 이전까지 많은 국가들이 성장과 발전, 그리고 기술혁신의 전략으로 산업 정책을 사용해 왔음에도 불구하고 크루그먼(P. Krugman)이 지적한 것처럼 "(주류) 경제학자들은 산업 정책에 대해 부정적 견해"[13]를 갖고 있기에 산업 정책 논쟁에서 정책의 지지담론은 항상 수세에 몰리곤 하였다. 그리하여 산업 정책은 시장 실패가 존재할 경우에만 소극적으로 필요한 그러한 것으로 인식되었다.

그런데 1980년대부터 시장 중심적 신자유주의의 흐름—대내적으로는 시장 자유화, 민영화, 탈규제화, 대외적으로는 무역과 자본이동 자유화—으로 산업 정책적 개입은 본격적으로 퇴조하게 되었

12 1980년대의 일본 자동차의 미국 시장에 대한 자율수출규제, 미·일 반도체 협정이 대표적인 예이다.
13 Krugman(1993).

다. 당시 분위기는 "가장 좋은 산업 정책은 아무것도 하지 않는 것"[14] 이라는 노벨 경제학상 수상자인 베커(G. Becker)의 말에서 잘 보여진다. 이러한 분위기 속에서 대부분의 국가에서 무역과 투자장벽은 낮아지고, 정책 개입은 최소화된다.

1995년 세계무역기구(WTO) 체제 출범 이후 특정 산업에 대한 직접 보조금은 사용하기 어렵게 되었고 간접적인 방식의 산업 정책만이 용인되었다. 즉, WTO 체제는 세계 각국의 민간 기업들이 정부 지원 없이 공정한 경쟁을 통한 자유무역을 내세우고 있었기 때문에 특정성이 없는 보조금이나 연구개발지원 정책만이 허용되었다.

3) 발전국가 모델 한국에서 신자유주의적 흐름과 산업 정책

동아시아 기적 국가 중 하나인 한국은 정부 주도 경제성장 모델(state-led development)의 전형이다. 1980년대 이후 신자유주의 흐름 속에 한국의 산업 정책은 다른 국가들의 예에서처럼 위축되었을까? 신자유주의 시대에 한국의 산업 정책의 흐름·기조에 대한 논의[15]는 보다 상세한 검토가 필요하다. 분명한 점은 1980년대부터 한국

14 Becker(1985).

15 이와 관련 상이한 두 견해를 보자면 Thurbon(2016)은 발전 국가의 연속선상에서 산업 정책이 진전되고 있다고 보는 반면, Pirie(2006)는 신자유주의 흐름으로 발전국가 모델과 산업 정책이 퇴조하고 있음을 지적하고 있다.

의 경우에도 시장 자유화, 자율화, 탈규제의 흐름이 거세게 유입되었지만, 이러한 흐름은 관료, 학자, 언론 등 모두에게 정상적인 시장경제 제도의 정착 과정으로 이해되었으며, 국제 경쟁력 향상을 위한 산업 정책의 추진은 이러한 흐름과 별도로 당연한 것으로 받아들여지고 있었다. 단지 세계적인 자유화와 자율화의 흐름 속에서 산업 정책도 정부의 직접 개입을 축소하고 특정 부문 지원에서 기능별 지원으로 전환하게 된다.

1980, 1990년대 금리 자유화, 금융실명제, 법인세 도입, 관세율 인하 등 보호무역 장벽의 완화는 정상적인 시장경제의 작동을 위한 제도 구축의 일환이었고, 1980년대의 「공업발전법」, 1990년대 초의 「정보산업 발전국가전략」 정도가 당시의 산업 정책을 상징한다. WTO 체제하에서 기존 방식의 특정 산업이나 기업을 지원하는 방식은 상당한 제약을 받게 되었다.

그러나 1998년 외환위기의 궁극적 원인을 관치경제 혹은 중상주의적 국가 주도의 경제성장 모델에서 찾는 여러 경제학자들의 견해에 비추어[16] 보면 외환위기 이전까지 한국의 발전국가 모델과 산업 정책이 여전히 강고하였음을 반증하는 것이다.

한국의 경우 IMF 구제 금융과 (IMF+α)의 조건을 통해 본격적으로 신자유주의적 흐름이 유입되고 산업 정책이 퇴조하게 되는 계

16 김상조 외(2007).

기였다고 볼 수 있다. 자본 및 외환시장 자유화, 재벌개혁 조치들, 노동시장 유연화 조치들, 많은 국가들과의 FTA와 자본투자협정 체결, 공공 기업의 민영화 추진, 금융위원회 출범은 시장 중심적 제도가 심어지는 단면을 보여 주는 것들이다. 여기서 주목할 점은 자본 자유화, 한미투자협정, 금융 허브론, 산업은행 민영화 시도는 신자유주의의 중요한 축인 금융화가 한국 경제에 깊숙이 심어지는 계기가 된 것이다.

4) 2000년 이후 세계화와 산업 정책

중국의 WTO 가입(2001년)이 허용되고, 점차 시간이 흐르면서 미국뿐 아니라 한국 등 선진국 기업들이 중국에 생산거점을 마련하고 이들 선진 기업으로부터의 기술 습득과 중국 내 값싼 인건비가 결합되어 중국산 제품은 빠른 속도로 세계시장을 뒤덮기 시작한다. 선진국 기업들이 중국에서의 생산 비중을 높이면 높일수록, 즉 중국의 세계공장으로서 위상이 높아질수록 중국의 생산·수출 그리고 일자리가 늘어나지만 선진국들은 중국으로 빠져나간 기업체 수만큼 선진국 내의 일자리는 줄어들 수밖에 없게 된다. 게다가 수입되는 중국산 제품이 전방위적으로 확대되면서 중국산 제품과 경쟁할 수밖에 없는 선진국 국내의 많은 기업들이 점점 더 어려움을 겪으면서 일자리는 더 많이 위축된다. 이를 중국 쇼크(China shock)라 하는데,

이 쇼크로 인해 중국과 깊숙한 경제거래를 하고 있는 국가들은 대부분 제조업 몰락의 길, 일자리 감소의 길로 들어선다.

중국 쇼크는 예상치 못한 것이었다. 당초 한국, 미국을 비롯한 대부분의 중국과의 교역 참가국들은 중국의 세계시장 편입과 자유무역이 자국에게 큰 이익이 된다고 믿고 있었다. 선진국 기업들에게는 중국이라는 거대한 시장에 참여한다는 것이 큰 수익 창출의 기회였으며, 선진국 소비자들에게는 중국산 제품의 대대적 유입으로 다양한 제품을 값싸게 소비할 수 있게 되었다. 그러나 많은 기업들이 인건비와 물류비를 절감할 수 있는 중국, 인도 등 신흥국으로 대거 오프쇼링(off-shoring)하면서, 또 중국산 제품과 경쟁하는 선진국의 수입 경쟁 산업이 점차 몰락하면서 일자리가 사라지게 되었다. 이러한 일자리 상실에는 IT 기술의 확산과 보급도 큰 몫을 하였다. 미국 민주당의 정책자문에 깊숙이 개입해 오던 프린스턴의 블라인더(A. Blinder) 교수는 한때 자신은 발끝까지 자유무역 신봉자였지만 오프쇼링으로 인해 앞으로 600만 개의 미국 중산층 일자리가 상실될지도 모른다는 우려 때문에 자유무역을 철회하게 되었음을 고백하였으며,[17] 실제로 추정해 본 결과 2000년 이후 약 200만 개의 일자리가 사라졌다는 연구도 보고되었다.[18]

17 Blinder(2006).
18 Autor *et al.*(2016). 그러나 미국의 경우 매년 200만 명이 해고되는 것이 일상적이니, 20년 동안 200만 개의 일자리가 사라졌다는 것은 그리 큰 숫자는 아닐 수 있다(Krugman, 2025).

저임금노동자뿐 아니라 중산층 기반의 일자리도 사라질지 모른다는 위기의식이 확산되기 시작하였다. 여기에 첨단 제조업마저 추월당할지 모르고, 미국의 핵심 산업 기반이 무너질지도 모른다는 우려, 그리고 핵심 산업 기반의 붕괴가 국가안보에도 치명적인 결과를 초래한다는 위기의식이 초당적으로 새 산업 정책을 지지하는 배경이 된다.

정리하면 다음과 같다. 첫째, 1980~2020년까지의 이른바 세계화의 절정기(이른바 하이퍼 세계화(hyper-globalization)) 동안 선진 국가들은 무수히 많은(제조업) 일자리의 상실을 경험한다.[19] 둘째, 중국이 참여한 세계화라는 무역과 자본 통합의 도도한 흐름 속에서 중국의 부상과 그에 따른 부작용이 심각해지면서 미국 등 주요 국가들은 자유무역을 접고 보호무역 조치와 산업 정책을 꺼내 든다.

이러한 흐름을 세계화 퇴조의 징후로 볼 수 있을까? 〈그림 8-2〉에서와 같이 Covid 19와 지정학적 위기 고조로 인한 무역 감소로 무역 측면에서는 세계화의 퇴조가 눈에 띈다. 그러나 자본 자유화의 측면에서는 팬데믹과 지정학적 상황이 전혀 영향을 미치지 못하며 줄기찬 세계화의 진전을 보이고 있다.

19 세계화가 만들어 낸 결과는 선진국 내의 일자리 감소와 불평등 심화, 그리고 선진국과 신흥국·후진국 사이의 불평등 축소라는 점이다(Patel *et al.*, 2024).

| 그림 8-2 |　세계화 지표를 통해 본 세계화 추세

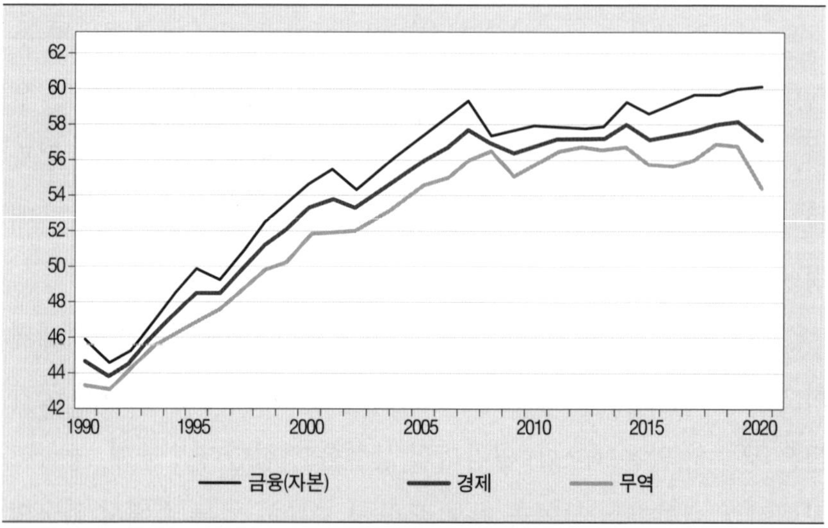

자료: Kruger(2023), 지표(Globalization indices), 원자료는 KOF.[20]

5) 글로벌 금융위기 이후 산업 정책 부활의 배경과 흐름

〈그림 8-2〉에서 보는 바와 같이 지속적으로 증가하고 있었던 세계화의 주요 지표들이 낮아지는 계기는 2008년의 금융위기이다. 이러한 측면에 주목해서 금융위기 이후의 세계화를 느린 세계화(slowbalization)라고도 부른다.[21]

20 KOF에서는 1970~2020년까지 203개 국가의 무역, 자본이동, 인적 이동, 사회적 통합 등 여러 지표를 가중치로 삼아 KOF Globalization Indices를 발표하고 있다. 데이터 작성방법에 대해서는 Potrafke(2014) 참조.

21 Aiyar and Ilyina(2023).

2008년 미국의 서브프라임 모기지 위기는 글로벌 금융위기로 확산되어 전 세계를 엄습한다. 극심한 금융경색과 실물 경제의 침체 속에 실업자는 크게 늘어나게 된다. 미국의 오바마 대통령은 10%에 육박하는 실업률에 대응하기 위해 일자리 창출을 위한 대대적인 (단기)경기 부양책을 동원하며, 중장기적인 미국 산업의 경쟁력을 위한 정책을 구사하였다. "미국은 기술혁신, 교육, 제조업에서 다른 국가들보다 앞서 나가야 한다"며 신산업 육성과 일자리 창출을 역설하면서 '미국 제조업 부흥을 위한 기틀'(A Framework for Revitalizing American Manufacturing, 2009), 2011년 첨단 제조업 분야에서 미국이 리더십을 확보하기 위한 '첨단 제조업 구상'(Advanced Manufacturing Initiative, AMI, 2011) 등 제조업 경쟁력을 강화하기 위한 체계적인 계획안을 수립하고 추진하였다.

고용증진, 제조업 부흥, 그리고 그린(green) 이행에 대한 정책이 녹아 있는 것이 그린 뉴딜(green new deal) 정책이다. 제조업 분야의 에너지 효율을 높이고 탄소 배출이 적거나 없는 청정에너지 사용을 촉진함으로써 에너지 분야에서 새로운 양질의 일자리를 늘리겠다는 계획이 그것이었다. 1기 트럼프(D. Trump) 집권 이후 이 정책은 일시 퇴조하였지만 2019년 민주당이 당론으로 부활시키게 된다. 2010년 이후 등장한 일련의 산업 정책의 등장을 신자유주의 퇴조로 해석하는 것은 성급한 판단이다. 산업 정책이 등장한 이유는, 첫째 월가의 탐욕 때문에 메인가(Main Street, 제조업 혹은 비금융업을 통칭)가 타격을 입게 되어 메인가에 대한 지원이 표심을 얻기 위해서 중요하였다. 둘째, 중국의 부상으로 인해 이미 2005년 전후부터 미국의 과학기술 및 기업 경쟁력 하락에 대한 위기의식과 제조업 부흥에 대한 대응책을 모색해 왔다. 체계적으로 정책이 추진되기 시작한 것은 2008년 금융위기 이후이다. 셋째, 산업 정책을 추진하는 데 필요한 자금을 점차 민간 자본에 의존하게 됨에 따라 정책 프로젝트들을 기초 자산으로 삼는 증권화가 확산되고 있다. 산업 정책이 기관 투자자들과 사모펀드들에게 새로운 수익 기회가 되고 있기 때문에 금융시장에서도 산업 정책의 부활을 반기고 있다.

EU에서는 재정위기에서 조금 벗어난 2012년 『경제회복과 성장을 위한 강한 유럽 산업을 만들자』는 보고서를 발표한다. 핵심은 산업 경쟁력을 제고하여 2020년까지 GDP에서 차지하는 제조업 비중을 16%에서 20% 수준으로 향상시키는 것을 목표로 삼고 있다. 그리고 2019년 유럽의 그린 딜(European Green Deal)을 신 성장전략의 핵심 정책으로 제시하고 있다. 그리고 2024년에 발표된 드라기 보고서는 EU의 담대한 산업 정책 구상의 결정판이라 할 수 있다.

EU 차원에서 산업 정책을 모색하게 된 배경은, 첫째 미국처럼 금융위기의 여파로 경제침체와 실업률이 심각하였으며, 둘째 재정위기에 따라 긴축 정책을 실시하였는데 긴축은 경기침체를 악화시킬 뿐이었기에 경제재건을 위한 확장 정책이 요구되었고, 셋째 EU 회원국 간 경제 불균형이 심화되었으며 불균형 해소를 위한 통합 정책이 필요하였던 것이다.

미국과 유럽의 산업 정책의 출발점은 경기 진작을 위한 수요확대를 염두에 두는 거시경제의 성격을 갖고 있다. 그런데 점차 산업 정책이 공급 측 정책으로 선회하는 배경은 제3절 제4항에서 언급한 중국과의 교류에 따른 일자리, 무역적자, 그리고 제조업의 문제와 관련이 깊다.[22]

6) 산업 정책 확산의 계기

2016년 트럼프가 집권하면서 중국 때리기의 본격화, 파리기후협약의 탈퇴에 따라 WTO 중심의 자유무역 체제가 무력화되며 다자간 환경 규약도 백지화된다. 다자간 경제 규범이 무력화한 가운데 산업 정책은 두 사건을 계기로 가속화된다. 첫 번째는 미국과 중국의 경제적·정치적 갈등이고, 두 번째는 팬데믹과 러시아-우크라이나 전쟁으로 촉발된 지정학적 위기, 그리고 글로벌 가치 사슬의 파편화(fragmentation)이다.

팬데믹은 산업 정책의 필요성을 각성시켜 주었다. 미국 등 주요 선진국의 경우 팬데믹 시기에 봉쇄로 인해 중국 등 개도국에서 만든 마스크와 같은 아주 기본적인 제조업 제품조차 제대로 공급받지

22 근래 다시 부상하고 있는 산업 정책이 직·간접적으로 중국과 관련 있다는 비평도 이러한 맥락에 있다.

못해 방역에 어려움을 겪었던 상황은 글로벌 공급망의 재편 필요성과 제조업 부활의 필요성을 일깨워 주었다. 그리고 mRNA백신 기술 개발 과정[23]에서 산업 정책이 큰 역할을 한 것도 중요하다. 러시아-우크라이나 전쟁으로 러시아산 에너지에 깊이 의존하고 있었던 독일 등 여러 국가들은 지정학적 충격이 경제에 큰 위협이 될 수 있음을 자각하게 되었고, 이에 대한 산업적 차원의 대응을 모색하게 되었다.

바이든 행정부의 반도체법(CHIPS and Science Act), 미국과 유럽 국가들의 중국의 전기차, 태양광 셀, 배터리 제품에 대한 대폭적 관세율 인상과 중국의 유럽산 제품에 대한 무역규정 위반조사 대응은 그린(green) 이행과 국가안보 차원에서의 새로운 양태의 산업 정책을 보여 주고 있다.

산업 정책의 부활·귀환은 데이터로도 확인된다. 세계 각국의 주요 경제 관련 언론과 뉴스에 등장하는 산업 정책 관련 글의 빈도는 〈그림 8-3〉과 같이 2005년부터 서서히, 그러다가 2015년부터 빠른 속도로 증가한다.

1990년대 중반 이후 공식적으로 산업 정책이라는 용어를 사용하지 않던 OECD도 2011년부터 새로운 산업 정책에 대한 논의를

23 Biomedical Advanced Research and Development Authority(BARDA)는 민간 기업이 감당하기 어려운 위험을 기꺼이 감당함으로써 성공적으로 백신 개발을 주도하였다. 그리고 2015년부터 모더나는 백신 개발을 위한 지원금을 정부로부터 받아 왔다(Adler *et al.*, 2021).

|그림 8-3| 산업 정책 관련 경제뉴스 보도 빈도수

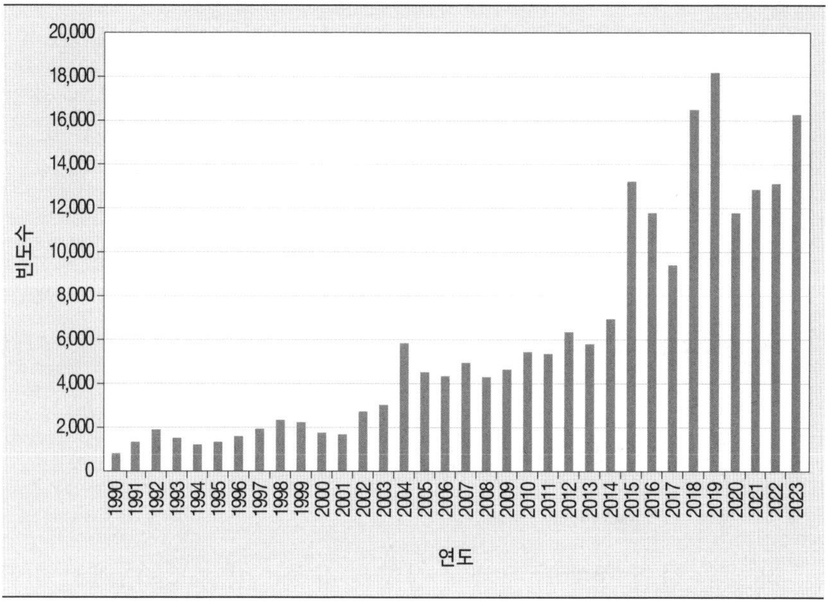

자료: Evenett *et al.*(2024).

본격적으로 시작하게 된다. OECD의 '21세기 산업 정책 필요성'에 대한 워크숍(2011)과 후속 작업으로 진행된 워릭(K. Warwick)과 놀런(A. Nolan)의 일련의 연구보고서[24] 발간은 산업 정책 논의를 촉발시키는 계기가 되었다. IMF는 정부의 시장 개입을 상징하는 산업 정책에 대해 그동안 부정적인 태도를 취하여 왔으나 부분적인 우호적 태도(partial endorsement)로 최근 바뀌고 있다.[25] IMF는 여기서 한 걸음 더 나아가 산업 정책을 합리적으로 규율하고 감시하는 프레임워

24 Warwick(2013), Warwick and Nolan(2014).
25 Frick(2024).

크를 구축하고 있다. 이렇게 신자유주의 시대 이후 귀환한 산업 정책을 1980년대 이전과 구별하여 새로운 산업 정책이라 부르기도 한다.[26] 이 글에서는 21세기, 고소득 선진국에서 부활하고 있는 산업 정책에만 초점을 맞춘다.

4. 새로운 산업 정책

1) 새로운 산업 정책의 특징

새로운 산업 정책의 구체적 상황은 유하스(R. Juhasz), 에브넛(S. J. Evenett)의 연구[27]가 잘 보여 주고 있다. 이들의 연구를 요약하면 다음과 같다. 첫째, 정책 중에서 산업 정책의 비중은 2009년 18%에서 2019년 46%로 증가하였는데, 이러한 증가 추세는 산업 정책이 글로벌 금융위기 이후 증가 추세에 있다는 가설[28]에 부합한다. 둘째, 〈그림 8-4〉와 같이 산업 정책은 고소득 선진국에 치우쳐져 있다. 셋째, 팬데믹 전후 2019~2022년 기간의 산업 정책 중 48%가 미국, 중

26 '새로운 산업 정책'은 '21세기의 산업 정책', '새로운 시대의 산업 정책'이라고도 불리는데, 기존의 산업 정책과 확연하게 구별되는 '새로운' 특징은 아직까지 찾아볼 수 없으며, 시간의 흐름에 따른 새로운 상황 전개에 따라 '새로운' 특징이 만들어질 가능성이 크다.

27 Juhasz *et al.*(2023b), Evenett *et al.*(2024).

28 Stiglitz *et al.*(2014), Cherif and Hasanov(2019).

|그림 8-4| 국가별 산업 정책의 빈도

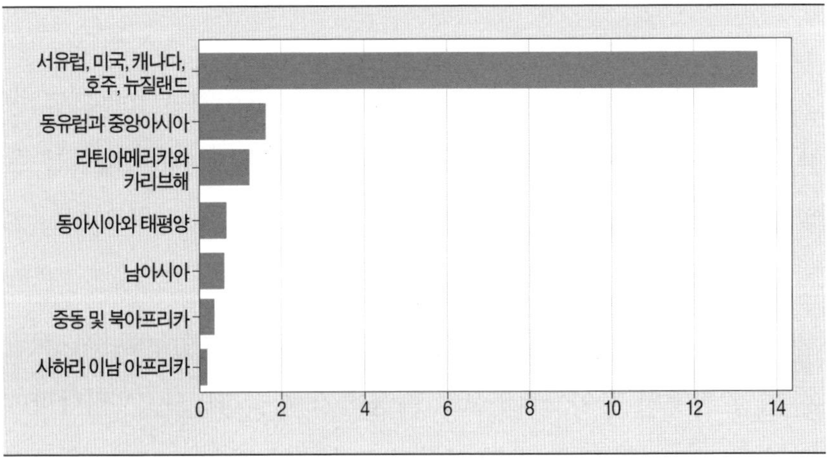

자료: Juaresz *et al.*(2023).

국, EU의 그것이다. 산업 정책의 37%는 전략적 경쟁력을 위한 것이고, 28%는 기후 변화에 대응하기 위한 것, 그리고 15%는 글로벌 가치 사슬을 공고히하기 위한 것, 20%는 국가안보와 관련된 것으로서 절반이 기후 변화와 국가안보 관련이다. 산업 정책 중 73.8%가 다른 상대방 국가의 보복 조치를 불러일으키는 '이에는 이, 눈에는 눈'(tit-for-tat)과 같은 속성을 갖고 있다.

앞으로 전개될 새로운 산업 정책의 방향과 내용에 영향을 미치게 될 요인은, ① 그린(green)으로의 이행, ② 디리스킹(de-risking) 혹은 국가 및 경제 안보, ③ 신자유주의 흐름의 중심축인 금융화의 산업 정책에의 침투 등 세 가지로 정리해 볼 수 있다.

2) 그린으로의 이행[29]

지구온난화가 심각한 지경에 이르게 된 것은 지난 100여 년 동안 전 지구적 차원에서 시장 메커니즘에 따라 탄소 배출 행위를 통해 얻는 수익의 사유화, 그리고 탄소 배출에 따른 비용의 사회화(혹은 지구화)가 작동해 왔기 때문이다.

그러나 최근 탄소 중립, 탈탄소화, 재생 가능한 에너지 개발은 기업 활동의 가이드라인으로 작동하기 시작하였다. 우리나라에서 가장 대표적인 탄소 배출 기업인 포스코의 경우 2024년 1월부터 철강을 수출할 때 EU의 탄소국경조정제도(Carbon Border Adjustment Mechanism, CBAM)에 따라 탄소 배출량을 보고해야 하며, 2026년부터 EU 수입제품 중 EU 역내 생산제품보다 탄소 배출량이 많으면 추가 부담금을 지불해야 하는 상황에 직면하고 있다.

2050 탄소 중립 기본 로드맵을 내걸고 연도별 구체적인 고로(blast furnace) 비율의 축소–전기로(electric arc furnace)와 수소환원 제철(HyREX) 비율의 확대를 모색할 수밖에 없으며, 2026년 초 광양에 최대 규모의 전기로를 가동할 예정인 것도 이러한 맥락이다. 내연기관 자동차를 전기차로 대체하기 위한 전기차 구매 시 보조금 지급제도, 기후 변화 감시 및 예측기술의 개발 등이 이러한 예에 속한다.

29 그린으로의 이행은 그린 경제로의 이행, 탈탄소화(decarbonization), 탄소 중립 사회의 의미를 포괄한다.

최근 그린으로의 이행[30]을 위한 중국의 보조금과 투자 규모는 다른 나라와 비교할 수 없을 정도로 압도적이다. 50년 전부터 미국, 일본, 독일 등 각국에서는 대체에너지 개발을 위한 정부 지원 정책이 있었지만 최근 중국에서의 그 규모와 비교하면 미미하기 그지없다. 2022년 국제에너지기구(International Energy Agency)에 따르면, 전 세계 클린 에너지(clean energy) 제조업 투자의 85%가 중국에서 이루어지고 있다는 사실이 이 점을 잘 보여 주고 있다. 이에 미국, 유럽 등 선진국들이 중국을 따라잡기 위해 국내 회사들에 대한 지원을 대대적으로 확대하고, 중국 제품을 봉쇄하는 상황이다. 중국의 태양광 패널과 전기차 생산이 전 세계에서 타의 추종을 불허하는 압도적 비중을 점하게 된 데에는 철도, 항만, 고속도로 및 화학, 철강, 배터리, 전자산업의 대대적 투자가 그 배경에 있다. 2017년부터 2019년까지 GDP의 1.7%를 이들 관련 산업 지원에 지출하였는데, 이는 다른 나라의 2배 이상의 수준이다.

중국의 경우 정부가 관리·통제하는 은행으로부터의 값싼 대출부터 지방정부 차원의 값싼 토지 제공, 값싼 노동력이 결합되어 전기차, 태양광 셀, 리튬 배터리 등을 아주 저렴한 가격으로 다른 나라에 물밀 듯이 수출할 수 있게 된 것이다. 미국과 서방 지도자들은 중국의 과잉생산을 야기하는 의도적인 보조금과 덤핑은 글로벌 무

30 DiPippo(2022).

역의 규범을 위반한 것이라며 전기차, 태양광 패널, 배터리에 대해 높은 관세부과로 대응하고 있다.[31] 이에 중국은 글로벌 무역 규범을 위반하지 않았다며 중국 제품의 글로벌 시장에의 공급 증가는 세계적 차원의 인플레이션 압력을 줄여 주며, 전 세계 국가들의 기후 변화 대응에 긍정적 역할을 하고 있다고 강변하고 있다. 그러면서 중국도 EU산 돼지고기 반덤핑조사에 착수하는 등 이에는 이, 눈에는 눈의 맞보복 전략으로 받아치고 있다.

3) 디리스킹

냉전 시대에는 국가안보와 경제적 효율성이 상호 상충관계에 있기보다는 보완관계에 있었다. 그런데 오늘날 상황이 달라졌다. 국가안보를 우선시하게 되면 경제적 효율성이 저해되고, 반대로 경제적 효율성을 우선시하게 될 경우 국가안보가 저해될 위험이 높아지게 되었다. 즉, 국가안보와 경제적 효율성이 상충관계에 있게 된다. 냉전 시대에는 미국과 유럽을 중심으로 한 서방 경제권과 소비에트-중국을 중심으로 한 공산경제권은 경제적 교류가 많지 않았기 때문에 이 두 경제권은 분리·단절된 상태나 다름없었다. 예를 들자면, 냉전 시대하에서는 NATO 동맹국들끼리 자유롭게 교역하는 것

31 2024년 5월 현재 미국은 중국산 전기차에 대해 관세율을 25%에서 100%로, 리튬이온 배터리와 부품에 대해서는 7.5%에서 25%로 인상하기로 하였다.

은 이들 국가들의 경제적 효율성을 높이는 것임과 동시에 이들 각 국가의 국가안보에도 도움이 되는 것이었다. 즉, 이들 동맹국들은 국가를 경제적으로 부유하게 하는 것과 국가안보를 굳건하게 지키는 것은 하나의 목표가 될 수 있었다. 그런데 중국이 세계 경제 무대에 등장하면서 대부분의 서방 국가들은 거대한 중국 시장을 외면할 수 없었고, 중국과 긴밀한 경제관계를 맺게 되었다. 미국을 비롯한 서방세계와 중국과의 정치 및 군사적 갈등이 전면에 드러나기 전만 하더라도 국가안보 때문에 중국과의 경제관계가 후퇴한다는 것은 상상할 수 없었다. 그러나 근래 상황이 달라졌다. 중국·러시아가 미국, 유럽 등 서방 국가의 국가안보에 중대한 변수로 등장하면서 국가안보적 요인을 무시하고 경제적 효율성만을 추구하는 것이 어렵게 되었다. 산업 정책의 딜레마도 여기에서 비롯되고 있다.

제3절 제2항에서 1980년대부터 신자유주의 흐름 속에 산업 정책의 암흑기를 맞이했음을 지적하였다. 그런데 예외적으로 신자유주의의 선도자인 레이건 정부는 강력한 산업 정책을 구사한 바 있다. 1980년대 미국의 레이건(D. Reagan) 정부는 14개 반도체회사들과 SEMATECH(Semiconductor Manufacturing Technology)라는 비영리 컨소시엄을 구성해서 차세대 반도체 칩의 개발을 견인한 바 있다. 그리고 1986년 미·일 반도체 협정을 통해 일본 반도체 산업을 괴멸시킬 수준으로 압박을 가하였다. 시장 중심을 표방한 레이건 정부가 이처럼 강력한 반도체산업 정책을 구사한 이유는 무엇인가? 국가안보

에 있어 반도체가 핵심이었기 때문이다.[32] 국가안보라는 기준이 경제 효율성 기준보다 앞섰기 때문이다. 경제적 안보를 포함하여 국가안보는 경제학 교과서나 경제이론에서는 찾아보기 힘든 주제이다. 그럼에도 불구하고 이것이 중요한 이유는 산업 정책의 향방과 내용을 좌우하기 때문이다.

냉전 시대 세계는 미국과 서방세계, 그리고 소비에트와 공산권 국가 두 블록으로 구분되어 두 블록 간 무역, 자본이동 등 경제 교류가 없는 단절된 상태(de-coupling)였다. 그러나 소비에트 붕괴와 함께 지구촌을 하나로 묶는 세계화의 시대가 도래하여 자유무역과 자본 자유화가 빠르게 진행하게 되었다. 그리고 2001년 중국에 대한 WTO 가입 승인으로 중국은 세계시장에 참여하게 되었고, 점차 경제·정치적으로 큰 국가로 부상하게 되었다. 지금은 미국과 서방세계에 있어 중국이 정치·경제적으로 위협적인 존재가 되었지만, 중국과 단절하기 어려울 정도로 경제적으로 복잡하게 얽혀 있다. 디리스킹(de-risking)은 중국과 단절하거나 중국을 고립시키는 것(디커플링, decoupling)이 아니라 중국의 과도한 의존으로 인한 위험을 줄이는 전략이다.

세계화 시대에 개별 기업들의 경제적 효율성을 위한 행동은 자연스럽게 허용되었지만 중국·러시아와의 군사·정치적 갈등이 고조

---

32 Smith(2023).

되면서 이들 기업들의 중국·러시아와의 긴밀한 경제거래는 국가안보의 위협이 될 수 있다. 경제적 효율성 추구를 위한 거래가 국가안보의 위협으로 되돌아올 수 있는 그 위험을 줄이는 전략이 바로 디리스킹이다. 예를 들어 보자. 2021년 11월 우리나라에서는 이른바 요소수 대란이 있었다. 한국의 중국산 요소수의 수입의존 비율이 무려 97%나 되었고, 중국이 수출규제를 하면서 큰 혼란이 초래되었던 것이다. 중국으로부터의 요소수 수입 비율이 높은 우리나라처럼 러시아로부터의 에너지 수입 비율이 높은 유럽에서는 2022년 러시아-우크라이나 전쟁 이후 산업용 에너지가격 폭등과 가정용 연료비용 급등으로 어려움을 겪고 있다. 요소수나 에너지의 수입을 결정하는 주체는 개별 민간 기업이며, 이들은 경제적 효율성을 고려해서 의사결정을 하게 되는데, 그 결과가 요소수의 중국 수입의존 심화와 에너지의 러시아 의존 심화를 초래한 것이다. 특정 국가에의 과도한 수입의존이 야기할 사회적 결과를 개별 기업 차원에서는 고려하지 않고 고려될 수도 없기 때문에 수입 쏠림 현상이 나타나는 것이다. 사회적 결과(순이익 혹은 순손실)의 차원에서 수입선 다변화를 모색할 수 있는 주체는 개인이나 기업이 아닌 국가이다. 이처럼 디리스킹은 기업의 전략이 아니고 국가의 전략일 수밖에 없다.

중국에 오프쇼링(offshoring)하였던 기업들이 국내에 돌아오거나(reshoring), 미국 및 서방 우방국으로 재배치되는(friend-shoring) 현상은 디리스킹 전략의 일환이라고 볼 수 있다.

디리스킹은 중국만을 염두에 둔 것은 아니다. 오래전부터 EU는 러시아로부터의 값싼 에너지에 크게 의존해 있었는데, 러시아-우크라이나 전쟁을 통해 이러한 의존이 EU에게 큰 위협으로 다가왔으며, 과도한 의존에 따른 위험을 줄이려는 디리스킹 전략이 대두하게 되었다.

디리스킹은 국가안보 측면의 대외 경제전략이라 할 수 있다.

이때 국가안보란 '전염병과 질병, 환경 및 자연재해, 외국 혹은 비정부 테러 집단으로부터의 심각한 위협, 위험과 같은 경제적 강압(economic coercion)으로부터 국민들의 후생과 안전을 보호하는 공공 정책과 공공 투자'라고 규정할 수 있다.[33] 위협과 위험이 현실화될 확률이 아주 낮지만 일단 위험이 현실화될 경우 그 손실이 매우 크기 때문에 안보는 보험과 유사하다. 전쟁의 발발 확률은 아주 낮지만 전쟁 발발 위험에 대비하는 것이 국방 투자이며, 100년에 한 번 발생할지 모를, 낮은 확률의 팬데믹이지만 이러한 위험에 미리미리 대비하기 위해 방역 투자를 하고 있다. 이러한 선제적 조치들은 국가안보 차원에서 이루어진다.

최근 들어 빈번해지고 있는 경제적 강압 때문에 국가안보 조치가 필요해지고 있다. 이때 경제적 강압이란 정치, 군사 및 전염 질병과 자연재해 등의 외부적 충격으로부터의 경제적 위협을 의미한다.

33 Murphy and Topel(2013).

예를 들자면, 팬데믹 기간 공장·사무실 폐쇄(lockdown)와 이동제한 조치에 따른 경제의 급속한 침체가 경제적 강압이다. 2018년 호주는 중국이 통신장비를 이용해서 자국의 개인과 기업의 정보를 빼간다며 중국산 제품의 안전성에 문제 제기를 했고, 뒤이어 중국을 코로나 19의 발원지로 지목하면서 국제조사를 촉구하였다. 그러자 중국은 이에 대응해서 호주산 와인에는 최대 218%에 달하는 반덤핑 관세를 부과하였다. 호주의 경우 정보 탈취의 위험성, 그리고 질병 확산의 위험이 경제적 강압으로 작용하였던 셈이다. 우리나라의 경우 2016년 사드(THAAD) 배치 이후 중국의 경제보복으로 관광수입이 21조 원 이상 감소하였는데, 이때 한국의 사드 배치가 중국에게 군사적 충격에 따른 경제적 강압이었다.

디리스킹의 구체적 정책으로서 리쇼링과 프렌드리 쇼링(friendly shoring)을 들 수 있다. 「반도체법」(CHIPS and Science Act)[34] 가드레일 조항(guardrail provision)에서는 중국이 몇몇 중요하고 민감한 섹터(critical sectors)에서 글로벌 시장의 주도적 위치를 차지하는 것을 저지하기 위해 미국의 동맹국과 그 기업들에게 행동을 요구하고 있다. 즉, 동맹국인 한국의 삼성전자와 같은 중요한 기업들에게 생산공장을 미국 내로 이전할 것을 요구하였는데, 프렌드리 쇼링의 대표적인 사례이다.

34 White House(2022).

세계 3위의 PC 업체인 델(Dell)은 미국과 중국 사이의 지정학적 위기의 고조에 대응해서 부품 공급업체들에게 중국산 부품의 사용 비율을 낮출 것을 요구하였고, 2024년까지 중국산 반도체의 사용 비율을 0의 수준으로 만들기로 하고, 생산공장을 중국으로부터 베트남과 멕시코로 이전시키고 있다.

애플의 아이폰 조립업체인 대만의 폭스콘(Foxconn)은 중국 공장을 2025년까지 인도로 대거 이전시켜 인도에서의 생산 비율을 현재의 14%에서 25%로 증가시킬 계획이며 인도 이외에 베트남과 멕시코에도 조립거점을 구축할 예정이다.[35]

미국 등 서구 세계뿐 아니라 중국도 디리스킹에 적극적이다.[36] 중국의 경우 「중국제조 2025」를 통해 국가 차원에서 수직적 통합을 추진하여 전기차 가치 사슬의 80% 이상을 중국 내에 배치하게 되었다. 국가 간 정치·군사 갈등에 따른 글로벌 가치 사슬의 균열에 따른 부작용을 최소화하고 기술적 우위를 지키고자 함이다. 중국의 전기차 산업이 세계시장을 장악하게 된 것은 정부의 전폭적 지원과 기업 및 국가 차원의 수직적 통합 정책에 힘입었다. 대표적인 중국의 전기차 메이커인 비야디(BYD)는 1930년대의 미국 포드자동차처럼 극단적으로 높은 수직적 통합을 보이고 있다. BYD의 경우 그것의 가치 사슬을 모두 기업의 통제 범위 안에 위치시키고 있다. 엑셀, 트

35 Capri(2023).
36 Gerbaudo(2024).

렌스미션, 브레이크, 서스펜션 등 수많은 핵심 부품과 배터리로부터 마이크로칩, 그리고 리튬 광산과 자동차, 선박에 이르기까지 거의 모든 것이 수직통합된 상태이다.

4) 금융화의 영향

모든 것을 시장에 내맡기자는 시장 근본주의적인 흐름과 정부의 시장 개입으로서의 산업 정책은 잘 부합하지 않지만, 그렇다고 산업 정책의 부활이 신자유주의의 퇴조를 의미하는 것은 아니다.

〈그림 8-2〉에서 보는 바와 같이 팬데믹 전후부터 무역을 통한 세계화와 금융(자본)의 세계화를 제외한 경제 전반의 세계화의 흐름이 위축되고 있음을 알 수 있다. 이러한 현상을 세계화의 퇴조 혹은 느린 세계화라고도 부른다. 이러한 퇴조가 추세적 경향인지 아니면 일시적인 현상인지는 두고 보아야 하겠지만 세계화의 퇴조가 신자유주의의 퇴조를 의미하는 것이 아니다.

역사적으로 보면 신자유주의가 고조되었을 때에도 산업 정책이 붐을 이루었던 때가 있었다. 신자유주의가 본격화되기 시작했던 1980년대 레이건 정부는 컴퓨터, 레이저, 신물질, 바이오테크 등 하이테크와 군수산업을 적극 지원하였으며 당시 연구개발 펀드의 60%는 펜타곤으로부터 조달되었을 정도였다. 레이건 정부 시절부터 재정적자가 본격화되었지만 정부지출은 미국의 산업 기반을 하

이테크산업으로 야심차게 변모시키는 데 초점을 맞추고 있었다.[37]

2008년 글로벌 금융위기 이후 신자유주의는 퇴조하는 가운데 산업 정책이 부활하고 있지만 신자유주의의 중심축이라 할 수 있는 금융화[38]는 산업 정책에 스며들고 있다. 〈그림 8-2〉에서와 같이 세계화의 퇴조에도 불구하고 금융(자본) 자유화는 거침없이 진전되고 있다. 이러한 맥락 속에서 금융화가 전 세계적으로 진전됨에 따라 과거에는 정부가 감당해 왔던 중장기 프로젝트를 금융시장을 통해 민간 자본이 전부 혹은 부분적으로 수행하는 방식이 증가하고 있다. 과거 중화학공업화나 전자 및 반도체 산업 발달 과정을 보면 초기 단계는 위험과 불확실로 가득 차 있기 때문에 정부가 담대하게 나서서 단기 수익이 아닌 중장기적 안목에서 위험한 사업프로젝트에 필요한 인내 자본(patient capital, 단기 수익이 아닌 중장기 관점에서 투자하는 자본)을 직·간접적으로 동원하는 역할을 해야 한다. 지금도 마찬가지이다. 미래 신동력 산업을 개발하거나, 외부효과가 큰 인프라 구축이나 강소기업을 키우는 것이나, 국가 대표 챔피언 기업을 만드는 것도 위험과 불확실로 가득 차 있기 때문에 정부와 인내 자본의

37 Reich(1985).

38 금융화는 신자유주의적 흐름 중에서 금융시장 중심 체제를 의미하는데, 그 핵심은 '실물 경제가 금융에 의해 좌우되고, 금융적 사고가 지배하게 되는 것'(Stockhammer, 2004)이다. 기업경영에 있어 주주 중심적인 사고방식, 모든 자산을 가지고 증권을 제작하고 거래하는 증권화, 증권화 작업에 플레이어인 증권사, 자산운용사와 같은 그림자금융의 영향력이 커지는 현상, 기업이 실물 투자 활동보다는 금융이익에 치중하는 모습이 금융화의 단면들이다.

적극적 역할이 필요하다.

우리나라의 경우 다른 선진국과 만찬가지로 금융화가 심화되고 있는데 이를 보여 주는 몇몇 상징적 현상은 세 가지로 요약된다.

첫째, 은행의 전체 대출에서 차지하는 기업대출 비중이 낮아지는 추세인 반면, 가계대출 비중은 높아지고 있다는 것이다. 이것은 은행이 더 이상 인내 자본 공급의 역할을 하지 못하고 안정성과 수익성만을 추구할 수밖에 없음을 잘 보여 준다.[39] 둘째, 실물 경제에서 생산 활동을 하는 기업들이 사모펀드에 의해 매매 대상이 되면서 투자자의 수익 타깃이 되어 기업 본연의 장기 설비 및 연구개발 투자보다 단기 수익성 지표관리에 집중하게 되었다. 셋째, 주주 우선주의 이데올로기가 규범으로 정착함에 따라 기업 성장보다는 주주 이익이 우선시되고 있다. 이러한 상황 속에서 장기 인내 자본의 수요와 공급은 위축되고 단기 수익추구 자본이 지배하게 되었다.

우리나라는 발전 국가의 전형으로서 산업 정책 추진과 관련된 정책 금융의 비중이 여전히 높다.[40] 그러나 점차 단기 수익을 염두에 두는 민간의 비인내 자본(non-patient capital)이 산업 정책에 필요한 자금을 동원하는 데 중요한 역할을 하게 되면서 산업 정책의 내

39 바젤협약에 의한 자기자본 규제는 금융 시스템의 안정을 위해 불가피하다.

40 정책 금융 기관은 산업은행, 기업은행, 수출입은행, 무역보험공사, 중소기업진흥공단, 기술신용보증기금, 신용보증기금, 지역 신용보증재단 등 아주 촘촘하게 이루어져 있으며, 2015년에는 정책 금융의 비중이 GDP 대비 6%로, 다른 주요 선진국의 1~2% 수준에 비해 매우 높다(서호준, 2015).

용과 특성에도 영향을 미치게 되었다.

2008년 산업은행의 민영화 작업은 산업 정책에 대한 전면 도전이나 다름없는 조치였다. 한국에서 장기 인내 자본을 공급하는 역할이 본분인 산업은행을 민영화한다는 것은 인내 자본 공급의 숨통을 떼어 내고 단기 수익을 추구하는 자금공급 기업으로 만들겠다는 것이다. 정부 주도의 정책금융을 민간 자본에게 넘기는 조치였다. 2013년 민영화 조치는 무산되었지만, 2016년 설립된「한국 성장금융 투자운용」에서 보는 것처럼 중소·벤처기업 지원에 있어 민간 펀드 참여를 제도화하였다. 이를 계기로 중장기 위험 프로젝트에 민간 자본이 참여하게 되는데, 민간 자본 유입을 위해 일정 수준의 수익을 보장하는 경우가 대부분이다. 2010년 중반부터 정부 주도의 정책금융 대신 증권화(securitization)를 통해 산업 정책이나 개도국 개발의 장기 프로젝트를 파이낸싱하는 방식이 유행하게 되는데, 이를 월스트리트 컨센서스(Wallstreet Consensus)라고도 부른다.

인프라 구축, 중소기업 지원, 벤처혁신기업 지원, 신성장 산업 지원 등 산업 정책 관련 장기 프로젝트에 투입되는 공공 및 (일부) 민간 자본을 기초 자산으로 삼아 유동화 작업을 통해 위험이 분산된 새로운 금융자산을 글로벌 금융시장에 내놓아 더 많은 투자자—국부펀드, 연금, 보험사, 사모펀드—들을 모집하고 거래하도록 하자는 것이다. 이러한 장기 프로젝트의 불확실성과 높은 위험성 때문에 투자자들이 투자를 꺼릴 수 있으므로 정부나 공공기관이 신용등급을 높여 주고 보증을 해 주는 방식으로 신용보강을 하게 된다. 이러한 과정을 디리스킹이라고 부른다. 앞의 제4절 제3항에서 중국에의 과도한 의존에 따라 야기될 수 있는 위험을 줄이는 전략을 국제정치·경제에서의 디리스킹이라 불렀는데, 여기서의 디리스킹은 그것과 달리 정부가 사업에서 민간의 위험부담을 덜어주는 것을 의미한다. 공공-민간 파트너십(public-private partnership, PPP) 모델은 디리스킹의 대표적 사례이다. 정부나 공공단체가 공급하였던 인프라와 서비스를 민간 자본이 대신 제공하는데, PPP가 제대로 굴러가기 위해서는 정부가 민간 사업자의 위험을 덜어주어야만 한다. 그런데 이러한 과정에서 정부가 덜어 주는 민간 자본의 위험은 정부와 국민의 몫으로 돌아오게 된다. 엄밀히 말하자면, 위험을 전체적으로 줄이는 디리스킹이 아니라 민간 사업자나 민가 자본이 부담할 위험을 공공에게로 전가하고 재배치하는 것이다. 산업 정책의 부활이 신자유주의의 퇴조를 의미하는 것이 아님은 금융화가 산업 정책에 깊숙이 스며들고 있다는 사실을 통해서 알 수 있다.

5. 새로운 산업 정책이 나아가야 할 방향

한국이 아프리카의 평균적인 나라와 비슷한 수준이었을 무렵 한국의 담대한 중화학공업화 정책은 산업구조를 한 단계 업그레이드시켰고, 기술 수준과 수출경쟁력을 크게 향상시켰다. 그리고 이 과정을 통해 섬유나 의복 등 경공업 수준의 일자리보다는 숙련이 필요한 중공업 엔지니어와 수출을 다루는 화이트칼라의 좋은 일자리가 창출되었으며, 이와 함께 전국 각 지역에 산업단지를 조성하고 지역균형 발전을 도모하는 지역 기반 산업 정책이 큰 보완적 역할을 하게 되었다. 그런데 근래 발전 국가 시대의 산업 정책 대신 반도체법, 인플레감축법, 그린 뉴딜과 같은 산업 정책이 회자되고 있으며 한국의 산업 정책은 미국·유럽, 중국이 디자인한 거대한 산업 정책 혹은 국가안보전략의 틀 안에서 수동적으로 움직이는 것 같이 보여진다. 국제 지정학적인 상황에 끌려가는 것이 아닌 우리의 상황에 맞는 산업 정책을 만들기 위해서는 어떠한 방향이어야 하는지 고민할 시간이다. 제5절은 올바른 산업 정책의 방향과 관련된 것이다.

1) 거시경제 정책과의 보완

그동안 산업 정책을 둘러싼 논의는 공급 측면에 편향되어 왔다. 이러한 공급 측면에의 편향 때문에 거시경제의 수요 측면의 영향을 경시하게 만들었다. 그러나 역사의 경험에 따르면 경쟁력 향상을 위한 산업 정책만을 가지고 경제 전반의 성장을 촉진시키는 데 한계가 있다는 것이다. 내수성장을 위해서는 재화와 서비스의 국내시장의 확장이 필요하며, 이를 위해서는 임금과 소비의 증가, 그리고 이윤과 투자의 증가가 필요하다. 즉, 경쟁력 향상을 도모하는 산업 정책은 내수의 지속적 증가가 뒷받침되어야만 경제 전반의 성장을 야기할 수 있다.

산업 정책이 공급 측면에만 초점을 맞추고 수요 측면의 거시경제 정책과의 균형(balance)이 깨지면 어떤 일이 생길까? 공급과 수요의 불균형(unbalance) 때문에 근래 중국 경제가 심각한 상황에 빠져 있음은 이를 잘 보여 주고 있다. 중국은 강력한 산업 정책 드라이브로 엄청난 보조금 지급과 지원을 통해 전기차, 배터리, 태양광, 반도체, 인공지능 등 신산업에서 빠른 속도로 세계시장 점유율을 높이고 있다. 많은 보고서들은 중국의 기술력이 한국은 물론이고 선진국의 턱밑까지 추격해 왔음을 보여 주고 있다. 그러나 중국 경제의 수요 측면과 관련된 여러 통계 데이터가 보여 주는 것은 중국이 장기 불황의 일본보다 더 심각한 일본화(Japanification) 현상이 두드러지게 나타나고 있다는 점이다.[41] 1인당 소득 1만 달러에 도달하였지만 GDP에서 차지하는 가계 소비 비중은 아직도 50%를 넘지 못하고 있으며, 여기에 설상가상으로 수년 동안 누적된 부동산(금융) 거품이 파열하면서 오래전부터 대출받아 부동산 투자에 나섰던 수많은 중산층 가계들의 자금이 묶여 있거나 대출상환 부담 때문에 소비 여력이 크게 위축되어 있는 상황이다. 부동산 침체를 벗어나 경제회복을 위한 다

41 여러 전문가들에 따르면 중국이 일본과 같은 장기 경기침체에 빠질 것이며, 이를 일본화(Japanification)라고 경고하고 있다(Krugman, 2024; Pettis, 2023).

른 부문에서의 대규모 설비 투자 드라이브는 중국 내 수요를 크게 초과한 과잉설비, 과잉생산(overcapacity)으로 이어졌다.[42] 최근 중국의 수출이 이러한 과잉생산의 탈출구가 되면서 중국산 제품은 미국과 서구 국가들로부터 관세 및 반덤핑의 대상이 되고 있는 것이다.

중국과 정반대 방향의 수요·공급의 불균형으로서 2018년 한국에서의 소득주도성장 정책을 예로 들 수 있다. 당시의 한국 상황은 최근의 중국과 크게 대조된다. 당시 정부는 수요 측면을 강조하면서 이른바 소득주도성장을 추진하였다. 즉, 국민 다수의 임금상승을 통한 소비 수요 증대가 설비투자와 혁신을 야기함으로써 경제성장을 견인할 수 있다는 것이다. 그런데 소득주도성장은 엉터리 성장 정책이라는 비난을 받으면서 폐기 수준에 이르고 급기야는 포용성장으로 전환하게 된다. 공급 측면을 경시한 성장 정책의 말로라 할 수 있다.

여기서 핵심은 현재 중국에서 벌어지고 있는 수요 측면을 무시한 과도한 공급 중심의 산업 정책은 위험하며, 2018년 한국에서처럼 공급 측면을 경시한 수요 중심의 성장 정책도 설득력이 떨어진다는 점이다.

---

42 대표적인 것으로는 중국 경제 전문가인 Pettis(2022)의 글 참조.

2) 일자리 창출 정책으로서의 역할

산업과 경제구조가 변화하면서 뜨는 산업에서는 승자가, 반대로 사양산업에서는 패자가 나타나게 된다. 뜨는 산업과 기업에서는 투자가 활발하게 이루어져 기업이 커지고 일자리가 늘어나지만, 사양산업과 기업에서는 기업이 위축되고 실직자가 늘어나게 된다. 산업 정책은 산업구조의 고도화 정책이므로 승자와 패자를 만들 수밖에 없으므로 패자의 규모를 최소화하고 승자를 많이 만드는 방식으로 정책을 설계해야 한다. 산업 정책이 산업구조의 고도화를 초래하게 되는데, 이 과정에서 불가피하게 만들어지는 패자를 방치한다면 정부의 시장 개입의 의미가 크게 반감될 것이다. 따라서 산업 정책은 산업구조 고도화를 추구함과 동시에 패자에게도 새로운 일자리를 잡을 수 있는 환경을 마련해야 한다. 이런 의미에서 산업 정책은 일자리 창출 정책이어야 하다.

지난 수십 년 동안 다음 세 가지의 흐름이 보통 사람들의 삶을 팍팍하게 만들었다. 첫 번째는 시장 자유화와 자율화, 민영화, 탈규제 등의 시장 중심적 체제로의 변화, 두 번째는 세계화로 인한 경쟁의 전 지구적 범위로의 확대, 세 번째는 인터넷, 정보통신 및 모바일 기술혁신이다.

세 가지 흐름으로 인해 거의 대부분의 일자리는 불안정해졌다. 그런데 일자리가 우리 삶에서 중요한 이유는 무엇인가? 경제학에서는 다른 재화처럼 일자리도 노동 수요와 공급에 의해 결정되는 그러한 것으로 묘사하고 있지만, 일자리가 우리에게 주는 의미는 매우 복합적이다. 일자리는 자존심, 자아 정체 확인의 근거가 되고, 사회적으로 인정받는 수단이기도 하며, 안정적 생활유지를 위한 소득원이기도 하다. 일자리를 잃게 되면 소득원이 사라질 뿐 아니라, 자존감, 사회적 인정과 사회적 유대를 한꺼번에 잃게 된다. 일자리 상실이 어떤 영향을 미치는지에 대한 실증연구에 따르면, 실직자 개인의 차원에서는 약물중독과 평균 수명의 단축,[43] 경제적으로 몰락한 지역을 중심으로 한 지역사회 차원에서는 포퓰리즘의 확산과 극우세력의 등장[44]에 영향을 미쳤다는 실증 연구도 시사하는 바가 크다.

대외 무역과 산업구조의 변화는 끊임없이 새로운 산업과 일자리를 만드는 것과 동시에 경쟁력이 취약한 낡은 산업을 몰락시키면서 일자리의 상실을 가지고 온다. 중산층이 경제적으로 안정되고 중위숙련 계층이 두터울수록 가장 선진화된 산업 및 기업으로부터 뒤처진 산업 및 기업에게로 혁신의 전파가 순조롭게 이루어질 수 있다. 그래야만 경제와 산업 전반의 업그레이드가 가능해지며, 산업 정책의 궁극적 지향점도 바로 여기에 있다. 따라서 산업 정책은 안정된 중산층을 키우는 일자리 창출 정책이어야 하는 것이다. 안정된 중산층의 존재가 사회 전체의 새로운 숙련과 지식의 학습을 촉진시키

---

43 Case and Deaton(2020).
44 Rodrik(2022a).

며, 학습사회로 안착할 수 있게 만든다. 사회 구성원들이 새로운 혁신과 지식을 끊임없이 학습할 수 있는 능력을 갖춘 학습사회야말로 지속적 성장의 기반이다.[45]

오늘날 우리나라를 비롯하여 여러 선진국이 당면하는 경제적 문제는 풍요로운 중산층의 존재에 필요한 좋은 일자리 창출의 실패, 노동시장 양극화, 지역 간 소득 불평등 심화, 일자리 안정성의 악화, 중산층 비율의 지속적 위축 등을 들 수 있다.

중산층을 위한 좋은 일자리의 구축은 사후적 분배에 초점을 맞추는 복지 정책과 구분되는데, 이러한 방향의 정책을 로드릭(D. Rodrk)은 생산주의(productivism)라 부르고 있다.[46] 로드릭에 따르면, 노동시장 양극화의 문제를 해결하는 데 있어서 복지 국가가 시행하고 있는 일자리 효율, 훈련 프로그램, 누진적인 조세체계, 공적 보험 시스템과 같은 것들은 한계가 명확하며 지속적으로 좋은 일자리를 제공하기 위한 산업 정책이 필요하다. 일자리 창출을 위한 산업 정책의 전략으로서는, ① 고용주와 긴밀하게 연계된 적극적 노동시장 정책, ② 좋은 일자리 창출을 직접적으로 목표로 삼고 있는 지역 기반의 산업 정책, ③ 노동 친화적 기술을 유인하는 혁신 정책이 제시되고 있다.

①과 관련하여 기업이 장기 비전을 가지고 설비 투자와 연구개발 투자를 하는 것처럼 장기적 관점에서 현재 근로자의 숙련과 지식

45 Stiglitz and Greenwald(2014).
46 Rodrik(2022b).

육성 방안을 근로자와 함께 고민해야 하며, 이를 산업 정책의 틀에서 지원한다. ②는 지역 기반의 산업 정책으로서 국가 차원에서 행해지는 산업구조 업그레이드와 혁신전략을 보완하면서 일자리 창출에 도움을 주는 방식으로 설계되어야 한다. 이는 제5절 제4항의 지역균형 발전전략과 관련된다. ③은 기술혁신 관련 선업 정책이 자동화에만 매몰되는 것이 아니라 좋은 일자리 창출과 항상 연동되어야 한다는 것으로 제5절 제3항의 기술혁신의 방향과 관련된다.

3) 기술혁신의 방향

지난 250년 동안의 역사를 보면 기술혁신이 경제성장의 엔진 역할을 해왔다. 그런데 모든 혁신이 사회 구성원 모두에게 골고루 좋은 영향만을 주었던 것은 아니다. 적어도 단기적으로 보면 기술혁신은 누구에게는 더 많은 이익을 주었고, 또 누구에게는 치명적 손실을 끼쳤던 것이다. 많은 사람들은 기술혁신의 이익이 자동적으로 사회 구성원들 모두에게 골고루 돌아갈 것이리라 믿었다. 따라서 정부는 산업 정책을 통해 기술혁신을 지원해야 하지만, 기술혁신이 어떤 방향으로 나아갈 지에 대해 정부가 할 일은 거의 없다고 믿었다.[47]

역사적으로 보면 혁신이 모두 바람직스러운 결과를 초래하지는

47 승자선별(picking winner)과 관련된 정부 실패의 많은 사례들이 연구되었다(Pack and Saggi, 2006; Hufbauer and Jung, 2021).

않았다. 고삐 풀린 금융혁신이 2008년 글로벌 금융위기의 단초가 되었고, IT와 모바일 기술혁신은 보통 사람들의 일자리를 갉아먹으면서 '특별하지 않은 그저 그런' 기술(so so technology) 제품을 만드는 데 그치는 경우가 많았다. 우리가 경험하는 기술혁신의 산물들을 되돌아보면 있어도 그만 없어도 그만인 아주 사소한 편의를 제공하는 것들이 많다. 이런 기술 때문에 정규직 일자리가 사라지고 그 자리를 프레카리아트(precariat)가 메꾸고 있다. 이들 중 배달노동자들은 기업에 속한 근로자가 아니고 자영업자라고 하지만 경제 활동의 대부분이 회사의 지배를 받고 있다. 영국의 유명한 영화감독 로치(K. Loach)의 「미안해요, 리키」(Sorry We Missed You, 2019)는 영국의 택배 프레카리아트의 고단한 일상을 그리고 있다. 무수히 많은 리키들이 그들이 없으면 불편할 정도로 우리 주변에서 여러 종류의 일들을 해오고 있다. 산업 정책의 뒷받침을 통해 얻은 기술혁신의 결과물이 이곳저곳에서 다양한 프레카리아트들을 양산하고 있는 셈이다.

인공지능과 테크 관련 산업이 향후 국가 경쟁력의 향배를 좌우할 것이라며 선진국들은 저마다 담대한 산업 정책을 추진하고 있다. 국민들의 세금을 가지고 추진한 산업 정책의 결과물이 더 거대한 프레카리아트를 양산하지는 않을지 고민해야 한다.

기술진보는 일자리를 새롭게 만들기보다 일자리를 빼앗는 자동화의 길(the automation path)도 있지만 더 많은 다양한 일자리를 만드는 보완관계의 길(the human complementary path)이 있다. 우리는 너무나 자동화의 길에 익숙해져 있고, 그것을 기술진보의 자연스러운 결과라고 착각하고 있다.[48] 인간과의 보완관계를 맺는 길이 있음을 망각한 이유는 기술진보가 특정 이익집단에 의해 휘둘려 왔기 때문이다. 경영자가 자동화를 선택하는 이유는 자동화를 통해 노동자로부터 받을 여러 종류의 반발을 더 이상 받지 않아도 되고,[49] 기계는 급여와 작업조건에 불만을 갖지 않을 것이기에 경영자 입장에서는 노동자 고용보다 기계 고용이 간편한 선택일 수밖에 없다. 역사가 우리에게 제시하는 교훈은 산업 정책을 통한 기술혁신의 방향이 특정 이익집단이 원하는 방향이어서는 안된다는 점이다. 혁신의 방향이 노동 대체적 혁신인가 아니면 노동 보완적 혁신인가에 대한 고민이 필요한 시점이다.

4) 지역균형 발전전략과 지역 기반 산업 정책

수도권 집중은 밀집으로부터의 이익을 주고 있지만 그 이상으로 많은 비용도 초래하고 있다. 과거 우리나라의 담대한 산업 정책과 지역 기반 정책은 상호 보완자 역할을 해 왔다.

1960년대 중반 울산산업단지가 조성되어 정유공장의 준공을 시작으로 현대자동차, 현대조선이 울산·미포에 둥지를 틀게 되고 국

48 Acemoglu and Restrepo(2020).
49 Acemoglu and Johnson(2024).

가산업단지로 변한다. 1967년부터 여수에 비료공장(남해화학)을 필두로 대규모 석유화학 공장들이 들어서게 된다. 1969년 섬유와 가정용 전자제품 생산 클러스터로 구미 지역이 지정되고, 1970년대 중화학공업화 일환으로 창원에 기계공업단지가 조성되었다. 이처럼 1960~1970년대에 만들어졌던 지역 기반 산업의 틀은 중화학공업화 정책의 효율성을 높여 주는 강력한 보완자 역할을 하였다. 그리고 아직까지 그 틀은 그대로 남아 있다.

그러나 빠른 속도로 경제가 성장함에 따라 수도권 밀집화라는 강력한 구심력이 수십 년 동안 작용해 오면서 지역 기반 산업단지의 원심력을 압도하게 되었다. 수도권 집중의 구심력에 제동을 걸 수 있는 원심력의 지역 발전 정책이 없다면 자금, 기업, 일자리, 주택 등 모든 것을 수도권이 빨아들이게 될 수밖에 없다. 이러한 맥락에서 2003년 「국가균형발전특별법」은 아주 중요한 의미를 갖는다. 이 특별법은 정부 주요 부처를 지방에 이전시키고, 공기업과 유관 기관을 지방에 강제 배치하는 내용을 담고 있는 혁신적인 조치였다. 수도권 밀집의 구심력은 시장 메커니즘을 통해서는 제어할 수 없기 때문에 이러한 강제조치는 불가피한 것이다. 마치 1970년대 후반 서울 구심지의 밀집을 해소하기 위해 강남 개발을 통해 강제적인 이전 초지를 취한 것과 유사하다. 그러나 그 이후 「특별법」과 비슷한 수준의 담대한 지역균형 발전 정책이 뒤따르지 못하고 수도권 집중의 구심력을 방치하고 있는 상황이다.

국가 차원의 산업 정책 차원의 지역균형 발전 정책이 결여된 상태에서 삼성전자의 평택 입지, LG디스플레이의 파주 입지, SK하이닉스의 청주 입지에서 보는 것처럼 성장 기반 산업의 대기업들이 수도권 인근에 몰리면서 수도권 집중화－지방 산업 소멸이 가속화되고 있다.

미국의 피츠버그, 디트로이트, 독일 루르 지역의 공업 도시들, 영국의 셰필드 등은 과거에는 화려한 공업 도시들이었지만 산업구조의 업그레이드에 실패하여 쇠락하였다. 그런데 이들 몰락한 도시 중 일부는 화려하게 부활하게 되는데 이러한 변화에 결정적 역할을 한 것은 지역 기반의 고등교육 시설과 고급 인력의 존재, 그리고 이들 인적 자원을 새로운 산업과 새로운 일자리 창출에 연계하는 적극적 지역 기반 산업 정책이었다고 한다. 수도권 집중화가 수도권을 제외한 전국을 공동화시키고 있는 오늘날의 우리나라 현실에서 담대한 국가균형 발전 버전 2.0의 등장이 절실하게 필요한 시점이며, 이것은 혁신산업 정책, 일자리 창출 정책과 서로 맞물려야 한다.

참고문헌

김상조·유종일·홍종학·곽정수, 『한국 경제 새판짜기: 박정희 우상과 신자유주의의 미신을 넘어서』, 서울: 미들하우스, 2007.

박영구, 『한국의 중화학공업화: 과정과 내용』 I, II, III, 서울: 도서출판 해남, 2012.

서호준, 「국내외 정책 금융 현황과 시사점」, 『신용보증기금조사연구』, 2015.

Acemoglu, D. and P. Restrepo, "Robots and Jobs: Evidence from US Labor Markets," *Journal of Political Economy*, 128(6), 2020, pp. 2188~2244.

Acemoglu, D. and S. Johnson, *Power and Progress: Our Thousand-Year Struggle Over Technology and Prosperity*, New York: Basic Books, 2024.

Adler, D., R. Sherif, and F. Hasanov, "How to Deliver 10 billion COVID-19 Vaccines at Warp Speed," World Economic Forum, 2021. 8. 4.

Aiyar, S. and A. Ilynia, "Charting Globalization's Turn to Slowbalization After Global Financial Crisis," IMF blog, 2023. 2. 8(https://www.imf.org/en/Blogs/Articles/2023/02/08/charting-globalizations-turn-to-slowbalization-after-global-financial-crisis).

Autor, D., D. Dorn, and G. H. Hanson, "The China Shock: Learning from Labor Market Adjustment to Large Changes in Trade," *Annual Review of Economics*, 8, 2016, pp. 205~240.

Becker, G., "The Best Industrial Policy is None at All," *Business Week*, 1985. 8. 26.

Blinder, A., "Offshoring: The Next Industrial Revolution?" *Foreign Affairs*, 85(2), 2006, pp. 113~128.

Capri, A., "China Decoupling Versus De-risking: What's the Difference?" Advancing Sustainable Global Trade, 2023. 12. 12(https://www.hinrichfoundation.com/research/article/trade-and-geopolitics/china-decoupling-vs-de-risking/).

Case, A. and A. Deaton, *Deaths of Despair and the Future of Capitalism*, Princeton University Press, 2020.

Cherif, R. and F. Hasanov, "The Return of the Policy That Shall Not Be Named: Principles of Industrial Policy," IMF Working Paper, 2019.

Criscuolo, C., N. Gonne, K. Kitazawa, and G. Lalanne, "An Industrial Policy Framework for OECD Countries: Old Debates, New Perspectives," OECD Science, Technology and Industry Policy Papers, No. 127, 2022.

DiPippo, G., I. Mazzocco, and K. S. Goodman, "Red Ink: Estimating Chinese Industrial Policy," *A Joint Report of the CSIS Economics Program*, Center for Strategic and International Studies, 2022.

Evenett, S. J., A. Jakubik, F. Martín, and M. Ruta, "The Return of Industrial Policy in Data," IMF Working Paper, 2024.

Evenett, S. J. and J. Fritz, "The Global Trade Alert database handbook," Global Trade Alert, 2020.

Feingold, S., "Industrial Policy has Officially Made a Comeback, Chief Economists Say," World Economic Forum, 2023. 5(https://www.weforum.org/agenda/2023/05/growth-summit-industrial-policy-officially-comeback-chief-economists/).

Frick, W., "The IMF Warms to Industrial Policy—but with Caveats," Atlantic Council, 2024. 4. 29.

Gerbaudo, P., "The Electric Vehicle Developmental State," Phenomenal World, 2024. 4. 11.

Hufbauer, G. C. and E. Jung, "Scoring 50 Years of US Industrial Policy, 1970-2020," PIIE Briefings 21, 2021. 11.

Hughes, C. and P. Spiegler, "Marketcrafting: A 21st-Century Industrial Policy Report," Roosevelt Institute, 2023. 5(https://rooseveltinstitute.org/publications/marketcrafting-a-21st-century-industrial-policy/).

Juhász, R., N. Lane, and D. Rodrik, "The New Economics of Industrial Policy," NBER Working Paper 31538, 2023.

Juhász, R., S. Sakabe, and D. Weinstein, "Codification, Technology Absorption, and the Globalization of the Industrial Revolution," NBER Working Paper 32667, 2024.

Kruger, M., "Has Globalization Peaked?" Yicai Global, 2023. 7. 31(https://www.yicaiglobal.com/news/has-globalization-peaked).

Krugman, P., "The Current Case for Industrial Policy," Chapter 7 in D. Salvatore, ed., *Protection and World Welfare*, Cambridge University Press, 1993, p. 160.

_______, "China's Economy is in Serious Trouble," *New York Times*, 2024. 1. 18(https://www.nytimes.com/2024/01/18/opinion/china-economy-xi.html).

_______, "China's Very Bad, No Good Trillion-Dollar Trade Surplus It's a sign of weakness, not strength, but a problem for everyone," Jan. 16, 2025, Krugman substack(https://paulkrugman.substack.com/p/chinas-very-bad-no-good-trillion).

Lane, N., "Manufacturing Revolutions: Industrial Policy and Industrialization in South Korea," CSAE Working Paper, 2021. 9. 2.

Mokyr, J., "The Holy Land of Industrialism: Rethinking the Industrial Revolution," *Journal of the British Academy*, 9, 2021, pp. 223~247.

Murphy, K. M. and R. H. Topel, "Some Basic Economics of National Security," *American Economic Review: Papers & Proceedings*, 103(3), 2013, pp. 508~511.

Owen, G., "Industrial Policy in Europe since the Second World War: What Has Been Learnt?" ECIPE Occasional Paper, 2012. 1.

Pack, H. and K. Saggi, "Is There a Case for Industrial Policy? A Critical Survey," *The World Bank Research Observer*, 21(2), 2006, pp. 267~297.

Patel, D., J. Sandefur, and A. Subramanian, "A Requiem for Hyperglobalization," *Foreign Affairs*, June 2024.

Pettis, M., "The Only Five Paths China's Economy Can Follow," China Financial Market, 2022. 4. 27.

_______, "What Will It Take for China's GDP to Grow at 4-5 Percent Over the Next Decade?" China Financial Market, 2023. 12. 4.

Pirie, I., "Economic Crisis and the Construction of a Neo-liberal Regulatory Regime in Korea," *Competition & Change*, 10(1), 2006, pp. 49~71.

Potrafke, N., "The Evidence on Globalization," Cesifo Working Paper, No. 4708,

2014.

Reich, R., "Reagan's Hidden Industrial Policy," *New York Times*, 1985. 8. 4(https://www.nytimes.com/1985/08/04/business/reagan-s-hidden-industrial-policy.html).

Rodrik, D., "An Industrial Policy for Good Jobs," The Hanilton Project Policy Proposal, 2022a.

______, "The New Productivism Paradigm?" Project Syndicate, 2022b. 7. 5.

Smith, N., "Industrial Policy Starts with Semiconductors," Noahpinion, 2023. 8. 1(https://noahpinion.substack.com/p/industrial-policy-starts-with-semiconductors).

Spence, M. and R. Tyson, "In Defense of Industrial Policy," Project Syndicate, 2023. 5. 5.

Stiglitz, J. and B. Greenwald, *Creating a Learning Society: A New Approach to Growth, Development, and Social Progress*, Columbia University Press, 2014.

Stockhammer, E., "Financialisation and the Slowdown of Accumulation," *Cambridge Journal of Economics*, 28(5), 2004, pp. 719~741.

Thurbon, E., *Developmental Mindset: The Revival of Financial Activism in South Korea*, Ithaca: Cornell University Press, 2016.

Warwick, K., "Beyond Industrial Policy: Emerging Issues and New Trends," OECD Science, Technology and Industry Policy Papers, 2013.

Warwick, K. and A. Nolan, "Evaluation of Industrial Policy: Methodological Issues and Policy Lessons," OECD Science, Technology and Industry Policy Papers, No. 16, 2014.

White House, "FACT SHEET: CHIPS and Science Act Will Lower Costs, Create Jobs, Strengthen Supply Chains, and Counter China"(https://www.whitehouse.gov/briefing-room/statements-releases/2022/08/09/fact-sheet-chips-and-science-act-will-lower-costs-create-jobs-strengthen-supply-chains-and-counter-china/).

chapter 09

거시 건전성 정책과 국제결제은행

1. 「블랙머니」와 론스타 게이트
2. 신적 권위를 갖는 바젤탑
3. 은행가의 역설과 대마불사
4. 몰락한 금융공학자 숄스, 새롭게 주목받는 하이에크와 민스키
5. 한국의 거시 건전성 정책
6. 리즈 트러스와 골드만삭스
7. 다시 「블랙머니」 그리고 국제 엘리트

거시 건전성 정책(macroprudential policy)은 금융안정 차원에서 시스템 리스크(systemic risk)를 억제하기 위한 정책 수단을 설계, 도입하여 실시하는 정책을 말한다. 개별 금융 기관의 리스크를 감독하고 규제하는 미시 건전성 정책과 구분된다. 글로벌 금융위기 이후 논의가 활발해진 비교적 새로운 개념, 새로운 접근법이라고 할 수 있다. 이에 거시 건전성 정책의 정책 도구들을 소개하고, 거시 건전성 접근법이 발전해 온 과정, 그리고 거시 건전성 정책의 정치경제적 이슈들을 살펴보고자 한다.

1. 「블랙머니」와 론스타 게이트

거시 건전성 정책의 탄생에는 국제기구이자 전 세계 모든 은행들을 감독하고 있는 국제결제은행(Bank for International Settlements, BIS)이 큰 역할을 하였다. BIS가 만든 금융규제가 우리에게 얼마나 큰 영향을 미치고 있는가를 잘 보여 주는 론스타(Lone Star) 게이트 이야기로 이 장을 시작하려고 한다. 「블랙머니」는 론스타 게이트를 소재로 하여 2019년 개봉한 조진웅 배우 주연의 영화이다. 정의로운 또라이 검사 양민혁은 자신이 조사하던 피의자가 자살하는 사건으로 위기에 빠진다. 수사 과정에서 자살한 피의자를 성추행하였다는 억울한 누명을 벗기 위해 내막을 파헤치던 그는 자살한 피의자가 대한은행 헐값 매각사건과 관련된 인물임을 알게 된다. 이후 대한민국 금융계와 고위 공직자를 향한 좌충우돌의 수사를 감행한다.

론스타가 외환은행을 인수한 것은 2003년, 하나금융지주가 외환은행을 다시 사들인 것은 2012년이다. 그런데 2024년 현재까지도 론스타 게이트는 진행형이다. 론스타는 외환은행 매각으로 약 4~5조 원의 이익을 남긴 것으로 추정되고 있다. 그런데 한국 정부의 부당한 간섭으로 매각이 지연되어 더 비싼 값에 팔지 못해 손해를 보았다며 국제투자분쟁해결센터(이하, ICSID)를 통해 한국 정부를 상대로 46억 7,950만 달러의 소송을 제기한다. 한국 정부의 개입이 없었다면 4조~5조 원을 더 벌 수 있었다는 주장이다. 그리고 2022년 8월 한국 정부는 론스타에 2억 1,650만 달러를 배상할 책임이 있다는 판정을 받게 된다. 이러한 내용을 언론에 나와 브리핑한 인물은 당시 법무부 장관 한동훈이었다. 한국 정부는 이 판정을 그대로 수용하지 않고 후속 대책을 준비하여 한국 국민의 피 같은 세금이 낭비되지 않도록 최선을 다하겠다고 다짐하며 그는 브리핑을 마친다.

현재는 한국 정부와 론스타가 싸우고 있지만, 외환은행이 론스타에 매각되는 과정 역시 국내에서 엄청난 논란을 초래하였다. 크게 두 가지 문제가 거론되었다. 하나는 미국계 사모펀드 론스타가 은행을 인수할 자격이 있는가 하는 것이었다. 우리 은행법은 은행자본과 산업자본은 구분되어야 한다는 은산분리(銀産分離) 원칙에 따라 비금융자본이 은행을 인수하는 것을 금지하고 있다. 이 법에 따르면,

론스타는 외환은행을 인수할 자격을 갖추지 못한 회사가 된다. 그런데 BIS 자기자본 비율이 8% 이하인 부실 금융 기관을 인수하는 경우는 예외로 할 수 있다는 점을 인정받아 외환은행 매매계약이 체결된다. 하지만 나중에 외환은행의 BIS 자기자본 비율이 실제 8%에 미달하였는가 아닌가에 대한 논란이 불거진다. 또한 론스타가 외환은행을 인수한 뒤 외환은행 주식가격이 급등하자 외환은행을 너무 헐값에 매각한 것 아니냐는 논란 역시 가속화된다.

2005년 국정감사에서 당시 야당인 한나라당(현 여당인 국민의힘 전신) 소속의 최경환 의원 등은 외환은행이 BIS 자기자본 비율을 조작하여 론스타에 도움을 주었다는 의혹을 제기하였고[1] 감사원이 감사에 착수한다. 2006년 6월, 매각 당시 외환은행의 부실 정도가 부풀려졌다는 감사원 감사 결과를 많은 언론이 대대적으로 보도한다. 이에 따라 검찰의 수사가 시작되고 이강원 전 외환은행장 그리고 변양호 전 재정경제부 금융정책국장이 기소된다. 이들은 대법원에서까지 무죄 선고를 받아 결국 형사처벌을 받을 만큼의 비리는 없었다는 사법부의 판결을 받게 되지만, 검찰은 이 소송에서 완패하고 체면을 구기고 만다. 아이러니한 점은, 엘리트 검사의 집합소라는 대검 중수부가 검찰 조직의 사활을 걸고 외환은행 헐값 매각 사건을 수사하는데 당시 대검 중수부장은 박근혜 정부 국정농단 수사 당시

1 최경환 의원이 국정감사에서 제기한 의혹에 대한 자세한 내용은 최경환 의원실에서 작성한 2005년 국정감사 자료집에서 확인할 수 있다(최경환, 2005).

의 특검 박영수, 그리고 이 수사팀에 참여하였던 검사가 현 대한민국 대통령 윤석열, ICSID 판정 결과를 브리핑한 전 법무부 장관 한동훈이라는 점이다. 그런데 론스타 게이트 수사를 담당하였던, 그리고 유죄를 증명하는 데 실패한 검사가 언론 브리핑에 나와, 론스타에게 돈을 물어주게 생겼는데 그게 내 잘못은 아니지만 국익을 위해 최선의 노력을 다해 보겠다고 말하는 태도가 불편하게 느껴지는 것은 비단 저자에게만 국한되는 느낌은 아닐 것이라고 생각해 본다.

2. 신적 권위를 갖는 바젤탑

『바젤탑』(*The Tower of Basel*)은 영국 출신의 저널리스트 레보어(A. Lebor)의 저서이다. 스위스 바젤에 본부를 두고 있는 거시 건전성 정책의 창조자 BIS의 역사를 상세하게 소개하고 있다.[2] 1930년에 만들어진 BIS는 외환위기 경험으로 전 국민이 알게 된 IMF보다 역사가 길다. 현재 한국은행의 이창용 총재는 IMF에서 고위직까지 승진하였던 경험을 가지고 있다. BIS에도 국내 경제학자들의 존경을 받는 한국인 경제학자 신현송 국장이 있다. 그는 거시 건전성 정책 탄생에 매우 큰 기여를 한 연구자 중 한 사람이다.[3]

2 Lebor(2013).
3 신현송 국장은 거시 건전성 정책의 탄생을 이야기할 때 대표적으로 거론되는『제네바

BIS는 매우 독특한 기관이다. 국제기구이자 은행이며 연구기관이다. BIS는 흔히 중앙은행의 중앙은행이라고 불리기도 한다. 또한 BIS는 법적 권한이 없음에도 사실상 민간 은행들을 감독한다. BIS에 속하는 바젤은행감독위원회(Basel Committee on Bank Supervision, BCBS)는 민간 은행들의 자본과 유동성 조건을 규제한다. BCBS는 은행들에게 위험가중자산의 최소 8%에 해당하는 자본을 보유할 것을 요구한다. 이것이 바로 론스타 게이트에 등장하는 BIS 자기자본 비율 8%인 것이다. BIS가 만든 자본비율 기준이 론스타는 먹튀인지 아닌지, 한국의 금융인과 고위 관료들은 불법을 저질렀는지 아닌지를 판단하는 핵심 기준이었다. 이 정도면 BIS가 만든 기준의 권위가 어떤 수준인지 쉽게 짐작해 볼 수 있을 것이다.

이렇게 중요한 것이므로 BIS 자기자본 비율에 대해 한 발 더 들어가 보자. BIS 자기자본 비율 8%는, 예를 들어 어떤 은행이 1억 원의 위험자산을 가지고 있다면 그 은행은 적어도 800만 원의 자본을 유지하고 있어야 한다는 규제이다. 그런데 이 BIS 자기자본 비율을 계산하는 것이 그리 간단한 일이 아니다. 단순하게 '전체 자산이 1억이면 800만 원의 자본이 있으면 되는 거야'라고 생각하면 오산이다. 이렇게 단순한 것이었다면 외환은행 당사자, 감사원, 법원 등의 의견이 엇갈리는 일은 없었을 것이다. BIS 자기자본 비율은 (자기자

보고서』의 저자 중 한 사람이다(Brunnemeier *et al.*, 2009).

본/위험가중자산)×100%로 계산된다. 계산식만 보면 매우 간단해 보이지만, 분모인 위험가중자산이라는 것을 계산하려면 복잡한 단계를 거쳐야 한다. 여기서 위험가중자산의 의미를 살펴보기 위해 간단한 예를 들겠다. 어떤 은행이 국가에 10억을, 주택구입자에게 주택을 담보로 10억을, 기업에 10억을 각각 대출하고 있다고 하자. 단순 계산하면 은행의 자산은 30억이다. 그러나 국가 대출이 가장 안전하고 기업 대출이 가장 위험하다는 점을 고려하여 위험가중자산을 계산한다. 국가 대출의 위험가중치는 0%, 주택담보대출의 위험가중치는 50%, 기업 대출의 위험가중치는 100%라고 한다면, 위험가중자산은 15억(10억×0%+10억×50%+10억×100%)이 된다. 만약 자본금이 2억이라면 이 은행의 BIS 자기자본 비율은 (2억/15억)×100%로 계산하여 약 13%가 된다. 만약 대출받은 기업이 어려워져 은행에서 기업에게 빌려준 10억을 돌려받지 못할 가능성이 커졌다고 하자. 이때 위험가중치를 100%에서 150%로 늘린다고 하면 이 은행의 위험가중자산은 20억이 된다.[4] 그러면 BIS 자기자본 비율은 10%가 된다. 위험가중자산이 증가하면 BIS 자기자본 비율이 하락하는 구조이다.

위험가중자산 계산의 복잡성은 여기서 끝나지 않는다. 은행들은 단순 대출 업무만 하는 것이 아니라 주식, 채권 등 자본시장에서 거

4 신용등급별 위험가중치 크기에 대한 상세한 정보는 국가법령정보센터에 올라온 자료를 참조.

래되는 증권을 사고판다. 그런데 이러한 자산들은 시장가치 변동으로 인한 손실위험을 가지고 있다. 따라서 위험가중자산의 크기를 계산하려면 은행들이 가지고 있는 이러한 자산들의 시장위험의 크기를 계산해야 한다. 이를 계산하는 방법으로 표준방법과 내부모형법 두 가지가 있고 은행이 선택할 수 있다. 여기서 표준방법이란 BIS가 제시한 표준화된 위험측정방법이다. 내부모형법은 은행이 자체 개발한 시스템을 통해 산출한 위험을 시장위험으로 인식하는 것이다. 내부모형법으로는 VaR(Value at Risk) 모형이 대표적이라고 할 수 있다. VaR는 과거의 가격변동 자료를 이용하여 미래에 자산의 일정한 보유 기간 동안 일정한 확률 범위 내에서 시장가격이 불리한 방향으로 움직일 경우에 예상되는 최대손실액을 말한다.

분자인 자기자본 역시 기본자본(Tier 1 Capital)과 보완자본(Tier 2 Capital)으로 구분된다. 그런데 관련 법 조항은 보면 무엇이 기본자본에 들어가고, 무엇이 보완자본에 들어가는가에 대한 규정이 여러 페이지에 달한다. 엄청난 법률적, 회계적 지식을 가지고 있지 않다면 그 법 조항을 제대로 이해하기 매우 어렵다. BIS 자기자본 비율 규제는 시간이 흐르면서 강화된다. 처음에는 기본자본이 위험가중자산의 4%를 초과함과 동시에 기본자본+보완자본의 합이 위험가중자산의 8%가 되어야 하는 기준을 제시하였다. 이어 자본을 보통주자본, 기타기본자본, 보완자본으로 더욱 세분화하고 이들 자본의 인정 요건을 강화하였다. 그리고 위험가중자산에서 보통주자본의 비율을 4.5%, 기본자본(보통주자본 및 기타기본자본)을 6% 이상 유지할 것을 요구하고 있다.

자본 구분과 자본 인정 요건이라는 복잡한 내용을 이해하기 위해 하나의 예를 소개하고자 한다. 2012년 8월 16일 파산한 부산저축은행 사건은 2010년대 초 한국 사회를 불안하게 만든 주요 금융비리 사건으로 기록되고 있다. 이때 금융상품의 내용을 잘 모르는 나이 많은 어르신들이 후순위채권을 사서 큰 피해를 보았다는 내용이 많이 보도되었다. 후순위채권이란 이 채권의 보유자는 채무자의 다른 부채들이 모두 해결된 이후에야 돈을 받을 수 있는 권리를 가지는 채권을 말한다. 말 그대로 돈을 돌려받는 순번이 가장 늦다는 뜻이다. 투자자 입장에서는 위험도가 높은 채권이다. 대신 높은 금리를 받을 수 있다. 그런데 채권발행자 입장에서 꽤 매력적인 상품이었다. 그 이유는 후순위채권은 말 그대로 채권이지 자본금이 아닌데 은행의 BIS 자기자본 비율을 계산할 때 후순위채권 발행을 통해 조달한 자금은 기본자본의 50% 범위 내에서 자기자본(보완자본)으로 인정을 받을 수 있기 때문이었다. 은행들이 BIS 자기자본 비율을 높이는 수단으로 후순위채권을 이용한 것이었다. 실컷 자기자본과 타인자본을 구분해 놓고 후순위채권의 경우에는 타인자본이 곧 자기자본이라고 한다. 물론 전혀 말이 안되는 것은 아니다. 우리는 흔히 주식을 잔여청구권이라고 한다. 기업이 돈을 벌면 빚부터 다 갚고 마지막에 남는 것을 주주들이 나누어 갖는다는 의미에서 붙여진 용어이다. 후순위채권도 다른 빚부터 갚고 가장 마지막에 갚는 빚이니 주식이랑 비슷한 점이 전혀 없지는 않다.

BIS 자기자본 비율에 대해 길게 설명하였는데, BIS 자기자본 비율 자체가 거시 건전성 정책인 것은 아니다. 거시 건전성 정책은 기존의 자기자본 비율에 추가적인 규제를 요구하고 있다. 그리고 자기자본 비율 규제 이외에 다양한 여러 가지 추가적인 규제를 도입하고 있다. 거시 건전성 정책을 이해하기 위한 빌드업으로 BIS 자기자본 비율을 상세히 소개한 것이다. 다음 절에서는 시스템 리스크와 거시 건전성 정책 수단들을 살펴보자.

3. 은행가의 역설과 대마불사

은행은 돈이 필요 없을 때는 자꾸 빌려 가라고 하다가 정작 돈이 필요할 때 빌려준 돈을 회수해 가는 존재라는 불평은 이미 세상에 만연해 있다. 저명한 진화심리학자 투비(J. Tooby)와 코스미데스(L. Cosmides)는 이를 '은행가의 역설'(banker's paradox)이라고 명명하였다.[5] 은행의 입장에서 보면, 은행의 이러한 행동은 너무 당연하다. 은행은 대출자에게 돈을 빌려주고 이자를 받아 이윤을 남긴다. 그러

5 Tooby and Cosmides(1996).

니 대출금 회수에 문제가 없다고 판단될 때 가능한 많은 돈을 빌려주려고 한다. 그래야 이자 수익을 많이 올릴 수 있기 때문이다. 그런데 경제 상황이 나빠지면 은행들은 대출한 돈을 회수하지 못하는 상황이 생길 수 있다는 점에 대비해야 한다. 그래서 상황이 어려워지면 대출금을 빨리 회수하는 것이 은행의 손실을 최소화하는 길이 된다. 그런데 경제가 어려워지면 이렇게 생각하는 은행들이 늘어날 것이고, 그러면 누가 먼저 대출금을 회수하여 손실을 줄일 수 있는가라는 경쟁이 은행업 내부에서 발생할 수밖에 없다. 은행들의 이러한 행동은 그렇지 않아도 어려운 경제 상황을 더 악화시킨다. 경제학자들은 이런 상황을 경기순응성(procyclicality) 때문에 시스템 리스크가 커졌다고 어려운 용어를 써서 설명하고 있다. 거시 건전성 정책이 제어해야 하는 시스템 리스크 중 시계열 차원의 리스크라고 불리는 것이다.

은행의 영업 행태를 이야기하다가 좀 뜬금없어 보이기는 하지만 바둑 이야기를 잠깐 해 보자. 바둑에는 대마불사(大馬不死)라는 용어가 있다. 바둑돌의 움직임이 말로 비유되는데, 큰 말은 잡기 어려우니 바둑에서 이기려면 상대방 말을 잡는 일에 집착해서는 안된다는 의미를 지닌다. 그런데 이 바둑용어는 어려운 용어를 좋아하는 경제학자들도 자주 애용하는 용어가 되었다. 영어로는 'too big to fail', 망하기에는 너무 크다는 말이 한국에서는 대마불사라고 번역된다. 전문적 용어를 사용하지 않으면 무식하다고 엄청 욕을 하는 것이 학계의 생리인데 대마불사라는 용어는 학술서적, 학술논문에서 사용해도 무식하다고 욕을 먹지 않는 용어가 되었다.

세계은행이 한국 등 동아시아 국가들을 '기적'적인 경제성장을 이룩한 국가들이라고 치켜세울 때,[6] 기술개발을 하지 않고 자본과 노동 등 투입물을 늘리는 방식에 머물고 있는 동아시아 국가들은 곧 성장의 한계에 직면할 것이라고 예언하였던 크루그먼(P. Krugman)은 동아시아 위기가 발생하자 원래 유명한 학자였지만 더 유명한 스타가 되었다.[7] 그는 동아시아 위기의 원인으로 대마불사에 따른 도덕적 해이를 지적하였다. 대기업을 자꾸 봐주다 보니 이들이 정부와 은행을 믿고 과잉 투자를 하게 되었고, 이것이 경제를 위기로 몰아넣었다고 분석하였다.[8]

IMF는 한국에 구제금융을 제공하면서 정실자본주의(crony capitalism)를 끝내고 제대로 된 자본주의를 하라고 하며 구조개혁을 요구한다. IMF에서 구제금융을 받아야 하는 한국은 머리를 조아리고 허리를 굽신거리면서 정실자본주의를 버리고 미국식 자본주의를 받아들이겠다고 약속한다. 오히려 이 기회에 과거의 폐습을 버리고 환골탈태하자는 경제학자들의 목소리가 더 커진다. 2018년 개봉된 김혜수 배우 주연의 영화「국가부도의 날」을 보면, 한국 정부의 고위

6 World Bank(1997).
7 Krugman(1994).
8 Krugman(1998).

관료가 이번 기회에 한국 경제의 체질을 개선하자고 하면서 IMF 의견에 적극적으로 동조하는 장면이 나온다.

그런데 이런 일이 한국에서만 벌어진 것은 아니다. 전 세계 석학들과 정책담당자들이 거시 건전성이라는 개념에 주목하게 된 결정적인 계기는 2008년 글로벌 금융위기이다. 1997년에 많은 한국 사람들이 절대 망하지 않을 것이라고 믿었던 대기업과 금융 기관들이 무너져 내렸듯이 많은 이들이 꿈의 직장이라고 생각하였던 월가의 대형 금융 기관들이 속절없이 무너져 내리는 상황이 발생하였다. 10년 전 한국의 IMF 사태 때 대마불사로 인한 도덕적 해이가 한국의 몰락을 초래하였다고 열심히 떠들어대던 서양의 석학들과 정책담당자들이 막상 월가의 대형 금융 기관들이 위기에 빠지자 천문학적 돈을 쏟아부어 구제에 나선다.[9] 대마불사가 바둑에서뿐 아니라 금융 시스템이 최고로 발달한 미국에서도 사실임을 입증해 준다.

경제학자들은 이러한 상황을 금융시장에 존재하는 외부효과로 인하여 시스템 리스크가 증가한 것이라는 역시 어려운 용어를 통해 설명하고 있다. 거시 건전성 정책이 관리해야 할 시스템 리스크 중 횡단면 차원의 리스크로 분류되는 리스크이다. 이 시스템 리스크가 커지는 것을 미리 막았으면 좋았을텐데, 그러지 못하였으니 사후적으로라도 구제금융을 통해 시스템을 안정시키는 것이 정책당국의

9 금융위기 수습에 들어간 돈의 규모가 얼마인지에 대해서는 이 책 제1장 「양적 완화와 중앙은행 독립성」을 참조.

임무라는 변명을 늘어놓게 된다. 그리고 이제 우리가 시스템 리스크에 대해 좀 더 열심히 공부해서 이를 관리하겠다고 선언한다. 거시 건전성 정책은 이렇게 시스템 리스크를 관리한다는 목적으로 만들어졌다.

외부효과라는 용어는 기초 수준의 경제학 교과서에도 등장하는 용어이므로 경제학원론을 공부한 분들에게는 그렇게 생소한 용어가 아닐 수 있다. 그런데 외부효과라는 개념이 그리 간단하지는 않다. 경제학 교과서를 보면, 외부효과는 어떤 경제 주체의 경제 활동이 다른 경제 주체에게 영향을 미치는데 이것이 시장의 테두리 밖에서 벌어진다는 뜻이다. 외부를 시장의 외부로 보는 것이다. 대표적인 예가 강 상류에 위치한 공장에서 폐수를 버리면 강물이 오염되어 하류에 위치한 공장이 피해를 보는 그런 것이다.

금융시장의 외부효과로 자주 거론되는 것 중의 하나가 투매 또는 염가 판매 등등으로 번역되는 'fire sale'이다.[10] 폭탄 세일이라는 단어가 더 귀에 익숙할 것 같다. 개인이든 기업이든 사업이 잘되지 않아 현금유입이 감소하면 결국 보유한 자산을 팔 수밖에 없는 상황에 직면하게 된다. 만약 경제가 전체적으로 어려워지면, 이런 기업들이 증가하여 시장에는 매물이 쏟아져나올 것이다. 자산을 매각하려는 기업이 많지 않으면 적절한 가격을 받고 팔 수 있지만, 이런 상

10 금융시장에서 나타나는 외부효과에 대한 상세한 설명은 Nicolo *et al.*(2012)를 참조.

황에서는 매물이 너무 많아져 자산의 가격이 폭락하게 된다. 한 기업의 자산 판매 행위가 다른 기업에 영향을 준다는 점에서는 외부효과이지만 이는 강에 폐수를 버리는 것과 차이가 있다. 한 기업의 경제 활동이 자산가격의 추가 하락, 즉 시장 테두리 안에서 다른 기업에 영향을 주고 있는 것이다. 경제학자들도 이를 인식하여 외부효과 앞에 금전적이라는 형용사를 붙여 금전적 외부효과라고 부른다. 그런데 엄밀하게 따져 보면 금전적 외부효과라는 말은 모순이다. 외부효과를 시장 테두리 밖에서 벌어지는 현상으로 정의하였는데, 금전적 외부효과는 시장 테두리 안에서 벌어지는 일이다. 즉, 외부효과가 아닌 것이다. 외부효과가 아닌 것을 외부효과라고 하였으니 이는 매우 모순적인 용어이다. 문학 작품, 노래 가사에 등장하는 '소리 없는 아우성', '침묵의 소리', 이런 것에 해당한다.

여하튼 수학을 좋아하는 경제학자들이 문학 작품도 사랑해서 만들어진 용어라고 치자. 그런데 이러한 외부효과는 소형 금융 기관보다 대형 금융 기관의 경제 활동에서 더 크게 나타날 것이라는 점은 당연해 보인다. 대마불사 정신에 입각하여 비효율적인 대형 금융 기관들을 봐주었더니 이들이 엄청난 시스템 리스크를 만들어 내고 있었던 것이다. 그리고 이 시스템 리스크가 극대화되어 현실에서 금융위기로 발현되었을 때 이를 수습하기 위해 얼마나 많은 돈이 들어가야 하는지를 세계의 석학들과 정책담당자들이 분명히 인식하게 된다.

문제를 인지하였으니 이제 대책을 세워야 한다. BIS는 경기순응성 문제에 대한 거시 건전성 대책으로 완충자본제도를 만들고 많은 국가들이 이를 도입한다. 완충자본제도는 크게 자본보전완충자본제도(capital conservation buffer)와 경기대응완충자본제도(countercyclical capital buffer)로 구분된다. 자본보전완충자본제도는 위기 상황 발생 시 은행 스스로 손실을 충분히 흡수할 수 있도록 평상시 완충자본을 적립하고 향후 손실 발생 시 자본을 사용할 수 있도록 하는 제도로 위험가중자산의 2.5%를 보통주자본으로 추가 적립하도록 하는 제도이다. 경기대응완충자본제도는 경기순응성을 완화하기 위한 방안으로 은행들이 시스템 리스크가 상승하는 호황기에 자본을 적립하였다가 리스크가 현실화되면 사용하게 하는 정책이다. 각국의 자율적 판단을 통하여 자본보전완충자본에 추가하여 위험가중자산의 0~2.5%를 적립해야 한다. 용어는 매우 어렵지만 핵심 내용은 위기 상황에 대비하여 상황이 괜찮을 때 자본금을 좀 더 쌓아놓자는 이야기이다.

대형 금융 기관들이 외부효과를 통해 시스템 리스크를 증폭시킨다고 한다면 당연히 이러한 대형 기관에 대한 규제는 더욱 강화될 필요가 있다. 이에 대한 대책으로 시스템적으로 중요한 금융 기관(systemically important financial institution, SIFI)을 지정하고, 이들에게는 별도의 추가 자본을 요구한다. 대형 기관의 영업 행태가 초래하는 부정적 외부효과에 대처하기 위해 대형 기관에는 더 강화된 규제가 필요하다는 점이 인식된 결과이다. 글로벌하게 시스템적으로 중요

| 표 9-1 | G-SIBs 구간별 추가 자본 부과 규모

구간	시스템적 중요도 점수	추가 자본(%)
5(예비구간)	530~629	3.5
4	430~529	2.5
3	330~429	2.0
2	230~329	1.5
1	130~229	1.0

자료: 한국은행(2015), p. 98.

한 은행(G-SIBs)은 시스템적 중요도 평가 결과(점수)에 따라 4개 그룹으로 구분되며, 그룹별로 최저 1%부터 최고 2.5%까지 보통주자본의 추가 적립 의무가 적용된다. 또한 최상위 구간에 속한 G-SIBs의 시스템적 중요도가 더 커질 가능성에 대비하여 예비구간을 추가 설정하였다.

앞선 제2절에서 기존의 BIS 자기자본 비율의 내용을 소개하였다. 여기에 제3절에서 소개된 추가 자본까지 포함하여 은행들은 어느 정도의 자본금을 확보하고 있어야 하는지를 정리하면 〈그림 9-1〉과 같다.

이 밖에도 구체적인 거시 건전성 정책 수단들이 많지만 이에 대한 궁금증이 많은 분들에게는 다른 전문 서적을 참고할 것을 권유 드리며,[11] 우리 사회가 일찍부터 도입해서 시행하고 있는 담보인정 비

11 한국은행(2015) 참조.

|그림 9-1| 거시 건전성 요소를 도입한 바젤위원회 자본규제 체계

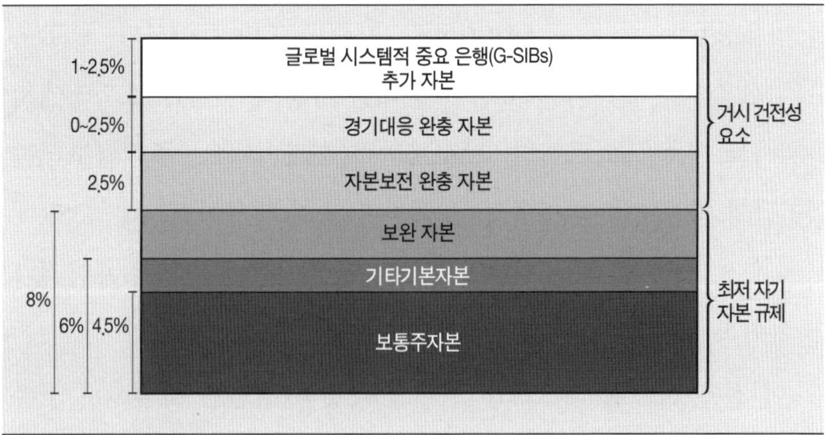

자료: 한국은행(2015), p. 71.

율(loan to value ratio, LTV)과 총부채상환 비율(debt to income, DTI) 규제에 대한 서술만 추가하고자 한다. LTV는 은행 등 금융 기관이 돈을 빌려줄 때 담보가 되는 자산의 가격에 대비하여 인정해 주는 대출의 비율을 말한다. 가령 담보인정 비율 상한이 50%라고 하면 1억짜리 주택을 구입할 때 최대 5,000만 원까지 대출해 줄 수 있다. DTI는 주택담보대출의 연간 원리금 상환액과 기타 부채의 연간 이자 상환액의 합을 연소득으로 나눈 비율을 말한다. 가령 DTI가 40%라고 하면, 내가 연 1억을 번다고 할 때 주택담보대출의 연간 원리금 상환액과 기타 부채의 연간 이자 상환액의 합이 4,000만 원을 넘기면 안된다. 주택시장, 주택담보대출시장을 활성화시키고 싶다면 이 비율의 상한선을 높이면 된다. 거꾸로 금융시장 안정을 우선적으로 생각한다면 이 비율을 낮추어야 한다. DTI라는 기준은 총부채원리상환 비율(debt service ratio, DSR)이라는 기준으로 더 강화된다. DSR은 모든 신용대출 원리금을 포함한 총대출 상환액이 연간 소득액에서 차지하는 비중을 의미한다. 앞서 설명한 대로 DTI는 주택담보대출 원리금과 다른 신용대출의 경우 이자만 고려 대상이었는데, DSR에서는 모든 대출에 대한 원리금의 크기가 총대출상환액에 포함된다는 차이가 있다.

이 절은 시스템 리스크를 시계열 차원과 횡단면 차원으로 구분하고, 이에 대응하기 위한 거시 건정성 정책 수단 중 일부를 소개하였다. 다음 절에서는 시스템 리스크와 거시 건전성 정책에 관한 이론적 논의들을 살펴보고자 한다.

4. 몰락한 금융공학자 숄스, 새롭게 주목받는 하이에크와 민스키

1997년 동아시아 금융위기가 한국마저 집어삼키고 이후 조금 잠잠해지나 싶을 때 1998년 8월 러시아가 국내 부채에 대해서는 채무불이행을, 외채에 대해서는 상환 유예를 선언한다. 그리고 그 여파로 롱텀 캐피탈 매니지먼트(Long Term Capital Management, LTCM)라는 헤지펀드가 위기에 빠진다.

LTCM 사태가 학계에 준 가장 큰 충격은 LTCM의 파트너 중 한 사람이 파생상품론 교과서의 백미를 장식하는 블랙-숄스 모형의 창시자이자 이 업적으로 노벨 경제학상까지 받은 숄스(M. Scholes)라는 점이다. 블랙-숄스 모형은 파생상품의 옵션가격을 산출하는 식으로, 옵션이 가지고 있는 리스크를 통제할 수 있다는 믿음을 심어주게 된다. 그런 천재가 운영하는 헤지펀드가 망하기 일보 직전까지 갔으니 경제학자들의 체면이 완전히 구겨진 셈이다. 그때 정신을 차렸으면 2008년 글로벌 금융위기를 막을 수 있었을까?

당시 미국의 중앙은행인 연준에서 벌어진 일에도 주목할 필요가 있다. 헤지펀드는 은행이 아니며, 연준의 감독 대상에서 벗어나 있는 존재이다. 평소에 연준은 이들 헤지펀드와 자유롭게 금융시장 움직임에 대한 의견을 교환한다. 그런데 사실 연준에서 일하는 직원들보다 월가의 금융 기관에서 일하는 사람들이 월급도 훨씬 많이 받고 시장의 움직임에 대해서 더 잘 안다. 한국에서도 많은 신세대 한국은행 직원들이 조직 문화도 딱딱하고 급여도 짠 한국은행을 떠나 민간 금융 기관으로 자리를 옮기고 있다는 보도가 등장하고 있다. 월가의 금융 기관들은 시장 상황을 빠르게 판단해 돈을 벌어야 살아남을 수 있다. 연준은 다른 금융감독 기관들과 함께 금융 기관과 금융시장을 감독하는 업무를 수행한다. 이러한 업무 수행을 건전성 정책이라고 한다. 그리고 이 당시 건전성 정책은 미시 건전성 정책이 중심이었고 거시 건전성 정책이 주목받기 전이라고 할 수 있다.

미시 건전성 정책은 쉽게 이야기하면 개별 금융 기관들의 건전성을 살피는 업무라고 볼 수 있다. 감독을 하는 사람이 힘이 세기는 하지만 연준에서 일하는 사람들이 아무리 똑똑해도 감독기관 직원이 시장에서 일하는 사람보다 금융시장에서 벌어지는 일을 더 빨리 안다는 것은 불가능하다. 금융 기관은 돈을 벌기 위해 끊임없이 새로운 금융상품을 개발하고 있다. 금융공학의 천재가 운영하는 회사가 망하기 일보 직전까지 갔지만 그 이후로도 금융시장을 더 효율적이면서도 안전하게 만들어 준다는 금융상품들은 더 번성하게 되고, 글로벌 금융위기가 터지고 나서야 세상에 그런 금융상품은 없다는 것을 인지하게 된다.

LTCM 사태가 터졌을 때 연준은 자신들의 회의실로 민간 금융기관에서 일하는 사람들을 불러 모은다. 그리고 LTCM을 도우라고 설득한다.[12] 중앙은행은 은행들이 어려움에 빠질 때 지원에 나설 수 있다. 중앙은행의 이러한 역할을 통상 최종대부자 기능이라고 부른다. 금융시장이 경색되어 아무도 돈을 빌려주려고 하지 않을 때 중앙은행이 나서서 돈을 빌려줌으로써 금융시장을 안정시키는 역할을 해야 한다는 것이다. 그런데 헤지펀드는 은행이 아니고 연준이 직접 지원하기에는 여러 가지로 걸리는 것이 많은 상황이었다. 그래서 직접 도움을 주지는 못하고 다른 금융 기관들에게 도움을 요청한 것이

12 Conti-Brown(2017).

었다. 좀 저속하게 이야기한다면 형이 동생들 삥을 뜯은 것이다. 앞 절에서 서양의 석학과 정책담당자들이 1997년 한국의 IMF 사태는 대마불사로 인한 도덕적 해이가 원인이라고 떠들다가, 정작 2008년 금융위기 때는 대마불사 정신을 발휘하여 많은 대형 금융 기관들을 구제해 주었음을 지적하였다. 그런데 사실은 1997년 바로 다음 해인 1998년에 이미 미국에서도 똑같이 대마불사에 입각한 구제금융이 행해지고 있었던 것이다. 그것도 매우 편법적으로.

거시 건전성 정책이 본격적으로 수행되기 시작한 것은 2008년 금융위기 이후라고 할 수 있는데, BIS는 1997년 동아시아 금융위기 이후부터 거시 건전성이라는 개념에 주목하기 시작한다. 그리고 경기순응성이 만들어 내는 금융불안정성에 관심을 기울이게 된다. 그런데 따지고 보면 은행이 정작 급할 때는 돈을 회수해 간다든가, 많은 사람들이 자산을 팔려고 내놓으면 자산가격이 더 하락한다는 정도의 이야기는 굳이 경제학을 열심히 공부하지 않아도 다 알 수 있는 이야기들이다. 그런데 이런 상식적인 이야기를 이제야 경제학자들이 경기순응성이니 군집행동이니 외부효과니 하는 어려운 말로 개념화하고 이런 문제들을 해결하기 위해 거시 건전성 정책을 만들겠다고 하는 것을 보면 어처구니가 없어지는 측면이 있기도 하다. 아니 일반인들이 다 아는 위험을 정말 경제학자들은 모르고 있었다는 말인가?

당연히 모르지는 않았을 것이다. 그러나 숄스의 예처럼 경제학자들은 자신들이 이러한 위험을 통제할 수 있다고 믿었다. 그리고 시장의 효율성을 믿었던 것이다. 숄스가 1997년에 받았던 노벨 경제학상의 2013년 수상자 명단에 파마(E. Fama)와 실러(R. Shiller)가 포함된다. 숄스도 머튼(R. Merton)과 공동 수상을 한 것처럼 노벨상을 공동으로 받는 일은 흔히 일어나는 일이다. 그런데 2013년이 특이하였던 것은 파마와 실러의 연구 내용의 성격이 매우 상반된다는 점이었다. 파마는 효율시장가설의 최고 권위자이다. 효율시장가설에 의하면 자산가격에는 이미 모든 정보가 반영되어 있다. 그래서 어떤 특정 시장참여자가 장기적으로 평균 이상의 수익을 올리는 것은 불가능하다. 반면 실러는 효율시장가설을 믿지 않는 학자였다. 그의 베스트셀러 중 하나가 『비이성적 과열』(*Irrational Exuberrance*)이다. 금융시장에 만연한 비합리적 행동에 주목한 것이다.[13] 금융시장은 파마가 생각한 것처럼 완전하지도 효율적이지도 않다고 생각한 것이다.

실러를 행동경제학자로 분류하는 평론가들이 많이 있다. 행동경제학은 이미 주류경제학의 반열에 올랐다고 할 수 있지만, 행동경제학과 전통적인 주류경제학의 큰 차이는 인간의 합리성에 대한 견해의 차이이다. 전통적인 주류경제학은 경제 주체들의 합리성을 가정한다. 그리고 그 위에서 시장과 경제 현상을 설명한다. 반면 행동경제학은 인간이 합리적으로만 행동하는 것이 아니라는 지극히 당연

13 Shiller(2000).

한 사실 위에서 시장과 경제 현상을 설명한다. 전통적 주류경제학이 맞다면 사실 금융위기 같은 것은 발생하지 않을 것이다. 경제 주체는 합리적이고 시장은 효율적이니 말이다. 그런데 금융위기는 빈번히 발생한다. 그래서 시장주의자들은 이러한 현상이 시장 자체에 문제가 있어서 발생하는 것이 아니고 시장의 온전한 작동을 방해하는 정부의 규제 때문에 발생한다고 주장한다. 행동경제학은 경제 주체의 비합리성을 인정한다. 그리고 이러한 비합리성이 시장에 어떤 이상 현상을 만들어 낼 수 있는가를 설명하려고 한다. 2013년 파마와 실러가 노벨상을 같이 받은 것은 이제 행동경제학이 전통적 주류경제학과 대등한 지위를 확보한 것임을 확인시켜 주는 사건이었다. 그리고 각도를 달리해서 보면, 그 어마어마한 금융위기를 겪고도 효율시장가설을 주장한 학자에게 경제학 발전에 큰 기여를 하였다며 상을 준 것이다. 이 정도면 시장의 효율성에 대한 주류경제학자들의 믿음은 과학이 아니라 종교적 신념인 것 같다는 생각도 든다.

BIS가 1990년대 말부터 금융시장의 이상 현상을 설명하려고 노력하였다는 점은 주류경제학의 입장에서 보면 선구적이라고 할 수 있을 것이다. 그런데 금융시장에 이상 현상이 빈번하게 나타난다는 것은 주류경제학자들 빼고 다 아는 사실이었고, 이러한 금융시장 불안을 설명하고 대책을 세우려고 노력하였던 학자들은 차고 넘쳤다. 그중에서 BIS가 특히 주목한 학자가 하이에크(F. Hayek)와 민스키(H. Minsky)이다. 하이에크의 경기변동이론과 민스키의 금융불안정성 이론은 BIS가 주목한 경기순응성과 시스템 리스크를 잘 보여 주는 이론이라는 공통점이 있다. BIS 연구자들은 이론적 측면에 주목해서 하이에크와 민스키를 동시에 언급하였다.[14] 그런데 '시스템 리스크를 정부나 금융당국이 관리해야 하나?'라는 질문으로 넘어가면 하이에크와 민스키 사이에는 엄청난 차이가 존재한다.

하이에크는 시장주의자들의 우상이다. 신자유주의를 상징하는 철학자이다. 시장은 자생적 질서라는 그의 이론은 시장에 개입하려는 정부의 논리를 무력화시키는 가장 강력한 무기이다. 현재 많은 주류경제학자들이 하이에크를 신과 같이 받들어 모시고 있다. 그런데 사상과 이론을 구분해 보면 양상이 좀 다르다. 하이에크의 자유주의 사상은 주류경제학의 정신적 지주이지만 하이에크의 경기변동이론은 주류경제학에서 큰 주목을 받지 못하였다. 그런데 BIS가 주류경제학이 외면하였던 하이에크의 경기변동이론을 새롭게 조명한 것이었다. 여기서 하이에크의 경기변동이론을 상세히 설명하기는 어렵지만, 핵심만 말하자면 은행의 과도한 신용이 거시경제의 균형을 무너뜨려 경제위기를 발생시킨다는 이론이다. 이렇게 하이에크는 과도한 신용이 경제위기를 초래할 수 있음을 열심히 설명하였지만 통화금융당국의 시장 개입을 원하지 않았다. 과도한 신용이 경제에 피해를 줄 수 있지만 이는 자본주의 발전을 위해 감당해야 하는

14 Borio *et al.*(2003), White(2009).

어쩔 수 없는 비용이라고 생각하였다. 통화금융당국이 개입한다고 경기변동이 사라질 것으로 보지 않았다.[15]

현재에도 소수이지만 하이에크를 따르는 자유은행학파가 존재한다. 이들은 화폐마저도 중앙은행이 독점적으로 발행해서는 안된다고 주장한다. 중앙은행의 폐지를 주장한다.[16] 그러니 미시 건전성 정책이든 거시 건전성 정책이든 정부나 금융당국이 시장에 대해 감 놓아라 대추 놓아라 하는 것을 용납할 수 없다. 전 세계의 금융 기관을 규제하는 BIS가 자생적 질서, 정부 개입은 곧 사회주의임을 외쳤던 하이에크를 거론하는 것은 꽤 어색한 그림이다.[17]

민스키는 사상적으로나 정책적으로 하이에크와 정반대에 서 있는 학자이다. 경제학에서 개입주의의 최고봉으로 꼽히는 케인스(J. M. Keynes)를 따르는 학자이다. 물론 주류경제학 내에도 많은 케인스주의자들이 있다. 그러나 민스키는 이런 주류경제학자들과 똑같은 케인스주의자가 아니다. 주류경제학 입장에서 보면 아주 많이 왼

15 Hayek(1931; 1933).
16 Dowd(2001).
17 주류 미시경제학에서 메커니즘 디자인(mechanism design), 시장 디자인(market design) 분야가 득세하면서 주류경제학에서 시장의 의미는 이제 '자생적'인 시장에서 '설계된' 시장으로 옮겨가고 있는 듯하다. 시장 디자인 분야 저명 경제학자들 역시 하이에크가 시장 디자인 이론의 선구자라고 평가하고 있다. 시장 vs. 정부라는 이분법에서 하이에크는 계획과 반대되는 의미의 시장을 강조한 학자로 부각되었으나 이제는 시장 '설계자'의 선구자로 평가받고 있는 상황이다. BIS가 스스로를 금융시장의 설계자라고 생각하고 있다면 BIS가 하이에크를 전면에 내세우는 것이 그리 이상한 그림이 아닐 수도 있다. 시장 디자인과 하이에크의 관계에 대한 상세한 논의는 Mirowski and Nik-Khah(2017)를 참조.

쪽에 서 있는 인물이다. 그리고 정교한 수리적 모델을 가지고 금융불안정성을 설명하고 있지 않아서 그동안 경제학자 취급을 받지 못하던 인물이다. 민스키는 평생을 금융시장의 불안정성에 대해 연구하고 이러한 금융불안정을 줄일 수 있는 금융제도 개선을 위해 연구한 학자이다. 이 비주류학자를 BIS가 새롭게 조명하면서, 그리고 글로벌 금융위기가 터지면서 많이 거론되는 유명한 학자가 되었다.[18]

민스키는 개입주의자 케인스의 후손답게 큰 정부, 큰 중앙은행을 주장하였다.[19] 현대 자본주의의 불안정성에 대비하여 정부는 물론 중앙은행에 보다 많은 권한을 주어 시장에 강력하게 개입할 수 있게 하자고 주장하였다. 그리고 자본주의의 불안정성을 줄이기 위해서는 금융 관련 제도를 근본적으로 뜯어고쳐야 한다고 주장하였다. 현실의 중앙은행가들 중에서는 다른 국가에 비해 영국의 정책담당자들이 민스키에 대해 더 주목한 측면이 있다. 이들은 금융이 금융업자뿐 아니라 사회적 이익에도 부합해야 한다는 민스키의 메시지에 귀를 기울였고 거시 건전성 정책을 수행함에 있어 이러한 사회적 의미를 잊어서는 안된다고 강조하였다.[20]

종합해 보자면, BIS는 경기순응성, 외부효과, 시스템 리스크 등을 강조하기 위해 그동안 주류경제학 이론이 주목하지 않았던 하이

18 민스키의 금융불안정성 이론의 자세한 내용에 대해서는 박종현(2000), 황재홍(2009)을 참조.
19 Minsky(1986).
20 Tucker(2016; 2017).

에크와 민스키의 이론을 새롭게 조명하였다. 그런데 하이에크는 정책 개입에 부정적인 인물이었고, 민스키는 적극적 정책 개입을 요구한 인물이었다. BIS는 거시 건전성 정책의 이론적 근거로 하이에크와 민스키를 언급하면서 두 거인의 정책적 판단이 상이하였다는 점을 다소 소홀하게 다루지 않았나 하는 생각을 해보게 된다.

5. 한국의 거시 건전성 정책

거시 건전성 정책의 이론적 근거를 하이에크에서 찾든, 민스키에서 찾든 정책을 수행하려면 이를 누가 담당할 것인가, 정책담당기구를 어떻게 설계해야 좋은가 등의 현실적 과제가 등장하게 된다. 제5절과 제6절은 이와 관련된 논의들을 다루고 있다.

2022년 2월 대한민국의 대선을 앞두고 금융 분야 학자 300여 명이 모여 성명을 발표한다. 금융산업 정책과 금융감독 기능을 분리하여 금융산업 정책만 정부가 맡고 금융감독 기능은 정부로부터 독립된 공적 민간 기구에 맡기라는 주문이었다. 여기서 정부는 대한민국의 예산을 관리하고 전반적인 경제 분야 업무를 담당하는 기획재정부를 뜻한다. 그리고 현재 금융감독 기능을 수행하는 기관이 금융위원회와 금융감독원인데, 이 기관들을 정부로부터 독립시키라는 뜻이다.

현재 금융위원회 홈페이지를 보면 금융위원회를 이렇게 안내하고 있다. "금융위원회는 금융산업의 선진화와 금융시장의 안정을 꾀하고, 건전한 신용 질서와 공정한 금융거래 관행을 확립하기 위하여 설립되었습니다." 여기에 나오는 금융산업 선진화라는 말이 금융산업 정책에 해당한다. 우리가 어떻게 하면 금융산업을 선진화할 수 있는지 정책을 잘 세워 보겠다는 뜻이다. 과거 우리가 무엇을 해서 먹고살 것인가 고민할 때 정부는 어떤 특정 산업을 목표로 정하고 확실하게 밀어주는 모습을 보여 주었다. 자동차산업을 키워야 한다거나 반도체산업을 키워야 한다는 것들이다. 이것을 산업 정책이라고 부르는데, 한국의 경제 규모가 커지고 자유화, 민주화가 진행되면서 산업 정책이 구시대 유물로 취급되는 경향이 있다.[21] 그런데 경제가 금융의 중요성이 커지는 단계에 진입하자 구시대의 유물로 취급되던 산업 정책이 당당히 금융위원회 홈페이지에 안내되고 있다. 아마 금융산업은 자동차산업, 반도체산업과 같은 산업과는 다른 차원이라고 생각하는 모양이다. 뒤에 나오는 금융시장 안정, 건전한 신용 질서, 공정한 금융거래 이런 단어는 금융감독 기능에 해당한다.

그런데 금융위원회 말고 또 하나의 금융감독 기관이 존재하는데 그것이 금융감독원이다. 홈페이지는 금융감독원을 이렇게 안내하고 있다. "금융감독원은 금융 기관의 건전성을 확보하고 공정한

21 최근에는 산업 정책에 대한 인식이 바뀌고 있다. 이에 대한 논의는 이 책 제8장 「산업 정책의 부활과 새 산업 정책」을 참조.

시장 질서를 확립하며 금융소비자를 보호하기 위하여 설립되었습니다." 이는 모두 금융감독 기능에 해당하는 것이다. 굳이 왜 금융감독 기관을 두 개나 두었을까 대해서는 여러 가지 갑론을박이 있는데, 대략 금융위원회는 금융규제에 관한 전반적인 제도를 확립하는 일을 하고 금융감독원은 실제 세세한 금융감독 업무를 맡는 것으로 되어 있다.

한국은 1997년 IMF 사태를 거치면서 금융감독 시스템이 새롭게 만들어진다.[22] 그 이전까지 중앙은행인 한국은행이 통화 정책을 담당하면서 동시에 은행감독원을 산하에 두고 은행감독자의 역할을 하고 있었다. 금융산업에는 은행업 이외에 증권업도 있고 보험업도 있다. 이에 따라 증권감독원, 보험감독원도 존재하였는데, 사실상 재무부가 실질적인 권한을 가지고 있는 상황이었다. 그러다가 외환위기 이후 한국은행에 통화 정책의 독립성을 보장하고 은행감독원을 분리하면서 이를 증권감독원, 보험감독원과 합쳐서 금융감독원을 설립한다. 학자들이 소위 통합형 금융감독 모델이라고 부르는 제도를 도입한 것이다. 한국은 처음부터 금융감독기관을 만들 때 금융감독위원회와 금융감독원을 따로 만들었다. 그런데 이명박 정부 들어 재무부가 담당하던 금융산업 정책을 금융감독위원회로 이관하고 명칭도 금융위원회로 변경한다. 이후 금융위원회는 금융산업 정책

22 한국은행(2020).

과 금융규제를 담당하는 최고의 기관이 된다.

민주주의 사회의 정부 조직에서 독립적 기관의 지위와 역할에 대한 많은 논란이 존재한다. 행정부는 기획재정부, 외무부, 법무부, 보건복지부 등으로 구성되는데, 이런 명칭 말고 위원회라는 말이 들어가는 조직이 있다. 금융위원회, 공정거래위원회, 방송통신위원회 같은 조직이다. 이들 조직의 책임자는 장관이라고 부르지 않고 위원장이라고 부른다. 그리고 위원장 밑에 다수의 위원들이 있다. 이들 조직은 어떤 의사결정을 할 때 다수의 위원들이 모여서 열심히 토론하고 심사숙고해서 결정하게 되어 있다. 정치권력에 휘둘리지 말고 중립적으로 의사결정을 하는 것이 매우 중요하다고 여겨지는 분야에 이런 위원회를 둔다. 그리고 정치권의 개입을 차단할 수 있는 독립적인 권한을 부여한다. 이들의 독립성은 기관마다 큰 차이가 있다. 그리고 법률적으로 독립과 중립이 보장되어 있다고 하더라도 기관을 책임지고 운영하는 사람들이 어떤 마음을 먹고 있느냐에 따라 실제 운영의 방향은 크게 달라질 수 있다.

많은 국가에서 이러한 독립적 기관 중 가장 독립성이 높은 기관이 중앙은행이다. 통상 물가안정을 최우선 목표로 하는 통화 정책은 한 국가의 중요한 경제 정책 중 하나임에도 불구하고 통화 정책 수행의 권한은 중앙은행에 위임되어 있다. 글로벌 금융위기 이후 중앙은행 독립성에 대한 이러저러한 논란이 많아지기는 하였으나 여전히 중앙은행은 대부분 국가에서 정치권력으로부터 가장 독립적인

기관으로 평가되고 있다.[23]

금융규제, 금융감독에 해당하는 건전성 정책을 담당하는 조직의 형태는 국가별로 많은 차이를 보이고 있다. 영국과 같이 중앙은행이 통화 정책과 건전성 정책을 모두 수행하는 국가가 있지만, 많은 국가에서 중앙은행과 건전성 정책을 담당하는 기관이 분리되어 있다. 그리고 건전성 정책을 담당하는 조직의 형태도 매우 다양하다. 우리는 외환위기 이후 은행업, 증권업, 보험업 감독을 총괄하는 통합형 금융감독 기관을 만들었지만 여전히 부문별로 감독기관을 운영하고 있는 국가들이 더 많다.[24] 또한 최근에는 소위 쌍봉형(twin peaks) 감독체계를 도입하는 국가들이 생겨나고 있는데, 쌍봉형이란 금융감독 업무에서 금융 기관의 건전성을 감독하는 부분과 금융소비자를 보호하는 부분을 분리하는 것을 의미한다.[25] 조금 전 소개한 금융감독원 홈페이지 문구를 보면 금융감독원이 '금융 기관의 건전성을 확보'하고 '금융소비자를 보호'하는 업무를 한다고 되어 있다. 현재 우리는 이 두 가지 업무를 한 기관이 담당하고 있음을 알 수 있다. 그리고 이를 분리하자는 것이 지난 2022년 2월 300명 이상의 금융전문가들의 주장이기도 하였다. 금융감독 업무에서 금융산업 정책을 분리하자고 한 것에 더하여 금융감독 업무도 금융 기관의 건전성을 점검

23 Tucker(2018).
24 Calvo *et al.*(2018).
25 쌍봉형 모델을 비롯하여 금융감독 체계의 다양한 모델에 대한 상세한 설명은 Calvo *et al.*(2018)를 참조.

하는 업무와 금융소비자를 보호하는 업무를 분리하자는 주장이다.

사실 어떻게 보면 금융 기관의 건전성을 점검하는 일이 곧 금융소비자를 보호하는 일인 경우도 많다. 금융 기관의 건전성이 훼손되어 문제가 생기면 그 피해는 고스란히 금융소비자에게 전가되기 때문이다. 우리도 부산저축은행 사태, 동양 사태로 많은 금융소비자들이 피해를 보았다. 그런데 금융위기로 인한 금융소비자들의 피해가 커지면서 많은 국가에서 추가적으로 금융소비자 보호를 위한 노력을 강화하고 있다. 미국에서도 글로벌 금융위기 이후 「도드-프랭크법」(Dodd-Frank Wall Street Reform and Consumer Protection Act)이 만들어지는데, 그 명칭에서 알 수 있듯이 법의 대표적인 내용 중 하나가 금융소비자 보호를 강화하기 위해 별도의 금융감독 조직을 만든다고 한 점이다. 그런데 미국은 금융감독 체계가 너무 복잡해서 학자들이 통합형이니 쌍봉형이니 이런 구분을 하지 않고 있다. 미국은 전 세계에서 가장 복잡한 중앙은행 시스템 그리고 가장 복잡한 금융감독 시스템을 가지고 있는 국가이다. 우리가 두 개의 금융감독 조직을 가지고 있는 것과 비교가 되지 않을 만큼 복잡하다.

거시 건전성 정책이 논의 대상으로 들어오면 상황은 더 복잡해진다. 금융감독 체계에 대한 그림이 매우 복잡하지만, 단순화하면 물가안정을 목적으로 한 통화 정책은 중앙은행이 담당하고, 금융 기관들의 건전성을 감독하는 건전성 정책은 금융감독 기관이 맡는다 정도로 정리될 수 있다. 여기서 건전성 정책은 미시 건전성 정책을 뜻한다. 글로벌 금융위기 이전에는 시스템 리스크라는 개념을 별로 중요하게 생각하지 않았고, 개별 금융 기관들을 잘 관리하면 시장 전체에 문제가 일어나지 않을 것이라고 믿었기 때문이다. 그런데 그게 아니라는 것이 확인되고 거시 건전성 정책을 도입하려고 하자, 그러면 이 거시 건전성 정책은 누가 담당하는 것이 좋은가에 대한 논란이 생겼다. 금융위기를 직접 겪은 선진국들은 나름 신속하게 거시 건전성 정책을 수행하기 위해 시스템을 구축해 나갔다.

우리는 매우 애매한 상황에 있다. 2012년 한국은행법이 개정되는데, 주요 내용 중 하나가 한국은행의 정책 목표에 물가안정 이외에 금융안정이 추가된 것이다. 이제 한국은행은 통화 정책을 수행할 때 그것이 물가에 미치는 영향과 함께 금융시장의 안정에 미칠 영향을 고려해야 한다는 뜻이 된다. 그런데 통화 정책의 주요 수단은 금리를 조정하는 것이고 금리를 조정하는 것만으로 금융시장의 안정이라는 목표를 달성한다는 것은 매우 어려운 일이다. 그리고 금리를 인상 또는 인하할 때 이것이 물가안정에는 도움이 되지만 금융안정을 해치거나 또는 금융안정에는 도움이 되는데 물가안정을 해치는 경우가 빈번히 발생할 수 있다. 가령 물가가 올라가면 당연히 금리를 올려야 한다. 그런데 가계부채 규모가 큰 상황에서 금리를 인상하면 가계의 금리 부담이 증대되고, 이런 가계가 증가하면 금융시장 전체의 불안으로 이어지게 되는 것이다. 금융안정이라는 임무가 한국은행에 추가되었으니 건전성 정책 수단도 주어져야 하는 것은 어찌 보면 당연하다고 할 수 있다.

그런데 그동안 미시 건전성 감독은 주로 금융감독원이 맡아 왔고 더 큰 규제에 대해서는 금융위원회가 결정해 왔다. 거시 건전성 정책에서 많은 중요한 부분은 사실 BIS가 정하고, 각국은 이를 따를지 말지를 결정하는데 따르지 않기가 쉽지 않다. 우리가 선진국보다 먼저 도입한 LTV, DTI 등과 같은 정책 수단은 현재 금융위원회가 가지고 있다. 가계부채와 부동산시장, 그리고 주택담보대출시장에 대해 한국은행과 금융위원회의 견해가 꼭 일치한다는 보장이 있는 것도 아니다. 우리가 거시 건전성 정책을 제대로 수행하기 위해서 정책 체계를 어떻게 구성해야 좋은가에 대한 논의가 학계와 정부에서 계속 진행되고 있지만 아직 구체적인 성과를 보여 주지 못하고 있다.[26]

금융감독 기관의 독립성 정도도 국가마다 큰 차이를 보이고 있다. 글로벌 금융위기 이전에는 금융감독 기관의 독립성을 강화하자는 주장이 대세였다.[27] 논리는 중앙은행 독립성을 뒷받침하는 논리와 유사하다. 통화 정책은 전문적인 지식과 정치권의 압력에 흔들리지 않을 수 있는 장기적인 시야가 필요하다. 그래서 정치권으로부터 독립하여 전문가 집단이 맡아야 한다는 것이었다. 금융감독 업

26 학계의 다양한 논의에 대해서는 김인준 외(2017), 김홍범(2020), 윤석헌·정지만(2010), 정지만 외(2009) 등 참조.
27 Quintyn and Taylor(2002).

무도 마찬가지라는 주장이다. 전문적인 지식이 있어야 하고, 정치권의 이해관계에 휘둘려서는 공정한 금융감독을 수행할 수 없다는 주장인 것이다. 그런데 금융감독 기관의 독립성은 중앙은행과 다르게 글로벌 금융위기 이후 많은 국가에서 후퇴한 것으로 조사되고 있다.[28] 그리고 중앙은행의 경우와 똑같은 시각으로 독립성 문제에 접근할 수 없다는 주장이 강해지고 있다.[29] 그 이유 중 하나는 건전성 정책이 통화 정책보다 훨씬 더 비중립적인 정책이고 국민들의 분배 문제에 큰 영향을 미치기 때문이다. 비선출 전문가 집단에 건전성 정책을 맡기면 민주적 정당성 문제가 통화 정책의 경우와는 비교할 수 없을 정도로 커지게 된다.

어느 국가이든 부동산 문제는 매우 민감한 사안이다. 정치권은 부동산 경기를 부양하고 국민들의 인기를 얻어 정권을 창출하거나 유지하고 싶어 한다. 그런데 이게 항상 마음대로 되는 것은 아니다. 만약 부동산 정책에 실패해서 경제가 어려워지고 개개인들이 국가의 정책으로 인해 자신들의 자산가치에 큰 손실을 입었다고 생각하면 그 정부는 다음 선거에서 이기기 어렵게 된다. 결국 정권교체로 부동산 정책 실패에 대한 책임을 지게 된다. 그런데 독립 기관들의 수장들은 대체로 임기를 보장받는다. 나중에 잘했다 잘못했다 평가를 받기는 하겠으나 어떤 정책의 결과가 좋지 않다고 해서 그것 때

---

28 Gadinis(2013).
29 Baker(2013; 2015).

문에 그만두게 하거나 할 수 없다. 이것이 정치권력으로부터 독립 기관의 독립성을 보장하는 방식이지만, 동시에 독립 기관은 정책 결과에 대해 국민에 대해 책임지지 않는다.

LTV, DTI 규제를 보자. 이 규제는 한국에서 노무현 정부에 의해 도입되었다. 글로벌 금융위기 이전이니 지금 보면 꽤 선진적이었다. 그런데 부동산시장을 규제하는 데 불만을 가진 이들은, 아니 미국 같은 선진국에서도 주택매입가격의 거의 100%를 대출받을 수 있는데 왜 시장을 심하게 규제하느냐는 목소리도 있었다. 그런데 이런 규제에도 불구하고 노무현 정부는 부동산가격 폭등을 막지 못하였다. 그리고 무능한 정권이라고 비판받으며 정권을 야당에게 넘겨주게 된다. 한국에서 가장 예민한 문제 중 하나인 부동산시장, 주택담보대출에 대한 규제를 독립 기관이 담당한다고 가정해 보자. 그 기관의 독립성이 과연 유지될 수 있을까, 그리고 독립 기관이 정책을 시행하고 그 결과가 나쁠 때 국민들의 분노를 어떻게 감당할 수 있을까, 그리고 국민들의 재산권에 직접적으로 영향을 미치는 정책을 국민들이 선거를 통해 권한을 위임해 준 선출 기관이 아니라 비선출 기관이 맡는 것이 과연 민주주의 원리에 맞는 것인가 등등의 문제에 대해서 상상해 보는 시간을 가져보면 좋을 것 같다.

6. 리즈 트러스와 골드만삭스

2022년 10월 20일 영국의 트러스(L. Truss) 총리가 취임 45일 만에 사임한다. 영국 최단명 총리라는 불명예를 떠안게 되었다. 그녀가 자신의 자유방임주의 이념에 따라 추진한 감세 정책이 파운드화 가치 폭락, 영국 국채금리 급등이라는 금융시장 불안을 초래한 것에 대한 책임이다. 이렇게 선출 정부는 정책 실패에 대해 국민에 대해 책임을 진다. 전 세계는 이제 금융위기와 전염병위기 시절 이어진 저금리, 저물가 시대를 끝내고 고물가 시대에 접어들었고, 각국의 중앙은행들은 빅 스텝(big step)이니 자이언트 스텝(giant step)이니 하는 어려운 말을 쓰면서 금리를 엄청나게 올리고 있을 때이다.[30] 그런데 이 와중에 영란은행은 어쩔 수 없이 금융시장 안정을 위해 국채를 매입하겠다는 계획을 발표하게 된다.

거의 비슷한 시기 한국에서는 김진태 강원도지사가 일명 '레고랜드 사태'에 대해 "조금 미안하다"고 기자들과 인터뷰를 한다. 확실히 영국이 한국보다 선진국인 것은 맞는 것 같다. 우리는 심리적 G-7 국가이지만 영국은 G-7 국가인 것에는 다 이유가 있는 것이다. 봉준호 감독과 윤여정 배우가 미국 아카데미에서 상을 받고 BTS가

30 통상적으로 중앙은행이 금리를 조정할 때 0.25%p 정도를 조정한다. 그런데 예외적으로 보다 큰 폭의 변화를 주는데 빅 스텝은 0.5%p, 자이언트 스텝은 0.75%p 인상을 의미한다.

그래미 시상식에서 노래를 부르는 것을 보며 저자를 포함, 많은 국민들이 국뽕에 차오르고 있을 때 K-정치는 삼류라는 것이 입증되는 순간이었다.

레고랜드 사태는 김진태 강원도지사가 강원도 레고랜드의 개발을 맡은 강원중도개발공사의 기업회생을 신청하면서 한국의 채권 신용도가 폭락한 사건이다. 강원중도개발공사가 테마파크 조성을 위해 돈을 빌렸고 이를 강원도가 보증했는데 사업이 잘 안되어 강원중도개발공사가 빚을 갚지 못하는 상황이 발생하였다. 그런데 보증을 선 강원도가 지급보증을 거부하였다. 김진태 도지사는, 이 사업은 전임 도지사 그것도 상대 당 출신의 도지사 시절에 이루어진 일이고 전임 정부에서 발생한 잘못을 바로잡겠다고 하였다. 그러나 김진태 도지사의 이러한 발언은 대한민국 전체 채권시장을 얼어붙게 만들어 버린다. 지방정부가 발행한 채권은 중앙정부가 발행한 채권보다는 통상 위험도가 높다고 평가되지만, 그래도 지방정부가 망할 일은 없으니 국채와 거의 같은 수준의 안전자산으로 취급된다. 강원중도개발공사의 채권이 그 자체로 지방채는 아니지만 강원도가 지급보증을 섰으니 지방채와 거의 같은 것으로 금융시장은 판단하고 있었다. 그런데 안전하다고 믿었던 채권이 휴지조각이 될 판이 되니 대한민국에서 발행된 여러 가지 채권들의 신용도가 급락할 수밖에 없는 상황이 연출된 것이었다. 사태를 이 지경으로 만들어 놓고도 뻔뻔하게 “조금 미안하다”는 정도의 사과를 했을 뿐이다.

사태가 커지자 금융당국이 가만히 있을 수 없게 된다. 기획재정부 장관, 한국은행 총재, 금융위원회 위원장, 금융감독원장, 대통령실 경제수석 등이 한자리에 모여 50조 원+α 규모의 대책 패키지를 발표한다. 강원도가 못 갚는다고 한 금액이 2,000억 원 초반대였다는 점과 비교해 보면, 김진태 도지사의 발언으로 촉발된 채권시장 경색으로 인해 우리가 지불해야 대가가 어느 정도로 커졌는지 확인해 볼 수 있다.

한국 정치에 대한 비판이 좀 길어졌는데, 우리의 주제인 거시 건전성 정책은 누가 맡아야 좋은가, 그리고 금융감독 기관의 독립성은 어디까지 보장해 주어야 하는가라는 질문으로 돌아와 보자. 위에서 언급된 5인은 김진태 강원도지사의 발언으로 촉발된 한국의 채권시장 위기에 대한 대응책을 마련하기 위해 한자리에 모인 것이다. 세부적으로 들어가면 그중에 누가 힘이 제일 센 거냐, 5인 사이에 의견이 얼마나 일치하였느냐, 잘못은 정부가 저질러 놓고 왜 돈은 한국은행더러 내라고 하느냐, 그동안 금융감독원은 뭘 감독하였느냐 등등의 재미있는 이야기들이 있다. 그 안에서 어떤 세세한 일들이 벌어졌는지에 대해서는 시간이 좀 더 지나야 확인할 수 있을 것 같다. 그러나 확실한 것은 금융위기가 터졌을 때 이것은 정부의 업무, 이것은 한국은행의 업무, 이것은 금융감독원 업무라고 구분할 수 없다는 점이다.

트러스 총리가 촉발시킨 영국 금융위기에 대한 영란은행의 대응이 100% 영란은행의 독자적 판단이었을지, 아니면 영국 정부로부터 엄청난 요구를 받았기 때문인지는 외부 관찰자의 입장에서 정확하게 파악하는 데 한계가 있다. 그러나 영국 금융시장이 흔들리는데 영국의 중앙은행이 손 놓고 있을 수는 없다. 미국에서도 글로벌 금융위기가 벌어졌을 때 버냉키(B. Bernanke) 연준 의장과 폴슨(H. Polson)/가이트너(T. Geithner) 재무장관은 항상 한 세트였다. 중앙은행 독립성을 주장해 온 세계의 석학들은 이러한 상황을 매우 불편하게 여겼다. 그런데 이런 일을 독립 기관이 정부와의 협력 없이 단독으로 진행한다는 것은 불가능하다. 미국, 영국, 유럽 등 선진국들의 거시 건전성 정책 시스템을 보아도 그러하다. 그 국가의 여러 기관들이 거시 건전성 대책 기구에 참여할 때 재무부 장관이 최고 책임자를 맡는 경우가 많다.[31]

2022년 2월 300여 명의 금융전문가들은 같은 목소리로 금융감독기관의 독립을 주장했다는 점을 앞 절에서 서술하였다. 한국의 금융전문가들이 금융감독 기관의 독립성을 강하게 주장하는 것이 이해되지 않는 바는 아니다. 그동안 관치금융이 한국 금융계를 지배해 왔고 우리는 정치권과 연루된 금융비리를 목격해 왔다. 유능하고 도덕적인 경제 엘리트가 금융계의 수퍼 히어로가 되어 줄 것을 원하고 있다. 그러나 경제 엘리트도 사람이고, 세상에는 유능하면서 도덕

31 미국, 유럽, 영국의 금융감독 시스템에 대한 상세한 소개는 강유덕(2013), 김홍범(2009), 성태윤 외(2012), 황재홍(2022) 등을 참조.

적인 사람이 많지 않다. 그래서 그런 분들이 사회의 존경을 받는다. 학계에서 경제금융 분야 독립 기관을 이야기할 때 초점은 국가권력으로부터의 독립이다. 그런데 자본주의가 발전할수록 경제금융 분야에서 일하고 있는 사람들의 경제권력 또한 커진다. 경제권력이 커지면 독립 기관은 경제권력에 의해 장악된다.

연준이 글로벌 금융위기에서 미국을 구한 수퍼 히어로였을 수도 있지만 연준 내부는 이미 경제권력에 의해 큰 영향을 받고 있다는 증거가 차고 넘친다. 사실 중앙은행도 사람이 하는 일이고 구제금융에 나설 때 100% 중립적으로 편견 없이 판단할 수 있을까를 하는 의심을 받는다. 앞에서 열심히 언급하였던 대마불사 구제금융이 그것이다. 우리의 판사님들도 재벌기업 총수에 대한 재판을 진행할 때, 많은 경우 그 기업의 한국 경제에 기여한 바를 고려해 양형을 결정하였다고 한다. 의심이 가지만 판사님의 마음속에 들어가 볼 수가 없으니 판사님의 진심을 확인할 수는 없다.

2014년에 연준과 관련하여 일명 '세가라(C. Segarra) 스캔들'이 발생한다.[32] 사실 어떤 사건에 이름을 붙일 때 가해자가 아니라 피해자의 이름을 붙이는 것이 잘못이라는 소리를 많이 듣지만, 이 경우도 세상이 그렇게 부르고 있으니 방법이 없다. 그녀는 뉴욕연방준비은행 직원으로, 골드만삭스(Goldman Sachs)가 자신들과 여러 이해관

32 이 스캔들에 대한 서술은 Conti-Brown(2017)을 요약한 것이다.

계가 있는 고객들에게 조언하는 관행을 유지하고 있음을 확인한다. 즉, 이해관계 충돌방지에 반하는 일을 하고 있다고 결론을 내린 것이다. 금융 기관들의 이해관계 충돌방지는 2000년대 초 엔론(Enron) 사태 등 대형 회계 부정 사건들이 터지면서 논란이 지속되었던 부분이다. 그녀는 상관에게 보고하였으나 대부분의 상관들은 그녀의 의견에 동의해 주지 않았다. 그녀는 관련 사항을 녹취해서 세상에 알렸고 연준에서 해고된다. 이 사건을 열심히 취재한 한 저널리스트는, 연준 직원은 감독 대상이 되는 기관에서 일하고 있는 사람들과 매일 만나며 그들로부터 정보를 얻고 있다고 하였다. 이들과 친해야 정보를 얻을 수 있는 것이다. 금융시장이 복잡해지고 금융감독 업무가 전문화될수록 금융감독 기관이 금융 기관을 감독하는 것이 아니라 금융 기관이 금융감독 기관을 통제하게 되는 것이다. 연준을 옹호하는 이들은 세가라의 주장이 정확하지 않고 과장되었다고 평가하였지만, 연준에 대해 비판적인 사람들은 연준이 민간 금융 기관에 포획되어 있고 이것은 연준의 DNA의 일부라고 평가하였다. 세가라는 이러한 관행을 극복하려고 노력하였지만 결과는 자신이 해고되는 것이었다.

미국에서 월가가 워싱턴을 지배한다는 이야기는 이미 오래전부터 나왔던 이야기이다. 골드만삭스 회장을 역임한 루빈(R. Rubin)은 클린턴(B. Clinton) 행정부에서 재무장관에 오른다. 이야기의 진전을 위해 세상에서 가장 복잡한 중앙은행 시스템을 가진 미국의 연방준비제도를 간략히 살펴보자. 연방준비제도는 12개 지역의 연방준비은행과 워싱턴에 위치한 7명으로 구성되는 이사회로 구성된다. 미국의 통화 정책의 방향은 연방공개시장위원회에서 결정되는데, 이 위원회는 7명의 이사회 이사 그리고 12명의 지역 연방준비은행 총재 중 5명으로 구성된다. 그런데 이 지역 연방준비은행의 대주주는 민간 은행들이다. 워싱턴에 위치한 이사회 이사들은 의회의 청문 절차를 거쳐 대통령이 임명하지만, 지역 연방준비은행의 총재는 주주들에 의해 결정된다. 그리고 이들 민간인 12명 중 5명이 번갈아 가면서 미국 전체에 영향을 미치는 통화 정책 결정에서 한 표를 행사한다. 우리나라의 경우에도 한국은행 직원이 공무원이냐 아니냐는 논란이 있기는 하지만, 한국은행이 민간 은행이라고 생각하는 사람은 아무도 없다. 그런데 12개 지역 연방준비은행은 민간 은행이다. 그래서 미국의 연방준비제도를 반관반민(半官半民)이라고 하는 것이다. 처음부터 연방준비제도는 관과 민의 균형을 염두에 두고 만들어진 조직이다. 7 대 5이니 관에 무게를 더 둔 것은 맞다. 그런데 '월가를 점령하라'는 시위에서 드러났듯이 글로벌 금융위기 이후 많은 미국 시민들은 연준과 재무부가 국민 편이 아니라 금융 기관 편이라는 생각을 강하게 하게 된 것이다.

전문 독립 기관에 대해 정치권력이 더 큰 위협인지, 경제권력이 더 큰 위협인지에 대해서는 전문가들마다 인식이 다를 것이라고 생각한다. 그런데 우리가 공정한 경제경찰, 경제판사의 활약을 지켜

보고 싶다면 정치권력과 경제권력 둘 다 경계해야 하는 것이 맞다고 생각한다. 1997년 한국은행 독립을 보장하는 법이 만들어지기 이전까지 우리 학계와 시민사회는 진보, 보수를 막론하고 정부로부터 한국은행의 독립을 강력히 요구하였다. 2022년에도 정부로부터 금융감독 기관의 독립을 강력히 요구하였다. 우리 사회는 전문 독립 기관에 대해 정치권력이 더 큰 위협이라고 인식하고 있는 것으로 판단된다. 이와 반대로 선진국에서는 금융위기를 계기로 건전성 정책에 있어 정부의 역할이 강화되고 있다고 할 수 있다.

7. 다시 「블랙머니」 그리고 국제 엘리트

이 장을 「블랙머니」라는 영화로 시작하였다. 남자 주인공을 소개하는 정도로 하고 현실의 론스타 이야기로 넘어갔지만, 스포의 위험에도 불구하고 여자 주인공 이야기도 덧붙이려고 한다. 이하늬 배우가 역할을 맡은 김나리 국제변호사는 대한은행을 먹튀한 외국자본을 대리하는 변호사로 한국에 입국한다. 그리고 적일 수밖에 없는 양민혁 검사와 서로 도움을 주고받는 사이가 된다. 그녀는 대한은행의 BIS 자본 비율이 조작되었다는 사실을 알게 되고 외국자본 변호에서 발을 빼려고 한다. 그런데 김나리 변호사는 아버지와 대한민국 고위층의 회유로 금융위원회 금융위원이 되고, 이 대한은행 매매에 아버지의 돈도 투자되었다는 사실을 알고 외국자본의 먹튀를 승인하는 데 기여하게 된다.

「블랙머니」가 개봉된 2019년은 「돈」이라는 영화도 개봉된 해이다. 이 영화의 주인공은 류준열 배우가 맡았다. 평범한 증권맨 조일현이 증권가의 거대 작전세력과의 검은 거래를 통해 막대한 이익을 챙기면서 일어나는 일들을 그려 나가고 있다. 여기에 중요한 조연이 등장하는데, 조우진 배우가 역할을 맡은 한지철이다. 그는 금융감독원 직원으로 증권가의 검은 거래를 파헤치는 데 노력하는 정의로운 사람으로 그려지고 있다.

두 사람 모두 허구의 인물이지만 영화를 본 많은 사람들이 김나리와 한지철 누구에게 더 감정이입을 하였는지 궁금하다. 우리가 금융감독 기관의 독립을 갈망하는 것은 한지철과 같은 인물이 세상에 많아졌으면 하는 바람일 것이다. 그런데 저자는 왠지 김나리에 더 감정이입이 된다. 금융감독 기관에서 일하시는 분들을 싸잡아 비난하자는 것은 아니다.

사실 더 높은 곳에서 우리 목을 쥐고 흔드는 경제 엘리트는 자본비율 규제 등으로 전 세계 민간 은행을 감독하는 BIS, 우리에게 구제금융을 제공하며 구조개혁을 강요하였던 IMF, 말 한마디로 전 세계 금융시장을 쥐락펴락하는 연준일 수 있다. 이들이 세계 경제 질서를 주도적으로 만들어 가고 있다. 그리고 대한민국은 이들 국제기구에 맞설 정도로 국력이 크지도 못하다. 그리스에서는 경제위기 상황에서 많은 시위가 발생하였는데, 우리는 IMF 사태 때 전 국민이 합심하여 금 모으기 운동을 벌여 나갔다. 국민성도 너무 착하다. 한국의 경제 엘리트들은 대부분 국제기구에서 일하는 경제 엘리트들의 권위를 인정하고 있다. 이 장을 읽는 경험이, 국제기구 엘리트들이 우리의 삶에 엄청난 영향을 미치고 있다는 점을 충분히 인식하는 계기가 되었으면 한다. 그리고 우리는 그들에게 그러한 권한을 위임한 바 없다는 점도.

참고문헌

강유덕, 「글로벌 금융위기 이후 EU의 금융감독 개혁」, 『비교경제연구』, 20(1), 2013, pp. 117~164.

김인준·김성현·김소영·김진일·신관호, 「한국은행의 역할과 정책 수단: 금융안정정책을 중심으로」, 『한국경제분석』, 23(1), 2017, pp. 185~987.

김홍범, 「금융위기 이후 감독체계 개편론 분석: 미국, 영국, EU와 한국」, 『금융안정연구』, 10(2), 2009, pp. 101~172.

______, 「금융감독과 중앙은행: 우리나라의 감독 조직화 방안 모색」, 『한국경제포럼』, 15(1), 2020, pp. 97~144.

박종현, 「내재적 금융불안정성과 투자의 사회화: 하이만 민스키의 논의를 중심으로」, 『사회경제평론』, 14, 2000, pp. 183~210.

성태윤·박기영·박단비, 「글로벌 금융위기 이후 영미 금융 감독체제의 변화」, 『한국경제의 분석』, 18(1), 2012, pp. 1~53.

윤석헌·정지만, 「시스템 리스크와 거시 건전성 정책체계」, 『금융연구』, 24(2), 2010, pp. 29~72.

정지만·신관호·박창균, 「금융안정을 위한 중앙은행의 역할」, 『한국경제의 분석』, 15(3), 2009, pp. 1~77.

최경환, 『론스타의 외환은행 인수: 그 음모와 실체를 밝힌다』, 2005년 국정감사 자료집, 2005.

한국은행, 『한국의 거시 건전성 정책』, 한국은행, 2015.

______, 『한국은행 70년사』, 한국은행, 2020.

황재홍, 「Minsky 금융불안정성 가설의 본질은 무엇인가: 포스트 케인지언의 민스키 해석에 대한 비판적 고찰」, 『경제학연구』, 57(4), 2009, pp. 73~100.

______, 「중앙은행의 역할과 권한 확대의 민주적 정당성」, 『사회경제평론』, 69, 2022, pp. 1~51.

Baker, Andrew, "The New Political Economy of the Macroprudential Ideational Shift," *New Political Economy*, 18(1), 2013, pp. 112~139.

______, "The Bankers' Paradox: The Political Economy of Macroprudential Regulation," *SRC Discussion Paper*, No. 37, 2015.

Borio, Claudio, William English, and Andrew Filardo, "A Tale of Two Perspective: Old or New Challenges for Monetary Policy?" BIS Working Papers, No 127, 2003.

Brunnemeier, Markus, Andrew Crockett, Charles Goodhart, Avinash Persaud, and Hyun Song Shin, *The Fundamental Principles of Financial Regulation*, Geneva Report on the World Economy, 2009.

Calvo, Daniel, Carlos Crisanto, Stefan Hohl, and Oscar Gutiérrez, "Financial Supervisory Architecture: What Has Changed After the Crisis?" *FSI Insight on Policy Implication*, No. 8. BIS, 2018.

Conti-Brown, Peter, *The Power and Independence of the Federal Reserve*, Princeton University Press, 2017.

Dowd, Kevin, *Money and the Market: Essays on Free Banking*, Routledge, 2001.

Gadinis, Stavros, "From Independence to Politics in Financial Regulation," *California Law Review*, 101(2), 2013, pp. 327~406.

Hayek, Friedrich, *Prices and Production*, Routledge & Kegan Paul, 1931.

______, *Monetary Theory and The Trade Cycle*, Jonathan Cape, 1933.

Krugman, Paul, "The Myth of Asian's Miracle," *Foreign Affairs*, 73(6), 1994, pp. 62~79.

______, "What Happened to Asia?" 1998(https://web.mit.edu/krugman/www/DISINTER.html).

Lebor, Adam, *Tower of Basel*, PublicAffairs, 2013(임수강 옮김, 『바젤탑』, 더늠, 2022).

Minsky, Hyman, *Stabilizing an Unstable Economy*, Yale University Press, 1986.

Mirowski, Philip and Edward Nik-Khah, *The Knowledge We Have Lost in Information: The History of Information in Modern Economics*, Oxford University Press, 2017.

Nicolo, Gianni, Giovanni Favar, and Lev Ratnovski, "Externalities and Macroprudential Policy," IMF Staff Discussion Note, 2012.

Quintyn, Marc and Michael Taylor, "Regulatory and Supervisory Independence and

Financial Stability" IMF Working Paper 02/46, 2002.

Shiller, Robert, *Irrational Exuberance*, Princeton University Press, 2000(이강국 옮김, 『이상과열』, 매일경제신문사, 2003).

Tooby, John and Leda Cosmides, "Friendship and the Banker's Paradox: Other Pathways to the Evolution of Adaptations for Altruism," *Proceedings of British Academy*, 88, 1996, pp. 119~143.

Tucker, Paul, "The Design and Governance of Financial Stability Regimes: A Challenge to Technical Know-How, Democratic Accountability and International Coordination," in *CIGI Essays on International Finance*, Vol. 3, 2016.

______, "What is Macroprudential Policy for? Making it Safe for Central Bankers," BNM-BIS conference on 'Financial Systems and the Real Economy' Keynote Speech, 2017.

______, *Unelected Power: the Quest for Legitimacy in Central Banking and the Regulatory State*, Princeton University Press, 2018.

White, William, "Modern Macroeconomics is on the Wrong Track," *Finance and Development*, 2009, pp. 15~18.

World Bank, *The East Asian Miracle: Economic Growth and Public Policy*, Oxford University Press, 1997.

찾아보기

ㅅ

ㅇ

ㅈ

저자 소개

서한석

가천대학교 명예교수이다. 연세대 경제학과(학사·석사·박사)를 졸업하고 가천대 경제학과 교수를 역임하였다. 주 관심 분야는 부문 간 구조전환, 금융화와 생산성, 제도와 경제성장 등이다. 논문으로는「금융화, 기업의 수익률, 그리고 고용성장률」,「제조업은 아직도 중요한가」,「OECD 11개 주요국가의 소득불평등 요인분석」,「OECD 23개 주요국가의 기업가비율 패널 시계열분석」, "When does Globalization Benefit Us" 등 50편을 발표하였다. Vienna대학, Goethe대학, Radboud대학, Copenhagen대학 초빙연구원으로 활동하였으며, 한국의 국가주도형 발전과 금융화를 주제로 발표하고 강의하였다("State Formation, State Development, and State Challenges; Denmark and South Korea Compared"; Copenhangen대학 2013년 공동강의, "How Financialization (Re)shape State-led development Regime"; Goethe대학 2017년 특강).

유정식

연세대학교 명예교수이다. 연세대학교 경제학과 학사·석사를 졸업한 후 미국 캘리포니아 버클리대학에서 박사학위를 취득하였다. 신고전학파 정치경제학 방법론을 응용한 주제로 박사 논문을 썼으며 이후 연세대 미래캠퍼스에서 경제학과 교수로 재직하였다.『정치와 경제의 분리에 관한 역사적 고찰』(2000),『한국형 모델: 다이나믹 코리아와 냄비근성』(2012, 공저) 등의 저서와 "A Model of Influence Competition with Migration", "Distributional Effects of Commercial Policies in a Small Open Developing Economy under Imperfect Labor Mobility" 등의 학술논문을 발표하였다.

이상훈

한남대학교 경제학과 교수이다. 연세대학교 학사·석사를 마치고 미국 University of Utah에서 박사학위를 취득하였다. 주 연구 분야는 응용미시, 기업지배구조, 경제사상이다. 현재는 경제뿐만 아니라 미디어, 보건, 환경, 젠더 등 다양한 사회현상에 대해 패널분석을 하고 있으며, 사회과학과 자연과학의 융합 연구에 관심을 가지고 있다. 주요 논문으로는 "Does Democracy Matter for Public Health?", "Social Tolerance and Economic Development", "Social Capital and Health at the Country Level", "Media Freedom and Social Capital", "Economic Growth and the Environment in China: Empirical Evidence Using Prefecture Level Data", "Slack and Innovation: Investigating the Relationship in Korea", "The Relationship between Growth and Profit: Evidence from Firm-level Panel Data" 등이 있다.

이승렬

현재 한국노동연구원 선임연구위원으로 재직하고 있으며, 연세대학교와 일본 도쿄 대학원 경제학연구과에서 노동경제학을 공부하였다. 임금, 고용, 고용·산재보험 등의 노동 관련 연구를 하면서, 『미래의 직업 프리랜서(I): 1인 미디어 콘텐츠 크리에이터』, 『미래의 직업 프리랜서(Ⅱ): 소프트웨어 개발자』, 『중고령 자영업자 연구』 등의 보고서를 집필하였다. 주요 논문으로는 「저출산의 원인 분석: 경제적 요인을 중심으로」, 「한·일 노동시장의 임금구조 변화: 임금함수 추정」, 「자영업자의 산재보험 가입 의향 분석」, 「은퇴자의 건강상태 분석」 등이 있다.

이태수

현재 인하대학교 사회복지학과 초빙교수이며, 가톨릭꽃동네대학교 교수(1999. 3~2021. 4)와 한국보건사회연구원 원장(2021. 5~2024. 5)을 역임하였다. 연세대학교에서 경제학 학사와 석사 학위를 받고 정치경제학 논문으로 경제학 박사학위를 취득한 뒤 복지정책을 본격적으로 연구하여 복지재정, 사회보험, 사회보장, 복지국가 등 사회정책 분야에서 연구 및 활동하였다. 참여연대 사회복지위원회, 복지국가소사이어티, 서울복지시민연대 등을 대표하였고, 대통령직속 정책기획위원회 등 각종 정부 위원회에 참여하여 정책수립과 실행 과정에 기여한 바 있다. 『성공한 나라 불안한 시민』(공저), 『사회복지사를 위한 복지경제학』, 『왜 복지국가인가?』 등의 저서와 「문재인정부 사회서비스 전달체계 개편의 쟁점과 과제」(공저), 「한국복지국가의 보편적 복지논쟁과 대응전략」 등의 논문이 있다. 비판과 대안을 위한 사회복지학회와 한국학교사회복지학회의 회장도 역임하였다.

장종익

장종익은 한신대학교 글로벌비즈니스학부 및 대학원 사회적경영학과 교수이다. 연세대학교 경제학과 학사와 석사를 거쳐 미국 미주리주립대학교 응용경제학 박사를 취득하였다. 석사 졸업 후 전국농민회총연맹과 한국협동조합연구소에서 13년간 일하였고, 협동조합과 사회적 경제 분야에서 교육, 연구, 정책 자문, 현장 조직 자문 등의 활동을 하고 있다. 대표 논문은 "The Development of Social Economy in South Korea: Focusing on the Role of the State and Civil Society,"(*Voluntas*, 2018)이며, 대표 저서는 『협동조합 경영론』이고 42편의 논문과 14권의 저·역서를 집필하였다.

황재홍

목원대학교 금융경제학과 교수이다. 연세대학교 경제학과(학사·석사·박사)를 졸업하고 연세대학교 통일연구원, 경제학부 BK21 연구교수 등을 거쳐 목원대학교에서 가르치며 연구하고 있다. University of Utah에서 초빙연구원으로 활동하였고, 한국경제학회, 한국사회경제학회 등에서 편집위원으로 활동하였다. 주요 관심사는 케인스 경제학, 화폐금융이론사, 중앙은행론, 민주주의와 테크노크라시 등이다. 저서로 『빅셀 이후의 거시경제 논쟁』(공저), 『MMT 논쟁』(공저) 등이 있고, 논문으로는 「중앙은행의 역할과 권한 확대의 민주적 정당성」, 「내생화폐이론과 정부지출의 선행성」, 「지킬박사와 하이드: 통화정책 준칙을 강조하는 자유주의자 프리드만 대 양적완화와 대마불사 구제금융 옹호자 프리드만」, 「불확실성과 합리성 그리고 정부 정책: 케인즈와 하이에크」 등이 있다.